"十三五"江苏省高等学校重点教材(编号 2018-2-188)
江苏高校 2019 年一流本科专业建设计划
南京体育学院运动训练专业资助项目

体能训练实用教程

主　编　赵　琦

副主编　李　强　　王艳琼

参　编　(按姓氏笔画排序)

　　　　余方亮　苏　杨　周晓军　陆锦华

　　　　范凯斌　侯学华　谢恩礼　解　鑫

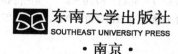

·南京·

内容提要

本书主要内容包括11个章节：体能训练概述、体能训练的生物学基础、体能的测试与评价、青少年体能训练、力量素质训练、速度素质训练、耐力素质训练、灵敏素质与协调素质训练、柔韧素质训练、功能性训练和体能训练计划与设计。

本书在参考大量当代体能训练最新研究成果的基础上，介绍了体能的含义及研究现状，探讨了体能训练的理论与实践问题。全书体系较为完整，涵盖了体能训练的理论基础、测试评价、实践操作、计划设计等内容，并对青少年体能训练进行了专题讨论。

本书是"十三五"江苏省高等学校重点教材，适宜作为大专院校特别是体育院校师生进行体能教学、训练、学习的教材使用，也可作为教练员和体能训练爱好者的参考用书。

图书在版编目(CIP)数据

体能训练实用教程/赵琦主编. —南京：东南大学出版社，2019.12(2025.6重印)
 ISBN 978-7-5641-8726-2

Ⅰ.①体… Ⅱ.①赵… Ⅲ.①体能-身体训练-教材 Ⅳ.①G808.14

中国版本图书馆CIP数据核字(2019)第282461号

东南大学出版社出版发行
(南京四牌楼2号 邮编210096)
出版人：江建中
江苏省新华书店经销 江苏凤凰数码印务有限公司
开本：787mm×1092mm 1/16 印张：17 字数：425千字
2019年12月第1版 2025年6月第5次印刷
ISBN 978-7-5641-8726-2 定价：46.00元
(凡因印装质量问题，可直接向营销部调换。电话：025-83791830)

前　言

　　教材是教学内容的载体,是教学质量的基础。作为教育大省的江苏历来重视高等院校的教材建设工作,有计划地推出高等学校系列规划教材,本书即为"十三五"江苏省高等学校重点教材。

　　"三位一体"是南京体育学院最突出的办学特征,在长期的办学过程中,形成了融体育教育、竞技体育、体育科研、医疗保障为一体的完整体系。在这种体系下,我校十分关注对运动员竞技能力尤其是体能的研究。20世纪末期,校内的运动队开始聘请体能教练,并在21世纪初期开设了针对本科生的体能训练课。现在运动训练、体育教育、运动人体科学、运动康复、武术与民族传统体育、休闲体育等专业都开设了体能训练课程。目前校内6个专业成为江苏省一流专业(包括运动训练),其中体育教育、运动人体科学两个专业获批国家一流本科专业建设点。运动训练专业作为江苏开设最早、招生规模最大的专业,更加重视教材建设工作。

　　体能训练是当代竞技体育和大众健身都非常关注的热点领域。20世纪80年代以前,竞技训练理论把力量、速度、耐力、灵敏、柔韧五大素质作为身体训练的主要内容,突出的特点是强调大强度的力量、速度、耐力训练,暴露出越来越多的弊端。由于这种身体素质训练与各个项目的专项能力训练极为相似,长期同质性的负荷刺激造成的疲劳积累在所难免。过多传统的大强度训练、力量训练在使运动员变得强壮的同时,也出现了灵活性下降,技能表现力下降,甚至造成伤病,给运动员体育职业生涯带来很大的不稳定因素。因此,如何科学地进行体能训练,在提升运动表现力的同时,尽量减少运动员受伤的可能性,延长运动寿命,成为运动领域的一个世界性问题。

　　追求"更快、更高、更强"是奥林匹克运动的精神,也是竞技体育的突出特点。比赛数量的增加是一种趋势,许多优秀的运动员在赛场上展示出高超的运动技能的同时,身体压力和伤病隐患也在增加。传统的体能训练在这方面所起的作用有限,需要引入新的理念和方法。随着脊柱稳定性、功能性动作、核心力量等原来用于医疗康复领域的方法在竞技训练中的使用,极大地提高了体能训练的理论视域,丰富了体能训练的方法手段,推动了体能训练进入新的阶段。目前功能性训练、稳定性训练、核心力量训练、康复再生训练等内容,在竞技体育领域的使用越来越广泛,受到普遍的认可,在健身领域也成为一种时尚并迅速发展。但我们应该清醒地认识到,任何一种训练理论和方法都有时代的局限性,没有最好的训练方法,只有更适宜的训练方法。传统的身体训练方法并没有退出舞台,仍然在发挥着作用。如何将传统的身体训练与功能性动作体系训练有机结合,提高体能训练的综合效益,将是未来竞技体育的一个长期课题。

本书的编写人员长期从事本科生的体育教学工作,带领研究生从事相关研究,不少人长期为运动队做体能训练服务工作,积累了一定的理论知识和实践经验,本书也是对长期教学、训练、研究工作的总结和归纳。鉴于水平所限,书中一定有不当之处,敬请批评指正!

参加本书编写的人员有:南京体育学院赵琦(教授,硕士生导师)、李强(副教授,硕士生导师)、余方亮(博士,副教授)、苏杨(副教授,硕士生导师)、周晓军(副教授,硕士生导师)、陆锦华(硕士,中级教练)、范凯斌(副教授,硕士生导师)、侯学华(副教授,硕士生导师)、谢恩礼(博士,副教授)、解鑫(硕士,副教授)和广西师范大学王艳琼(副教授,硕士生导师)。

感谢南京体育学院副书记、副院长史国生教授的指导!感谢陈建兵、叶家驰老师对书中照片及技能要领指导提供的帮助!感谢陈明章、钱江、张佳华、宁静丹、彭俊、苗新宇、周子维、王丽、谢成锴等同学为拍片付出的辛勤!书中参考了大量研究论文、教材,对作者表示感谢!同时感谢运动训练学院的有关领导,对本书的撰写、出版提供了支持。

编 者
2019 年 12 月

目 录

1 体能训练概述 ··· 1
1.1 体能训练引论 ··· 1
1.2 体能的概念及系统论观点 ·· 3
1.2.1 体能的概念及其演变 ··· 3
1.2.2 体能的系统论观点 ··· 7
1.3 体能训练的概念、原则及主要理论 ··· 8
1.3.1 体能训练的概念 ·· 8
1.3.2 体能训练的原则 ·· 9
1.3.3 现代体能训练的主要理论 ··· 10
1.4 我国学者体能训练的观点及存在的问题 ·· 16
1.4.1 我国学者体能训练的观点 ··· 16
1.4.2 我国现阶段体能训练存在的问题 ·· 18
思考题 ··· 22

2 体能训练的生物学基础 ·· 23
2.1 体能的生物学概述 ·· 23
2.2 体能的生理学基础 ·· 25
2.2.1 运动系统 ·· 25
2.2.2 神经系统 ·· 37
2.2.3 其他系统 ·· 38
2.3 体能的生物能学基础 ··· 40
2.3.1 能量供应系统 ·· 41
2.3.2 影响体能的生物能学因素 ··· 43
2.3.3 体能训练的生物能学基础 ··· 47
2.4 抗阻运动的生物力学原理 ·· 49
2.4.1 骨骼肌肉系统的杠杆效应 ··· 49
2.4.2 人体肌力的生物力学因素 ··· 52
2.4.3 肌肉收缩的阻力 ··· 55
2.4.4 安全事项 ·· 56
2.5 体能的营养学基础 ·· 57
2.5.1 能量与营养素 ·· 57
2.5.2 提高体能的营养措施 ·· 61
思考题 ··· 64

3 体能的测试与评价 · 65
3.1 体能测试与评价概述 · 65
3.2 基础体能的测试与评价 · 67
3.2.1 心血管系统机能测试 · 67
3.2.2 呼吸系统机能测试 · 69
3.2.3 代谢机能测试 · 70
3.3 运动体能的测试 · 73
3.3.1 速度素质测试 · 74
3.3.2 力量素质测试 · 75
3.3.3 耐力素质测试 · 78
3.3.4 柔韧素质测试 · 79
3.3.5 灵敏素质测试 · 80
3.4 核心力量与功能性训练的测试与评价 · 81
3.4.1 核心力量的测试与评价 · 81
3.4.2 功能性训练的测试与评价 · 84
思考题 · 89

4 青少年体能训练 · 90
4.1 青少年的身体发育 · 90
4.1.1 青少年生长发育的基本规律 · 90
4.1.2 青少年运动素质发展的敏感期 · 92
4.2 青少年体能训练基础理论 · 94
4.2.1 青少年运动能力发展的阶段划分 · 94
4.2.2 青少年体能训练的原则 · 96
4.3 青少年体能训练的主要内容及特点 · 100
4.3.1 力量素质 · 100
4.3.2 速度素质 · 101
4.3.3 耐力素质 · 101
4.3.4 灵敏与柔韧素质 · 102
思考题 · 102

5 力量素质训练 · 103
5.1 力量素质训练概述 · 103
5.1.1 力量素质的价值 · 103
5.1.2 神经肌肉理论 · 104
5.1.3 超等长训练 · 105
5.1.4 力量训练与耐力训练 · 106
5.1.5 功能性力量训练 · 107
5.2 力量素质训练的基本理论 · 108
5.2.1 力量素质的概念及分类 · 108

5.2.2　力量素质的影响因素 ………………………………………………… 110
　　5.2.3　肌肉工作方式及效果差异 …………………………………………… 110
　　5.2.4　力量素质训练的注意事项 …………………………………………… 112
　5.3　力量素质训练的方法与手段 ……………………………………………… 113
　　5.3.1　力量素质训练方法的种类和要素 …………………………………… 114
　　5.3.2　最大力量训练方法 …………………………………………………… 114
　　5.3.3　爆发力训练 …………………………………………………………… 117
　　5.3.4　力量耐力训练 ………………………………………………………… 121
　　5.3.5　专项力量训练 ………………………………………………………… 122
　　5.3.6　力量素质训练常用手段 ……………………………………………… 123
　思考题 …………………………………………………………………………… 134

6　速度素质训练 ……………………………………………………………………… 135
　6.1　速度素质训练概述 ………………………………………………………… 135
　　6.1.1　对速度的认识 ………………………………………………………… 135
　　6.1.2　速度与力量 …………………………………………………………… 136
　　6.1.3　速度与能量供应 ……………………………………………………… 136
　　6.1.4　关于速度训练手段 …………………………………………………… 137
　6.2　速度素质训练的基本理论 ………………………………………………… 137
　　6.2.1　速度素质的概念、分类 ……………………………………………… 137
　　6.2.2　速度素质的影响因素 ………………………………………………… 139
　　6.2.3　速度素质训练要点 …………………………………………………… 140
　　6.2.4　速度素质训练的负荷控制 …………………………………………… 143
　6.3　速度素质训练的方法与手段 ……………………………………………… 145
　　6.3.1　反应速度训练 ………………………………………………………… 145
　　6.3.2　动作速度训练 ………………………………………………………… 146
　　6.3.3　移动速度训练 ………………………………………………………… 148
　思考题 …………………………………………………………………………… 150

7　耐力素质训练 ……………………………………………………………………… 151
　7.1　耐力素质训练概述 ………………………………………………………… 151
　　7.1.1　耐力训练的意义 ……………………………………………………… 151
　　7.1.2　耐力训练方法的演变 ………………………………………………… 151
　　7.1.3　耐力训练模式 ………………………………………………………… 152
　　7.1.4　耐力素质与力量 ……………………………………………………… 153
　　7.1.5　我国耐力项目的训练观点 …………………………………………… 154
　7.2　耐力素质训练的基本理论 ………………………………………………… 155
　　7.2.1　耐力素质的概念及分类 ……………………………………………… 155
　　7.2.2　影响耐力素质水平的主要因素 ……………………………………… 156
　　7.2.3　耐力素质训练要点 …………………………………………………… 157

  7.3 耐力素质训练的方法与手段 ·· 159
    7.3.1 耐力素质训练的要素 ·· 159
    7.3.2 不同耐力素质的训练方法与手段 ···································· 161
  思考题 ·· 163

8 灵敏素质与协调素质训练 ·· 164
  8.1 灵敏素质及训练 ·· 164
    8.1.1 灵敏素质概述 ·· 164
    8.1.2 灵敏素质的影响因素 ·· 165
    8.1.3 灵敏素质训练的要求和方法 ·· 166
  8.2 协调素质及训练 ·· 167
    8.2.1 协调素质概述 ·· 167
    8.2.2 协调素质训练的要求和方法 ·· 169
  思考题 ·· 170

9 柔韧素质训练 ·· 171
  9.1 柔韧素质概述 ·· 171
    9.1.1 柔韧素质的定义和作用 ·· 171
    9.1.2 柔韧素质的分类 ·· 172
    9.1.3 柔韧素质的影响因素 ·· 172
  9.2 柔韧素质训练的要求和方法 ·· 173
    9.2.1 柔韧素质训练的要求 ·· 174
    9.2.2 拉伸练习 ·· 175
    9.2.3 柔韧素质训练的要素 ·· 177
  9.3 柔韧素质训练的常用手段 ·· 178
    9.3.1 手指、腕关节柔韧性练习 ·· 178
    9.3.2 肘关节柔韧性练习 ·· 179
    9.3.3 肩关节柔韧性练习 ·· 179
    9.3.4 腰腹部柔韧性练习 ·· 179
    9.3.5 胸部柔韧性练习 ·· 180
    9.3.6 髋关节柔韧性练习 ·· 180
    9.3.7 下肢柔韧性练习 ·· 180
    9.3.8 踝关节和足背部柔韧性练习 ·· 181
  思考题 ·· 181

10 功能性训练 ·· 182
  10.1 功能性训练概述 ·· 182
    10.1.1 功能性训练的起源及发展 ·· 182
    10.1.2 功能性训练与传统体能训练的区别 ································ 184
  10.2 功能性训练的基础理论 ·· 185

  10.2.1 功能性训练的原理与内容 ················· 185
  10.2.2 功能性训练注意事项 ····················· 188
 10.3 功能性训练的方法与手段 ······················· 189
  10.3.1 躯干支柱力量训练 ························ 189
  10.3.2 动作准备训练 ···························· 196
  10.3.3 快速伸缩复合训练 ························ 201
  10.3.4 动作技能训练 ···························· 203
  10.3.5 力量与爆发力训练 ························ 206
  10.3.6 软组织再生训练 ·························· 210
  10.3.7 拉伸训练 ·································· 212
 10.4 核心力量训练 ···································· 215
  10.4.1 核心区域 ·································· 215
  10.4.2 核心力量训练的意义 ······················ 216
  10.4.3 核心力量训练注意事项 ···················· 217
  10.4.4 核心力量训练的方法与手段 ················ 217
  10.4.5 核心力量练习图例 ························ 224
 思考题 ·· 226

11 体能训练计划与设计 ································ 227
 11.1 体能训练设计的意义和理论基础 ················ 227
  11.1.1 体能训练设计的意义 ······················ 227
  11.1.2 体能训练设计的理论基础 ·················· 228
 11.2 运动负荷基础理论 ······························· 229
  11.2.1 负荷的概念与类别 ························ 229
  11.2.2 选择负荷的依据 ·························· 233
 11.3 体能训练计划的制订 ···························· 238
  11.3.1 运动训练过程 ···························· 238
  11.3.2 训练计划的类型 ·························· 239
  11.3.3 制订体能训练计划的步骤 ·················· 245
 11.4 体能训练设计与实施 ···························· 246
  11.4.1 体能训练设计的类型和目的 ················ 246
  11.4.2 体能训练设计需考虑的要素 ················ 247
  11.4.3 体能训练设计的实施路径 ·················· 249
  11.4.4 体能训练设计指导原则与实施要点 ·········· 252
 思考题 ·· 256

参考文献 ·· 257

1　体能训练概述

[学习目标]
(1) 了解体能及体能训练的发展历程。
(2) 理解我国在体能训练认识上的观点及存在的问题。
(3) 掌握体能的概念、构成及其训练的原则和主要理论。

1.1　体能训练引论

体能训练是近十多年来竞技体育、运动康复、大众健身共同关注的领域。随着竞技体育社会影响力的不断提升，比赛的对抗程度越来越激烈，运动员的身体状态成为影响胜负的关键因素。同时新的器材不断出现在健身场馆，人们的健身理念在更新，大众对健身训练的要求越来越高，不再停留在力量训练、走路、慢跑的水平上。这些都进一步引起了人们对体能训练的关注。赛场上优秀运动员的精彩表现乃至受伤都会引起人们普遍的重视，客观上也激发了运动员、教练员对体能训练的重视。如何通过系统、科学的体能训练，保持良好的状态，提高运动表现，防止伤病，成为当代运动员主要的职业目标。因此，体育界对体能的关注、对体能训练的重视达到空前的高度。但值得注意的是，重视体能、特别是重视力量训练并不是一个新观点，一些训练理念也并非创新，而是早就使用，又被弃用，再被人们重视。

1) 传统的训练理论与实践存在弊端

20世纪的30～60年代是欧洲运动训练理论的萌芽期，德国、苏联学者开始对运动训练理论进行研究、探讨，但训练还谈不上系统。40～50年代甚至60年代，大多数的运动员都没有系统的体能训练概念，比如有资料显示：参加1948年奥运会的许多选手只是在赛前接受临时性的突击训练，缺乏正式的组织行为。这一阶段的体能训练主要是身体训练，围绕力量、速度、耐力、灵敏、柔韧等进行，并提出了一般训练、专项训练、专门训练等观点；在身体素质的训练中十分重视力量训练和大强度，对运动员成绩的提高起到了作用，但由于身体训练和专项训练没有太大的异质性差异，手段相近，负荷又大，极其容易造成疲劳的积累，引起损伤，甚至出现肌肉发达、力量提高，但技术、协调性、运动表现下降的现象。

2) 体能训练从康复治疗领域受益，出现核心稳定性训练

当代体能训练的快速发展与物理治疗和力量训练两个领域的演进密切相关。有学者认为，第二次世界大战后，物理治疗的关注点先后经历了骨骼肌肉、中枢神经系统、关节和动作四个时期。Panjabi于1985年首次提出了脊柱稳定性的概念，核心稳定性训练开始受到关注并融入运动员的训练之中。随着动作灵活性和稳定性在伤病预防和康复训练中重要作用的发现，核心稳定性的概念由解剖学上的"小核心"扩展为"大核心"，即由"腰椎-骨盆-髋关节"区域扩展为连接上下肢之间的区域（躯干）。尽可能延长运动员的运动寿命，在提高竞技能力的同时尽可能预防和避免运动损伤，成为当代竞技运动训练发展的一个突出特点。为了尽可能避免伤病，竞技体育领域开始高度重视"功能动作的训练"。

3) 美国对体能训练的重视与反思

美国对运动训练学理论的研究并不系统，甚至在某种程度上其运动训练的基础理论研究滞后于德国、俄罗斯，但其在体能训练领域走在世界前列并发展迅速。20世纪70年代末（1978年），美国国家体能协会（National Strength & Conditioning Assoaiation，NSCA）成立，体能教练的概念逐步规范化。60~70年代，多数研究关注的是心血管和有氧训练方法，极少部分专家研究力量训练对竞技能力的影响。80年代末，有氧代谢、力量训练及其他素质（如灵活性）才逐渐受到重视，并成为研究领域中最有吸引力的课题。这一时期，以力量训练为重点，突出专项竞技能力的表现，实施专项化、系统化的体能训练设计，是美国诸多运动队、运动员进行体能训练的主要思路。NSCA所表述的Strength & Conditioning 就是指"以力量为核心的人体器官功能与机能系统活动系统的再平衡"，国内直译为"体能训练"。其目的是通过力量训练为主要手段，使人体神经、肌肉、骨骼等运动系统做好专项比赛的准备，使人体机能体系适应专门运动的需要。这期间，力量训练在使运动员变得更强壮、成绩更好的同时，也出现了灵活性、技能水平下降甚至伤病的困扰。

4) 职业体育的训练实践催生"功能性训练"

功能性训练起源于20世纪末美国职业运动队一线的训练实践，核心目的是从最初康复性的损伤预防逐渐过渡到运动表现的整体提升。1997年，Gary首次提出了"功能性训练"的概念，并致力于功能性训练的理论与实践研究，指出运动应注重身体的动力链作用，避免孤立地对一个环节进行力量训练，为功能性训练在体育领域系统的开展迈出了实质性的一步。之后逐渐建立起了基于人体运动功能的训练理念、方法和体系。这一时期，美国国家运动医学会（National Academy of Sports Medicine，NASM）、英国体能训练体系、澳大利亚体能训练体系等学术组织，开始重视从新的视角建立自己的体能训练、理论系统，丰富体能训练的方法体系，增加科技含量，进一步提高了运动训练的科学化水平。

现阶段国际体能训练研究按着竞技性体能和大众健身性体能两条路径各自发展，两条路径在核心力量和核心稳定性问题的研究中出现了交叉。后继核心力量训练、功能性训练、动作训练等成为体能训练的热点，在竞技体育和健身领域普遍推广并有商业化、产业化发展趋势。

我国自20世纪90年代开始接触体能的概念，1994年足球联赛引入体能测试，体能及体能训练备受关注。但二十多年过去了，我国足球运动员的体能并没有根本好转。即使在2008年奥运会前后，我国大量引进国外的核心力量、功能性训练等体能训练理念，先进的训练仪器大量涌入，各运动队也十分重视体能训练，我国在田径、游泳、划船等典型的体能类项目中虽有进步，但并没有出现让人期盼的突破。这一方面说明体能训练是一个系统工程，影响体能训练效果的因素是综合的；另一方面也显示出我国在体能训练理念、训练理论方面存在某种不足，还没有找到适合我国运动员自身特点的体能训练发展道路。

[拓展]

体能是人体的基本运动能力。人体是由九大系统组成的具有功能性活动的统一体，系统之间的相互影响、相互促进、相互制约，决定了人体功能性活动的整体水平，也在很大程度上决定了体能水平。因此，认识、研究体能，进行体能训练必须有系统的生物学观点。现实中许多教练员、体能训练人员眼里只有力量、速度、耐力，只有技术、战术、负荷、手段，过于迷信功能性训练、核心力量训练，很大程度上降低了训练的效能，甚至带来负效应。

这一现象同样体现在健身、健康领域。练健美者一身"疙瘩肉",但不平衡、不协调甚至不健康者大有人在。跑马拉松者一味长跑,缺乏必要的力量、柔韧训练,靠意志坚持,造成下肢关节损伤,甚至猝死者也不少见。

1.2 体能的概念及系统论观点

1.2.1 体能的概念及其演变

体能作为一个比较新的概念,在体育训练领域已经出现了20多年,其含义一直在发生变化,反映了人们对体能及体能训练认识的深化。概念具有内涵(含义、本质特性)和外延(构成、范围)两个特征,是认识事物及其发展规律的起点。研究体能、探讨体能训练的规律也要首先从认识体能的概念开始。

当代体能的概念源于身体训练或身体练习。近代较早的身体训练研究出现在欧洲。1787年,德国学者菲劳梅发表了《身体训练问题》一书,是最早的体能训练书籍。1883年,法国人格拉朗热将生理学应用于运动训练,发表了《不同年龄身体练习的生理学》。早期国外对身体素质或体能的认识多是涉及构成,或者指出其训练内容,而较少进行定义(界定概念)。1964年,东京奥运会期间国际运动医学委员会成立了"国际体能测试标准化委员会",并制定了标准体能测试的六大内容:身体资源调查;运动经历调查;医学调查与测验;生理学测试;体格、身体组织测试;运动能力测验。这时体能测试的含义与现在有很大不同,更像是对运动员体质健康、生理机能和运动能力的调查。拉森(Larson)提出的体能的十大因素包括防卫能力、肌肉力量、爆发力、柔韧性、速度、敏捷性、协同性、平衡性、技巧性、心肺能力。这期间体能与身体素质的概念交互使用,对体能构成因素的理解存在较大差异。

沃森1983年提出,身体素质由下列因素组成:柔韧性,力量,耐力,速度,功率,脂肪,姿势,营养,体液和电解质平衡,以及高原、咖啡因、血液兴奋剂、重碳酸盐、骨和结缔组织等其他问题。Bud Getchell 在1990年从心肺机能和肌肉功能两个方面,对多种身体素质构成进行了分类,如力量、肌肉、柔韧性、心肺耐力、身体组成、技能。K.库特萨尔1991年将体能分为:绝对力量、运动速度、爆发力、耐力、柔韧性,另又表述为动作协调能力、肌肉力量、动作速度、耐力。

1995年,Hartmann 从运动的能量消耗及力量特点两个方面来认识体能,认为体能是以人体的磷酸原、糖酵解、有氧氧化三大供能系统的能量代谢活动为基础,依靠骨骼肌系统所表现出来的运动能力。这个概念从生物化学和生物力学的角度,分析运动员运动体能水平的高低主要由运动过程中能量物质的供应、转移和利用的整合能力等多种因素所决定。

美国运动医学会(American College of Sports Medicine ,ACSM)和美国国家体能协会(NSCA)是两个较早开始关注体能训练的专业组织,对体能训练行业的发展起到了推动作用。前者着重于大众健身领域的健康体能,后者专注于竞技体育方面的竞技体能,强调抗阻性力量训练和速度、灵敏、平衡、能量供应等适应能力,主张在体能训练前要重视身体的柔韧性训练和心肺功能测试,训练主要以力量、速度、耐力、柔韧、平衡能力、心肺功能练习为主。《NBA体能训练》指出,篮球训练体能等级应从以下几个方面测定:爆发力——纵跳;灵活性——20 m跑;身体素质——300 m折返跑;肌肉力量和耐力——俯卧撑、引体向上、仰卧起坐;柔韧性——坐位体前屈;身体组织——皮肤褶皱测试。

现阶段国外还没有与我国"体能"概念准确对应的概念。与"体能"相对应的是来源于英国的 Physical Fitness，也翻译成体适能。德国称之为工作能力，法国称之为身体适性，日本称之为体力。

后期国外学者提出基本体能、运动体能、体适能、健康体适能的概念较多。这里学者们所说的"体能"和"体适能"是基本一致的含义，把体能看成是人体所具备一定程度的工作和运动能力，能够有效应对平时的生活需要，承受足够的冲击力和负重，可以进行正常的休闲、娱乐活动。一般分为基本体能（Fundamental Physical Fitness）和运动体能（Sports-related Physical Fitness）。

基本体能主要指人从事日常活动、一般运动以及适应生活环境的能力，是人体形态、各器官系统机能、动作技能的整体表现。基本体能可以理解为人体防卫能力和行动能力两个层次。防卫能力与人的体质、健康有关，指对疾病的抵抗力、外部环境的适应力和对抗冲击性外力的能力。行动能力指人体进行一般意义上的走、跑、跳、掷等基本动作的能力，与肌肉力量、速度、心肺机能、柔韧、灵敏、平衡、协调有关。

运动体能是指在神经中枢的支配之下，从事某项专门的体育活动所体现出来的力量、速度、耐力、平衡、协调、灵敏、反应等能力，是与人体的身体形态结构、各器官系统的功能、能源物质储备数量及代谢水平密切相关的综合能力。在竞技体育领域，根据运动体能的特点分为一般体能和专项体能。

与上述观点基本一致，香港钱伯光博士在《Keep Fit 手册》里明确阐述了体适能的含义：身体适能（Physical Fitness）又称体适能，包括与健康相关的体适能和与运动相关的体适能两个范畴。我国台湾《体育运动名词辞典》中将 Physical Fitness 译为身体素质、身体适应能力或健康，包含了身体能力、人体机能、身体素质和身体适应能力等，与我们现在讨论的体能一词最为接近（即港澳台流行的"体适能"）。

我国运动训练理论和实践在 20 世纪 50 年代几乎全盘接受了苏联的观点，最早的"身体素质"概念便是来源于苏联。1981 年版体育学院通用教材《体育理论》将运动训练分为身体训练、技术训练、战术训练、心理训练、智力训练和思想政治教育等 6 个方面的内容。20 世纪 80 年代中后期，我国各类运动项目及体育理论、运动训练学的理论中，对身体素质的看法与苏联学者普拉托诺夫在《运动训练理论与方法》（1984 年）中有关身体训练的描述基本一致。1989 年出版的全国体育学院通用教材《运动训练学》有关于运动员竞技能力的论述，把竞技能力分为六个组成部分：协调能力与技术训练水平、身体训练水平、战术训练水平、智能训练水平、心理训练水平、思想作风训练水平。运动员的训练主要围绕这六个方面的内容，其中身体训练是专门针对身体素质，包括力量、耐力、速度、灵敏、柔韧、协调性等方面的发展，认为身体训练对运动成绩的提高具有基础性作用，能够改善运动员的健康水平，发展身体素质，利于掌握专项技术，分为一般身体训练和专项身体训练。

我国运动训练的理论、实践及相关科学研究受《运动训练学》的影响极为广泛。自 20 世纪 50 年代全面学习苏联训练理论的基础上，我国竞技体育领域在 60 年代提出了"三从一大"的训练原则，80 年代起开始重视引进多国训练理论。1984 年，《运动训练学》成为几所体育学院的重要课程，1988 年被教育部确定为运动训练专业的主干课程，1992 年被国家体委确定为我国教练员培训的主要内容，1999 年被教育部列为国家级重点教材。在这段时期，身体素质、运动素质或体能一直被认为是竞技能力的重要组成部分。

"体能"是指人体各器官系统的机能在体育活动中表现出来的能力。这是上海辞书出版社 1984 年出版的《体育词典》中对体能的定义，也是我国学者对体能概念所做的较早的解释。今天看来这种解释仍然有很强的专业性，把力量、速度、灵敏、耐力、柔韧等基本身体素质和人的基本活动能力两个部分包括其中，基本运动能力体现在走、跑、跳、投掷、攀登、爬越和支撑等动作上。

从教材、文章阶段性的观点来看，我国学者对体能的认识是一个逐渐深入的过程。1990年以前的教材中很少出现体能的说法，而是用身体素质的概念，与之相对应的训练内容被称作身体训练。20世纪90年代以来，随着足球联赛体能测试的推广，体能问题开始受到更多教练、运动员、科研人员甚至观众的关注，很多学者从不同角度表达了自己对体能的认识，但还处于一种不明确的状态，游离于身体素质和体能之间。如1992年出版的《教练员训练指南》认为，运动素质就是指体能，是运动员机体在运动时所表现出的能力，包括力量、耐力、速度、灵敏和柔韧等。这些能力受人体形态结构、各器官系统机能水平、能量物质储备及其代谢水平影响，分为一般运动素质和专项运动素质。这一时期"体质"也常常和"体能"的含义混用。1996年的全国体育院校通用教材《体育理论》认为，体能是体质的一部分，是指人体各器官系统的机能在肌肉活动中表现出来的能力。

1995年，李福田把体能解释为身体素质，但细化了身体素质训练的层次。认为运动员的体能训练又称身体素质训练，根据目的和内容的不同可以分为三类：一般身体训练、专项身体训练和专项能力训练。1998年，田麦久在《项群训练理论》一书中，把竞技能力分为心理、技术、体能、智力4个方面。这时期有学者认为体能应是运动员对抗疲劳的能力，即在高强度的专项训练和比赛条件下，能够充分动员有机体机能能力对抗疲劳，可以看作是持续从事专项工作的能力，即专项耐力。这种观点在当时具有普遍性，不少足球职业俱乐部把10 000 m当成重要的体能训练内容。今天看来这是一种对体能训练较低层次的认识，把体能简单理解为"对抗疲劳的能力"，把体能训练理解为奔跑能力、耐力素质的训练。也有学者认为，体能是为提高技战术水平和创造优异运动成绩所应具备的各种身体综合能力，有大体能和小体能之分。

田麦久等（2000年）在《运动训练学》教材中的观点对后期体能训练起到很大的影响，认为运动员的体能是指运动员机体的基本运动能力，是运动员竞技能力的重要组成部分；运动员的体能发展水平是由身体形态、身体机能及运动素质的发展状况所决定的；指出了体能由身体形态、各器官系统机能和身体素质组成；强调了身体形态和各器官系统机能的基础作用。这一概念拓宽了身体素质训练的范畴，提高了体能训练的操作性，把身体形态和各器官系统机能看作体能的物质基础，力量、速度、耐力、灵敏、柔韧等身体素质是外在表现，也是训练的主要内容。杨世勇等2000年编著出版的《体能训练学》观点与此类似，并分析了一般体能训练与专项体能训练的不同（表1-1）。

表1-1 一般体能训练与专项体能训练的区别

项目	一般体能训练	专项体能训练
任务	①提高各器官系统机能，增进身体健康 ②全面发展运动素质 ③改善身体形态 ④掌握非专项运动技术、技能和知识 ⑤为提高运动技术水平创造一定条件	①提高与专项有关的器官系统机能 ②最大限度地发展专项运动素质 ③塑造专项所需的体形 ④精确掌握与专项技术、战术有关的知识和技能 ⑤促进专项运动成绩和技术水平的提高
内容	多种多样的对全面发展运动素质、身体机能有益的身体练习手段	直接发展专项运动素质的练习，以及在动作特点上与专项动作结构相似的练习，或有紧密联系的专门性练习
作用	为专项运动素质的全面发展和专项成绩的提高打好基础	直接提高专项运动成绩，促进运动员创造优异的专项运动成绩

后期不少学者对体能进行了更广泛的探讨,教材中出现体能的内容越来越多,观点上也有不同的看法。如有人认为,军事体能是指军人在各种特殊环境下,为完成各种长时间、大强度和高标准的军事任务所必须具备的综合生物学能力,是一个融生理学、心理学和时间生物学等多学科素质为一体的综合生物学素质。也有人认为,体能训练应包括单项运动能力、复合运动能力和运动表达能力三部分训练内容。

这一时期,王卫星教授作为较早在我国高水平运动队从事体能训练的资深专家,对体能有着自己的看法,他在讲课中(2001年)阐述体能具有广义、狭义之分。广义的体能是人体为适应运动的需要所储存的身体能力要素,是人体活动基本能力的表现,是人体各器官系统的功能在运动中的综合反映,并根据运动员身体各器官、系统的功能结构特点,把体能组成部分概括为:身体形态、身体机能、健康水平和运动素质四个方面,其中运动素质主要分为四大类:力量素质类、速度素质类、耐力素质类、协调柔韧类。狭义的体能指运动员完成高水平竞技所需要的专项力量体系及其相关的运动素质,其中力量是体能训练的抓手。

2002年出版的《运动生理学》把体能定义为人体在运动或劳动过程中所表现出来的综合生物学机能能力,分为整体工作能力和局部工作能力。人体的体能状况有明显的近似昼夜节律(表1-2),不仅与生活习惯有关,而且与长年的训练节奏和比赛季节安排有关,这也为训练特别是大强度训练的时间安排提供了参考。

表1-2 人体体能及节律变化

指标	高峰时刻	变化时间范围
整体体能	19:28	18:00~20:00
起跑速度	17:00	16:00~18:00
短距离冲刺速度	17:00	16:00~18:00
手拍击速度	17:30	17:00~18:00
握力	17:00	16:00~18:00
俯卧撑	15:00	12:00~17:00

在对以上诸多观点进行分析与考察并汲取其共同点的基础上,有学者把遗传因素和潜力纳入体能概念。认为体能是指人体通过先天遗传和后天训练获得的在形态结构、功能调节、物质能量的贮存和转移方面所具有的潜在能力以及与外界环境结合所表现出来的综合运动能力。这可以从3个方面来理解:

①获得途径:体能通过先天遗传和后天训练两个途径获得,其中后天训练是主要途径。

②综合能力:体能是一种由人的形态结构、生理功能、运动素质等因素所决定的整体能力体现。

③潜力:体能是一种人的运动表现与身体潜力的结合,受外界温度、海拔高度、对手情况、现场气氛等环境因素的影响。体能训练对人体潜能的发挥有积极的意义。

上述对体能概念的表述大致归为5类:

①耐力观,主要是指在比赛中的跑动能力,特别是在比赛的最后阶段,能跑就被认为是体能好。

②机能能力观,认为各器官系统的机能决定体能的水平。

③身体基本运动能力观,包括走、跑、跳、掷、攀爬、负重等方面。

④潜力和综合运动能力观。

⑤身体能力要素论等。

以上论述对科学认识体能的概念及其含义提供了很好的参考,使我们可以基本明确下列观点:首先人体的形态结构和各器官系统的机能是体能的物质基础,要提高体能水平,就必须进一步完善人体的形态结构和器官系统的机能。其次,体能的外在表现是运动素质,即主要通过力量、速度、耐力等身体素质表现出来。关于体能的概念,有不同的表达方式,目前还没有形成统一规范的体能概念,各国有不同的理解。这也在一定程度上给体能的训练实践带来了一定程度的困惑。

1.2.2 体能的系统论观点

1) 从系统论和生物学的观点认识体能

现阶段体能训练的理念及观点的出现,促使我们要对体能的概念及结构重新认识,特别是核心力量、功能性训练等观点的提出,使体能训练的实践发生了很大的变化。要树立科学的生物系统观,必须从生物系统的角度认识人体运动,探讨体能训练。原来的一些理论已不能完整地表达现代体能及体能训练的体系,要重新进行总结和归纳。运动系统对体能的影响无疑是重要的,但人体各系统机能是密切联系的,只从神经、肌肉、关节(骨骼)的角度认识体能及其训练显然是片面的。

在前人研究的基础上,结合现代体能训练实践,作者认为,体能是指人在人体各系统协同配合的基础上,依靠神经中枢系统的支配,通过肌肉活动和能量代谢,应对各种运动形式,包括日常生活行为所应具备的身体能力体系储备,包括力量体系、速度体系、耐力体系和功能性动作体系。根据功能、目的和强度,体能可以分为两类:

(1) 以健康为目的的体适能,表现为中低强度的运动、生活、健身、娱乐等行为能力,注重人体对外界变化的适应。

(2) 竞技体能,表现为高强度,甚至极限强度的比赛、对抗行为能力。

2) 体能构成因素的层次性特征

体能构成因素的层次如图 1-1 所示。从系统和生物学的角度来看,人体各系统机能状态及协调配合在体能中处于基础地位,身体不健康、人体各器官系统机能弱,就很难达到高水平的体能状态。因此,身体健康、防止伤病是体能训练需要重视的基本内容。以此为基础,神经肌肉功能及支配能力处于核心层次,在神经肌肉系统的控制下,进行功能性的稳定、平衡、核心力量、柔韧、灵敏、协调等技

图 1-1 体能构成因素的层次

术动作储备,进而根据需要突出力量、速度、耐力体系的训练,才能保证最佳的体能表现。

3) 区别对待健康体适能和竞技体能

体适能训练是现代健身运动的热门内容,但它和竞技体能有较大差异。那些仅仅进行了一般性体能训练或者健身长跑就盲目参加马拉松比赛所带来的伤病甚至猝死,也说明了两者的不同。体适能的构成相对简单,主要包括:心肺能力、力量及肌肉耐力、柔韧性、身体成分、神经肌肉控制等。因此,普通人体适能的训练宜采取中等负荷(量和强度)和相对简单的练习动作。

竞技体能的要求要远远高于体适能,除上述 5 个因素外,要特别强调灵敏性、平衡能力、速度、爆发力和协调性。因此,对竞技体能的训练要实施科学的大负荷,需要大量的技能储备,是

一个长期、系统的过程。

4) 全面地认识体能

从类别上看,体能有体适能与竞技体能之分,体适能是竞技体能的基础,只有具备了良好的体适能,才能获得更高水平的竞技体能。竞技体能又分为一般体能与专项体能,通常认为一般体能是专项体能的基础。从动作表现形式看,体能表现为身体不同部位为主或全身的跑、跳、掷、攀爬、击打、推拉、旋转以及急起急停、变速变向等行为能力,都需要进行专门的训练才能提高。从系统的角度看,体能既与体质健康、身体形态有关,也与运动素质和技能储备密切联系,因此全面地认识体能是十分必要的。

在体能训练中,人们常常重视心肺功能、力量、柔韧、神经控制、爆发力、灵敏、协调的发展,而忽视身体成分因素;事实上,身体成分不仅影响运动能力,而且影响健康,体重过轻或过重者疾病的发生率也会高于体重正常的人。因此,体能训练中要根据自己体重情况和运动项目需要进行必要的体重控制,增加瘦体重(肌肉),降低脂肪。体重、体形的控制是体能训练中首先要考虑的因素。世界卫生组织和我国都制定了体重指数标准,可供参考(表1-3)。

表1-3 世界卫生组织和我国制定的体重指数(BMI)标准

类别	世界卫生组织	中国
低体重	<18.5	<18.5
正常体重	18.5~24.9	18.5~23.9
超重	25~29.9	24~27.9
肥胖	≥30	≥28

注:BMI=体重(kg)/身高(m)^2

[拓展]

力从腰(髋)发

中国武术在很早以前就有对腰部力量和身体平衡、稳定性的认识。比如通常人们所说的"腰马合一""胳膊拧不过大腿,大腿拧不过腰"等都是指的核心力量。与现代核心力量训练运动模式对比来看,两者对核心区域的定义都是腰椎(脐下)—骨盆(臀)—髋(胯)关节周围区域,但不同之处在于,中国传统武术将肩关节也视为核心区域。由此可以看出,中国传统武术的一些理论也是核心概念的早期应用。例如,中国武术当中的"丹田"理论与现代核心力量理论中的调节子系统(呼吸系统)相对应,"三节四梢"理论与现代核心力量的传递和整合具有一致性。甚至中国武术中的"三节"(梢节起、中节随、根节催)论系统地阐述了身体发力的顺序,其中根节是能量源,要求肌肉在运动时全面贯通。中国武术,特别是醉拳,更好地反映了核心力量,比如:借力打力(运动链)、动静结合(稳定与平衡)、用意不用力(本体感觉)等。中国传统武术训练中的"梅花桩""信拳面壁功""一线穿"等都是最早的核心力量训练方法之一。

1.3 体能训练的概念、原则及主要理论

1.3.1 体能训练的概念

体能及体能训练的含义是一个渐进的发展过程。对体能概念及构成的不同观点,决定了

对体能训练认识的差异。例如,认为体能就是身体素质,那么体能训练就主要是针对力量、速度、耐力、灵敏、柔韧的练习,其中又特别强调力量、速度、耐力的提高;把体能看成是身体形态、各器官系统机能、运动素质的有机结合,虽然在训练中兼顾了身体形态的塑造、系统机能的完善和运动素质的提高,相对比较全面,但对动作技能的精细化要求又不够。功能性体能训练理论也同样,它并不能解决体能所需要的全部问题。

在总结和归纳前人研究成果的基础上,本教程认为,体能训练是指以现代体能训练理论为指导,以提升整体运动表现、挖掘运动潜能、预防伤病为目的,对身体运动能力体系进行的系统改造、整合过程。目前对体能训练概念的认识还有不同的观点。

1.3.2 体能训练的原则

体能训练的内容丰富多样,对不同项目的体能训练要体现各自的专项需要。但多数项目的体能训练仍然要遵循基本的规律和共同的原则。体能训练的基本原则主要有:

1) 专项适应与个性化原则

任何专项都有其特殊性,在动作模式和能量供应上对体能有特殊的要求。体能训练的运动方式与专项动作越相似,获得的能力越容易发生正向迁移。例如田径跑的项目和游泳项目都属于周期性运动,但跑对下肢冲击力更大,短跑需要尽可能大的爆发力和无氧供能能力,长跑需要力量耐力和有氧供能能力,而游泳用力方式和田径差别很大,对糖酵解供能能力要求更高,而且身体姿势、所处环境、上下肢运动方式都有不同,需要实施不同的体能训练。美国NBA球队对体能要求极高,要定期对运动员特别是新人进行体能测试,如果不能达到要求则无法参加训练包括比赛,因为如果身体不适合NBA激烈的对抗,容易造成身体伤害。

同时,运动员的个人差别大,身体条件、体能特点、位置、弱点甚至伤病都有不同,需要解决不同的问题,如果多人甚至全队执行一个体能训练计划,就很难保证效率,甚至会起反作用。因此,适应专项需要和个人需要,在体能训练中非常必要。

2) 渐增负荷与安全性原则

负荷是通过训练手段对人体所施加的刺激,包含负荷量和负荷强度两个方面,是影响训练效果最直接的因素。但人体对负荷会不断产生适应,当人体高度适应了负荷的刺激,就会降低负荷的训练效果。因此,在训练过程中需要逐渐的变化、增加负荷,使人体产生新的适应,不断挖掘人体潜能,提高体能水平。

负荷的增加要考虑安全因素,过大的负荷或者过快地增加负荷,超过了运动员所能承受的能力范畴,就会带来伤病,损害运动员健康。在进行体能训练时要了解运动员的身体状况,结合专项训练建立运动员训练档案,对体能状况及训练效果进行评估,提出可行的方案。同时,在体能场馆的空间布置、训练器材摆放、训练保护措施上都要提前做好安排,以免造成不必要的伤害。

3) 系统训练与周期安排原则

运动员竞技能力包括体能水平的提高是一个需要长期坚持的系统工程,要遵循人体运动能力的发展规律和竞技状态的形成、变化规律,合理安排不同性质的体能训练内容。在长期的训练过程中,必须合理规划体能训练结构,设计好各个阶段的体能训练和专项训练、一般体能和专项体能以及大、中、小不同负荷性质的内容安排比例,有序地提高体能层次。

体能训练同样要遵循周期安排原则。在运动员成长的不同阶段,在年度计划特别是在年度内的各周期训练中,体能训练的内容和要求既要根据各阶段、各周期的需要有所变化、提高,又要相对稳定,注意手段和负荷的多样性和逻辑性的统一。

4) 功能性与力量训练优先原则

与传统重视身体素质的体能训练不同,功能性训练强调神经肌肉控制下的多关节、多维度的动作模式训练,强调核心稳定性和精细动作控制训练,注重神经肌肉整合和恢复再生训练,这就为防止可能的伤病以及实施更有效的专项训练打下良好的基础,形成了一个层次有序、结构完整的体能训练体系,如图1-2所示。在这个体系中,处于基础地位的是一般体能训练,以关节灵活性、灵敏与协调素质和核心稳定性(核心柱、核心力量)训练为主;在专项体能训练中,注重强化力量、速度、耐力体系训练,进一步为专项训练做好准备。

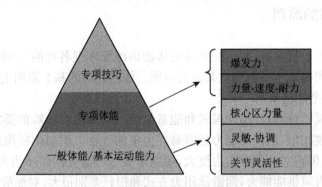

图1-2 体能训练的金字塔结构体系

由于任何动作都是肌肉收缩产生力量的直接结果,所以力量素质训练在体能训练中尤为重要。力量素质分为最大力量、相对力量、爆发力和力量耐力,这几种力量类型并不是孤立存在的,而是相互影响、相互联系。大多数运动项目对爆发力训练有较高的需求,这主要是由于为了提高动作效果,就需要同时募集更多的肌纤维参与工作,同时需要精细的神经支配能力,而快速的爆发力训练在这方面可以起到很好的作用。

1.3.3 现代体能训练的主要理论

1) 应激与适应理论

在神经系统和内分泌系统的支配和精准调节之下,人体的生命活动通常处于平衡的状态,身体内环境相对稳定。运动负荷特别是大强度负荷的刺激,破坏了身体内环境的稳定,身体各系统要进行应激反应,即通过调节机制对各种机能活动进行调整,如心血管循环、能量供应、肌肉力量募集、呼吸、心率变化等,使体内环境与外界变化维持相对平衡,这就是适应。

机体对负荷具有选择性适应。运动负荷的强度和形式不同,身体应激的方式就不同,重点发生适应的系统、部位就会存在很大的差异,主要有心血管系统、神经系统、肌肉与关节系统、物质与能量代谢系统、内分泌系统及酶的活性变化等。长期的运动训练,使运动员机体发生持续性的适应变化,从而使身体机能系统、器官、组织甚至细胞发生结构性、功能性改变,以更好地适应专项运动的需要。

值得注意的是,运动适应是以特异性刺激为基础的变化过程。依照功能性负荷原理,蛋白质循环是主动适应的基础,细胞要维持自身的结构和稳定性,细胞质通过蛋白质合成与分解过程达到动态平衡。负荷的刺激使蛋白质循环发生变化,表现为酶的活性改变,利用氨基酸的能力增加,蛋白质结构和机能适应运动的需要,能量利用效率的提高,免疫力改善(图1-3)。

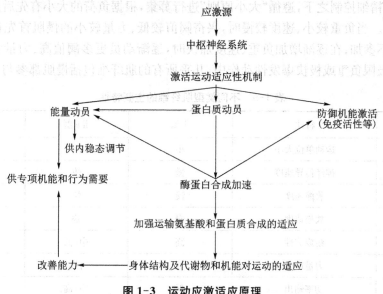

图1-3 运动应激适应原理

负荷对机体适应性变化具有定向作用。在运动训练过程中,对负荷的长期适应使机体的结构和功能产生适应性的变化,而且这种变化具有定向适应性。如2002年出版的《运动生理学》教材数据显示,长期的力量、速度训练使快肌纤维增粗,无氧酶的活性提高,骨密度增加,有氧能力的改善不明显;而长期的有氧练习使慢肌纤维增加,线粒体增多,有氧酶的活性改善,无氧能力的提高不明显(表1-4)。同样是心脏变大,长跑运动员是心腔大,而举重运动员是心腔壁增厚。

表1-4 短、中、长跑运动员肌肉中酶活性的差异

项目	性别	例数	琥珀酸脱氢酶(SDH)	乳酸脱氢酶(LDH)	磷酸化酶(PHOSP)
短跑	男	2	12.9	1287	15.3
中跑	男	7	14.8	868	8.4
长跑	男	5	16.6	767	8.1
无训练者	男	11	7.4	822	7.6

因此,运动训练的实质就是在适宜负荷的刺激下,各机能系统、器官、组织对刺激发生了应答性反应,人体发生了适应运动的生物性改造。在一定的范围以内,负荷越大,对机体的刺激越深,生物改造的效果越明显。负荷过大不仅不能适应,而且容易造成过度疲劳甚至伤病。这提醒我们,根据项目和任务需要实施合理的负荷,进行科学的负荷组合,是取得理想的专项训练效果的基本保证。

2) 神经肌肉募集理论

人体运动的实质是在神经系统的支配之下肌肉牵拉骨骼克服阻力的运动。肌肉控制的精细程度取决于神经元支配的运动单位(肌纤维)数量,需要精细动作(如眼)的肌肉,每根运动神经元支配一根肌纤维,大肌肉运动则可以支配数百条肌纤维。神经肌肉募集理论认为,肌纤维

有慢肌（Ⅰ型）和快肌（Ⅱ型）两种类型，每类又可以分为亚类，具有不同的生理特性（表1-5）。在神经系统的精细控制之下，遵循"大小原则"进行募集，根据负荷的大小有先后层次地动员慢肌和快肌参加。当负重较小、速度较慢时，兴奋阈值较低、力量较小的慢肌首先被募集进行运动，快肌几乎不参加；在逐渐增加负重、速度加快时，逐渐动员更多阈值高、力量大的白肌纤维参加收缩，在极限负重或极快爆发性动作中，几乎所有的肌纤维包括慢肌都参与工作。

表1-5 不同类型肌纤维的主要特性

序号	特性	Ⅰ型	Ⅱa型	Ⅱx型
1	运动单位大小	小	大	大
2	神经传导速度	慢	快	快
3	收缩速度	慢	快	快
4	放松速度	慢	快	快
5	耐疲劳性	高	中/低	低
6	力量产生	低	中等	高
7	功率输出	低	中/高	高
8	耐力	高	中/低	低
9	有氧酶含量	高	中/低	低
10	无氧酶含量	低	高	高
11	毛细血管密度	高	中等	低
12	肌红蛋白数量	高	低	低
13	线粒体大小/密度	高	中等	低
14	纤维直径	小	中等	大
15	颜色	红色	白/红色	白

神经肌肉募集理论表明，力量抗阻训练的方式会使肌肉产生对应的肌肉生理性改变。新的理论把两类肌纤维分为Ⅰ、Ⅰc、Ⅱc、Ⅱac、Ⅱa、Ⅱax、Ⅱx，进行抗阻训练后，亚型肌纤维比例会发生变化，总体上表现为Ⅱx向相邻亚型的依次转变。同时，除了体积的改变外，细胞质、肌浆网、T管的密度、线粒体的数量、毛细血管密度及ATP酶的活性都会发生相应的改变。因此，不同的负荷需要募集不同的肌纤维参加，参与的程度与负荷有关（重量、速度），使得整个肌肉的快肌特性或慢肌特性增强。这就要求在进行力量训练时，要严格控制负荷，提出恰当的要求，促进肌肉特性向预计的方向改变，否则就会适得其反。

3）运动链理论

从人体解剖学的角度看，整个人体由各环节组成。"环节"是人身体上可以活动的每一段肢体、节段或者绕关节转动的骨，既可以是单一的骨环节，也可以是几个环节的组合。人的整体运动是由各环节在肌肉的牵拉下完成的环节运动组成（图1-4）。从各运动项目的表现看，运动员以髋、躯干、肩为轴，几个环节依次运动的链式动作非常明显，如投掷的"超越器械"动作，球类的挥臂，跑步时下肢以髋为轴的前后摆动等。

19世纪40年代，Herman Kabat提出了把弱肌融入肌肉链，利用本体感觉神经肌肉促进法（PNF）进行康复、重建的观点。在此基础上，比利时物理治疗师Struyff Denys首次提出"肌

图 1-4 人体运动链

肉链"概念和肌肉链模型。继而捷克神经生理学家 Vladimir Janda 提出"链反应"概念,认为关节链、神经链与肌肉链三个链结构通过功能依存、互补,共同构成紧密联系的链反应体系。基于这些理论,运动链的观点逐渐形成,到目前为止,已经形成了一个较为完整的运动链体系(表1-6)。

表1-6 人体的运动链体系

运动链	次级结构	功能
动力链	关节链	维持身体姿态,提供运动支点
	肌肉链	产生肌力并传递
	神经肌肉链	动作控制与协调
神经链	植物性神经链	内脏器官运作与机能协调
	运动性神经链	运动器官运作与机能协调
内分泌链	肾上腺轴	内分泌功能实现
	甲状腺轴	内分泌系统协调
	性腺轴	机体应激与适应调节
能量链	磷酸原供能链	高效供能
	糖酵解供能链	高效供能
	有氧氧化供能链	持续供能,储备能源物质

后期根据运动链理论,研究者又将人体运动方式大致分为两类:一是开链动作,指肢体的近端相对固定、远端相对运动的形式,肢体远端的活动范围与速度均大于身体近端;二是闭链动作,指肢体的远端相对固定、近端相对运动的形式。闭链练习是将开链练习的旋转运动转变成线性运动,对各个关节所产生的切力较小,较适合一些身体稳定性训练和功能性康复训练。这一理论的发展促使人们更好地将人体核心部位看作一个缸体,这一缸体为人体运动提供稳定与力量,由这一缸体所产生的稳定性作为基础,所产生的能量更好地向人体远端输送。

运动链理论认为,人体作为一个系统完整的生物体,其运动能力及表现与各运动链的完整性及功能密切相关,任何一个环节出现问题都会影响整体或局部。如某个肌肉受伤,该肌肉链上其他肌肉也难以用力;神经受损,相关的肌纤维力的传导、神经通路就会被阻断;身体核心部位薄弱,人的整体力量、能量就会在此大量内耗等,出现各种功能障碍、动作变形、效率低下。因此,在运动训练过程中要注意构建结构与功能完整的人体运动链。

4) 核心力量与功能性训练理论

在竞技体育领域,核心力量训练较早传入我国,后期核心稳定性及功能性训练理论也相继传入。目前这3个方面已逐渐交叉、融合,在训练中也视为同一类内容进行总体安排。但要注意不同的对象,如康复人群、少儿、成人运动员等,要根据需要在负重、强度、要求等方面有所区别。

核心是人体多环节的整合体,是肌肉发力、远端灵活和近端稳定的生理基础,是人体相互作用力产生的保证。主要以人体的中间区域为主,涵盖骨盆、腰椎、髋关节及其周围的相应肌肉,其骨骼肌系统的核心除骨盆、腰椎、髋关节外还包括腹部和下肢近端。核心区域是一种解剖学的描述,上至膈肌下至盆底肌的区域,主要以骨盆-髋关节-腰椎为轴的中心部位,包含附属在周围的肌肉、韧带、骨骼、肌腱等组织的联合体。

从核心区域解剖学的角度来看,核心肌群是由11对大腿肌、9对背肌、8对骨盆肌、5对腹肌和1块膈肌共计67块肌肉组成。其中15块肌肉的起止点均在核心区(表1-7)。这些肌肉对核心区具有固定作用,而且在运动过程中起到稳定、传递力量、发力和减力等作用。不断加强这些肌肉力量,对机体在运动过程中保持稳定状态具有重要意义。

表1-7 核心区域肌肉起止点分布与数量

肌群	肌肉名称		
	起止点在核心区 (7对+1块)	起点在核心区 (25对)	止点在核心区 (1对)
大腿肌(11对)		股直肌、缝匠肌、阔筋膜张肌、股二头肌、半腱肌、半膜肌、耻骨肌、长收肌、短收肌、大收肌、股薄肌	
背肌(9对)	回旋肌、多裂肌、棘间肌、横突间肌	背阔肌、下后锯肌、竖脊肌(棘肌、最长肌、髂肋肌)	
盆带肌(8对)		膈肌、腰大肌、梨状肌、臀大肌、臀中肌、臀小肌、闭孔内肌、闭孔外肌	
腹肌(5对)	腹横肌、腹内斜肌、腰方肌	腹直肌	腹外斜肌
膈肌(1块)	膈肌		

核心稳定性在康复领域的定义是指在日常生活中,脊椎骨、脊柱的主动肌和神经控制单元共同结合起来,使脊椎间的运动维持在一个较为安全的范围之内。从运动训练领域认识核心稳定性,是指通过骨盆来控制躯干的姿势和运动,进而促使能量的产生、传递、控制以及身体终端的运动达到最优化的一种能力。核心力量在康复领域的定义是指腰椎周围的肌肉所需要维持功能性稳定的能力。在运动训练领域认为,核心力量是指由处于核心的某块肌肉或肌肉群所发挥的最大力量来产生特定速度的能力。

从上面的概念界定可以看出,核心力量与核心稳定性在内涵和应用领域上有所不同。核心稳定性注重对身体的控制和一般性活动,用于康复病人时,主要针对腰痛病人使其能正常完成日常所需的步行、上台阶等活动;用于竞技训练时,强调人体对身体稳定状态的控制,在稳定的基础上,对力量和能量的产生和传递提供最佳的支撑。核心力量注重肌肉的用力,用于康复时强调肌肉进行牵拉的能力;用于训练领域时则更加重视发展肌肉快速用力、产生更大爆发力的能力。因此,二者在训练时要有所区别。

早期的功能性训练源于康复和物理治疗两个领域。康复医学上把"功能性训练"的对象定位于病患,目的是使因各种原因丧失基本动作功能的人通过训练逐步恢复日常行为能力。首次提出"功能性训练"理论的 Gray Cook 把"功能性训练"看成是一种"共性的训练",认为各种运动项目的功能性训练"其实质就是寻求不同运动项目之间的共性特点"。美国国家运动医学会认为,"功能性训练"是具有特定目标的连接性动作训练,即"指那些涉及具体目标动作完成的人体运动链中的部分链及连接训练,包括多维运动轨迹、加速与减速及稳定性的训练"。美国运动委员会(ACSM)的观点更具明确的操作性,把功能性训练定义为"部分训练动作的综合体,包含特定目标的核心训练、稳定训练及平衡性训练等内容"。Gambetta V 把功能性训练归纳为是一种多方位、多关节、强调本体感觉的训练方式。《动作—功能动作训练体系》一书则把功能性训练看作是一种新的训练方法与理论体系,即通过动作模式、动力链、恢复与再生、核心力量等环节的系统优化,来提高运动员的整体运动能力。

国内对功能性训练的表达也不统一。王卫星、董德龙等在研究中认为,功能性训练是从整体的角度来寻找运动员的薄弱环节,具有广泛的含义,包括功能性耐力、功能性力量、功能性速度等训练内容。李丹阳在《功能性训练:释义与应用》中认为,功能性训练是利用自身体重的训练,在实践中注重通过身体姿态的控制来提高维持平衡的能力,并与本体感觉的训练紧密融合。

通过上述的论述可以看出,功能性训练是在生理学、生物力学、解剖学等多学科的视角下,设计的全面性、多关节、系统性动作模式训练,注重本体感觉,通过专门的动作训练,完善运动过程中运动链的通畅、高效,注重从整体上来强化机体的运动能力,维持基本的运动素质。与传统意义上的大负荷力量、速度、耐力训练相比,在目的、要求、内容上都有较大的差异。

5) 预康复与再生训练理论

运动伤病给运动员特别是高水平运动员带来很大的困扰,密集的比赛加上大强度的训练常常使运动员的伤病雪上加霜。我国著名运动员姚明、刘翔都因为伤病结束了运动生涯。有研究认为,运动员 70% 的伤病是由不合理的训练造成而不是比赛。因此,有效地预防伤病,延长运动寿命是运动员训练的重要组成部分。

预康复理论是指在体能评估的基础上,结合项目特点,对运动员可能的伤病进行判断,并进行有效的运动干预。如网球运动员、标枪运动员的网球肘、标枪肘出现的可能性极大,要提前进行关节力量加固;大部分运动员腰部、膝关节由于使用过多,多数有受伤的风险,也要在平时的训练中进行功能性训练,及时采取各种方式放松,降低受伤的可能性。

再生训练是指在运动之前或之后,利用滚轴、按摩棒、触点球,有计划地对肌肉、筋膜进行唤醒激活、梳理放松,修复肌纤维的超微结构,促进血液、淋巴回流,并通过其他有效的放松、牵拉手段促进人的神经肌肉系统及时恢复的练习。

目前,预康复和再生训练已经成为运动员每堂体能训练课的重要组成部分。预康复和再生训练要纳入完整的训练计划之中,防患于未然。

[拓展]

2003 年 1 月 11 日,南京全国羽毛球业余训练工作会议上提出:运动伤病困扰优秀运动员。羽毛球国家队队员的伤病率是 100%;2001 年中国青少年羽毛球队的伤病率几乎是

200%,42名集训队员查出83处伤病。

郎平曾说:"现在国外选手每天只训练2~3 h,但她们到36岁也还照样能跳。我们练10年的运动量可能是人家训练20年的运动量,但我们10年就耗尽了。"

1.4 我国学者体能训练的观点及存在的问题

1.4.1 我国学者体能训练的观点

在探讨体能概念的同时,体能训练的内容也是人们高度关注的领域,这就涉及了体能的组成部分或称结构。关于体能结构分类研究,更多地强调了身体形态、生理机能以及运动素质与心理结构之间的相互作用和关系,涵盖了竞技能力中所包含的各种因素,分类方式比较笼统,操作性较差。相对而言,运动员体能发展水平是由其身体形态、身体机能及运动素质的发展状况所决定的观点比较合理。身体形态、机能和素质三个因素都有各自相对独立的作用,又相互联系,彼此影响。各种运动能力之间的关系和内在机制是由人体运动能力的整体性、运动结构的专项性和能量供应的相关性决定的。影响运动能力的内在机制是运动生理学、生物力学和生物化学基础等生物学因素。

(1) 运动能力的整体性:是指运动能力不是靠某一器官或系统产生的能力,而是在中枢神经系统的统一支配下,各器官系统机能综合表现的结果。但各种能力对相应器官系统的要求不同,其表现也有自己的特点。

(2) 动作结构的专项性:是指运动项目有自己特定的运动技术,在用力和动作顺序上有特定的结构特征。不同的动作结构和肌肉工作之间的相似程度越高,则运动能力之间的联系越紧密。训练方法和手段安排必须符合专项特点。

(3) 能量供应的相关性:是指在某类体能训练时,由于能量供应的特点和来源基本相同,训练的身体能力也有相关性。如绝对速度、绝对力量、爆发力均以高能磷酸盐(ATP)供能系统为主;速度耐力和力量耐力主要以无氧糖酵解供能为主;有氧耐力以非乳酸的有氧氧化供能为主。在不同的体能训练时,要考虑能量供应的特点,确定不同体能的能量供应及其原理,更加有针对性地训练。

运动实践中,对体能的要求不是单一的,而是综合的,人体的力量、速度、耐力、协调、柔韧等能力以特定的形式和比例在不同的专项中有专门的表现。但事实上,我国不同时期身体、体能训练的实践中出现过不同的观点,是一个逐渐完善、提高的过程。

1) 身体素质论

在20世纪80年代体能概念出现之前,运动员的身体素质训练主要围绕力量、速度、耐力、灵敏、柔韧进行。把力量分为最大力量、相对力量、快速力量和力量耐力(见图1-5)。速度分为反应速度、动作速度和位移速度。耐力分为有氧耐力、无氧耐力。两种能力的组合就可以获得较为理想的第三种能力,如力量能力与耐力组合就可以得到良好的力量耐力;耐力与速度能力组合就可以获得速度耐力。我国体育界在20世纪90年代之前基本上持这种观点。这种观点并非错误,而是有局限性。综合能力绝不是几个能力的简单相加,而是有机组合。就素质而练素质,不能从本质和系统的角度看待体能训练,效果是有限的。

茅鹏先生就曾明确地提出"身体素质论"应当否定,认为离开了具体的运动项目,所谓的

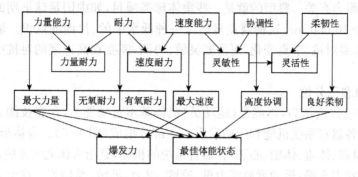

图 1-5　各种运动能力之间的关系

"一般身体素质"是不能存在的。用不同性质的手段交替训练运动员,会使专项训练的系统性经常被打断和破坏,造成受伤。他认为批判"身体素质论",并不是要取消身体训练,而是为了提出真正的身体训练任务,这就是为增强健康、提高成绩服务。

2) 力量素质论

该观点认为,体能训练的主要内容就是力量训练,尤其突出大强度的力量训练。20 世纪前半叶,力量训练的手段主要为运用自由负重(Free Weight)的杠铃和哑铃练习,这种现象在美国同样存在。许多项目的运动员肌肉非常发达,包括田径的中跑项目,甚至有专家抱怨力量训练使运动员更强壮,把力量凌驾于功能性训练之上。直到 21 世纪初,我国竞技体育的体能训练仍把力量看成是影响体能水平的重要因素,把力量训练作为体能训练首要因素。但力量对运动能力的贡献也是有条件的,力量强未必就跳得高、跑得快、投得远。决定胜负的往往是速度而非力量本身,力量若不转化为速度便没有意义。

如投掷项目,曾经被认为是(最大)力量性项目,但运动员力量的持续增长并没有带来成绩的持续增长,在较低水平时,最大力量与投掷成绩的增长是直线相关的,但优秀选手的成绩并非由于力量最大。因为投掷属于快速力量性项目,最大力量只能起到基础作用,成绩取决于出手初速度。近期有研究表明(见表 1-8),中国女子投掷选手的绝对力量发展水平明显高于外国选手,如女子铅球的高翻、全蹲和卧推,女子铁饼的抓举和高翻等;我国运动员体重比较轻,但立定跳远、三级跳远明显低于国外优秀选手,说明我国运动员下肢的灵活性、爆发力不足,从而对动作的快速节奏造成不利影响,力量不能有效转化为出手速度。

表 1-8　中外优秀女子投掷运动员各项指标统计

	铅球			铁饼	
指标	中国(n=5)	外国(n=7)	指标	中国(n=3)	外国(n=6)
成绩(m)	21.21±0.65	21.16±0.79	成绩(m)	69.67±1.65	70.68±2.29
高翻(kg)	130.10±10.69	86.24±9.98	体重(kg)	88.28±2.79	97.30±5.51
卧推(kg)	143.00±11.53	114.21±20.62	抓举(kg)	91.67±2.83	75.00±4.12
全蹲(kg)	186.00±29.82	131.69±19.42	高翻(kg)	126.20±5.82	95.09±4.09
			立定跳(m)	2.61±0.15	2.83±0.01
			三级跳(m)	7.71±0.06	8.13±0.08

3) 耐力素质论

这种观点把耐力素质等同于体能训练,或者认为耐力训练不是体能训练的核心,但方法手段和原则始终和耐力有关。典型的就是一些集体球类项目，如中国足球早期的体能测试与训练，号称每天一个 10 000 m。这种观点显然是一种低水平的、片面的认识。运动项目并不是能跑就能赢，还需要对抗、节奏变化，更需要灵敏、协调，需要在高速度的对抗中对技术动作的精细控制能力。

4) 基本能力和三分论

基本能力和三分论认为，体能是（运动员）机体基本运动能力，是竞技能力的重要组成部分，由身体形态、各器官系统机能和运动素质三个部分组成（图 1-6）。身体形态指机体内部、外部的形状，如身高、体重、体脂、心脏；各器官系统的机能，是指人体九大系统，如运动系统、循环系统等的机能状态水平；运动素质指力量、速度、耐力、灵敏、柔韧等。这个观点把身体形态和系统机能看成是体能的物质基础，把身体素质看成是体能的外在表现和体能训练的主要内容。该观点利于从身体形态、系统机能、运动素质三个方面来认识和实施体能训练。其好处如下：

图 1-6 体能的组成部分

(1) 结构上注意平衡：身体素质训练往往重视某项运动素质的提高，对身体形态、各器官系统的机能重视不够，造成不平衡，使身体素质的进一步发展缺乏物质基础。

(2) 明确内因与外因：身体素质是外在表现形式，是机能能力在基本运动能力某方面的表现，是体能的构成因素，是运动实践中评价和检查体能水平的常用指标。内因是身体机能、身体形态。身体素质很大程度上取决于人体器官和系统的机能能力水平。身体形态和机能水平是运动素质的内在决定因素。

(3) 功能上注重综合：不同于原来身体素质单一、片面的观点，从形态、机能、素质三个方面综合、全面地来看待体能。在实际操作中，身体训练是以单一的运动素质提高为目标任务；体能训练是以整体工作能力、机能潜力提升为目标。体能训练结合专项整体考虑，综合性强，包含了人体器官、机能系统在结构和功能能力以及心理意志品质上的适应性再塑造工作，对整体运动能力、对抗能力、适应大负荷和高强度的抗疲劳能力等都有考虑。

1.4.2 我国现阶段体能训练存在的问题

1) 对体能训练的理解不全面

往往还是把力量、速度、耐力、灵敏、柔韧五大身体素质作为体能训练的主要内容，特别突出力量、速度的高强度训练，耐力训练主要以长时间的有氧跑或较高强度的间歇跑为主，手段相对单一，没有充分考虑身体形态、身体各器官系统机能的物质基础作用，容易导致能力系统间的失调，造成上下肢、前后肌群、左右侧力量能力的不平衡、不协调，进而引起损伤。如短跑选手股四头肌高度发达，而后群相当薄弱；力侧（习惯使用一侧）高度发达，弱侧严重不足；或者力量发达，耐力极差等，都会影响体能的整体水平。

2) 盲目的大负荷

受"三从一大"观点的影响,追求高强度、大负荷。"三从一大"是指在运动训练中,从难、从严、从实战出发,坚持大运动量训练的原则,是我国竞技体育界20世纪60年代提出的。其核心是从实战出发,说明运动训练只有达到比赛的强度和对抗的程度才有效,对训练实践有指导意义。但缺乏监控的大运动量,特别是以量为主,忽视强度,再加上不注意恢复,容易造成打疲劳战。同时身体训练的手段与专项训练非常相似,缺乏异质性手段的负荷刺激,极易引起疲劳累积甚至受伤。

3) 方法手段相对单一且针对性不足

选择合理的方法手段是取得良好训练效果的前提。但不少人并不清楚方法手段体系(表1-9),往往只重微观(手段),轻宏观(控制),对所用方法的考量不足,把手段(内容)当作训练计划的主要内容,训练安排不严谨,在很大程度上影响了训练效果。教练员在制订训练计划时主要是选择手段,而对采用何种方法,没有进行合理的规划;在不同训练阶段,对适宜使用的训练方法和手段缺乏认识,方法和手段不能体现专项特征,产生训练效果的偏差。

表 1-9 训练方法和手段体系

层次	作用	分类及组成	
整体控制方法	为训练过程提供导向作用和参照体系	模式训练法	目标模型、检查手段、评定标准、训练方法
		程序训练法	训练程序、检查手段、评定标准、训练方法
具体操作方法	保证整体方法的可靠性和科学性	分解训练方法	单纯/递进/顺进/逆进
		完整训练方法	
		重复训练方法	短时/中时/长时
		间歇训练方法	高强性/强化性/发展性
		持续训练方法	短时/中时/长时
		变换训练方法	变换负荷/变换内容/变换形式
		循环训练方法	循环重复/循环间歇/循环持续
		比赛训练方法	教学性/检查性/模拟性/适应性
训练手段	是具体操作方法效果和针对性的前提	单一动作结构	周期性/混合性
		多元动作结构	固定性/变异性

如进行速度训练,选择的手段通常是30 m、60 m、80 m跑;进行速度耐力练习就采取300 m、400 m、600 m段落跑,技术上笼统地采用分解或完整法。力量训练就选择杠铃、壶铃、组合器械、跳跃练习等,对强度、间歇、顺序、组合、组织等细节没有细致要求。力量练习时缺乏节奏的变化,以动力性、向心收缩练习为主,极少使用离心、等动方式,刺激单一,变化不多,综合性不强,很大程度上影响了训练的整体效果,往往看上去一样的训练,但负荷的刺激效果不同,没有达到预期的训练目标,甚至起到负面效应。

4) 缺乏整体设计,层次与过程把握不准

训练中只注意某个手段、训练课的效果,对总体、阶段性训练目标设计不足,特别是对总体负荷结构的安排没有明确的体系。训练负荷结构是指在训练过程中,不同性质、内容的负荷,在训练课和某个训练阶段安排的多少,是有目的的训练设计。现代实践证明,训练效果的取得与不同性质负荷的合理组合有直接关系。如有氧、混氧、无氧负荷的搭配决定了中长跑的训练效果;长期的一般训练、专项训练、大中小负荷的有序安排,影响青少年是否能成为优秀的成年选手;一般力量、核心力量、专项力量的有序组合,对整体力量影响深远等。如果在不同的阶段,负荷使用层次感不强,对如何整体控制训练方向、进行过程控制缺乏思考,造成训练阶段、周期间缺乏有效的衔接,训练思路逻辑性不强,运动成绩的提高就难以持续,或者不能达到更高的层次。

5) 不注重体能诊断和训练监控

根据现代训练理论,在运动员状态诊断的基础上,规划训练目标并选择合理的负荷,达成训练目标,构成了完整的训练过程体系(图1-7)。诊断是训练的起点,缺乏准确的诊断,就难以规划合理的目标;训练目标不适当,就难以选择针对性的手段、负荷,造成整体上的过程监控缺失。

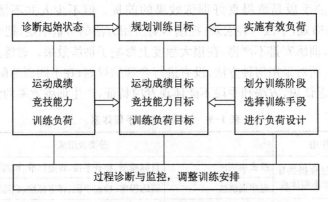

图 1-7 训练过程体系

6) 与专项结合不够

我国竞技体育训练中长期存在两种倾向:一是专项特别是技战术练得过多,对体能、心理、智能训练重视不够;二是在体能训练领域,一般性体能练得多而专项体能练得不够或针对性不强。这种现象看上去矛盾却客观存在,暴露出我们在训练理论特别是训练理念上的片面和欠缺。仅就体能而言,运动项目千差万别,各项目对体能的需要存在很大的不同。体能从外表形式上来看,是力量、速度、耐力、灵敏、协调、柔韧在不同项目中的表现,但项目本质特征的差异,造成了各项目在力量特点、供能属性、比赛过程、动作表现等方面有很大的不同。对项目特征认识不清,对项目体能需求的特殊性认识不够,导致体能训练与专项结合得不够,造成所谓的"体能外练"。

从现代足球比赛的表现特点可以看出(表1-10),高水平的比赛要求队员跑动在9 000～14 000 m 之间,冲刺跑次数平均150次,长达2 500 m,从急起急停到30 m奔袭,需要高速度、强对抗,对无氧能力、有氧能力、位移速度、速度耐力都有很高的机能素质要求。从对抗性看,对抗性动作占52.6%,在对方禁区几乎100%是身体对抗,要求合理冲撞、贴身紧逼,需要队员在对抗能力、快速力量、动作速度、身体平衡上占有优势。攻防特点上,在60 min的纯比赛实践中,有300次转换,最多1 min可达5次,3次传球内的快速进球占65%以上,要求高速度、频繁转换攻防、快速改变节奏、迅速完成攻击,对反应速度、动作速度、抗乳酸能力、快速力量、启动力量都有高要求。

但现实中足球的体能训练太粗糙,耐力主要以长时间跑为主,甚至动则10 000 m,高强度的耐乳酸能力训练不足,力量、速度训练的要求不细,针对性不强;加上技术、战术训练的对抗性不强,通常在弱对抗中进行,不仅花费了大量时间,给球员带来很大的心理压力,其效果也十分有限。

表 1-10　现代高水平足球比赛特点

项目	场上活动特点	对抗性	攻防特点
表现	活动距离 9 000～14 000 m，冲刺距离 2 500 m，冲刺快跑次数 150 次，快跑距离 1～30 m	完成技术动作 916 次，对抗条件下 482 次（52.6%），中场对抗性动作 85%，对方 1/3 场区对抗动作 95%，禁区对抗性动作近 100%	60 min 纯比赛时间，300 次转换，1 min 多可达 5 次，控球 25 s 内进球占总进球的 91%，3 次以下传球进球得分占总进球的 65.2%
要求	高速度、强对抗、迅速摆脱、局部人数优势需要超强体能做保证。30 m 内加速冲刺能力具有决定意义	用合理冲撞、贴身紧逼，争取全方位的控制	高速度，频繁转换攻防，快速改变节奏，迅速完成攻击
机能素质	无氧能力、有氧能力、位移速度、速度耐力	快速力量、动作速度、维持身体平衡	反应速度、动作速度、高速度的耐乳酸能力、快速力量、启动力量

7) 片面理解核心力量和功能性训练

核心力量和功能性训练是近十多年来体能训练的热点，特别是 2008 年奥运会周期开始，我国各级运动队十分重视体能训练，对核心力量趋之若鹜，甚至谈体能必谈功能训练，有以核心力量、功能训练代替体能训练之势。从现代体能训练的理论体系看，功能性训练是传统体能训练的充实，是为了克服现有体能训练的不足，特别是解决伤病隐患、能力不平衡、结构不合理等可能的隐患所进行的矫正性、无痛性、平衡性、稳定性训练，并不能完全替代常规体能训练，并不具备体能训练的所有功能。因此要理性对待，不能以偏概全，要把功能性训练有效融合在体能训练的体系之中。

因此，针对追求"更快、更高、更强"的现代竞技体育发展，面对不断出现的体能训练理论、理念和各种先进的器材、设备，我们应该深刻认识体能，合理安排体能训练，不能人云亦云，盲目跟风，要有理性的思考和科学的判断，找到适合我国运动员实际的思路和办法。

[拓展]

20 世纪 90 年代初，由于中国球员在国际比赛中屡屡暴露出体能问题，中国足协在职业联赛伊始就采取了强制性的体能测试（简称体测）。测试分为 12 min 跑和 25 m 折返跑两部分，只有两项测试都达到标准，才能获得参赛资格。由于 12 min 跑必须达到 3 000 m 才能过关，因此，第一次体测的时候，国内很多球员纷纷栽倒在这条门槛前。当时已经是国家队主力前锋的高洪波，甚至不惜在首届职业联赛开始前远走新加坡来逃避体测。而同样技术出色的延边球员李红军则最终没能通过体测，无缘 1994 年的第一届甲 A 联赛。最后被逼无奈的李红军只好跟随当时声名显赫的马家军一起训练，借此提高体能，"延边马拉多纳"当时郁闷的心情可想而知。而被誉为"亚洲第一前锋"的郝海东也同样深受体能测试的折磨，他几乎是每一年体能测试的困难户，但郝海东在球场上表现出来的技术水平，让绝大多数能跑的球员自愧不如。

2002 年 9 月的俱乐部峰会上，12 min 跑和折返跑被终结了。新官上任的阎世铎给联赛带来了另一种体测方式——号称欧洲球队都在使用的 YOYO。年底的冬训中，所有球队都开始改练 YOYO。像过去一样，训练结束时，地上照例会躺成一片。12 min 跑和折返跑的标准比较简单，YOYO 则很容易引起争议。这是因为，YOYO 要求球员必须按照节奏跑，慢了不行，抢跑也不行。实德前锋王鹏体能甚好，却因为两次被判抢跑，被罚下场，不得不参加补测。随着时间的推移，越来越多的老观念被抛弃。从去年开始，体测被彻底废除。12 min 跑、折返跑和 YOYO，全都走进了尘封的历史。

思考题

1. 如何认识体能概念的发展变化？
2. 列出几种体能的概念并进行比较。
3. 谈谈对体能构成的认识。
4. 简述体能训练的概念、原则和主要理论。
5. 我国对体能训练的认识有哪些误区？

2 体能训练的生物学基础

[学习目标]
(1) 理解人体各系统与运动能力之间的关系。
(2) 了解人体骨骼、肌肉系统。
(3) 掌握关节的运动方式和肌肉的工作方式。
(4) 了解与人体运动密切相关的神经系统、内脏系统。
(5) 掌握机体三个供能系统的特点、在运动中的作用以及它们之间的相互关系。
(6) 了解人体运动中不同的骨杠杆原理。
(7) 了解抗阻运动中影响肌力的生物力学因素。
(8) 了解恢复和提升体能水平的营养措施。

2.1 体能的生物学概述

体能是人体的基本运动能力。人体是由神经系统、运动系统、呼吸系统、消化系统、免疫系统、循环系统、泌尿系统、内分泌系统和生殖系统等九大系统组成的完整的生物体(表2-1)。九大系统作用不同,具有自己的特定功能,但又在神经系统和内分泌系统的调节、支配之下,各系统相互联系、相互配合、相互制约,决定了人体功能性活动的整体水平。

人体系统涉及三个不同的层次:人体、各子系统(九大系统)和器官。

细胞是生物体的基本结构和功能单位,不同的细胞形成了组织,不同的组织构成器官,作用不同的器官组成了系统,各系统在神经系统和内分泌系统的支配、调节之下发挥不同的功能性作用,构成了一个具有新陈代谢、兴奋性、应激性、适应性特征的有机生物体。因此,人的健康好坏、运动状态的高低,应该从不同的层次进行认识和判断,可能是器官的问题,可能是系统的局限,也可能是系统之间的不协调,造成了人的整体出现了障碍。

表 2-1 人体的系统组成及作用

人体系统	组成	作用
神经系统	脑、脊髓、周围神经	控制和调节其他系统的活动,使之成为完整的一体,维持机体内外环境的统一,是人体结构和功能最复杂的系统,在体内起主导作用
运动系统	骨、关节、骨骼肌	骨借助关节相连形成骨骼,起支持体重、保护内脏和维持人体基本形态的作用。在神经系统支配下肌肉收缩和舒张,以关节为支点牵引骨改变位置,产生运动
呼吸系统	呼吸道、血管、肺、呼吸肌	与外界环境进行气体交换,为能量代谢提供氧,排出废气
消化系统	消化道和消化腺	负责食物的摄取、消化和吸收,获得糖类、脂肪、蛋白质、维生素、微量元素等营养成分

(续表)

人体系统	组成	作用
免疫系统	免疫器官、免疫细胞、免疫分子	抵御病原菌侵犯,适应环境
循环系统	心脏、心血管、血浆、淋巴、组织液	将营养物质和氧输送到各组织器官,把代谢产物输入血液,经肺、肾排出,输送激素到靶器官进行调节
泌尿系统	肾、输尿管、膀胱、尿道	排出废物和多余的液体,调解生理活动,使各个器官组织协调运作,保持机体内环境的平衡和稳定
内分泌系统	弥散内分泌系统、固有内分泌系统	是神经系统以外的重要调节系统,传递信息,参与调节机体的新陈代谢、生长发育和生殖活动,维持机体内环境的稳定
生殖系统	内、外生殖器	繁殖后代,形成并保持第二性特征

运动系统有广义和狭义之分。

狭义的运动系统由骨、关节和骨骼肌组成。广义的运动系统由中枢神经系统、周围神经和神经-肌接头部分、骨骼肌、心肺和代谢支持系统组成。

骨与不同形式的骨连结联结在一起,构成骨骼,形成了人体体形的基础,并为肌肉提供附着点,肌肉是运动系统的主动动力装置。运动的实质,是人体运动系统(骨、关节、肌肉),在神经系统的支配之下,骨骼肌收缩,带动骨骼以关节为支点进行的杠杆式活动(图 2-1)。

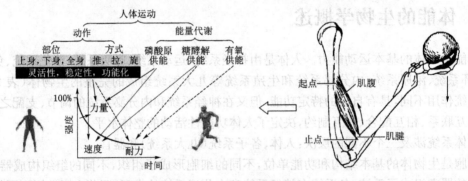

图 2-1 人体运动示意图

在神经系统的支配之下,肌肉收缩、放松,带动关节、骨骼伸、屈、旋、外展、内收,使身体不同部位发生推、拉、旋转,表现为走、跑、跳、投、滑步、旋转、翻腾等不同的运动方式。但狭义地理解运动,只看成是运动系统的事显然是不合适的。运动要消耗大量的能量,持续的运动要补充能源物质进行消化吸收并输送到运动系统,代谢产生的废物要排出体外。运动、比赛过程中,复杂多变,需要根据出现的问题及时调整、适应。在长期的训练过程中,各个器官、系统都会承担负荷,产生适应,也有可能产生不适应、造成疲劳积累和伤病,等等。因此,各个系统不仅相互影响,而且都与人体的运动能力有千丝万缕的联系,任何环节出现问题都会对人的运动表现造成直接和间接的影响(图 2-2)。

因此,体能作为人的基本运动能力,是人体各器官系统的机能在体育运动中的表现,认识、研究运动能力,探讨体能训练,必须有系统的生物学观点。训练的核心问题是不能单独看待体能的各种功能因素,而应该是人体整体的有序状态。1988 年,世界生理学大会主席 James Black 教授曾说:"如果不结合整个组织、器官和机体研究,则从分子生物学所获得的信息,将成为结构和机制的一张混乱不清的目录单。"神经肌肉的支配、控制、激活,肌纤维的不同类型

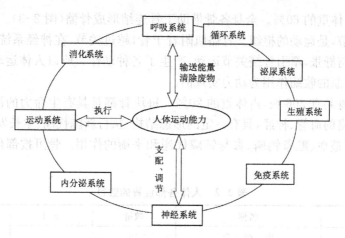

图 2-2 各系统与人体运动能力

及特点,三大能量供应系统的差异及整体性,动作技术的经济性、时效性、合理性,营养及能源物质的及时补充等因素,特别是人体各系统的高度协调、统一,很大程度上影响体能水平及体能训练的效果。但现实中许多教练员、体能训练师,眼里只有力量、速度、耐力,只有技术、战术、负荷、手段,很大程度上降低了体能训练的整体效能,甚至带来负效应。

[拓展]

生物科学在训练理论和实践,特别是在体能训练领域起到基础性作用。一名生理学家未必能成为一名出色的体能训练专家,但一名出色的体能训练专家一定是出色的生理学家。体能训练需要从生物系统科学的角度来探讨和全面认识。当代复合型体能训练团队包含了医学、心理学、生物力学、营养学、康复学、管理学、训练学等各类人才。

2.2 体能的生理学基础

生理系统的正常功能对健康人和运动员来说都是至关重要的。人体的运动是以三大供能系统的能量代谢活动为基础,在神经系统的支配下,在其他各大系统的配合下,通过运动系统来完成的。因此,运动系统的组成、功能对人体运动能力具有直接的影响。

2.2.1 运动系统

运动系统由骨骼系统、神经系统和肌肉系统组成。

1) 骨的构造及特性

骨骼在运动中起到支持、保护和运动杠杆的作用。在人体生长不同的时期,具有不同的生理特性。在运动的影响下,骨会发生结构和功能上的适应性改变。骨连结的特点很大程度上决定了动作的幅度。因此,探讨体能训练必须了解骨骼体系。

(1) 骨的分类:运动系统包括骨、骨连结和骨骼肌三

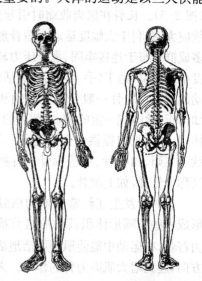

图 2-3 全身骨骼

部分,约占成年人体重的60%。全身各骨借助于骨连结形成骨骼(图2-3)。骨与骨之间的连结大部分形成关节,是运动的枢纽。骨骼肌附着于骨,越过关节,在神经系统的支配和其他系统的配合下收缩与舒张,牵引骨绕关节运动,产生了各种动作。所以人体运动是以骨为杠杆,关节为枢纽,骨骼肌的收缩作用为动力实现的。

正常成人的骨共有206块,占体重的20%。每块骨都是具有生命力的活的器官,具有可塑性。它富有丰富的血管、神经,具有一定的形态结构,执行新陈代谢、生长发育、修复、再生和改建等功能,具有造血、贮备钙磷、参与钙磷代谢和平衡的作用。骨可按部位、形状进行分类(表2-2)。

表2-2 人体各部位骨的数目

部位		名称	数量	小计	合计
中轴骨	颅骨	面颅骨	15	29	206
		脑颅骨	8		
		听小骨	6		
	躯干骨	椎骨	26	51	
		肋	24		
		胸骨	1		
附肢骨	上肢骨	上肢带骨	4	64	
		自由上肢骨	60		
	下肢骨	下肢带骨	2	62	
		自由下肢骨	60		

按骨的形状大致可分为四类:长骨、短骨、扁骨和不规则骨(图2-4)。

长骨多呈长管状,两端膨大称骺,增加了相邻骨的接触面,支持体重,分散震荡力,骺端覆有关节软骨,形成关节面,与相邻骨面构成关节。中间为骨体或骨干,内有骨髓腔,容纳骨髓(图2-5)。长骨在肌肉收缩时引起的杠杆作用效应大,有利于大幅度运动。短骨形状不规则,多成群分布于连接牢固、承受压力较大、运动幅度小的部位,适于(手、足)高度灵活性和复杂运动的需要。扁骨一般分布于中轴和四肢,形状如薄板,常围成一定的腔,对腔内的器官有保护作用,并为肌肉提供大量附着面。不规则骨形状不规则,如椎骨、某些颅骨。有些含有空隙,又称含气骨,如上颌骨。

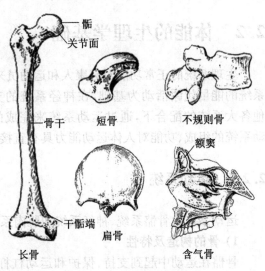

图2-4 骨的形态分类

有的骨发生在经常摩擦的肌腱或韧带内,形成一些扁圆形体积甚小的结节状小骨块,称为籽骨,在运动中能使肌腱灵活地活动于骨面,利于减少摩擦,改变骨骼肌的拉力角及肌拉力方向,起到增大肌肉力臂的作用。人体内最大的籽骨为髌骨。

(2)骨的构造:骨由骨膜、骨质、骨髓构成,并有神经和血管分布或附有关节软骨。下面以长骨为例说明骨的构造(图 2-5)。

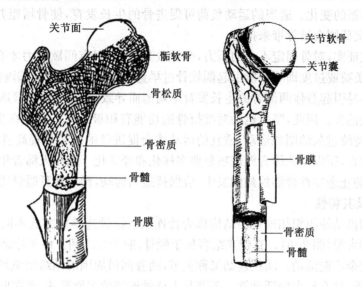

图 2-5 长骨的构造

骨膜可分为骨外膜和骨内膜。骨外膜又可分为内、外两层。外层致密，由结缔组织组成；内层疏松，含有成骨细胞。骨内膜薄且较疏松，有破骨细胞和未分化细胞分布。成骨细胞和破骨细胞分别具有产生新骨和破坏骨质等功能，在骨的生长、改造、修复时，功能最为活跃。

骨质是骨的主要部分，由骨组织构成，主要为钙化的骨的细胞间质，分为骨密质和骨松质两种。骨密质质地致密坚硬，抗压、抗扭曲力强，内有血管穿行，骨板绕血管排列。长骨的密质在骨干形成厚的骨管壁，管腔称骨髓腔。骨松质位于骺及其他类型骨的内部，由骨小梁排列而成，结构疏松，呈海绵状，内有红骨髓。骨小梁的排列可随运动中的机能要求而发生改变。

骨髓分为红骨髓和黄骨髓两种。红骨髓有造血功能，胎儿及幼儿所有的骨髓都是红骨髓，6 岁前后长骨骨髓内的红骨髓逐渐转化为黄骨髓，失去造血功能，成为脂肪的贮存库。在长骨的骺、短骨、扁骨、不规则骨等骨松质内的红骨髓终生不变，一直执行其造血机能。

（3）骨的化学成分与物理性质：骨由有机物和无机物组成。有机物主要是骨胶原纤维和粘多糖蛋白，赋予骨的韧性和弹性；无机物主要是骨盐，如磷酸钙和碳酸钙等，使骨具有较高的硬度。两者有机地结合在一起，使骨既坚硬又富有一定的弹性和韧性。

骨由于受年龄和生活条件等内、外环境因素的影响，形态、结构、化学成分和物理特性不断发生变化。幼儿时期骨质所含的有机物和无机物各占约一半，故弹性好，可塑性大，不易骨折，但因硬度小，而易弯曲变形。这也是少儿阶段不宜进行大负重力量训练的原因之一。成年时期骨质中的有机物逐渐减少，无机物逐渐增多，约为 3∶7，使骨具有很大的硬度和一定的弹性。老年时期骨质中的无机物占有更大比例，骨组织总量减少，骨质脆性大，韧性差，易发生骨折。

骨的生长包括长粗和长长两个同时进行的过程。骨外膜内层的成骨细胞不断产生骨质，使骨的横径增粗；骨内膜内的破骨细胞破坏与吸收骨质，使骨髓腔扩大。同时长骨两端的骨骺和骨体交界处有骺软骨，骺软骨细胞的增生和骨化，使骨的长度增长。骨的基本形态是由遗传调控的，但其形态构造常受体内、外多种因素的影响而变化。影响骨生长发育的主要因素包括以下几个方面：机械力、神经系统、内分泌、维生素以及营养，疾病及其他物理、化学等因素。

(4) 运动对骨形态结构和功能的影响：体育锻炼使骨在功能上发生改变，随之而来的是骨内部构造和形态的变化。适当的运动负荷可促进骨的生长发育，使骨增粗并提高骨的机械性能；而过度的负荷则会给骨带来损害。

有学者研究证实，对骨固定不变的压力，会导致其萎缩，只有间歇压力才有利于促进骨的生长；过长时间负荷或过度训练则能引起骺软骨过早愈合，骨化过程提早，影响骨的增长；单侧负荷过多、过久，易引起身体两侧骨的生长发育不均衡而导致畸形；当体育锻炼停止后，骨所获得的变化会慢慢消失。因此，坚持运动对维持骨的功能有积极意义。对处在生长发育时期的少年儿童，不宜持续过久的剧烈运动，适宜的运动才会促进骨的成长和提高骨强度，过度负荷则会影响骨的发育，所以少儿体育锻炼项目要多样化和经常化。老年人随着年龄增大，机能素质逐步退化，为防止老年性骨骼疾病的发生，应保持适当运动，预防和延缓骨质疏松的发生。

2) 骨连结及其特性

骨与骨之间借结缔组织相连接的结构称为骨连结。按骨连结的方式不同，可分为直接连结和间接连结两大类（图2-6）。直接连结多见于颅骨、躯干骨之间。由于连结得较紧密，故运动幅度很小或完全不能活动。间接连结又称关节，两骨间借周围的结缔组织膜囊互相连结，有间隙，并充以滑液，具有较大的活动性。关节是人体骨连结的主要形式，多在四肢，以适应肢体灵活多样的活动。

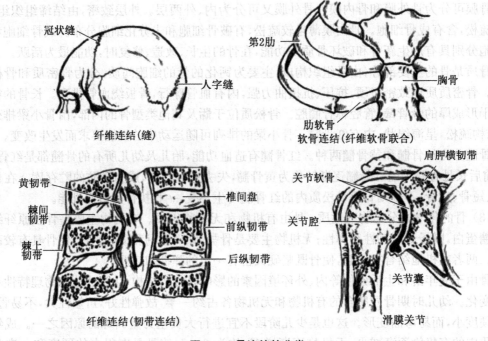

图2-6 骨连结的分类

(1) 关节的结构：关节结构可分为基本结构和辅助结构两部分（图2-7）。基本结构包括关节面、关节囊和关节腔；辅助结构包括韧带、关节内软骨和关节唇等。关节面与关节软骨、关节囊和关节腔称为关节三要素。

关节至少包括两个关节面，多为一凸一凹，凸者称为关节头，凹者称为关节窝。关节面上终生被覆一层关节软骨，使粗糙不平的关节面变得光滑，在运动时可减少摩擦，增大关节的灵活性，并有缓冲撞击、吸收震荡等功能。但如经久摩擦，可产生耗损，影响关节的功能。

关节囊由结缔组织膜囊构成,外层为纤维层,内层为滑膜层。纤维层厚而坚韧,由致密结缔组织构成,起连接和稳固关节的作用。滑膜层由薄层的疏松结缔组织构成,富有血管网,有分泌滑液的功能,不仅能润滑关节面,减少摩擦,增加关节的灵活性,并有营养关节软骨、半月板的作用。关节腔为关节囊的滑膜层与关节面之间所围成有负压的密闭腔隙,对维持关节的稳定性有一定的作用。

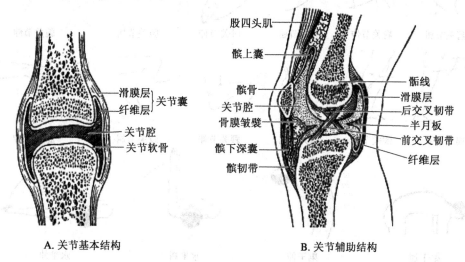

图 2-7　典型关节的结构

韧带位于关节周围或关节腔内,是连接相邻两骨之间的致密结缔组织纤维束,有加强骨与骨之间的连结,增加关节的稳固性及限制关节过度运动等作用。关节内软骨,包括关节盘和半月板,可使相对的两骨关节面更为适应,缓冲冲击和震荡,改变关节的运动形式,增大关节的运动范围。关节唇附着于关节窝周缘,可增大关节面和加深关节窝的作用,使关节更加稳固。滑膜襞和滑膜囊,可起到填充及调节关节腔的作用,有利于滑膜的分泌和吸收作用,减少运动时肌腱与骨面之间的摩擦。

(2) 关节的运动：关节的运动方式及特点是在体能训练中接触较多的内容,不仅是理论研究、认识的需要,也是实践操作中需要掌握的问题。关节运动基本上是在三个互相垂直的基本平面内,沿三个互相垂直的运动轴进行(图 2-8)。根据关节运动轴的方位,关节运动的基本形式有以下几种：

① 屈和伸：通常指关节绕冠状轴在矢状面内进行的运动。一般关节向前为屈,向后为伸,而膝关节以下则相反。足背向小腿前面靠拢为伸,也称为背屈；足尖下垂为屈,习惯上称为跖屈。

② 外展和内收：指关节绕矢状轴在冠状面内进行的运动。使运动环节远离正中矢状面的运动为外展；反之为内收。

③ 旋转：指关节绕垂直轴在水平面内的运动,又称回旋。当关节的前面向内侧旋转时称旋内；反之为旋外。

④ 环转：关节的近侧端在原位转动,远侧端做圆周运动。凡能沿两轴以上运动的关节均可做环转运动。

此外,关节还有滑动、水平屈和水平伸的运动形式。滑动是指一个关节面在另一个关节面上的移动,活动范围很小。水平屈、伸运动指在肩关节和髋关节外展 90°后,向前运动称为水平屈,向后运动称为水平伸。

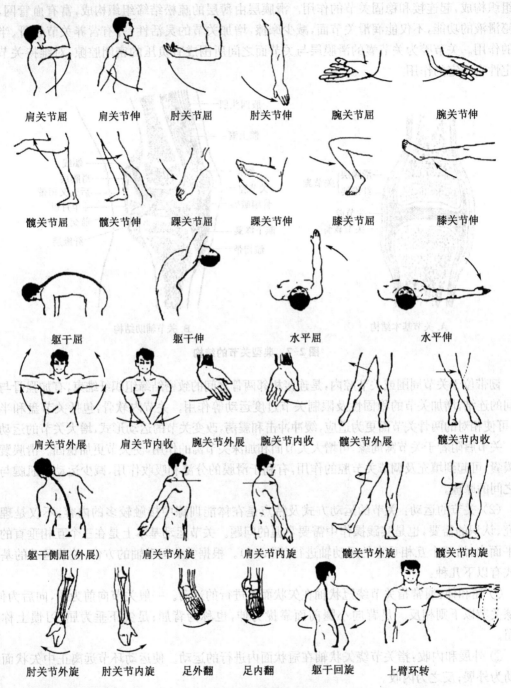

图 2-8 关节的运动

(3) 运动对关节的影响：运动影响整个人体,也会影响人体关节。通过一定的体育锻炼,可以增强关节囊、关节韧带、关节周围肌肉的伸展性和弹性,提高关节的灵活性,改善人体的柔韧性;可以使关节囊、关节韧带增厚、增粗,从而增大关节的稳固性。所以体育运动不但可以提高人的柔韧素质,增大关节运动幅度,使运动动作优美协调;同时还因动作幅度的增大,对提高运动技术水平、防止运动伤害事故的发生都有很大的影响。

运动时的热身要引起重视,如果没有充分地做好准备活动,或姿势不正确,或用力过猛,不依照动作要领进行练习,就可能会导致韧带撕裂、关节脱位等运动损伤。因此,在体育运动中,要注意方法,遵循运动的科学性,才能避免运动损伤,增进身心健康,提高运动成绩。

3) 骨骼肌的构造、类型及其特性

骨骼肌是运动系统的动力部分。肌肉多数附着于骨骼,故称骨骼肌,少数附着于皮肤者称为皮肌。骨骼肌在人体内分布广泛,大约有600多块,占体重的40%左右(图2-9)。每块肌肉都有一定的形态结构,执行一定的功能,有丰富的血管和淋巴管分布,接受神经的支配,所以每块肌肉都可视为一个器官,具有舒缩功能。

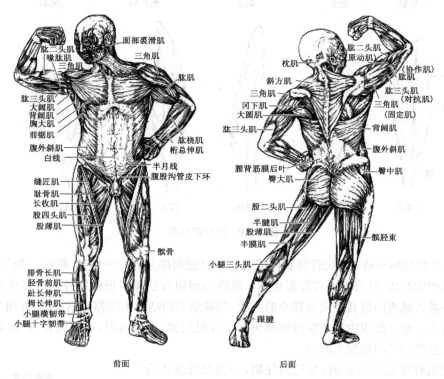

图2-9 全身肌肉

(1) 肌肉的类型:人体内肌肉数量很多,通常按照肌肉形状、肌腹多少、肌纤维排列方向、肌肉机能、肌肉起止点和所在部位以及跨过关节多少等进行分类和命名(图2-10)。

① 根据肌肉外形可概括地分为长肌、短肌、阔肌和轮匝肌四种。此外,还有其他类型,如三角肌、斜方肌、菱形肌、腰方肌、前锯肌等。

② 按肌腹、肌头的多少分类和命名,具有两个头的肌肉称二头肌,如肱二头肌;具有两个肌腹的肌肉称二腹肌,如下颌二腹肌。

③ 按肌纤维的排列方向分类和命名,如腹直肌;按肌肉的机能不同分类和命名,如拇长屈肌;按肌肉所在部位分类和命名,如胸大肌;按肌肉起止点分类和命名,如胸锁乳突肌;按肌肉跨过关节的多少分类和命名,肌肉的起点和止点之间如果只跨过一个关节的肌肉称单关节肌,如肱肌;跨过两个关节的肌肉称双关节肌,如半腱肌;跨过多个关节的肌肉称多关节肌,如指浅屈肌。

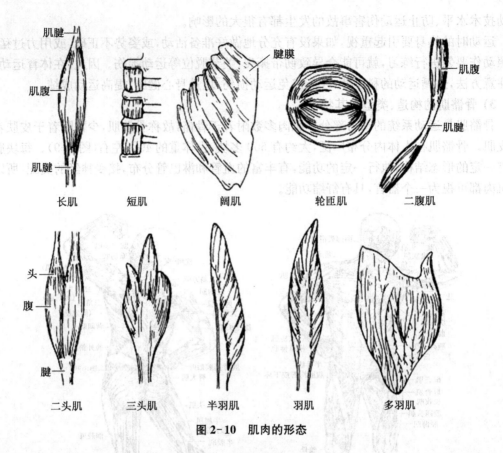

图 2-10 肌肉的形态

（2）骨骼肌的构造：每块骨骼肌包括肌腹和肌腱两部分（图 2-10）。肌腹一般位于中间，主要由肌组织组成，具有收缩和舒张功能。肌腹表面包有结缔组织的肌外膜。肌外膜发出若干纤维隔伸入肌腹内将其分隔为较小的肌束，包被肌束的结缔组织称为肌束膜，向两端与肌腱组织融合在一起。肌束内每条肌纤维都包有结缔组织膜，称肌内膜，肌肉的血管、神经和淋巴管等沿着这些结缔组织深入肌肉。

骨骼肌纤维是多核细胞，呈长圆柱形，一条肌纤维内含有几十个甚至几百个核，位于肌膜下方。在肌浆中有沿肌纤维长轴平行排列的肌原纤维，每条肌原纤维上都有明暗相间的带，明带又称 I 带，暗带又称 A 带。暗带中央有一条浅色窄带，称 H 带，H 带中央有一条深色的 M 线。明带中央有一条深色的 Z 线。相邻两条 Z 线之间的一段肌原纤维称为肌节（图 2-11）。每个肌节由 1/2 I 带＋A 带＋1/2 I 带组成。暗带的长度恒定，明带的长度依骨骼肌纤维的收缩或舒张状态而异。肌节依次排列构成肌原纤维，是骨骼肌纤维结构和功能的基本单位。

图 2-11 骨骼肌纤维的光镜结构

每一条肌原纤维由大量的粗、细两种肌丝构成，它们沿肌原纤维的长轴平行排列。粗肌丝由肌球蛋白构成，位于肌节中部；细肌丝由肌动蛋白、原肌球蛋白和肌钙蛋白构成，位于肌节两侧。因此，明带仅由细肌丝构成，H 带仅由粗肌丝构成，H 带两侧的暗带由粗、细两种肌丝构成（图 2-12）。

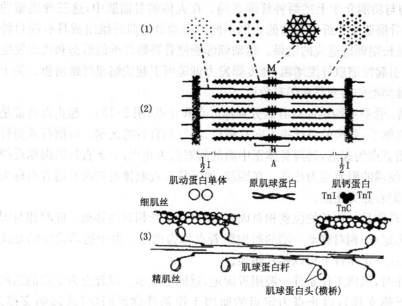

图 2-12 骨骼肌肌原纤维超微结构模式图

横小管是肌膜向肌浆内凹陷形成的管状结构,可将肌膜的兴奋迅速传导至肌纤维内部。肌浆网是肌纤维中特化的滑面内质网,位于横小管之间。其中部纵行包绕每条肌原纤维,称为纵小管;两端扩大呈扁囊状,称为终池。每条横小管与两侧的终池组成三联体,在此部位将兴奋从肌膜传递到肌浆网膜。肌浆网的主要作用是调节肌浆中钙离子的浓度,与肌纤维的兴奋和收缩有关。

此外,在肌浆内还有大量的线粒体、糖原、脂滴和肌红蛋白等。

骨骼肌纤维的收缩机理,目前公认的是肌丝滑行理论,其主要内容是:肌原纤维由粗、细两种与其走向平行的肌丝构成,肌纤维的收缩或舒张均通过粗、细肌丝在肌节内的相互滑动而发生。当肌纤维收缩时,附着于Z线的细肌丝在粗肌丝之间向M线滑动,使明带缩短,H带缩短甚至消失,而暗带长度不变,结果相邻的Z线互相靠近,肌节缩短,造成肌原纤维以至整条肌纤维和整块肌肉的缩短。肌纤维舒张时,则与上述过程相反,细肌丝向暗带外移动,结果明带和H带都变长,但暗带长度仍然不变。上述变化的过程说明,不管肌原纤维是收缩还是舒张,粗、细肌丝本身的长度都不变,而只是细肌丝向粗肌丝之间滑行移动的结果。

(3) 骨骼肌的分类

① 红肌纤维:肌纤维较细,周围毛细血管丰富,受较小的运动神经元支配,肌浆较多,肌红蛋白和糖原丰富,线粒体较多且体积较大,但肌原纤维细而较少。此型肌纤维因有丰富的血液供应、大量的肌红蛋白,新鲜时呈明显的红色,故称为红肌纤维或红肌。此型肌纤维主要依靠有氧代谢产生的 ATP 供能,收缩速度较慢,收缩力量较小,但持续时间较长,不易疲劳,故又称为慢缩肌纤维或慢肌。

② 白肌纤维:肌纤维较粗,周围毛细血管较少,受较大的运动神经元支配,肌红蛋白、糖原和线粒体都较红肌纤维少,但肌原纤维粗而较多。此型肌纤维因血液供应和肌红蛋白都较红肌纤维少,新鲜时颜色比红肌纤维淡得多,故称为白肌纤维或白肌。此型肌纤维主要依靠无氧酵解产生的 ATP 供能,收缩速度较快,收缩力量较大,但持续时间较短,易疲劳,故又称为快缩肌纤维或快肌。

③ 中间型纤维:结构与功能介于上述两种纤维之间。在人体的骨骼肌中,这三种类型的肌纤维混合存在,但每块骨骼肌中肌纤维类型的比例不同。运动员的肌纤维组成具有项目特点,这既有遗传因素,也是长期训练适应的结果。运动训练能使骨骼肌纤维的形态和代谢发生适应性改变,耐力训练可引起慢缩肌纤维增粗,速度爆发力训练可引起快缩肌纤维增粗。关于运动训练能否导致肌纤维类型的转变目前仍有争议。

(4) 骨骼肌工作术语:骨骼肌两端的附着点分别称起点和止点(图 2-13)。起止点通常是以解剖的位置来确定。在躯干,肌肉的肌纤维方向有横行、斜行和直行的区别。以横行或斜行肌肉接近身体正中面的附着点为起点,远离身体正中面的附着点为止点;上下直行肌肉靠近颅端的附着点为起点,远离颅端的附着点为止点。在四肢,通常将靠近肢体近侧端的附着点称为起点;靠近肢体远侧端的附着点为止点。

肌肉工作时,大多数动作是一块骨的位置相对固定,而另一块骨相对地移动。此时相对固定一端的肌肉附着点称为定点;相对移动一端的肌肉附着点称为动点。由于运动动作的复杂多样,肌肉的定点和动点在一定条件下可以相互转换。

在分析四肢肌肉工作时,肌肉工作条件一般用近固定、远固定表示。以起点为定点的肌肉工作条件称近固定(或近侧支撑);以止点为定点的肌肉工作条件称远固定(或远侧支撑)(图 2-14)。

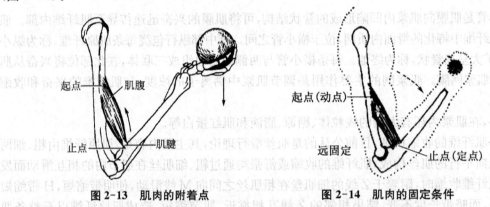

图 2-13 肌肉的附着点　　　　图 2-14 肌肉的固定条件

在分析躯干与头颅的肌肉工作时,肌肉工作条件一般用上固定、下固定表示。肌肉收缩时,定点在上的肌肉工作条件称上固定(或上支撑);定点在下的肌肉工作条件称下固定(或下支撑)。

在分析人体完成某种动作时,如果肌肉两端的附着点都不固定,其两端附着处均相对做相向运动,此类肌肉工作称为无固定(或无支撑)。

(5) 骨骼肌的特性:骨骼肌是身体产生运动的动力源,具有明显的物理活动和生理活动规律和特性。骨骼肌的特性是健身活动、运动训练的重要依据。

① 伸展性与弹性:骨骼肌在外力作用下可以伸展其长度的特性称伸展性;当解除外力后,骨骼肌又恢复原来长度的特性称弹性。

② 黏滞性:肌肉在收缩和舒张时,其内部的物质分子之间及肌纤维间摩擦产生阻力,阻碍肌肉快速舒缩,使活动迟滞的特性称黏滞性。它与温度有密切关系,环境温度和体温会直接影响到肌肉的黏滞性。当天气寒冷时,肌肉的黏滞性增大,此时做些准备活动,使肌肉内血液循环加快,温度适当提高,可降低肌肉黏滞阻力,从而加快肌肉收缩和舒张的速度,提高肌肉的工作能力,还可预防肌肉拉伤。

③ 兴奋性:骨骼肌在适宜刺激下能产生兴奋。

④ 收缩性:骨骼肌兴奋时能产生缩短反应。骨骼肌的兴奋性和收缩性是紧密联系而又不同的两种生理特性,收缩是兴奋的必然结果,兴奋在前,收缩在后,两者不是同一种性质的过程。

⑤ 传导性:骨骼肌某一部分兴奋到一定程度向其他部位传递的特性,通常是以生物电变化的形式进行传导,从而引起整个肌组织兴奋和收缩。

(6) 骨骼肌收缩的形式:骨骼肌收缩的形式分为两大类:一类是动力性工作,又称等张工作(张力不变);另一类是静力性工作,又称等长工作(长度不变)。

① 动力性工作:肌肉工作时所产生的力,能够引起关节的运动发生变化,肌肉的长度也发生明显的改变,这种工作称为动力性工作。动力性工作又可分为:

(a) 向心工作(克制工作):肌肉的收缩力大于阻力,关节朝肌肉拉力的方向运动,肌纤维的长度缩短,这种收缩方式称向心收缩,又称克制工作。

(b) 离心工作(退让工作):肌肉的收缩力小于阻力,关节的运动方向与肌肉的拉力方向相反,肌肉被拉长,这种收缩方式称离心收缩,又称退让工作。

② 静力性工作:肌肉收缩时所产生的力,只足以平衡阻力,使关节保持一定的姿势,肌肉呈持续性紧张状态,肌肉长度不发生变化,称为静力性工作。

(7) 影响肌力的因素:肌肉收缩产生的力是人体运动的主要动力。其影响因素主要包括:

① 肌肉的横断面:肌肉生理横断面越大,肌力越大。外部形态相同和体积相等的两块肌肉,由于肌纤维排列方式不同,其生理横断面不相等,羽状肌最大,梭形肌最小(图2-15)。

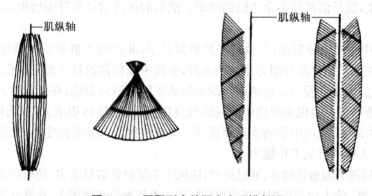

图2-15 不同形态的肌肉生理横断面

② 肌肉的初长度:肌肉收缩发力前的长度称为肌肉初长度。实践证明,肌肉力量的发挥与肌肉的初长度有关,在生理范围内,使肌肉的初长度变长,除能增加肌肉收缩速度和幅度外,还能增加肌肉力量的发挥。这是因为预先拉长肌肉的初长度,刺激了肌肉内的本体感受器(肌梭和腱梭),反射性地增加肌肉的力量;同时预先拉长肌肉的长度,使肌肉具有更大的反弹势能,从而能增大肌肉的力量。要注意:运动前过度的静力性拉伸,由于使肌肉过于松弛反而会影响最大力量特别是爆发力的发挥。因此,现在提倡功能性的动态拉伸。

③ 肌拉力角:肌拉力线与动点和关节中心连线之间的夹角叫肌拉力角(图2-16)。在解剖学位置时,人体大

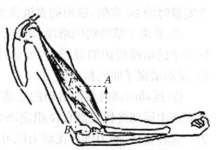

图2-16 肱二头肌的肌拉力角

部分肌肉的拉力角都小于45°,此时肌肉的旋转分力小于加固分力,这对关节的稳固性具有重要的意义。少数肌肉的拉力角大于45°。在人类进化过程中,有些肌肉通过某些突起的骨结构,如结节、粗隆、嵴等,尤其是肌腱下的籽骨(如髌骨等)来增大肌拉力角,从而增大肌肉的拉力。肌拉力角在关节运动过程中是不断变化的,例如:肱二头肌的拉力角在肘关节屈时逐渐向90°变化,由于拉力角逐渐变大,力臂也逐渐变大,因此,补偿了一部分因肌肉缩短而损失的力量。

④ 肌纤维类型:白肌纤维多的肌肉比红肌纤维多的肌肉能产生更大的力,并能更快地产生力。

⑤ 神经调节:肌肉运动是在神经系统的支配下完成的,神经系统可以影响参与收缩的运动单位数,改变其发放神经冲动的频率。在肌肉收缩过程中参与的运动单位越多,到达运动单位的神经冲动频率越高,肌肉收缩的力量就越大。训练水平高的运动员在最大用力时参与收缩的肌纤维数量可达到80%~90%,普通人在60%左右。

⑥ 体温:运动前适当的准备活动可使体温和肌肉温度增加,使神经传导速度加快,关节、肌肉、韧带、肌腱的柔韧性也会得到改善,所以肌肉力量会明显增大。温度因素对肌肉性能特别是对人体系统机能的影响应进一步引起重视。

(8) 运动对骨骼肌的影响

① 肌肉体积增大、重量增加、肌力提高:正常人骨骼肌重量约占体重的40%,而运动员可达50%~60%。经常运动特别是力量练习,能使肌肉体积明显增大。肌肉体积增大的主要原因是肌纤维内的肌原纤维增多。但是参加体育锻炼者在最初开始锻炼时可能出现体重减轻和臂围减小的现象,这是消耗掉多余脂肪的结果。随后的体重增加和臂围增粗,是肌肉运动性肥大的结果。

② 肌组织中结构成分变化:大量的实践研究显示,非运动人群和系统训练者在肌肉结构上存在明显的差异。很少进行耐力运动的人群,肌肉中线粒体数量少而且体积小,肌肉中肌质网变化小,有氧能力变化缓慢。经常进行耐力跑或系统的耐力训练,在有氧能力提高所需的各种因素上有显著增强。表现为肌肉中线粒体数量增多,线粒体体积增大,肌质网增多,摄取和释放Ca^+的能力增强,肌肉中脂肪含量降低等。这就使得肌肉黏滞性变小,收缩能力及效率提高,大大改善了人体的有氧工作能力。

③ 肌纤维周围毛细血管增多:通过运动,肌肉中毛细血管数量增多,使肌肉血液供给得到改善。动物实验证实,体力活动可促使肌肉单位体积内毛细血管条数增多,血管在形态上变得更加迂曲和富有分支吻合;还发现动力性负荷和静力性负荷对血管的影响不完全相同。它们除都能促进毛细血管的数量增加以外,动力性负荷主要是使毛细血管分支吻合增多;静力性负荷主要使毛细血管迂曲扩张,分支吻合增多也很明显。在剧烈活动中,肌肉中毛细血管的开放数量增多,为安静时的20多倍,肌肉的血液供给得到改善,有利于肌肉进行剧烈而持久的工作。

④ 肌肉中结缔组织增厚:研究表明,在运动中由于肌肉收缩的反复牵拉刺激,促使肌肉和韧带中的结缔组织明显增多,如肌外膜、肌束膜和肌内膜增厚,肌肉变得坚实,抗张力强度提高,从而增强了肌肉抗断能力。

⑤ 运动时同时参加活动的运动终板增大、增多:动物实验研究表明,系统的运动训练可以使肌肉中运动终板底盘直径相应增大,运动终板核数量明显增多,有利于提高肌肉的活动能力。这种变化,静力练习比动力练习更明显。

⑥ 能动员较多的运动单位同时参加工作:人们在运动时,肌肉中的运动单位并不是同时全部参加活动。通常参加活动的运动单位占全部运动单位的60%左右。只有训练水平高的

运动员,增强了神经冲动的传递,改善了神经对肌肉的控制,才有可能动员较多的运动单位同时参加工作。因此,身体条件类似的运动员,水平高者在运动中可呈现出较大的肌力,这得益于系统的训练。

⑦ 肌肉中的化学成分发生变化:经常进行体育运动的人,体内代谢均衡,脂肪总量和百分比较低,肌肉之间和肌纤维之间的脂肪较少。肌肉中肌糖原、肌球蛋白、肌动蛋白、肌红蛋白和水的含量增加。肌球蛋白和肌动蛋白是肌肉收缩的基本物质,它的增加不仅使肌肉收缩能力提高,同时还提高三磷酸腺苷(ATP)酶的活性,促使 ATP 加快分解释放出能量,以及时供给肌肉能量;肌糖原含量增多,能增加肌肉内能源贮备;肌红蛋白含量增多,使肌肉中贮氧能力也大大提高,为肌肉用力收缩提供更多的氧气。

2.2.2 神经系统

神经系统由脑、脊髓以及附于脑和脊髓的周围神经组成。人类的神经系统特别是脑,不仅与各种感觉和运动行为有关,而且与复杂的高级活动,如情感、语言、学习、记忆、思考、音乐等诸多思维和意识行为有关,对机体起着主导作用。其功能主要是控制、调节其他系统的机能活动,实现有机体内部统一;提高机体对外环境的适应能力,维持机体与外环境间的统一。

1) 神经系统的组成

神经系统分为中枢神经系统和周围神经系统两部分。中枢神经系统包括脑和脊髓。周围神经系统是脑和脊髓以外的神经成分,其一端连于脑和脊髓;另一端通过各种末梢装置连于身体的各器官、系统。与脑相连的部分称为脑神经,共 12 对;与脊髓相连的部分称为脊神经,共 31 对。周围神经根据分布对象不同,可分为躯体神经和内脏神经。躯体神经分布于体表、骨、关节和骨骼肌;内脏神经分布于内脏、心血管、平滑肌和腺体。躯体神经和内脏神经都需经脑神经或脊神经与中枢神经系统相连。通常将周围神经系统分为脑神经、脊神经和内脏神经三部分。周围神经的感觉成分又称传入神经,将神经冲动由感受器传向中枢神经系统;运动成分又称传出神经,将神经冲动由中枢神经系统传向效应器。内脏运动神经支配不直接受人主观意志控制的平滑肌和心肌运动及腺体的分泌,故又称为自主神经系统或植物神经系统,可分为交感神经和副交感神经两部分。

2) 神经系统的结构

神经系统由神经细胞和神经胶质细胞构成。神经细胞是神经系统的结构和功能单位,又称神经元,具有接受刺激、整合信息和传导神经冲动的功能。神经胶质细胞对神经元起支持、保护、营养和绝缘等作用。神经元的形态多种多样,但都是由胞体和突起两部分构成。胞体是神经元的营养和代谢中心,主要位于脑、脊髓的灰质和神经节内,均由细胞膜、细胞质和细胞核三部分构成。细胞膜具有接受刺激、处理信息、产生和传导神经冲动的功能。突起是胞体的细胞膜连同细胞质向外突出形成的结构,分为树突和轴突两种。每个神经元有一至多个树突,其功能主要是接受刺激。每个神经元只有一个轴突,功能主要是传导神经冲动。

(1) 神经元的分类:神经元可分为下列 3 类:

① 感觉神经元,又称传入神经元,将内、外环境的各种刺激传向中枢神经系统。

② 运动神经元,又称传出神经元,将神经冲动自中枢神经系统传向身体各部,支配骨骼肌、心肌和平滑肌的活动以及腺体的分泌。

③ 联络神经元,又称中间神经元,是在中枢神经系统内位于感觉和运动神经元之间的多

极神经元,此类神经元的数量很大,占神经元总数的99%以上,在中枢神经系统内构成复杂的网络系统,有对传入的信息进行贮存、整合、分析和传递的作用。

(2) 突触:神经元与神经元之间,或神经元与效应细胞之间传递信息的部位称突触。突触是一种特化的细胞连接,可分为化学突触和电突触两类。化学突触以神经递质作为传递信息的媒介,是一般所说的突触。突触由突触前成分、突触间隙和突触后成分三部分构成。突触前、突触后成分彼此相对的胞膜,分别称突触前膜和突触后膜,两者之间有突触间隙。突触前成分一般是神经元的轴突终末,内含许多突触小泡。突触小泡内含神经递质或神经调质。突触后膜中有特异性的神经递质的受体以及离子通道。当神经冲动沿轴膜到达突触前膜时,突触小泡与突触前膜融合,释放神经递质到突触间隙,突触后膜中的受体与特异性神经递质结合后,改变突触后膜对离子的通透性,使突触后神经元或效应细胞产生兴奋或抑制。

(3) 神经胶质细胞:神经胶质细胞是构成神经组织的另一类细胞,其数量是神经元的10~50倍,对神经元起支持、保护、营养和绝缘等作用。

(4) 神经纤维:神经纤维由两部分组成,包括神经元的突起和包裹在突起外层的神经胶质细胞。神经纤维可细分为有髓和无髓两大类,主要取决于神经胶质细胞是否形成了髓鞘。传导神经冲动是神经纤维主要的生物功能,不同类型神经纤维传导神经冲动的特点有较大差异。有髓神经纤维传导速度迅速,是跳跃式传导。无髓神经纤维由于没有髓鞘和郎飞结,传导神经冲动的速度缓慢,只能沿轴膜连续传导。

(5) 神经末梢:神经末梢对人体的各种机能活动极为重要,分布在机体的各种组织器官中,是周围神经纤维的终末部分并形成末端装置。由于功能的不同,可以把神经末梢分为感觉神经末梢和运动神经末梢。

感觉神经末梢与邻近的组织共同组成感受器,是感觉神经元周围突的终末部分。依靠感受器,人体接受内外环境变化的各种刺激,并迅速地把刺激转化为神经冲动,通过神经纤维传至大脑中枢并形成感觉。

运动神经末梢主要控制肌纤维的收缩和腺细胞的分泌,是运动神经元的轴突在肌肉组织和腺体的终末结构,与邻近的其他组织构成效应器。根据功能的差异,可以把运动神经末梢分为躯体运动神经末梢和内脏运动神经末梢两类。躯体运动神经末梢分布于骨骼肌;内脏运动神经末梢分布于心肌、内脏、血管平滑肌、腺上皮等部位。不同神经元支配的肌纤维数量有很大差异,一个运动神经元支配的骨骼肌纤维数目少者1~2条,多者可达上千条。但是一条骨骼肌纤维通常只接受一个轴突分支的支配。支配数量的不同影响动作的准确性,因此对神经肌肉的精细化训练十分重要。一个运动神经元的轴突及其分支所支配的全部骨骼肌纤维合称一个运动单位。

3) 神经系统的基本活动方式

神经系统活动的基本方式是反射。反射是指神经系统在调节机体的活动中,对内、外环境的刺激做出适宜的反应。完成反射活动的形态学基础是反射弧,由感受器、传入神经、中枢、传出神经和效应器构成。

2.2.3 其他系统

1) 消化系统

消化系统从摄入的食物中吸取营养物质,并将食物的残渣形成粪便排出体外,经常从事体育锻炼,对消化器官的机能有良好影响,可使胃肠的蠕动增强,消化液的分泌加多,因而使消化和吸收的能力提高,使人的食欲增加,有利于体质的增强。但是,如果体育运动与进餐的时间安排不当,饭后进行剧烈运动,或在剧烈运动后马上进餐,则对消化机能有不良的影响。

2) 呼吸系统

呼吸系统从空气中摄取氧气并将体内产生的二氧化碳排出体外,完成机体与外界环境之间的气体交换过程。呼吸是机体新陈代谢和其他功能活动所必需的基本生理过程之一,一旦呼吸停止,生命也将终止。呼吸包括三个环节:外呼吸,在肺部进行的血液与外界环境间的气体交换,包括肺通气(肺与外界空气之间的气体交换过程)和肺换气(肺泡与肺毛细血管之间的气体交换过程);气体运输,气体在血液的运输;内呼吸,血液通过组织液与组织气体交换。呼吸过程不仅靠呼吸系统来完成,而且需要血液循环系统的配合,与机体代谢水平相适应,又都受神经和体液的调节。运动时要根据天气、项目特点等的不同合理调整呼吸方法,注意正确运用憋气等完成各种动作。

3) 泌尿系统

泌尿系统把机体在代谢过程中所产生的代谢产物,特别是含氮的物质(如尿酸、尿素等)和多余的水、盐等,形成尿液而排出体外。肾是维持机体内环境相对稳定的最重要的器官之一。通过尿的生成和排出,可以实现以下机能:排出大部分代谢终产物和进入体内的异物;调节细胞外液量和渗透压;保留体液中的重要电解质钠、钾等,排出氢离子,维持酸碱平衡。尿的生成过程包括:肾小球的过滤、肾小管和集合管的重吸收、肾小管和集合管的分泌。

运动会对尿量、尿乳酸含量等具有一定的影响。有时还会出现运动性蛋白尿,正常情况下安静时尿蛋白每日排泄 20~80 mg,24 h 排泄量在 150 mg 以下。如运动后尿中检查出蛋白质则为阳性,称为运动性蛋白尿。影响运动性尿蛋白的因素有运动强度、运动量、运动项目、环境、年龄、训练水平、情绪等。

4) 生殖系统

生殖系统能产生生殖细胞和分泌性激素,并进行生殖活动以繁殖后代。这些激素不仅促进健康和生长发育,还具有促进蛋白合成、骨骼生长,促进肾脏促红细胞生成素产生的功能,通过存在于神经系统、心血管系统、骨骼、内分泌系统的靶器官,对人体发挥积极作用。

上述系统也被称为内脏系统。各系统中的许多器官还具有内分泌功能,产生多种类固醇或含氮类激素,参与对机体多种功能的调节活动。

5) 脉管系统

脉管系统包括心血管系统和淋巴系统,是人体内一套封闭的连续管道系统,分布于全身各部。心血管系统由心脏、动脉、静脉和连于动、静脉之间的毛细血管组成。淋巴系统由淋巴管、淋巴器官和淋巴组织构成,淋巴液沿淋巴管流动,最后汇入静脉。脉管系统通过血液和淋巴液不断地把消化道吸收的营养物质、肺部吸收的氧气和内分泌系统分泌的激素等输送到身体各器官、组织和细胞,进行新陈代谢;同时又将各器官、组织和细胞的代谢产物,如二氧化碳、尿素等运送到肺、肾、皮肤等器官排出体外,使人体内环境保持相对稳定,从而保证人体生理活动的正常进行。此外,脉管系统还具有内分泌、机体防御等重要功能。

血液是内环境中最活跃的部分,是沟通各部分组织液以及和外环境进行物质交换的场所,其功能包括:运输氧气、营养物质和激素到各器官、细胞,运输代谢产物、二氧化碳;含有多种缓冲物质,可缓冲酸性代谢产物引起的 pH 值变化,维持体温的恒定。

6) 感官

感觉器是感受器及其附属结构的总称,是机体感受刺激的装置,如视器和前庭蜗器。感受器主要指能感受某种刺激而产生兴奋的结构,它们广泛分布于机体各部,其形态和功能各不相同,有的结构十分简单,例如感觉神经的游离末梢,有的结构较为复杂,由一些组织结构形成被囊包裹神经末梢构成,例如环层小体、触觉小体等。

感受器的功能是感受机体内、外环境的相应刺激并将之转换为神经冲动。该神经冲动经过感觉神经和中枢神经系统的传导通路传到大脑皮质,从而产生相应的感觉。感受器的分类方法较多,根据其特化的程度可分为两类:

(1) 一般感受器:分布于全身各部,如触、压、痛、温度、肌、肌腱、关节、内脏和心血管的感受器。

(2) 特殊感受器:只分布在头部,包括嗅、味、视、听和平衡的感受器。

根据感受器所在部位和所接受刺激的来源,可分为3类:

(1) 外感受器:分布在皮肤、黏膜、视器和听器等处,接受来自外界环境的刺激,如触、压、痛、温度、光、声等物理刺激和化学刺激。

(2) 内感受器:分布在内脏和血管等处,接受来自内环境的物理或化学刺激,如压力、渗透压、温度、离子及化合物浓度等。

(3) 本体感受器:分布在肌、肌腱、关节和内耳位觉器等处,接受机体运动和平衡变化时产生的刺激。

7) 内分泌系统

内分泌系统是神经系统以外的一个重要调节系统,由内分泌腺和内分泌组织构成。其主要功能是与神经系统一起共同调节人体的新陈代谢、生长发育和生殖过程等生理功能的活动,以保持机体内环境的平衡与稳定。内分泌腺的分泌物称激素,直接进入血液或淋巴,随血液循环运输至全身各处,调节各器官的活动。体内主要内分泌腺有垂体、松果体、甲状腺、甲状旁腺、肾上腺、性腺等。内分泌腺的体积和重量都很小,最大的甲状腺仅几十克;内分泌组织是一些细胞团,分散于某些器官内,如胰岛、卵泡、黄体等。一种类型的激素只作用于特定的器官、组织或细胞,又称为靶器官、靶组织或靶细胞。

运动属于一种应激,可引起内分泌系统的广泛调动。应激是机体应付任何需要时的非特异性反应。在此过程中,血液中促肾上腺皮质激素(ACTH)浓度立即升高,糖皮质激素也相应增多,交感-肾上腺髓质系统也增加分泌。β-内啡肽、生长素、催乳素、胰高血糖素、抗利尿激素、醛固酮等增加。应激反应是以 ACTH 和糖皮质激素分泌增加为主,多种激素参与的使机体抵抗力增强的非特异性反应。

2.3　体能的生物能学基础

体能是人体系统机能、运动素质的综合体现。对运动员而言,体能是竞技能力的重要组成部分,是运动员为提高技战术水平和创造优异成绩所必需的各种身体运动能力的综合,是决定运动成绩好坏的重要前提,运动员的体能主要是竞技体能。对普通人而言,体能与身体健康关系密切,是决定学习、工作能力、适应环境的重要前提。因此,普通人的体能主要集中表现在健康体能。不管哪种体能,近年来许多研究结果表明,影响体能的最主要、最基本的因素离不开能量的产生、利用及其调节。机体在活动时能量需求增加,尤其是骨骼肌消耗的能量达到安静时的几百倍。骨骼肌所需的能量来自三磷酸腺苷(ATP)的分解,其他能源物质(如糖、脂肪、蛋白质等)不能被骨骼肌直接利用,而是通过相应的分解代谢,将储存在分子内的化学能逐渐释放出来,用于再合成 ATP 以供肌肉收缩和舒张所用。因此围绕 ATP 的利用与合成就构成体能的生物能学基础。在一定程度上,体能就是骨骼肌以三大供能系统的代谢活动为基础所表现出来的运动能力。能量的产生与利用增加以及调节能力的增强,是体能水平提高的重要基础。

2.3.1 能量供应系统

1) ATP

(1) ATP 的结构:ATP 是高能磷酸化合物的典型代表。ATP 由一分子腺嘌呤、一分子核糖和三个相连的磷酸基团构成(图2-17)。这三个磷酸基团从与分子中腺苷基团连接处算起,依次分别称为 α、β、γ 磷酸基团,其中连接 β、γ 磷酸基团的为高能键。

(2) ATP 系统的动态平衡:能量供应是能源物质分解与合成的过程。ATP 分解一般由 ATP 酶催化 ATP 末端的高能磷酸键水解释放能量,ATP+H_2O→ADP+Pi+能量。特殊情况下,ADP 末端的高能磷酸键也可水解释放能量,ADP+H_2O→AMP+Pi+能量。AMP 可以在腺苷酸激酶的作用下,由 ATP 提供一个磷酸基团而形成 ADP,ADP 又可以迅速地接受另外的磷酸基团而形成 ATP,由此构成 ATP-ADP 循环。ATP-ADP 循环是人体内能量转换的基本方式,维系着能量的释放、贮存与利用。借助于 ATP 与 ADP 在细胞内的相互转化,使 ATP 的含量维持在一个相对稳定、动态平衡的水平(图2-18)。在活细胞中,ATP 末端磷酸基团的周转是极其迅速的,其消耗与再生的速度相对平衡,这对于构成细胞内稳定的供能环境具有十分重要的意义。

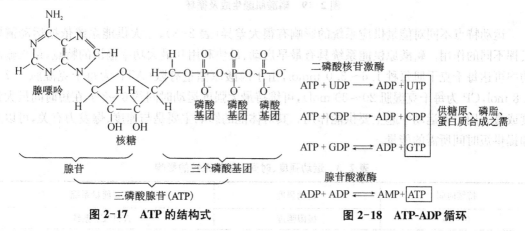

图 2-17 ATP 的结构式　　　　图 2-18 ATP-ADP 循环

(3) ATP 的再合成途径:作为一种特殊的能量载体,ATP 在细胞内的含量很少,肌细胞中 ATP 的含量为每千克湿肌 4.7～7.8 mmol,用于最大收缩不超过 1 s 的时间。因此,ATP 在利用的同时需要不断地再合成,才能保证肌肉持续地收缩和舒张。骨骼肌有三条供能系统用于保证 ATP 的再合成,它们分别是磷酸原供能系统、糖酵解供能系统和有氧氧化供能系统。前两条途径是不需氧的代谢过程,故又合称为无氧代谢供能系统,第三条途径需氧,称为有氧代谢供能系统。

2) 骨骼肌三大供能系统

(1) 磷酸原供能系统：磷酸原供能系统指由 ATP 和磷酸肌酸（CP）分解反应组成的供能系统。ATP 和 CP 分子内均含有高能磷酸键，在代谢反应中均能通过转移磷酸基团的过程释放能量，所以又将 ATP 和 CP 合称为磷酸原。

人体肌酸总量大约为 120 g，95% 存在于肌肉。CP 是肌酸的磷酸化形式，拥有高能磷酸键，该键储藏的能量为 10 300 cal/mol。CP 是肌肉内高能磷酸键的贮存库，是能量的一种储存形式，而不能直接被利用。CP 在能量释放、转移和利用之间起着缓冲的作用，当细胞内的 ATP 含量减少时，在肌酸激酶的催化作用下，CP 中的磷酸基团连同能量一起转移给 ADP，从而生成 ATP 和肌酸（C）；当 ATP 含量比较多时，在有关酶的催化作用下，ATP 可以将磷酸基团连同能量一起转移给肌酸，使肌酸转变成 CP。通过 C-CP 能量穿梭系统使 ATP 水解与 ATP 再合成紧密耦联，使细胞内 ATP 含量相对稳定，ATP 系统的动态平衡得以维持（图 2-19）。

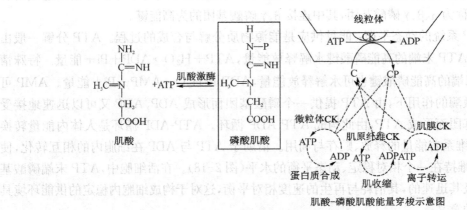

图 2-19 磷酸肌酸生成及循环

运动特点不同对能量供应系统的影响有很大差异（表 2-3），三大供能系统依据运动需要发挥不同的作用。磷酸原供能系统具有最早启动、最快利用和最大功率输出的特点，最大输出功率可达每千克干肌每秒 1.6～3.0 mmol，由于磷酸原储量有限（ATP 为每千克湿肌 4.7～7.8 mol，CP 为每千克湿肌 20～30 mol），可维持最大强度运动时间约 6～8 s，在短时间最大强度或最大用力的运动中起主要供能作用。其对体能的影响主要是与速度、爆发力有关，可以立即提供短时间所需的能量。

表 2-3 运动强度、时间对供能系统的影响

持续时间	运动强度	主要能量系统
0～6 s	极限强度	ATP-CP 系统
6～30 s	高强度	ATP-CP 和快速糖酵解
30 s～2 min	大强度	快速糖酵解
2～3 min	中等	快速糖酵解和有氧氧化
大于 3 min	低	有氧氧化

(2) 糖酵解供能系统：糖酵解反应是指葡萄糖或肌糖原经过无氧代谢生成乳酸，并伴随生成 ATP 的过程。该反应在胞浆中进行，由 12 步连续的化学反应组成。每分子葡萄糖可以

净生成2分子的ATP,每葡萄糖单位的肌糖原可净生成3分子的ATP(图2-20)。

当机体以最大强度运动6~8 s时,糖酵解反应即可激活,全力运动30~60 s时达最大分解速率。糖酵解供能系统输出功率不如磷酸原,最大可达每千克干肌每秒1 mmol,但释放能量的量多于磷酸原,故可维持运动的时间较长,可维持最大功率的时间在2 min以内,是30 s到2 min以内次最大强度供能系统,是速度、速度耐力项目,如200~1 500 m跑,100~200 m游泳,短距离速滑以及非周期性高体能项目,如摔跤、柔道、拳击、武术等项目的主要供能系统。由于糖酵解反应的产物是乳酸,乳酸堆积可导致肌肉疲劳,故糖酵解系统不能无限制地持续为运动供能。糖酵解供能能力成为速度耐力能力强弱的重要体能基础,同时处于无氧供能和有氧供能系统之间,具有连接性作用。

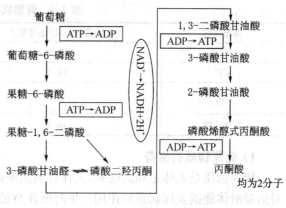

图2-20 糖酵解反应式

(3) 有氧氧化供能系统:有氧氧化供能是在氧的参与下,由糖、脂肪、蛋白质等完全氧化生成二氧化碳和水,并释放能量用于ATP的再合成。该系统供能需要氧参与,能量释放的速度慢,但释放量多,可提供长时间运动时的能量。

① 糖有氧氧化:糖有氧氧化指在氧存在的条件下,糖原、葡萄糖和乳酸有氧氧化,终产物生成二氧化碳与水,同时释放能量的过程。该过程包括细胞质内糖酵解反应阶段和线粒体内反应阶段,最终每葡萄糖单位的肌糖原可生成37或39分子ATP,每分子葡萄糖可生成36或38分子ATP。

糖有氧氧化的最大输出功率为糖酵解的一半,肌糖原以每千克干肌350 mmol葡萄糖单位来计算,糖有氧氧化可供亚极量强度运动约90 min,是数分钟以上耐力性项目的基本供能系统,在体能中主要与有氧耐力素质有关。

② 脂肪有氧氧化:脂肪首先分解为甘油和脂肪酸,甘油和脂肪酸循着各自的途径进行代谢。甘油主要在肝、肾等少数组织被氧化利用,直接为肌肉供能的意义不大,主要是经糖异生生成葡萄糖为骨骼肌吸收和利用。脂肪有氧氧化分解速度慢,最大输出功率为糖有氧氧化的一半,但释放能量多,脂肪储量理论上可供运动的时间不受限制。脂肪供能随运动强度增加而降低,随运动时间延长而增高,为静息状态与低中强度运动时能量代谢的主要基质。

③ 蛋白质的有氧氧化:蛋白质的功能主要是构成细胞的基本物质,对细胞组织起着修复、代谢调节、免疫、信号传导等作用,虽然在长于30 min的激烈运动中供能,但最多不超过总耗能的18%。蛋白质在运动中存在蛋白质的净降解和氨基酸的供能,包括支链氨基酸、谷氨酸、丙氨酸、门冬氨酸的氧化供能,同时葡萄糖-丙氨酸循环对维持血糖浓度有帮助。

2.3.2 影响体能的生物能学因素

影响体能的因素很多,从生物能学角度来看,机体能源物质的储备(表2-4)、各能量系统供能的效率(表2-5)、代谢产物的消除等对体能的影响较大,因此有必要对这些影响因素进行相应的探讨,以便采取有效的措施提高体能。

表 2-4 骨骼肌的能量储备

供能物质	储量(mmol/kg 干肌)	可利用能量(mmol/kg 干肌)
ATP	24.6	9.8
CP	76.8	61.4
Gn	365	10 609(无氧) 14 200(有氧)
甘油三酯	48.6	24 520

1) 能源物质的储备

能源物质是人体运动的燃料,人体骨骼肌细胞的能源物质储备差异很大,燃料储备的多少对运动时体能的发挥起重要作用。平时要注意通过有计划的训练刺激、营养措施和补充手段提高能源物质的储备水平。

(1) ATP、CP:机体储备的能源物质主要有 ATP、CP、肌糖原、脂肪,其中 ATP 储备量最少,仅有 24.6 mmol/kg 干肌。ATP 在体内储备有限,它不是能量的储存形式,运动训练不能显著增加 ATP 的储量,但可提高 ATP 酶的活性。从能量观点来看,ATP 的分解速度与消耗后的恢复速度是影响体能的最重要因素。

不同组织细胞内 CP 的浓度不同,骨骼肌细胞的 CP 浓度为 76.8 mmol/kg 干肌,是 ATP 浓度的 3~5 倍。Ⅱ型肌纤维的 CP 浓度高于Ⅰ型肌纤维,运动时 CP 的消耗与运动强度有关,在持续数秒钟的极量运动至力竭时,CP 储量接近耗尽,可达安静时的 3% 以下。当以 75% 的最大摄氧量(VO_2 max)强度运动时,CP 储量下降到安静值的 20% 左右。当以低于 60% 的 VO_2 max 强度运动时,CP 储量几乎不下降,这时机体的能量基本上由有氧代谢来提供。运动训练可以提高 CP 的储备量,从而提高磷酸原的供能时间。同时根据运动项目的特点,适量补充肌酸对提高 CP 储量是有效的。

(2) 糖的储备:
① 血糖:血糖指存在于血液中的葡萄糖,空腹时血糖正常范围是 3.9~6.1 mmol/L。血糖是中枢神经系统的主要供能物质,是红细胞的唯一能源,同时是运动时骨骼肌的肌外燃料。短时间运动时血糖的变化不大,长时间运动时糖储备不足或消耗过大以及骨骼肌吸收血糖的过程加强等原因导致血糖下降,将首先影响中枢神经系统的机能,中枢疲劳使神经系统的支配能力下降,动作及判断失误增加;同时影响到红细胞的能量代谢,氧的运输能力下降;骨骼肌由于外源性糖供应不足导致外周疲劳,出现运动能力下降。因此,预防血糖下降的主要措施是增加机体糖储备,避免运动过程中由于糖储备过低造成血糖过早下降。

② 肌糖原:肌糖原是机体糖储备的主要形式,含量占肌肉重量的 1%,普通人为 10~15 g/kg 湿肌,耐力项目运动员肌糖原含量较高,为 20~30 g/kg 湿肌,有的甚至达到 40~50 g/kg 湿肌。不同肌肉部位、肌纤维类型、运动训练水平等对肌糖原储量均有影响。肌糖原的含量主要影响 65%~85% VO_2 max 强度运动的能力,此时糖原消耗量最高。对于 90%~95% 的 VO_2 max 强度运动,肌糖原消耗速率虽然最大,但肌乳酸的快速增多抑制糖原的酵解,使肌糖原的消耗不到原储量的一半。对于低强度运动,机体主要依靠脂肪供能,肌糖原消耗较少。当肌糖原储备过低时,会抑制乳酸的生成,降低无氧代谢能力。因此,对于无氧代谢供能为主的运动项目,比赛前有足够的肌糖原是必要的。对于耐力项目运动员,赛前通过糖原负荷法提高肌糖原储备是必不可少的。

③ 肝糖原:肝糖原占肝重量的 5%,总量约为 100 g。肝糖原储量受饮食糖的影响较大,空

腹 12~18 h 肝糖原几乎耗尽。短时间大强度运动持续时间短，肝糖原分解速率虽然提高，但消耗量较少；长时间大强度运动时，肝糖原消耗量接近排空时，肌糖原分解减少到最低程度，主要由糖异生途径来保证肝脏葡萄糖的输出。由于肝糖原的储备是影响血糖的重要因素，因此，对于长时间大强度运动项目，赛前保证充足的肝糖原对预防体能下降是必要的。

（3）蛋白质和氨基酸：蛋白质和糖、脂肪不同，在人体内无固定的储存量和储存部位，必须不断地从食物中摄取才能满足正常的生理需要量。当然在各组织中仍然存在着少量的数量可变化的蛋白质，约为 300 g，以肝脏中的含量相对较多些，骨骼肌干重的 80% 是蛋白质，其中 65% 由收缩纤维的蛋白质组成。运动时机体可利用的氨基酸的来源有三条途径：

① 组织蛋白质分解所释放的氨基酸。
② 血浆和组织中游离的氨基酸。
③ 体内其他物质转化而来，如糖的中间产物转变生成。

组织蛋白质分解所释放的氨基酸是运动时可利用的主要部分，游离氨基酸库在运动中的供能作用不大。支链氨基酸、谷氨酸、天冬氨酸是肌肉代谢释放能量的主要氨基酸，即使在休息状态下，骨骼肌总能量消耗中支链氨基酸氧化供能也占到 14% 左右。同时机体还通过葡萄糖-丙氨酸循环来供能。

（4）脂肪：脂肪是体内最大的储能库和能量的主要来源。运动时参与骨骼肌供能的脂肪酸来源主要有：

① 脂肪组织中储存的脂肪。
② 血浆脂蛋白中含有的脂肪。
③ 骨骼肌中的脂肪。

机体脂肪的储量不是影响体能的限制因素，而是脂肪的动员、脂肪被肌肉吸收和氧化的能力。由于脂肪酸由脂库动员时受到脂肪酶活性的影响，在血液中运输时受到清蛋白结合能力的影响，由血液转入肌肉速度慢且数量有限，造成机体脂肪储存虽然很多，但动用不易。

2）各能量系统的输出功率

表 2-5　不同供能系统的输出功率

供能系统	最大输出功率(mmol/千肌·s)	可持续时间
ADP+CP→ATP+P	1.6~3.0	6~8 s
Gn→HL	1.0	30~60 s 达最大速率，维持 2~3 min
Gn→CO_2、H_2O	0.5	1.5~2 h
FFA→CO_2、H_2O	0.25	不限时间

运动中基本不存在一种能量物质单独供能的情况，肌肉可以利用所有能量物质，只是时间、顺序和相对比率随运动状况而异，不是同步利用。运动时代谢供能的输出功率取决于能源物质合成 ATP 的最大速率，输出功率对运动强度的大小起着关键作用。

能量输出功率可以反映在不同性质的运动中各系统供能的效率。由表 2-4 可以看出，各供能系统根据输出功率由大到小排序，依次是：磷酸原系统—糖酵解系统—糖有氧氧化—脂肪酸有氧氧化。不同供能系统的供能效率相差非常巨大，几乎以接近 50% 的速率逐级减少。当人体以最高强度（最大输出功率）运动时，各系统所能够持续的时间也存在巨大的差异。磷酸原系统在极限强度运动时能持续供能 6~8 s；糖酵解供能系统可以持续 30~90 s，2 min

内的大强度运动主要靠糖酵解系统供能；3 min 以上的运动主要靠有氧系统代谢供能。在更长时间的运动中,脂肪酸成为最基本的能源物质,时间越长、强度越小,脂肪进行氧化供能的比例越大。

虽然有氧代谢供能的输出功率最低,但其在促进运动后机能恢复方面起到十分重要的作用。运动后 ATP 和 CP 的恢复、乳酸等代谢产物的消除,要依靠有氧代谢系统才能最终完成。

3) 酶的影响

能源物质的代谢主要指上述三大供能系统的代谢,系统中相应代谢酶活性的高低直接影响到代谢反应。其中 ATP 酶促进 ATP 的分解,CK 酶催化 CP 的分解与合成,糖酵解反应中的磷酸果糖激酶(PFK)、己糖激酶(HK)、丙酮酸激酶(PK)均为限速酶,直接影响到糖的无氧分解速率和效率;有氧代谢反应中线粒体酶的含量与活性、糖有氧代谢中的丙酮酸脱氢酶系、脂肪分解的限速酶脂肪酶活性的高低以及蛋白质的转氨基酶、支链酮酸脱氢酶等对于三大能源物质的代谢均有重要影响作用。因此,酶的催化能力是影响体能的重要内在因素,运动训练可以改善酶的适应性以提高体能。

酶是生物细胞所产生的具有催化功能的蛋白质,具有可调控性,对运动可产生适应性,表现在两个方面：一是酶的催化功能;二是酶的含量。不同的训练方式改善酶的适应性不同,无氧运动明显改善无氧代谢酶的活性,有氧运动对有氧代谢酶的活性改善有效。同时,运动训练还可使肌肉中的同工酶谱发生适应性的改变,如无氧训练可使骨骼肌型乳酸脱氢酶(M-LDH)活性增加,而有氧代谢训练使心肌型乳酸脱氢酶(H-LDH)活性增强。

停训后酶活性将下降,其中有氧代谢酶活性消退的速度比无氧代谢酶活性消退的速度要快,力量训练所获得的肌力和输出功率在停训后衰减的速度极慢,速度和灵敏性消退也较慢,但柔韧消退较快,耐力下降最为明显。衰退速度的影响因素是酶的合成量减少,同时原先增加的酶量也会因为停训而逐渐降解。不同素质衰退的快慢和酶的半衰期有关,如乳酸脱氢酶(LDH)的半衰期为 16 天,精氨酸酶的半衰期为 4~5 天,酪氨酸酶的半衰期为 1.5 h。因此,停训时间不可过长。

4) 代谢因素

大强度运动时由糖酵解反应生成的乳酸,如果不能及时转运和消除,在肌肉堆积,通过抑制磷酸果糖激酶的活性,延缓或阻断糖酵解供能;抑制脂肪分解,影响脂肪酸的供能;降低钙离子与肌钙蛋白的结合,影响肌力,使肌肉机能下降。同时血乳酸的增加会使血液 pH 下降,降低神经肌肉传导和骨骼肌对乙酰胆碱的反应,同时影响到细胞内其他酶的活性,导致疲劳的出现。而由机体氨基酸代谢和嘌呤核苷酸循环加强导致的高血氨,是导致中枢疲劳的重要原因。

运动时机体由于大量出汗导致水和无机盐的丢失,也是影响体能的重要因素。丢失的体液可以是来自细胞外液和细胞内液,根据脱水的程度可以分为三类：轻度脱水、中度脱水和重度脱水。一般当失水量为体重的 2% 左右时为轻度脱水,以细胞外液丢失为主,症状为血容量减少、尿少,另外由于血容量减少,运动能力受到影响。失水量为体重的 4% 左右时为中度脱水,不仅有细胞外液丢失,也有细胞内液丢失,症状为严重的口渴感,心率加快,体温升高,血压下降,易疲劳,运动能力下降。失水量达到体重的 6% 以上时为重度脱水,细胞内液丢失量大于细胞外液丢失量,除了具有中度脱水的症状,还有呼吸频率加快,恶心厌食,肌肉抽搐,严重时出现昏迷、中暑等症状。因此,积极主动、充分地补液,维持良好的水平衡状态是预防脱水的关键。

汗液中的无机盐主要有钠、钾、镁、铁、锌、钙等。这些无机盐在神经传导、肌肉收缩、氧转运、参与酶的调节代谢等方面有重要作用,汗液中的丢失以及代谢反应中的大量消耗将导致机体出现运动能力下降。维生素尤其是B族维生素作为辅酶的重要成分,在机体代谢调节中起着重要作用。运动时机体对维生素的需求增加,汗液中易丢失的是水溶性维生素。因此,维生素的丢失或大量消耗也成为影响体能的重要因素之一。

2.3.3 体能训练的生物能学基础

体能训练的内容和方法多种多样,但核心是神经肌肉系统的支配能力和能量供应系统的供能能力。对神经肌肉系统的训练也与能量有关,因此,如何通过科学的训练提高以物质代谢为基础的供能能力,是体能训练的关键环节。三大能量系统既紧密联系,又各有特点,需要从生物能学的角度,树立系统、整体思维,采取有针对性的措施。

1) 磷酸原代谢能力训练

(1) 把握强度:磷酸原(ATP、CP)供能的输出功率最大,由磷酸原系统供能时,要求速度、力量接近最大。磷酸原系统的供能特点是维持运动时间短,常为6~8 s,但输出功率在所有供能系统中最大。因此,磷酸原系统的训练原则是无氧-低乳酸,常采用最大速度、力量的重复训练法,可采用专项或专门的最大强度6~8 s重复性练习。如短跑训练的30~60 m段落跑,篮球训练中10 s内30 m跑、运球跑、曲线变向跑、10 m冲刺跑等。不管哪种训练方法或手段,要求做到下列几点:

① 最大速度或最大力量练习,时间控制在10 s内。
② 每次练习的休息间歇不低于30 s,根据运动员的训练水平,间歇可选30~90 s之间。
③ 成组练习后,组间休息间歇不能短于2~3 min,通常在4~5 min。

(2) 把握间歇:在大强度运动6~8 s的时间内,几乎全部依赖磷酸原系统进行能量供应,间歇恢复时血液中有少量乳酸生成。训练中要提高磷酸原系统的供能能力,对间歇时间的把握非常关键,主要是因为:

① 如果间歇时间过短,磷酸原的恢复量不足,在后继的运动训练中,在容易导致强度下降的同时,部分能量就会转由糖酵解系统提供,增加血乳酸的含量,极大地影响磷酸原供能能力的训练效果。

② 与上述相反,如果间歇时间偏长,消耗的磷酸原几乎全部恢复到原来水平,就造成训练密度小,不能对磷酸原系统带来足够的刺激。没有超量负荷就没有超量恢复,同样对发展磷酸原系统供能能力不利。

因此,30 s左右的间歇恢复时间对发展磷酸原系统供能能力较为合适。同时要注意运动员训练水平及恢复水平的差异,训练水平低或在增加训练量的初期,间歇时间应该有所增加,可以在60~90 s之间。训练水平不断提高后,间歇时间应该逐渐减少到30 s左右。

2) 糖酵解代谢能力训练

实践中要提高机体的某种能量供应能力,就必须在训练中反复地使用、刺激这种供能系统。让人体在无氧、高乳酸的状况下运动是提高糖酵解供能能力的有效方法。糖酵解供能是处于磷酸原系统和有氧氧化系统之间的一种能量供应方式。训练中要采用高强度运动,使糖酵解供能成为主要的能量供应方式,造成机体有足够的乳酸含量。目前在提高糖酵解供能能力的实际操作方法中,主要有最高乳酸训练和乳酸耐受力训练两种。

(1) 最高乳酸训练:最高乳酸训练的目的是使糖酵解供能能力达到最高水平。乳酸是糖酵解的终产物,运动中人体内乳酸生成量大,则反映出糖酵解参与能量供应的比例大。快速冲跑 1 min 左右接近力竭状态时,一般血乳酸含量在 15mmol/L 左右,这与人体所能承受乳酸的上限还有较大差距,需要进一步加大强度以便进一步提高乳酸生成能力,促进刺激机体产生更强的抗酸能力,进而提高抗疲劳能力。通过长期最高乳酸训练,对以最大强度运动时间在 1~2 min 的运动项目,如田径中 400 m 跑和 100 m、200 m 游泳等非常有效。

在实施最高乳酸训练法时,采用不同的要求和方法在效果上会有较大的差异。如果用间歇训练法,通常做 1~2 min 大强度运动,间歇 3~5 min。调整间歇时间和运动时间的比例,可以改变血液中乳酸的生成量。进行最大无氧代谢训练时,血乳酸含量在 12~20 mmol/L 之间是一个敏感范围,采用一次 1 min 左右的超量负荷训练就可以达到这个目标。在一组间歇跑的过程中,第一次持续 1 min 左右的高强度跑后,血乳酸升高到较高水平,在间歇恢复阶段,肌肉细胞中氢离子向细胞间隙弥散,39 s 左右可以弥散约一半的量;同时乳酸根从肌肉中弥散出细胞的速度要慢得多,通常 9 min 才能弥散一半。这样在 4 min 左右的间歇内,肌肉中已经增加的氢离子浓度降到运动前水平,对糖酵解的抑制作用显著变弱,继续下一个段落跑时,还是以糖原分解供能为主,造成血乳酸大大高于一次力竭性运动的血乳酸浓度,从而达到发展人体最大乳酸耐受力的效果。研究显示,在间歇固定的 4×400 m 重复跑中,最后 2 次跑血乳酸下降,但如果缩短间歇时间血乳酸会进一步升高。

(2) 乳酸耐受力训练:乳酸耐受力训练的强度通常略小于最高乳酸训练。这种训练对田径中的中距离跑和游泳项目中的 100 m、200 m 运动员非常有帮助。一般采用 1~1.5 min 持续运动,间歇 4~5 min 的多次重复跑练习。

之所以这样要求,是由于 1 min 的运动使血乳酸达到 12 mmol/L 左右,通过 4~5 min 的间歇恢复,血乳酸有一定的转移,再练习时,血乳酸又回升至 12 mmol/L 左右。这样反复进行刺激,维持机体中血乳酸在较高的水平,使机体产生适应,引起体液和组织的碱储备增加,缓冲酸的能力加强,提高人体的乳酸耐受力。这种练习需要控制强度,因为强度过大、间歇过短,恢复不足,经过 2~3 次运动后血乳酸下降,后继的运动强度难以维持,就不能达到发展人体乳酸耐受力的目的。

3) 有氧代谢能力训练

有氧代谢是需要长时间运动的项目提供能量供应的主要方式,运动过程中的氧气供应比较充分,能源物质通过氧化分解生成二氧化碳和水,并释放能量维持运动。长时间的间歇运动训练可有效提高有氧代谢供能能力,这种训练除要求运动时间长、运动强度较低以外,还需要有充足的氧气供应。在实践中通常有四种方法:

(1) 有氧间歇训练法:通常选择运动强度在 80%~85% 之间的最大摄氧量强度,或者用接近无氧阈的强度,运动时间要比高强度的乳酸耐受力训练适当延长,间歇时间与运动时间基本一致。瑞典学者奥斯特朗认为,用 80% 最大摄氧量强度跑 3~5 min,再间歇恢复 3~5 min,对有氧耐力的提高非常有效。有研究认为,2 min 运动、2 min 间歇,或者 4 min 运动、4 min 间歇的训练方式都有助于氧利用能力的提高,进而发展骨骼肌的有氧代谢能力。

(2) 乳酸阈强度训练法:一般把 4 mmol/L 血乳酸看成是普遍意义上的乳酸阈,但个体乳酸阈存在差异。通常运动员的最大无氧耐受乳酸浓度在 12 mmol/L 左右,以 4 mmol/L 血乳酸浓度的运动强度刺激,不属于高强度训练,可以进行长时间的练习,机体没有酸血症发生,能够有效提高有氧代谢能力。目前,用乳酸阈强度训练提高有氧氧化供能能力,是使用最多的训练模式。要注意随着运动能力的发展,个体乳酸阈也会提高,训练强度要适当增加以便和个体乳酸阈相适应。

(3) 持续性耐力训练法：持续性耐力训练主要是指耐久跑,在较长的时间里,用中等、相对稳定的强度,不间断地连续练习。长跑项目包括马拉松,在运动过程中其能量供应主要靠有氧代谢,血液中的乳酸通常低于 4 mmol/L 的个体乳酸阈值,训练中采用这种方式可以有效提高有氧代谢供能能力。

(4) 高原训练：高原训练是正常平原训练的有效补充,可以采用"高住低训""低住高训""高住高训"等多种方式,被多数运动队尤其是耐力性项目普遍采用。高原训练可以利用高原空气稀薄的自然条件,使机体产生一定的补偿机制,促进人体组织在氧气不足的情况下进行 ATP 再合成的能力,从而有效发展有氧和无氧耐力。其益处主要体现在下列两点：

① 高原氧气不足,加重了训练中机体的缺氧程度,缺氧程度的提高可以使糖的无氧酵解能力得到强化。

② 在高原缺氧的条件下进行训练,可以代偿性地刺激组织细胞获得和利用氧的能力提高,从而加强有氧代谢能力。

2.4 抗阻运动的生物力学原理

现代竞技理论认为,运动员竞技能力由体能、技能、战术能力、心理能力和运动智能组成,各部分密切联系,形成了运动员的综合运动能力。运动员达到一定水平以后,其运动表现的核心要素是能量产生是否充分,动员是否迅速,能量供应系统能否达到最佳状态,因为高强度的运动需要迅速消耗大量的能量。但能量是有限的,如何提高能量使用的效率,在运动中显得尤为重要。理论上讲,造成人体最佳运动能力的障碍有三种基本因素：生理学、心理学和生物力学(图2-21)。生理学因素影响能量的产生,

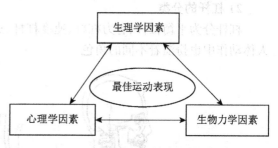

图 2-21 运动表现的影响因素

主要是能量的合成、运转、废物的清除。心理学因素影响对能量的控制,紧张、心态失衡,不仅产生多余动作,而且直接影响竞技状态。生物力学因素与如何最有效地使用能量有关,正确的技术在取得时效性的基础上,能够尽可能地减少能量的消耗,并有效发挥运动员的个人特点。三个因素相互关联,互有影响。因此,在运动训练中要加强限制运动能力因素的研究,生物力学分析是重要的环节。

2.4.1 骨骼肌肉系统的杠杆效应

1) 杠杆原理

人体运动的肌肉主要通过骨骼的杠杆效应产生动力。杠杆效应受骨骼、关节、肌肉三个因素影响。其中骨骼是杠杆,关节是支点,骨骼肌产生力。下面是几个基本的定义：

(1) 杠杆系统：施加在刚体或半刚体上的负荷力量作用线未经过轴点,该力量会使之旋转,施加阻力可以阻碍其旋转,该系统被称为杠杆系统。杠杆系统在运动中普遍存在,人的运动,如跑、跳、投等,实质上都是由各环节做杠杆运动的整体表现。

(2) 支点：杠杆绕着转动的轴点叫支点,是关节的运动中心。稳定的支点利于发力,但人

体运动中很难找到绝对稳定的支点,都是在各环节相互作用中的相对、暂时的稳定,支点处于变化之中。核心稳定性的提高在一定程度上加强了一些动作支点的稳定程度,这也是功能性训练、核心力量训练的意义所在。

(3) 力臂:支点到动力作用线的垂直距离叫力臂,分为动力臂和阻力臂。有些项目中增、减动力臂、阻力臂可以有效提高动作速度,如投掷、跳跃项目中的旋转和摆动。力臂是掌握和改进技术动作时需要考虑的重要因素之一。

(4) 力矩:力臂与力的乘积叫力矩。表示力对物体产生转动作用的大小。通常以逆时针为正,顺时针为负。力矩是分析运动技术效果的重要指标。

(5) 肌力:在神经系统的支配下,肌肉进行收缩而产生的力量叫肌力。肌力大小除与参与运动的肌纤维类型有关外,还与杠杆效应有关。

(6) 阻力:人体运动中,通常肌肉力量是主动力,而阻碍其运动的为阻力,如重力、摩擦力等。在高水平竞技中,减小阻力是提高成绩的因素之一,如游泳、自行车的姿势,领先者与跟随者在所受阻力方面的差异等。

(7) 力学优势:力学优势主要指肌肉动力臂与阻力臂的比例。力学优势大于1,表示动力臂长,需要的肌力小。力学优势小于1,表示阻力臂长,需用较大肌力对抗阻力,消耗的能量增加。

2) 杠杆的分类

杠杆分为平衡杠杆、省力杠杆、速度杠杆三大类(图2-22)。三类杆杆的力学效果不同,在人体动作中也扮演着不同的角色。

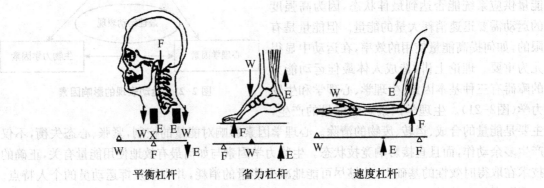

注:W为重(阻)力点;E为力点;F为支点

图2-22 人体不同的骨骼杠杆

(1) 平衡杠杆:支点在肌力与阻力的中间,如脊柱与头颅的骨杠杆。需要较多维持身体平衡的项目,如体操、跳水等项目,要注意使用杠杆平衡原理,减少动作失误的可能性。

(2) 省力杠杆:肌力与阻力作用在支点同侧,肌力作用的动力臂比阻力作用的阻力臂要长,用较小的肌力就可克服较大的阻力。如站立提踵时,以脚拇指跖趾关节为支点,小腿三头肌以跟骨附着点为主动力点,克服重力做功,根据长力臂优势,该肌肉力量小于重力。

(3) 速度杠杆:肌力和阻力作用在支点同侧,肌力作用的动力臂比阻力作用的动力臂要短,肌力必须要大于阻力才能产生运动。如图2-22中,肘关节屈起前臂时,肱二头肌力臂小于阻力臂,负重时肌肉力量需要明显大于阻力才能运动。大多数人体运动是速度杠杆。这是内部肌力往往大于外力的原因,也是运动时能量会大量消耗的原因。因此,肌肉和肌腱等组织因经受极大的内力而更易受伤。

了解杠杆力学优势原则至关重要。在实际运动中,力学优势比值会随动作发生改变而不断变化。以膝关节为例(图 2-23):

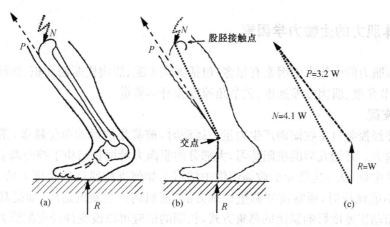

图 2-23 膝关节受力分析

当膝关节屈伸时,其关节本身不是一个真正的枢纽,转轴位置随关节活动范围不断变化,影响股四头肌和股后肌群运动时动力臂的长度。因此,肌力的作用力与膝关节角度密切相关。在运动中强调膝关节的位置、稳定性对小腿的多维动作效率都有很大的影响,需要训练中给予重视,特别是在短跑的后扒动作中。

在举重练习中,肱二头肌进行屈肘动作,随着关节活动范围变化,转动关节轴到肌力作用线的垂直距离随之改变,肌肉力臂较长时,具有较大力学优势(图 2-24)。力矩在完成动作的过程中一直处于变化之中,骨骼肌常处在力学劣势力矩中,承担更多的重量。下肢也同样,如在高速的助跑中起跳,给予腿部(肌肉、韧带、骨)的冲击力可达 700 kg 以上。因此,在运动中肌肉和肌腱所产生的力量要远远超过外界物体或地面施加的外力。

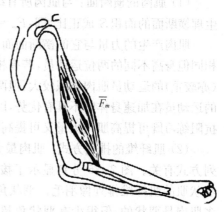

图 2-24 肘关节的受力分析

[拓展]

人体在平地行走时,作用力均值约为体重的 2.7 倍,快速平地行走时,作用力均值约为体重的 4.3 倍,上、下楼梯作用力均值分别约为体重的 4.4 倍和 4.9 倍,上、下坡时作用力均值分别约为体重的 3.7 倍和 4.4 倍等。因此,慢跑楼梯、爬山不仅可以作为有氧运动,也是很好的下肢力量练习手段。

3) 肌腱附着点

肌腱附着点是指肌腱、韧带、筋膜、关节囊附着于骨质的部位。人体骨杠杆中的力点就是该附着点。人体解剖结构差异较大,不同的人其肌腱附着点存在一定差异。附着点距离关节中心点的远近影响用力效果。距离较远时,动力臂长,能够获得力学优势而产生较大的肌力,克服较大的阻力,但同时也容易丧失速度。距离较近,动力臂小,速度快了,但克服阻力下降。

因此，在训练、比赛实践中，运动员(特别是挥拍类运动员)要根据训练目的和比赛需要调整动作幅度，适应阻力大小或动作快慢变化的要求。同时，要注意过度地用力和磨损容易导致肌腱附着点炎症，应提前进行康复活动。

2.4.2　人体肌力的生物力学因素

影响人体肌力的生物力学因素有很多，包括神经支配、肌肉横断面面积、肌纤维排列方式、肌肉长度、关节角度、肌肉收缩速度、关节角速度和身体质量。

1) 神经支配

肌肉由神经控制自主收缩而产生力量。运动时，被募集的运动单位越多，激发频率越高，则肌肉力量越大。开始几周的抗阻练习，大部分的肌肉力量增长归功于神经调节，即发生了神经适应，大脑(中枢)从一定数量的收缩组织中学习了如何支配肌肉产生更大的力量。当力量提高的速度不能保持时，通常需要调整训练方法，使肌肉产生新的适应，如提高强度或要求。不同的负重和动作速度影响肌肉的募集方式，长期的适应可以改变神经支配能力，是训练的核心内容。

2) 肌肉因素

(1) 肌肉的横断面：与肌肉所有纤维垂直的断面称为生理横断面，肌肉力量 F_m 的大小与生理横断面的面积 S 成正比，即：$F_m = \lambda S$。λ 为肌力系数。

肌肉产生的力量与它的横断面面积(粗细)有关，而与它的体积大小无关。如体脂百分比相同但身高不同的两位运动员，若有相同的肱二头肌围度，则有相同的肌肉横断面面积。较高(亦较重)的运动员肌肉体积较大，但两人肱二头肌的力量相同。相同力量的前提下，身材高大的运动员在加速身体时不具有优势，因为要克服更多的阻力。如优秀的体操选手身材都不高。抗阻练习既可提高肌肉力量又可提高肌肉的横断面面积。

(2) 肌纤维的排列方式：肌肉最大收缩可以产生的力为 $16 \sim 100 \text{ N/cm}^2$，这与肌纤维排列方式有关。图 2-25 分别显示了梭状肌、扇形肌、羽状肌和半羽状肌的肌纤维排列方式。羽状肌的肌纤维排列像羽毛。羽状角起点和终点连线和肌纤维之间有一定夹角。人体很多肌肉是羽状的，但很少有羽状角超过 15°。肌肉缩短时，羽状角相应增加。高速运动时，羽状肌收缩能力增强，而在离心运动、等长运动或低速向心运动中，因为肌丝走向羽状排列没有优势。

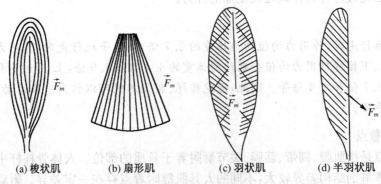

(a) 梭状肌　　(b) 扇形肌　　(c) 羽状肌　　(d) 半羽状肌

图 2-25　肌纤维的不同排列方式

(3) 肌肉长度：如图 2-26 所示，肌肉静息时，处于部分收缩状态。肌肉收缩时，细肌丝与粗肌丝通过滑行，重叠部分增加，肌凝蛋白和肌动蛋白间横桥位点增加产生张力，肌肉承载力增强，能负担更大的负重。反之，活化的横桥数目减少，肌肉产生的力量下降。在一些相持对抗的动作中要注意姿势的变化使肌肉处于容易发力的状态。

3) 技术因素

(1) 关节角度：如图 2-27 所示，所有人体运动通过围绕关节旋转才能产生力。肌肉相当于能收缩的单向活塞做功筒，骨相当于连杆，腱相当于接头，关节相当于铰链。肌肉力量的大小用力矩来衡量，关节角度的大小将影响肌力的发挥。因此，我们通常研究力矩与关节角度的关系。肌肉、肌腱、骨骼、关节构成不同的杠杆，围绕关节产生的力矩就不同，用力的效果就存在较大差异。

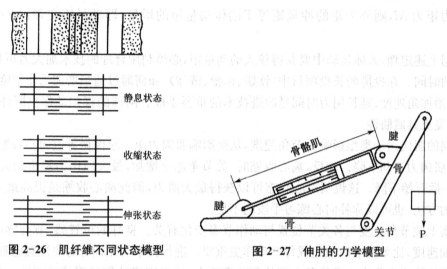

图 2-26 肌纤维不同状态模型　　图 2-27 伸肘的力学模型

在不同的关节角度，肌肉的用力效果不同，存在"力量区"和"非力量区"。如在负重缓慢下蹲过程中，在某个角度感到肌肉用不上力，会加速向下。这一方面与力矩有关，另一方面与传统的动力性向心训练的局限性有关，不能使肌肉在整个关节角度都得到最大的刺激。使用等速练习方法可以解决这一难题。在整个关节运动范围内，运动速度恒定，肌肉收缩时产生的力量始终与阻力相等（可以最大限度用力）。因此，在力量练习时遵循全幅度原则有实践价值。

运动中涉及多个身体关节的肌肉，其肌肉长度受两个关节角度的制约。如同时屈髋屈膝，腿后肌群受髋关节和膝关节同时影响，相对直立屈膝产生更大的力矩。竞技体育中的动作一般都是多关节运动，情况更为复杂，要通过反复的专项练习才能建立准确的多关节协调运动模式，使各关节在不同的时间达到理想的关节角度。对于其中的薄弱关节（肌肉）要采取专门的练习，才能使整个运动链有序运动，达到力量传递、叠加的目的。

(2) 肌肉收缩速度：英国著名的生理学家希尔（Hill）取青蛙的离体肌肉进行肌肉收缩规律研究，得出著名的希尔方程，即肌肉的本构方程：$(a+T)(V+b)=b(T_0+a)$。反映了肌肉收缩力和速度之间的关系，证实了当肌肉收缩速度加快时，肌肉力量将下降（图 2-28）。

该方程对力量运动训练的指导有多方面意义。当需

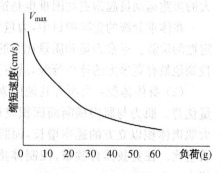

图 2-28 力和速度的关系

要更高的速度时,就要适当减少负荷,提高速度成分。当项目需要更大的力克服阻力时,要适当减慢速度,提高力量性成分(最大力量)。也可以在人体做整体运动时,控制身体部位的快慢,使各环节协调用力。如当人体开始垂直起跳时,手臂向上挥摆,可以使肩部对身体产生向下的压力,减慢身体向上运动,使得伸髋和伸膝肌肉收缩变慢,从而使肌肉有时间积聚更大的力量,以便爆发式用力。

(3) 关节角速度:角速度是研究运动、进行生物力学分析的重要指标。人体运动基本由肢体围绕关节轴转动组成,因此,转动是最基本的运动形式。关节的角位移与经历时间的比值即关节角速度 ω,是描述人体运动的常用力学参数。

将人体简化为刚体,刚体围绕定轴转动时,转动惯量为 I。刚体的转动惯量 I 乘以其转动角速度 ω,即为该刚体的动量矩。经过时间 t 后,刚体转动角速度由 ω_1 变成 ω_2,作用在刚体上的合外力矩为 M,则外力矩的冲量矩等于刚体动量矩的增量,即动量矩定理:$Mt = I_2\omega_2 - I_1\omega_1$。

根据上述定理,人体运动中要获得较大的动量矩,必须利用合理的技术加大力矩和延长力矩作用的时间。在投掷的长投项目中(铁饼、标枪、链球),如何通过适当增加动作幅度和"超越器械"来增加角速度、延长用力时间是改进技术的重要手段。网球的挥拍动作也同样,使球的速度、力度更具威胁性。

不同的肌肉运动类型影响关节角速度,从而影响肌肉力矩。肌肉做等速向心收缩时,角速度增加,肌肉力矩却下降。相反,离心收缩时,关节角速度增加,最大肌肉力矩也增大,但到达 90 rad/s 后开始下降。这说明离心收缩可以获得最大肌力,因此离心收缩是提高最大力量最为有效的方法,也可以弥补向心练习手段的不足。

事实上关节角速度与各关节位置与动作节奏变化有关。良好的位置感、节奏感可以形成流动的加速度,比单独准确地完成每个动作更重要。进行技术动作训练时要注意感觉和反馈,反复强调将注意力集中在身体各个部位和节奏感上,感受完成动作过程的重要性。技术动作和节奏练习的目的是将技术动作的各个步骤完美合一,形成一个高效、流畅、富有节奏并融为一体的完整动作。

4) 身体形态

(1) 肌肉力量和身体质量比:一些项目对相对力量有很高的要求。短跑和跳跃竞赛项目中,运动员的肌力和被加速身体部分的质量比是很关键的因素,肌力和质量比直接反映了运动员加速身体的能力。通过训练,如果一个运动员身体质量(体重)增加了 15%,但力量只增加了 10%,则运动员加速的能力下降。跳高项目每增加 1 kg 体重,高度会下降 1~2 cm。体型大的短跑运动员起跑更加困难也是这个道理。

在体重分级的竞赛项目中,力量和质量比极其重要。相同的身体质量,最强壮的选手有决定性的优势。通常力量和质量比大的运动员,其肌力小于身体质量比低的选手。只要运动员找到他最有竞争力的体重等级,就应当让自己尽可能强壮。

(2) 身体体积:当所有其他因素相同时,体型小的运动员要比体型大的运动员更有力量优势。肌力与肌肉横断面面积成正比,肌肉质量与肌肉体积成一定比例。因此,体型越大肌肉体积以立方的速率增长,而肌力以平方的速率增长,故体型小的选手有较高的肌力-质量比。在竞技体育领域,控制体重的通常做法是减少脂肪,增加肌肉或者改变神经支配能力。

2.4.3 肌肉收缩的阻力

肌肉收缩的阻力主要是重力、惯性、摩擦力、流体阻力和弹性阻力。明确阻力的来源有利于设计和选择不同阻力形式的训练手段和方案。

1) 重力

物体由于受到地球吸引而受到的力叫重力。它等于物体的质量乘以该地区重力加速度：$G=mg$。g 是重力加速度，m 是物体质量，不同的地理位置，加速度也不同。物理学中，人们所说的质量和重量是不同的。重量即重力，质量是物体内含物质的多少，其大小不随物体位置的变化而变化。

2) 抗阻练习

由于重力的作用线始终垂直向下，因此，施加负荷的阻抗力臂是水平的，阻抗力矩为重力与负荷质点到关节轴点的水平距离之积。举起重物时，施加负荷的重力不变，但阻抗力臂不断变化，阻抗力矩也随之变化。当负荷靠近关节轴点时，阻抗力臂变小，阻抗力矩变小；反之，阻抗力矩变大。竞技举重动作要求"近、快、低"，其中近就是要杠铃靠近身体纵轴线，缩小阻力臂从而减小阻力。

屈臂动作，前臂水平时，从肘关节到杠铃的水平距离是最大，练习者要使用最大的肌肉力矩来支撑负荷。当前臂向上或向下旋转远离水平线时，动力臂减少，阻抗力矩变小，所需的肌肉力量随之减小。

根据上述原理，蹲举时若身体前倾，使负荷到膝关节的水平距离缩短，减小股四头肌对于膝关节的阻抗力矩，同时负荷到髋关节的水平距离变远，增大臀肌和股后肌群对于髋关节的阻抗力矩，从而减小膝关节的压力，转而集中于伸髋肌群。

在利用杠铃、哑铃、壶铃负重练习时（也称作自由重量练习），尽管重量没变，但身体各环节位置、姿态特别是器械轨迹的变化，使得在动作过程中力臂、力矩随时在发生改变，运动员要不断调整用力，才能举起重物。因此，自由重量练习的效果被认为要好于运行轨迹相对固定的器械练习。

3) 惯性力

任何存在的物体都有惯性，克服这个惯性需要外力。在运动中除了重力，杠铃或器材受力后加速，会对练习者产生惯性力。尽管重力作用是垂直向下的，但惯性力可以是任何方向。向上举重时，惯性等于质量与阻力向上向下运动，左右加速时，则产生水平加速度。

减速即负向加速。对向上运动的负荷，举重者可减少向上的力量或借助重力让重物减速。若水平移动，如屈肘手持哑铃，站立肩外旋动作时，人体必须施以相反方向的减速力量。负荷向下运动时，人体需施以比负荷大的向上力量来减速。

在一定负荷下，瞬发性举重在提举的最初阶段肌肉阻力较大（要克服惯性阻力），动作结束前阻力变小。与加速较低的慢速提举相比，该法可让所有参与工作的肌群承受最大的阻力。因此，采用挺举或高翻动作进行训练时，要注意使用腿部和髋关节的力量，提供较大的加速度，使重物垂直加速至高速，克服高阻力，让负荷持续向上，直至最高点。

根据肌力-速度的关系曲线，略高于器械负荷的惯性使肌肉以较低速度收缩，而轻于标准重量的惯性使人体能对器械迅速加速，提高离手速度。研究证明，在投掷项目中使用轻器械或者重器械，减少或增加的重量在标准器械重量的 20% 以内，练习者都能从中受益。但相对来讲,使用轻负重更利于动作速度的提高,使用过多降低速度的重器械练习对投掷无益,可能只对动力性力量成分的改变有好处。另外过重的重量尤其不利,因为除动作慢以外,还容易造成动作变形,和专项动作模式有较大的差异。

4) 摩擦力

相互接触的两个物体发生相对运动或相对运动趋势时在接触面上产生的相互阻碍运动的作用力,称为摩擦力。摩擦力方向总是与物体相对运动趋势方向相反。滑动摩擦力:$f=\mu N$。μ 是滑动摩擦系数,N 是相互接触的两物体之间的正压力。

通常起动动作的摩擦系数大于维持动作的摩擦系数,因此,抗阻练习时需要较大起动力量,动作开始后,不管速度如何,以固定力量维持动作即可。短跑的起跑和其他项目前后左右的快速起动,利用摩擦力原理(增加阻力)进行训练,可以有效提高爆发式起动能力。

5) 流体阻力

器械在空中飞行或人体在水里移动,都会遇到流体阻力问题。物体通过流体(液体或气体)承受的阻力称为流体阻力。流体阻力在游泳、投掷、短跑、高尔夫等项目中都是一个重要因素。

流体阻力的形式分为表面拖拽力和形式拖拽力两种。前者源于流体通过物体表面的摩擦力;后者源于流体通过物体前面或后面的压力。减小流体阻力的方式主要有:

(1) 完善身体姿态,减少阻力面,如短跑、自行车的身体前倾,游泳时身体尽量能与水流平行等。

(2) 完善技术,降低与流体的冲击角,如田径中的标枪、铁饼等项目。

(3) 完善服装、器材等,如在游泳、田径短跑、自行车项目中,服装会给运动员带来阻力。自行车、赛车的流体特性也可以改良,以减小阻力。

利用流体阻力也是进行专项力量训练的有效手段,如在风力较大时进行顺风跑、逆风跑,穿阻力大的衣服进行游泳、骑自行车等。

2.4.4 安全事项

体能训练特别是力量练习相对负荷较大时,要有良好的安全意识,以减少受伤的可能性。

1) 充分热身

使用较轻的负荷进行热身,使身体、肌肉发热,促使血液流向肌肉,增加肌腱、韧带及其他结构的柔韧性。在准备活动时利用弹力带、滚轴对肌肉进行激活是个很有效的手段。

2) 对重要部位安排专门练习

肩、髋、膝、踝等关节部位通常要进行针对性的拉伸和强度较大的动员。腰部是相对薄弱的环节,也要专门准备。注意使用功能性的动力性拉伸手段,使关节周围的韧带、肌肉都受到适当的刺激,处于激活状态。

3) 注意新动作和恢复训练

对于练习中新动作的引入,或已停止两周以上的训练动作,应使用相对较轻的负荷,减少因不适应造成可能的损伤。

4) 关注疼痛部位

关节或肌肉部位疼痛,说明存在肌肉、韧带、筋膜的挫伤或者关节的错位。忍痛训练可能导致永久损伤。在充分热身的基础上,通常运动员可以继续用较轻负荷或多样化练习手段进行训练。若疼痛加剧并持久，应该进行检查和药物治疗，但一般来说没必要完全停止抗阻训练。

5) 重视牵拉、放松

训练后特别是力量练习后，要充分放松肌肉，梳理肌丝、肌膜，尤其是牵拉对表层、深层的肌肉都有极好的放松效果。高强度负荷后对关节进行冰敷有助于预防受伤和恢复。

6) 手段多样，训练全面

各种全面的、辅助性练习有助于加强关节的稳定性、肌群的平衡。关节不同维度及肌肉之间缺少平衡是运动损伤的重要原因。肌肉不平衡，除弱的部分容易受伤外，会导致错误的代偿性动作产生。

另外，要减少过多的极限负重动作和关节角度过大的爆发式用力练习，同时要加强专业人士的辅助、指导。

2.5 体能的营养学基础

营养是维持人体健康的重要因素，合理营养是健康和运动能力的保证，与机能状态、体力适应、疲劳恢复过程均有密切的关系。合理营养为机体提供适宜的能量，是发展身体素质和专项竞技能力，提高运动成绩的基础。营养缺乏或营养不良将改变身体形态、生理机能和运动能力，进而影响体能。

2.5.1 能量与营养素

营养是指机体从外界摄入食物，在体内经过消化、吸收、代谢以满足自身生理功能和从事各种活动需要的必要生物学过程。营养素是食物中所含有的能维持人体正常生理功能和生命活动的物质，一般分为糖类、脂类、蛋白质、维生素、矿物质以及水 6 大类。营养素有三大基本功能：提供能量，构建机体和修复组织，调节代谢以维持正常生理功能。其中糖类、脂类、蛋白质三大营养素可以提供能量，因此，又被称为热能或产能营养素。

1) 能量

能量是维持正常生命活动的基础，也是保障体能的重要前提。能量单位以"千卡"或"焦耳"表示，1 千卡(kcal)就等于 1 kg 纯水从 15 ℃升高到 16 ℃所吸收的能量，即纯水每升高 1 ℃所吸收的能量。1 焦耳(joule, J)即用 1 牛顿(N)的力度使 1 kg 的物体移动 1 m 的距离所消耗的能量。换算关系为：1 kcal=4.184 kJ，1 kJ=0.239 kcal。1 g 糖、脂肪和蛋白质在体内完全氧化所产生的能量分别是 16.84 kJ(4 kcal)、37.56 kJ(9 kcal)和 16.74 kJ(4 kcal)的能量。人体的能量消耗包括基础代谢、体力活动和食物的热效应三个方面。

(1) 基础代谢：基础代谢是指维持人体基本生命活动的能量消耗，即在无任何体力活动和紧张思维活动、全身肌肉松弛、消化系统处于静止状态情况下，用以维持体温和人体必要的生理功能所需的能量。具体指人体在安静和恒温条件下(一般 18~25 ℃)，禁食 12 h 后，处于清醒、静卧、放松时的能量消耗。此时能量的消耗仅用于保持体温和维持呼吸、血液循环及其他器官的最基本的生理需要。基础代谢占总能量消耗的60%~75%，是总能量消耗中所占比例最大的部分。基础代谢的水平以基础代谢率(Basal Metabolic Rate, BMR)来表示，指人体处于基础代谢状态下，每小时每平方米体表面积的能量消耗，单位为 kJ/(m² · h)或 kcal/(m² · h)。基础代谢率的影响因素主要有年龄、性别、体表面积、环境、激素等方面。

(2) 体力活动的能量消耗：体力活动的能量消耗又称运动性生热效应（Thermic Effect of Exercise，TEE）。一般情况下人体各种体力活动所消耗的能量约占总能量消耗的15%～30%，是人体能量消耗中变化最大的一部分，也是人体控制能量消耗、保持能量平衡、维持健康最重要的部分。影响体力活动能量消耗的主要因素有运动负荷、肌肉含量、体重。

(3) 食物热效应：人体在摄食过程中，由于要对食物中的营养素进行消化、吸收、代谢转化等，需要额外消耗能量，同时引起体温升高和热量散发。这种因摄食而引起能量的额外消耗称为食物热效应。食物热效应与进食的总热量无关，而与食物的种类有关，不同的产能营养素其食物热效应不同。脂肪的食物热效应约占其本身产生能量的4%～5%，碳水化合物为5%～6%，蛋白质高达30%。混合性食物其食物热效应占其基础代谢消耗能量的10%。除了与食物营养成分，食物热效应还与进食量和进食频率有关，吃得越多，能量消耗也就越多；进食快者比进食慢者食物热效应高，进食快时中枢神经系统更活跃，激素和酶的分泌速度快、量更多，吸收和贮存的速率更高，其能量消耗也相对更多。

在保证一定量的基础上，糖、脂肪、蛋白质三种营养素的摄入应有适当的比例。三者在人体的代谢过程中关系密切，糖和脂肪对蛋白质能起节约作用，足够的糖和脂肪可减少蛋白质作为能源物质而被消耗。但如果膳食中蛋白质供应量不足，单纯提高糖和脂肪的供应量，也不能维持正常的氮平衡。三大营养素的摄入比例为：蛋白质供给量占一日总热量的12%～15%；脂肪占20%～30%，不超过35%；碳水化合物占55%～65%。

2) 营养素

(1) 糖类：糖类又称碳水化合物，是由碳、氢、氧三种元素组成的一类化合物，根据其分子结构，一般将其分为四类：单糖、双糖、寡糖和多糖。单糖是指不能再被水解的糖，常见的主要为葡萄糖、果糖和半乳糖。葡萄糖是构成食物中各种糖类的最基本单位，能直接被人体吸收和利用。果糖被人体吸收后，经肝脏转变成葡萄糖被人体利用，也有一部分转变为糖原、乳酸和脂肪。半乳糖被人体吸收后可以转变成葡萄糖。双糖是由两分子单糖缩合而成，常见的有蔗糖、乳糖和麦芽糖等。寡糖是指由3～10个单糖构成的一类小分子多糖，又叫低聚糖。寡糖分两类：一类是水解产生的所有糖分子都是葡萄糖的，称为麦芽寡糖，另一类水解时产生不止一种单糖的叫杂寡糖。麦芽寡糖可以被人体吸收利用，人体内没有能水解寡糖的酶，因此，杂寡糖在人体不能被消化、吸收和利用。由10个以上单糖组成的大分子糖为多糖，营养学上具有重要作用的多糖有糖原、淀粉和纤维。糖原也称动物淀粉，在肝脏和肌肉合成并贮存，是一种含有许多葡萄糖分子和支链的动物多糖，食物中糖原含量很少。淀粉是由许多葡萄糖组成的、能被人体消化吸收的植物多糖，主要贮存在植物细胞中。薯类、豆类和谷类含有丰富的淀粉，是人类碳水化合物的主要食物来源，也是最丰富、最廉价的能量营养素。纤维是指存在于植物体中不能被人体消化吸收的多糖。

糖是体内最主要的供能物质，同时也是机体的重要组成成分，能以无氧氧化、有氧氧化、糖异生、磷酸戊糖代谢等途径参与机体的各种活动。机体的糖主要来源于肌糖原、肝糖原和血糖等储备，合理的供糖与体能密切相关。运动时肌肉的摄糖量可为安静时的20倍以上。运动使体内的糖大量消耗，糖原储备减少，不仅影响中枢神经系统的机能，使机体耐久力下降，产生疲劳或头晕等现象，而且也使大强度运动时的最大吸氧量降低。

运动前和运动中合理地补充糖，可以减少糖原消耗，提高血糖水平，有利于提高运动能力。运动后补充糖可促进糖原储备的恢复，促进疲劳的消除。

(2) 蛋白质：蛋白质是构成一切生命的物质基础，在维持人体组织结构的生长、更新和修复,调节人体生理功能、催化代谢以及氧化供能等方面发挥重要作用。正常成人体内有16%～19%的物质是蛋白质,同时体内每天有3%的蛋白质要更新,其中部分来自体内蛋白质分解后重新合成,部分则需从食物中摄取。因此,每天必须供给一定量的蛋白质,才能满足机体需要。蛋白质供给量不足,造成机体蛋白质缺乏;供给量过高,体内过多的蛋白质经分解成尿素等排出体外,不仅造成浪费,而且增加肝脏和肾脏的负担,对人体不利。在运动训练时,摄入充足的蛋白质不仅能促进肌肉蛋白质的生物合成,促进肌肉体积和力量的提高,而且可有效地延缓运动性疲劳的发生,具有促进运动能力提高的作用。

蛋白质和氨基酸是影响体能的重要因素,特别是支链氨基酸可为运动时的肌肉提供热能。在肌糖原储备充足时,蛋白质供能仅占总热量的5%;而当肌糖原耗竭时,蛋白质供能可上升至15%。由于蛋白质代谢产物为酸性,所以过多消耗蛋白质时会增加体液的酸度,降低运动能力,引起疲劳和水的需要量增加等副作用。为保证体能,饮食中要有充足蛋白质的摄入。除了普通膳食,还可以适量补充一些蛋白质和氨基酸的营养品来促进体能的提高。如力量训练时应适当增加优质蛋白质的摄入量。蛋白质摄入不足,不仅影响运动训练效果,而且会导致运动性贫血的发生。但过多摄入蛋白质,不仅对肌肉壮大和提高肌肉功能没有良好作用,而且对正常代谢也有不良影响。

(3) 脂类:脂类是脂肪和类脂的总称,也是人体重要的营养物质和主要的储能物质,它与蛋白质、糖类一起组成机体的三大营养物质和运动时的三大燃料。脂肪的主要功用是氧化释放能量,供给机体利用。1 g脂肪在体内完全氧化所产生的能量约为37.7 kJ,比糖和蛋白质产生的能量多一倍以上。在氧气充足的情况下,脂肪是长时间低强度运动时主要的供能物质,是决定体能中耐力素质的重要因素。膳食中脂肪的供给量一般应占总热量的20%～30%左右,摄取量按每千克体重1.5 g为宜,而且应多食用植物性脂肪,动物性脂肪不宜超过总热能的10%。有研究发现,食用麦芽油可增强耐久力,因为麦芽油中含有亚油酸、较多的维生素E和植物固醇,对提高体能有利。同时还有研究发现,结合亚油酸是一种比维生素E和β-胡萝卜素还要强的抗氧化剂,可以有效地发挥抗疲劳的作用。中链甘油三酯易吸收,能起到维持和减少蛋白质的分解、保护蛋白质的作用,同样是目前使用较多的脂类营养品之一。

(4) 无机盐:人体有20余种元素为人体组织、机体代谢、维持生理功能所需。除了C、H、O和N组成有机化合物,其余均称为无机盐,也称矿物质。无机盐分为常量元素和微量元素,含量占体重0.01%以上的钙、磷、钠、钾、氯、镁和硫等为常量元素;微量元素指含量小于体重0.01%者,有铜、钴、铬、铁、氟、碘、锰、钼、硒和锌等10种,硅、镍、硼、钒为可能必需元素。无机盐的主要生物学功能为构成机体组织的重要成分,如牙齿、骨骼;维持细胞正常的渗透压和体内的酸碱平衡;维持神经肌肉的兴奋性,保持正常的应激能力;调节酶和激素的活性,维持机体正常代谢等。

(5) 维生素:维生素是维持人体生命过程所必需的小分子有机化合物,在能量代谢及其调节过程中起着重要的作用。人体不能合成维生素,必须每日从食物中获取。根据维生素的溶解性可将其分为脂溶性维生素和水溶性维生素两大类。脂溶性维生素包括A、D、E、K四类,水溶性维生素包括B族维生素(B_1、B_2、B_6、B_{12}等)和维生素C(抗坏血酸)。与体能关系密切的维生素主要有以下几种:

① 维生素A:维生素A又名视黄醇,能维持正常视觉功能,维持上皮组织健全,促进骨骼正常生长,促进蛋白质的生物合成和骨细胞的分化,促进机体的生长和骨骼的发育。同时维生素A与机体抗感染作用有关,可提高机体的免疫力。维生素A缺乏首先会出现暗适应能力降

低,进一步发展可形成夜盲症。同时使上皮组织分化不良,出现上皮干燥、增生及角化。

② 维生素 D:维生素 D 具有促进小肠钙吸收的作用,通过促进钙离子的吸收参与骨骼生成。同时促进肾小管对钙、磷的重吸收,减少丢失,参与血钙平衡的调节,与内分泌系统一起发挥作用。缺乏维生素 D 易导致骨质疏松,长期在室内运动的运动员容易出现维生素 D 的缺乏。

③ 维生素 E:缺乏维生素 E 会造成核酸的形成过程失调,结果使得红细胞长得过大,形成巨红细胞。维生素 E 能促进蛋白质的更新合成,促进人体新陈代谢,增强机体耐力,维持肌肉、外周血管、中枢神经及视网膜系统的正常结构和功能。维生素 E 所具有的抗氧化作用对抵抗运动中大量产生的自由基,保护细胞膜免受脂质过氧化的侵害有着重要意义。补充维生素 E 可减轻一次力竭运动后 24 h 白细胞 DNA 的损伤,从而维持大运动量训练后机体的免疫功能。

④ 维生素 B1:维生素 B1 又称硫胺素,是物质和能量代谢的重要辅酶成分,维持神经、肌肉特别是心肌的正常功能,同时维持食欲、胃肠道正常蠕动及消化液分泌。食物中维生素 B_1 供给充足时,能促进肌肉中磷酸肌酸和糖原的合成,促进运动后乳酸消除。维生素 B_1 缺乏时,神经组织中的碳水化合物代谢首先受到阻碍,致使丙酮酸堆积在神经组织中,损害神经血管系统;同时积累生成乳酸,可加快疲劳的发生,降低有氧能力。

⑤ 维生素 B_2:维生素 B_2 在生物氧化过程中广泛地起着递氢作用,参与机体内三大生热营养素的代谢过程,与热能代谢直接相关,具有抗氧化作用。机体缺乏维生素 B_2 直接影响骨骼肌有氧代谢的供能能力,引起肌肉收缩无力,耐久力下降,容易疲劳,神经兴奋性过度增加或减弱。

⑥ 维生素 B_6:维生素 B_6 在体内以磷酸吡哆醛(PLP)的形式参与近百种酶反应,主要与氨基代谢有关,影响核酸和 DNA 合成。因维生素 B_6 作用于糖原分解代谢过程,维生素 B_6 可能会影响糖酵解无氧能力,严重的可影响血红蛋白的合成和氧转运。

⑦ 维生素 B_{12}:维生素 B_{12} 是红细胞生成和功能实现的必要成分,维生素 B_{12} 缺乏可引起运输氧能力下降,影响最大的是有氧能力和亚极限运动能力。完全素食者应注意适量补充维生素 B_{12}。

⑧ 烟酸:作为烟酰胺腺嘌呤二核苷酸(NAD)、烟酰胺腺嘌呤二核苷酸磷酸(NADP)的组成成分,烟酸在碳水化合物、脂肪和蛋白质的能量释放上起重要作用,是氧化还原反应的递氢者,是氢的供体或受体。它不仅维持皮肤、神经和消化系统正常功能,而且在人体新陈代谢中有重要作用。由烟酸构成的辅酶,参与有氧和无氧代谢,与体能训练的有氧和无氧耐力有关。

⑨ 维生素 C:维生素 C(Ascorbic Acid)是一种强还原剂,参与体内氧化还原过程,具有多种生理功能,维持组织细胞的正常能量代谢和调节细胞内氧化还原电位,将三价铁还原为二价铁,促进铁的吸收;能促进伤口愈合,是形成胶原蛋白所必需的物质,有助于保持细胞间质的完整,如结缔组织、骨样组织以及牙本质;阻断亚硝胺在体内形成,具有防癌和抗癌作用。

由于维生素 C 具有很强的还原性,参与体内多条代谢途径,是体内的强效抗氧化剂,因此,在长时间耐力性运动导致的脂质过氧化作用加强时,补充适量的维生素 C 可以降低运动引起的氧自由基的生成,对于防止肌细胞损伤、缓解肌肉酸痛、促进运动后肌肉疲劳的恢复以及维持机体的免疫功能均具有一定的益处。此外,维生素 C 还有提高耐力和促进创伤愈合的作用。

⑩ 叶酸:叶酸在体内的生物活性形式为四氢叶酸,它参与一碳单位代谢,促进神经系统的发育。叶酸与 DNA 的合成和细胞分裂有关,缺乏叶酸会造成贫血,从而影响机体的有氧运动

能力。但应该注意,补充叶酸用于治疗贫血时应在医疗监督下进行。

(6) 水:水是人体含量最多的组成成分,是维持人体正常生理活动的重要营养素之一。水的作用表现在参与细胞的构成,维持组织的形态和功能,同时也是细胞外的依存环境。水能调节体温。因为人体内的营养物和代谢产物多数都能溶解于水,并在水溶液中完成各种化学反应,所以水在体内不仅直接参与物质代谢,而且作为载体运输营养物质和排出代谢产物。

水摄入不足或丢失过多,可引起体内失水,出现脱水的现象,运动中常见高渗性脱水。高渗性脱水是由于出汗过多或饮水不足所致,如在高温环境中引起汗液大量丢失,或在烈日下暴晒由呼吸道和皮肤丢失大量水分。由于汗液为低渗性溶液,丢失的水分大于钠的丢失,血浆钠等电解质浓度增高,导致高渗性脱水。

[拓展]

脱 水

脱水可以分为轻度脱水、中度脱水和中度脱水。失水量为体重的2%左右时为轻度脱水。轻度脱水以细胞外液丢失为主,症状表现为口渴、尿少;另外,由于血容量减少,心脏负担加重,运动能力受到影响。失水量为体重的4%左右时为中度脱水。中度脱水不仅有细胞外液丢失,也有细胞内液丢失,症状表现为严重的口渴感、心率加快、体温升高、血压下降、易疲劳、运动能力下降。失水量达到体重的6%以上时为重度脱水。重度脱水细胞内液丢失量大于细胞外液丢失量,除了具有中度脱水的症状外,还有呼吸频率加快、恶心厌食、肌肉抽搐,严重时出现昏迷、中暑等症状。因此脱水对体能的影响极大,为防止因机体脱水影响体能,要积极主动、充分地补液,维持良好的水平衡状态。一般口渴感是确定是否出现脱水的最早和有效的主观指标,但当感到口渴时,失水量约为体重的2%~3%,因此要求积极主动补液,不要等到口渴后再去补充。

2.5.2 提高体能的营养措施

对机体而言,仅有充足的营养物质并不能保证机体获得健康和良好的体能,还要有营养物质之间的合理搭配,讲究平衡膳食,同时要采取一些有效的措施,包括特殊营养物质的补充等。

1) 合理营养

合理营养有助于提供充足的能量,维持体能在较高水平。通过能量平衡有助于维持适宜的体重和体脂,而适宜的体重和体脂是良好体能的保障。合理营养有助于延缓疲劳的出现以及加速运动后的恢复,减少体能的下降。遵循平衡膳食、合理营养的饮食原则能提高免疫力,防止疾病的发生。

(1) 平衡膳食:平衡膳食是合理营养的基本要求,也是实现合理营养的根本前提。平衡膳食指膳食中所含的营养素数量充足,种类齐全,比例适当。膳食中的营养摄入与消耗之间能保持平衡。平衡膳食包括食物中各营养素的构成要合理,同时食物构成要合理。

食物供给的能量要与机体消耗的能量保持平衡,三种生热营养素之间以及三餐热量分配比例之间要平衡,同时要有充分的无机盐和微量元素、适量的膳食纤维和充足的水分摄入。三大热能营养素在总热量中的百分比为:蛋白质10%~15%,脂肪20%~30%,糖55%~65%。蛋白质中八种必需氨基酸要齐全,各种氨基酸比值符合氨基酸模式。膳食中除含必需氨基酸外,还需有一定量非必需氨基酸,二者的比例为:必需氨基酸占40%,非必需氨基酸占60%。

脂肪的摄入中应增加不饱和脂肪酸的比例,必需脂肪酸应占总热量的2%,每日脂肪摄入量中植物性脂肪应占40%,而且植物油的摄入量要大于10g,才能维持不饱和脂肪酸和饱和脂肪酸的平衡。各种营养素在体内代谢过程中,相互促进、相互抑制。如维生素B1促进碳水化合物代谢,蛋白质合成代谢需要维生素B2,因此当碳水化合物与蛋白质摄入量增加时,这两种维生素的摄入量也应相应增加。过量的铜、钙和二价铁离子可抑制锌的吸收,脂肪摄入过多影响钙和铁的吸收,因此要注意各营养素之间的平衡。

平衡膳食中食物种类及分配比例为:粮谷类30%～40%,蔬菜水果30%～40%,动物性食品及豆类25%,油脂3%。粮谷类是热能、B族维生素的主要来源,也是蛋白质的重要来源。在膳食中一般每天应提供粮谷类3个品种,占进食量的30%～40%。蔬菜水果的品种多,是维生素、无机盐和膳食纤维的主要来源。水果还能提供一些果胶和有机酸,利于食物消化。同时蔬菜和水果为碱性食物,能保持机体的酸碱平衡。动物性食物和豆类是优质蛋白质的主要来源,可与粮谷类蛋白质发生互补作用,提高混合膳食中蛋白质的生理价值。同时也是许多维生素和无机盐的重要来源。在一般人膳食中,其占膳食总量的25%～30%为宜。油脂类主要提供热能和必需脂肪酸,且能促进脂溶性维生素的吸收,在膳食中应占3%左右。每天应摄入15克以上的优质植物油,要严格控制动物性脂肪的摄入量,过多的饱和脂肪酸将导致心血管系统的疾病。

除了各类食物的比例要协调外,不同种类的食物搭配也很重要,如主副食的搭配、粗细粮的搭配、荤素的搭配等。另外,一日三餐的能量分配要合理,一般早、中、晚餐的能量分别占一天总能量的30%、40%、30%为宜。要避免不良饮食习惯,包括偏食(只吃少数几种食物)、挑食(单纯按个人的口味喜好择食)、暴饮暴食、早餐的重视程度不够或不能按时就餐等有悖于合理营养要求的、经常性的膳食行为倾向。

(2)膳食指南:膳食指南,又称为膳食指导方针或膳食目标,是各国营养机构针对本国存在的营养问题而提出的通俗易懂、简明扼要的合理膳食的基本要求。目的是指导居民采用平衡膳食,获取合理营养和促进身体健康。合理营养是健康的物质基础,根据膳食指南的原则并参照平衡膳食的搭配来安排日常饮食,可以提供全面而均衡的营养,使体内有充足的营养储备,为良好体能提供物质基础。膳食指南的内容主要有:

① 食物多样,谷类为主。
② 多吃蔬菜、水果和薯类。
③ 每天吃奶类、豆类及其制品。
④ 经常吃适量的鱼、禽、蛋、瘦肉,少吃肥肉和荤油。
⑤ 食量与体力活动相适应,保持适宜的体重。
⑥ 吃清淡少盐膳食。
⑦ 饮酒应限量。
⑧ 吃清洁卫生不变质的食物。

对于运动人群,要求食物的数量和质量应满足其需要,根据不同运动项目的需求,考虑三大能源物质的比例及供给量,一日三餐食物的能量分配应根据运动训练或比赛的任务来安排。儿童、青少年运动员可以结合自身的年龄和运动特点加以参考和借鉴。根据我国运动员膳食营养的特点和存在的主要问题,我国运动营养学家于2001年提出了《推荐的中国运动员膳食营养素和食物适宜摄入量(AI)》,并提出运动员的膳食指南:

① 食物多样,谷类为主,营养平衡。

② 食量和运动量平衡,保持适宜的体重和体脂。
③ 多吃蔬菜、水果、薯类、豆类及其制品。
④ 每天喝牛奶或酸奶。
⑤ 肉类食物要适量,多吃水产品。
⑥ 注重早餐和必要的加餐。
⑦ 重视补液补糖。
⑧ 在医学理论指导下合理使用营养素补充品。

2) 运动营养品的补充

对于良好体能的获得,除了从日常普通膳食中获得充足的营养物质,还可以额外补充一些运动营养品。运动营养品指运动人体(包括运动员和健身人群)在膳食以外食用的营养素和具有特殊功效的保健食品及药食两用中药和可食植物(农作物)的有效成分提取物等。对于运动营养品,一直以来有"强力营养物质""运动营养补剂""运动营养补充品"等称谓。不管其称呼如何,其目的都是为了补充运动人体膳食摄入的不足,提高运动能力,促进疲劳恢复和防治运动引起的机体机能紊乱和疾病。当前运动员以及健身人群补充运动营养品已成为提高体能的重要措施。

运动营养品根据功效可分为以下几类:

(1) 增加肌肉蛋白质合成代谢的运动营养补充剂:这类营养补充剂可以促进肌肉蛋白质的生物合成,增加肌肉的体积和力量,如优质蛋白和氨基酸,包括乳清蛋白、卵蛋白、谷氨酰胺、支链氨基酸等。

(2) 快速补充能量或促进能量代谢的运动营养补充剂:这类营养补充剂是为了满足运动员的特殊膳食需要,作为一类快餐食品帮助运动员快速地补充能量,能促进机体的物质代谢,促进运动时能量的生成,从而有效地提高运动员的运动能力,如1,6-二磷酸果糖、肌酸等。

(3) 预防损伤、延缓疲劳和促进体能恢复的运动营养补充剂:这类营养补充剂能够有效地预防运动损伤,延缓运动疲劳的产生,促进运动员体能的恢复,有助于维持或促进大强度训练期间运动员的身体健康,如红景天、维生素E、番茄红素、蛋白质和寡肽等。

对于运动营养品的使用要注意不含违禁成分,对机体无害。不能过分依赖和过度使用营养品,而忽视正常膳食的摄入甚至取代日常的膳食。要充分考虑个体特异性,注意正确使用的时间和剂量以及机体的耐受度。

[拓展]

少年儿童处于发育期,在膳食中应有针对性调整。结合年龄特点、生理变化、人体的需要量及消化吸收能力等,膳食结构应遵循以下原则:

(1) 多吃谷类,供给充足的能量。

(2) 饮食多样化,保证鱼、肉、蛋、奶、豆类和蔬菜的摄入。

(3) 参加体力活动,避免盲目节食。

(4) 要养成良好的饮食习惯,一日三餐要合理搭配,定时定量,不挑食、不偏食。

根据以上原则建议少年儿童的营养饮食如下:食物要多样化,以谷物为主,多吃粗杂粮;多吃蔬菜、水果和薯类,尤其应多吃红、黄、绿色蔬菜水果;经常吃适量的鱼、禽、蛋、瘦肉,少吃肥肉和荤油。可以多吃鱼类,尤其是海鱼,建议每周吃1~2次;坚持每天喝奶,多吃豆类及其制品;要少吃油、盐;少年儿童不应饮酒;注意食量和体育活动平衡,以保持适量体重,终身受益。

思考题

1. 简述体能的主要生物系统。
2. 简述人体各系统与运动能力的关系。
3. 试述骨骼肌的组成与功能。
4. 试述体育锻炼对骨骼肌的影响。
5. 举例说明肌肉收缩可分为几种形式并说明其特点。
6. 举例说明关节能做哪些运动,由哪些肌肉完成。
7. 吊环"十字支撑"时,运动员背阔肌、胸大肌做什么工作?为什么?
8. 简述神经系统的组成与功能。
9. 简述神经系统活动的基本方式。
10. 与人体运动密切相关的内脏系统有哪些?
11. 人体有哪三大供能系统?各有什么特点?
12. 试述肌肉活动时各能量系统在能量供应过程中的关系。
13. 简述人体骨杠杆的分类。
14. 简述影响人体肌力的主要生物力学因素。
15. 希尔方程说明了骨骼肌的什么特性?在体能训练中有什么指导意义?
16. 试从生物力学角度,举例说明如何在抗阻运动中减少损伤。
17. 蛋白质有哪些重要的生理功能?
18. 简述在体能训练中如何科学补水。
19. 简述提高和恢复运动员体能的运动营养措施。

3 体能的测试与评价

[学习目标]
(1) 了解体能的测量评价体系。
(2) 掌握体能测量评价的方法。
(3) 理解体能测量与评价对训练的价值。

3.1 体能测试与评价概述

体能训练是一门科学,科学的训练要根据运动员的个人实际。在运动训练过程中,训练活动的起点是运动员的现实状态诊断,科学的测试、诊断、评价是运动训练科学化的基本内容之一,是确立合理的训练目标、制订针对性的训练计划的前提。在竞技体育近百年的发展过程中,科研人员对运动员生理机能指标、运动能力的测试一直是体育研究的重要的内容之一。欧洲国家19世纪末开始应用生理学和生物化学的测试方法对运动员机体状况进行检测和评价。20世纪50年代以来,人们对运动时供能的有氧代谢和无氧代谢过程中磷酸原系统、糖酵解系统和糖、脂肪、蛋白质的有氧代谢有了清楚的认识,并相继开展了不同负荷刺激下身体机能、生理生化指标的变化规律的探讨。科研人员用心率、血压、肺活量测试了解运动员的基本健康水平、恢复程度,并发明了库尔克试验、台阶试验、PWC170实验、Wingate运动测试等方法,评价有氧能力、爆发力和机体对不同负荷的反应。为提高运动训练的科学水平,我国在20世纪50~60年代开始对运动员进行基本的生理生化监控,通过联合机能实验、哈佛台阶试验,采集血乳酸、血红蛋白、尿蛋白等生理生化指标,分析训练效果,进行机能评定,为运动员的大运动量训练提供科学参考。

随着竞技能力理论的出现,人们开始重视对运动员体能、技能、战术能力、心理、智能的综合评价。力量、速度、耐力、灵敏、柔韧等身体素质成为运动员主要的身体训练内容,因此对力量、速度、耐力的测试与评价成为热点。最大力量测试、爆发力测试、等速测试等与运动能力高度相关的指标体系,受到教练员、运动员、科研人员的高度重视。近几十年来,竞技体育发展迅速,比赛对抗激烈,对体能要求在提高,一些有世界影响力的赛事协会开始重视本体系职业运动员的体能测试,如美国NBA有自己专门的测试体系指标(表3-1)。美国体能教练协会认为,测试和能力评价的方法对于全面评价球员至关重要,通过这些方法,可以客观地反映出运动员的速度、力量、爆发力、灵敏和柔韧能力,以使运动员能适应激烈的对抗并减少危险。我国也制定了优秀篮球运动员机能评定指标:身体成分、中央视力、周围视力、心率、比赛后即刻心率、血压、心电图、血红蛋白、血清睾酮、血清肌酸激酶、血尿素、血乳酸、最大摄氧量等。

表 3-1　美国 NBA 球员体能测试内容

能力类别	测试方法
爆发力	纵跳
灵活性	20 m 计时跑
身体素质	300 m 折返跑（总距离）
肌肉力量与耐力	俯卧撑/引体向上/仰卧起坐
柔韧度	体前屈
身体组织	皮肤褶皱

人们对健康的关注也促进了各国对国民的基本运动能力、健康水平的测试与评价的重视。各国相继推出国民体质或青少年身体素质测试标准。美国体质测试内容主要包括心肺功能耐力（有氧代谢能力），身体成分，肌肉力量、耐力和柔韧性，腹部肌肉力量耐力，上肢肌肉力量与耐力，躯干力量及柔韧性、灵敏性。中国体质健康测试组件主要体现在心肺功能、速度与灵敏、肌肉力量与耐力、柔韧性。2018 年我国制定了新的学生体质测试标准（表 3-2），以促进学生对体育运动、身体健康的重视。

表 3-2　国家学生体质健康标准测试项目（2018 年修订）

年级	测试项目
小学 1 年级～大学	体重指数（BMI）、肺活量
小学 1～2 年级	50 m 跑、坐位体前屈、1 min 跳绳
小学 3～4 年级	50 m 跑、坐位体前屈、1 min 跳绳、1 min 仰卧起坐
小学 5～6 年级	50 m 跑、坐位体前屈、1 min 跳绳、1 min 仰卧起坐、50 m×8 往返跑
初中、高中、大学	50 m 跑、坐位体前屈、立定跳远、引体向上（男）、仰卧起坐（女）1 000 m 跑（男）/800 m 跑（女）

随着核心力量训练、功能性训练在体能训练领域的出现，科研人员、体能教练开始用功能性动作测试、星型平衡测试、Y 型平衡测试对运动员的动作效率、平衡能力、潜在伤病因素及康复水平进行评价。在此基础上强化体能训练的科学性，设计专门的训练计划，提升运动员的运动表现，成为新的发展趋势。但由于这些测试并不是直接反映运动员的运动水平的，因此它对运动员成绩提升的作用和效果，还有待于进一步的研究和探讨。

到目前为止，竞技体育领域已经形成了基础体能测试、体质或基本运动能力测试、身体功能性测试、专项体能测试的完整测试、评估体系（表 3-3），以期为制订更合理的训练计划，提升训练效率，促进运动员运动表现，提供科学的依据。目前，结合专项特点对运动员进行功能性动作效率测试与训练，被认为是判断运动员伤病风险及提高运动表现的重要方法，应对此高度注意，要紧密结合各专项和个人的特点，灵活运用于实践当中去，这是一个新的发展方向和趋势。专项体能测试在体能测试中最为重要，它与专项成绩的关联度最高，但是各专项本身差异很大，因此，如何结合各专项特点和运动员的个体特征有效地进行各专项的体能测试仍是一个复杂的问题。同时，我们要清楚任何测试都有局限性，人体的运动表现是复杂的，能够准确反映成绩水平的只能通过比赛本身，因此，要综合地运用多种方法进行测试、评价，减少盲目性。

表 3-3 体能的测试、评价体系

类别	亚类	内容
基础体能测试	心血管系统	心率、血压等
	呼吸系统	肺活量及指数等
	代谢机能	无氧、有氧代谢等
基本运动能力测试或体质测试	速度素质	反应、动作、位移速度等
	力量素质	最大力量、爆发力、力量耐力等
	耐力素质	无氧、有氧耐力等
	柔韧素质	体前屈、肩部、俯卧背伸等
	灵敏素质	10 s 象限跳、立卧撑等
身体功能性测试	核心力量	八级腹桥、七级背桥、六级侧桥等
	功能性动作测试(FMS)	成体系的 7 个动作
专项体能测试	结合专项需要进行的身体机能、运动素质、专项能力的综合性测试	YOYO 体能测试、专项折返跑、专项力量、专项灵敏性等

3.2 基础体能的测试与评价

体能可分为基础体能和运动体能。基础体能是指人体各器官系统的机能能力；运动体能是指从事运动所需的速度、力量、灵敏性、协调性、平衡和反应等。运动体能与基础体能成分有重叠之处，例如：心肺耐力、肌肉力量、肌肉耐力、柔韧性和身体成分等，体能成分无论是对健康还是对技能性要求较高的运动都是十分重要的。对体能的测试与评价包括对基础体能和运动体能的测试与评价。

基础体能是指人体各器官系统的机能能力，包括机体新陈代谢的功能以及各器官系统的工作效能，类似于身体机能的概念。通过对基础体能的测试，可以了解身体机能的状况和体质水平，并可以反映身体锻炼或运动训练的效果。基础体能的测试包括心血管系统机能、呼吸系统机能、代谢机能等方面，在做体能评价时要根据所测指标予以综合评定。

随着科学技术的进步，新的仪器设备不断投入到测试体系中，如各种跑台测试、监测训练负荷的遥测技术等。但传统的测试方法仍然有效，本书主要对此进行简单介绍。

3.2.1 心血管系统机能测试

心血管系统是由心脏和血管组成的闭合管道，其功能反映一个人的发育水平、体质状况与运动训练的水平。对心血管系统机能进行测试在一定程度上可以反映体能的状况，常用心率和血压来进行评定。

1) 心率

心率是每分钟心脏搏动的次数，以次/分表示。正常人动脉脉搏频率和心跳频率一致，因此可用测量脉搏频率来表示心率。作为循环系统机能状况的一个指标，心率可反映心脏机能的工作状况。常用的心率指标主要有基础心率、安静心率、运动中心率和运动后心率。

(1) 心率的测定：心率测定的方法有心音听诊法、指触法和心率遥测法。指触法通常可以测定的部位有颈动脉、桡动脉和肱动脉。每次测 10 s，乘以 6 即是 1 min 的心率数。类别包括：基础心率、安静心率、运动中心率和运动后心率。

(2) 心率的评定：心率的评定方法主要有立位、卧位姿势脉搏差，30 s 深蹲定量负荷测试，库尔克试验，台阶试验等方法。举两种方法说明：

① 30 s 深蹲定量负荷测试：首先让受试者静坐 5 min，测 15 s 脉搏，乘 4 得 1 min 脉搏数（P_1）；然后做 30 s 30 次起蹲，最后一次站起后测 15 s 即刻脉搏，乘 4 得 1 min 脉搏数（P_2）；休息 1 min 后再测 15 s 脉搏数（P_3）。

评定：指数 $=(P_1+P_2+P_3-200)/10$

正常情况下心率可在运动后 3 min 内完全恢复，如果身体疲劳，恢复时间将明显延长。根据上述公式，计算出心脏功能指数，指数的大小可以反映心脏功能的好与差，也反映了训练水平的高低。经常从事体育运动，心脏机能逐渐提高，安静时脉搏降低。固定负荷运动时，身体出现机能节省化，运动后的心率不会显著变化，运动停止后恢复较快，因此计算出的指数较小。根据指数，评价标准依次是：最好（小于或等于 0）、很好（0～5）、中等（6～10）、不好（11～15）、16 以上为很不好。

② 台阶试验：12 岁以上（不含 12 岁）台阶高度，男 40 cm，女 35 cm；12 岁以下（含 12 岁）台阶高度 30 cm。用 2 s 上下 1 次台阶的速度，连续不停地做 3 min 上下台阶运动。做完后取坐姿，测量恢复期第 2、3、4 min 前 30 s 的心率。计算公式如下：台阶指数＝上、下台阶的连续时间(s)×100/2×(3 次测量脉搏数的总和)。青年大学生台阶指数的评价标准如表 3-4。

表 3-4 大学生台阶指数的评价标准　　　　　　　　　　　　　　　　　　　　　　　cm

性别	优秀	良好	及格	不及格
男	54 以上	46～53	40～45	39 以下
女	52 以上	44～51	25～43	24 以下

台阶实验指数可以在很大程度上代表心脏血管系统的机能水平。指数越大说明心血管机能状态越高，指数越小说明心血管机能水平越低。长期的有氧运动可以改善心血管系统的机能，因此在台阶实验中定量负荷运动时，心率次数降低，停止运动后心率恢复到安静水平的时间减少，表现为台阶实验指数增加。

2) 血压

(1) 血压：是指血液流动时对血管壁所造成的侧压力，一般指体循环中的动脉血压。在一个心动周期中，心室收缩时动脉血压上升达到的最高值称为收缩压，心室舒张时动脉血压下降达到的最低值称为舒张压，收缩压与舒张压的差值称为脉压。

(2) 血压的测定：人体动脉血压测量一般采用听诊法，测量部位为上臂肱动脉。用血压计的压脉带充气，通过在动脉外加压，根据血管音的变化来测量血压。正常人安静时动脉血压较为稳定，变化范围较小，收缩压为 90～120 mmHg（毫米汞柱），舒张压为 60～90 mmHg，脉压为 30～50 mmHg。一般情况下运动员的收缩压在正常值水平，舒张压在正常值的下限范围，血压为 95～115/55～75 mmHg。通常血压的评定指标有晨起血压和运动时血压的变化。类别有：晨起血压、运动时血压变化。

① 布兰奇心功指数：布兰奇心功指数是通过测量心率和血压，按照以下公式计算而来：

布兰奇心功指数＝心率(次/分)×[收缩压(mmHg)＋舒张压(mmHg)]/100

采用布兰奇心功指数评价的特点是评定心率的同时,考虑了血压因素,因而能较全面地反映心脏和血管的功能。布兰奇心功指数在 110～160 范围内为心血管功能正常,平均值是 140;大于 200 为紧张性增高反应;小于 90 为紧张性低下反应。

② 耐力系数:耐力系数＝心率×10/脉压。耐力系数的正常值为 16,心脏功能越好,指数越小。

③ 体位平均血压指数:卧位血压差＝(收缩压－舒张压)/3＋舒张压。
立位血压差＝(收缩压－舒张压)/3＋舒张压。
体位平均血压指数＝(立位血压差－卧位血压差)×100/立位血压差。
体位平均血压指数 0.0 以上为上等,0.0～－18 为中等,－18 以下为下等。

3.2.2 呼吸系统机能测试

呼吸系统的主要功能是与外界进行气体交换,对呼吸系统机能进行评定主要从肺通气功能的量和对呼吸运动控制能力的质两个方面来进行。肺通气功能的主要指标是肺活量,呼吸运动控制能力可以通过闭气试验得到反映。

1) 肺活量和肺活量指数

肺活量是一次呼吸时的最大通气量,在一定程度上反映肺的通气功能水平。肺活量的大小取决于呼吸肌的力量、肺和胸廓的弹性等。肺活量与体重的比值为肺活量指数,是反映肺通气能力的常用指标,其值越大,说明呼吸系统的机能越好,是基础体能测试中常用的一项指标。

肺活量正常成年人的平均值,男性为 3 500～4 000 ml,女性为 2 500～3 500 ml。中国青少年肺活量指数正常值范围为:男生 63.2～68.9;女生 55.5～59.5(表 3-5)。

表 3-5　大学生肺活量指数评价标准　　　　　　　　　　　　　　　ml/kg

性别	优秀	良好	及格	不及格
男	70 以上	57～69	44～56	43 以下
女	57 以上	46～56	32～45	31 以下

肺活量和体重指标都可以通过体育锻炼得到改善,最终表现为肺活量指数的升高。另外,体重增加而肺活量未得到提高,肺活量指数会下降,说明呼吸系统的机能也降低了。

2) 时间肺活量

以最大吸气后在一定时间内尽快能呼出的气量为时间肺活量,是动态反映呼吸机能的一项有效指标,用专门的实验仪器进行测试。健康成年人第一秒平均值约为 83％,第二秒约为 96％,第三秒约为 99％。

3) 5 次肺活量试验

5 次肺活量试验主要测定呼吸肌的耐力,方法是受试者取站立位,每 15 s 测量 1 次肺活量,共测 5 次。15 s 时间既包括吹气时间,也包括休息时间,因此,在 75 s 之内测量 5 次肺活量。5 次测量结果基本接近或逐渐增加为机能良好;反之则逐渐下降,尤其是最后 2 次显著下降为机能不良。

4) 定量负荷后 5 次肺活量试验

先测量安静时肺活量,然后做定量运动,如可进行 30 s 20 次蹲起或 1 min 台阶实验。运动后立即测量 1～5 min 的每分钟肺活量,共测 5 次。负荷后的每分钟肺活量逐次增加,或保持安静时的水平,为机能良好或正常;如果负荷后的肺活量逐次下降,经 5 min 仍不能恢复至安静时的水平为机能不佳。

5) 最大通气量

最大通气量是指人体以适宜的呼吸频率和呼吸深度进行呼吸时所能达到的最大限度的每分钟通气量,它反映受试者的通气贮备能力,与机体的健康水平和训练程度密切相关。最大通气量越大,说明呼吸系统潜在功能越强。正常成年人的平均值,男性为 100 L,女性为 80 L。

3.2.3 代谢机能测试

体能与机体的代谢能力有关,代谢能力的大小归根结底取决于能量的供给与利用能力,其中 ATP 的合成与利用是关键。根据运动时骨骼肌 ATP 合成和利用的途径,可将机体的代谢系统分为无氧代谢系统和有氧代谢系统(表 3-6)。无氧代谢能力主要指磷酸原供能系统和糖酵解供能系统的供能能力;有氧代谢能力和机体转运氧和利用氧的能力有关,因此,对体能的测试离不开对机体代谢能力的测试。本节介绍常用的代谢机能测试方法。

表 3-6 代谢机能测试体系

类别	供能系统	内容与手段
无氧代谢能力测试	磷酸原系统	Quebec10 s 运动测试 磷酸原能商法(Alactic Quotient,AQ) 30 m 跑测试 纵跳法 玛格里亚卡耳曼测试(Kalamen-Margaria)
	糖酵解系统	30 s Wingate 运动测试 60 s Wingate 无氧测试 60 s 最大负荷测试 45 s 乳酸能商法(Lactic Quotient,LQ)
有氧代谢能力测试	有氧氧化系统	乳酸阈、个体乳酸阈测试 6 min 亚极量负荷测试 最大摄氧量测试直接测定法:活动平板法、功率自行车测定法 最大摄氧量测试间接测定法:Astrand-Ryhnuiy 最大摄氧量推测法、12 min 跑推算法、PWC170 测试

1) 无氧代谢能力的测试和评价

无氧代谢能力指机体在磷酸原和糖酵解供能条件下的做功能力,通常可以在实验室通过各种测功器械,对运动员整体做功能力进行综合评定。根据磷酸原和糖酵解供能系统供能的特点,测试时要求在不同的时间里达到相应的最大运动强度。通常利用最大输出功率、平均输出功率、疲劳指数等指标来评定无氧代谢能力的大小。

(1) 磷酸原系统供能能力的测试:磷酸原系统供能能力的测试方法主要有 Quebec 10 s 运动测试、磷酸原能商法(Alactic Quotient,AQ)、30 m 跑测试、纵跳法、玛格里亚卡耳曼测试(Kalamen-Margaria)。

① 纵跳法:无氧供能能力功能与纵跳摸高的高度和体重有关,根据纵跳摸高的高度和体重可间接推算无氧供能能力。首先测量受试者的体重,标记站立摸高的高度,然后用力原地向上跳起,达腾空最高点时做一标记,测量站立摸高与纵跳摸高的垂直距离即为纵跳高度。

② 玛格里亚卡耳曼测试(Kalamen-Margaria):受试者先称体重,然后站在离台阶 6 m 处。令受试者以 3 级 1 步的最快速度跑上台阶,一直跑至 12 级,记录通过由第 3 级到第 9 级的时间(电动计时的开关在第 3 级和第 9 级,当受试者脚踏上第 3 级时,开动计时器,而跑到第 9 级时计时器停止,通常大约 0.5 s)。测试 3 次,取 1 次最短时间。根据公式计算功率:功率(W)＝体重(kg)×第 3 级到第 9 级的垂直距离(m)/第 3 级到第 9 级的时间(s)。

(2) 糖酵解系统供能能力的测试:糖酵解系统供能能力的测试包括 30 s Wingate 运动测试、60 s Wingate 无氧测试、60 s 最大负荷测试、45 s 乳酸能商法(Lactic Quotient,LQ)等。

① 30 s Wingate 运动测试与应用:测试时采用功率自行车,要求受试者尽可能快蹬,在 3～4 s 内调整到规定阻力负荷,同时开始计时,进行 30 s 全力蹬车运动。阻力系数以 Monark 型为 75 g/kg 体重作为参考值,同时可根据训练水平进行调整。评定指标有 30 s 平均功率、输出总功率、最高功率(5 s 内最大输出功率)、疲劳指数,其中疲劳指数＝(最高功率－最低功率)/最高功率。评定结果中输出功率和输出总功率值大、疲劳指数小,表示供能能力越强。

② 60 s 最大负荷测试与应用:60 s 最大负荷测试是用来评定人体最大糖酵解供能能力的一种方法。操作过程如下:首先测定受试者运动前安静时正常的血乳酸值,然后让受试者在田径场全力跑 400 m 或者在跑台上全力跑 1 min,再测试运动后血乳酸的最高值,分别记录数据。评价如下:

(a) 运动后血乳酸浓度在 14～18 mmol/L 左右,可以初步判定糖酵解供能能力好。

(b) 运动后血乳酸浓度在 9～10 mmol/L 以下,则说明糖酵解供能能力差。

(c) 可以用来评价一个训练阶段的效果,如果经过一个训练阶段运动成绩提高,而且血乳酸值也同时升高,则表明糖酵解供能能力提高,训练效果良好。

(d) 一个训练阶段后成绩提高,但血乳酸值不变,说明运动员有潜力。

(e) 训练后血乳酸不变或升高而成绩下降,则表明这一阶段训练效果不理想,运动员机能水平下降。

2) 有氧代谢能力的测试

有氧代谢供能是机体长时间运动时主要的供能方式,主要与低强度、中等强度或亚极量强度运动,且超过 2～3 min 以上的运动项目有关。有氧代谢供能能力的大小可以通过测试乳酸阈等指标来反映。主要方法有乳酸阈测试、6 min 亚极量负荷测试法、最大摄氧量(VO_2max)测试、PWC170 测试等方法。其中最大摄氧量(VO_2max)测试又分为活动平板法、功率自行车测定法、Astrand-Ryhnuiy 最大摄氧量推测法、12 min 跑推算法等。

(1) 乳酸阈测试:乳酸阈是指在递增负荷运动时由有氧代谢供能到大量动用无氧代谢供能的临界运动强度,反映了长时间运动中血乳酸保持稳态水平时的最大有氧代谢能力,此时血乳酸释放入血的速度等于血乳酸最大消除速率。通常用血乳酸浓度达 4 mmol/L 时所对应的摄氧量、功率或运动速度来表示。

乳酸阈的测定方法很多,一般都是以乳酸-功率曲线为原理,采用逐级递增负荷方法测定。起始负荷和递增负荷的大小取决于运动员的性别、年龄和训练程度。例如,跑台的起始负荷,一般无训练者为 2.5 m/s,中等训练水平的男子或具有高度耐力训练的女子为 3.0 m/s,高水平耐力训练的男子 3.5 m/s。在安静状态以及每次负荷后即刻准确取血测定血乳酸浓度。以功率为横坐标,血乳酸浓度为纵坐标,把各负荷后的血乳酸值在相应点上标记,并连成一条曲线。取对应于 4 mmol/L 血乳酸浓度的功率值为乳酸阈功率(图 3-1)。乳酸阈处对应的跑速越快(或功率越大),则有氧能力越强。当运动员有氧运动能力提高后曲线会右移。

除了在坐标纸上画出乳酸-功率曲线的方法外,还可以采用内插法求出乳酸阈值。取血乳酸接近 4 mmol/L 前后的两级功率或跑速 V_1、V_2,所对应的血乳酸值分别为 LA_1 和 LA_2,代入公式:乳酸阈=$(V_2-V_1)(4-LA_1)V_1/(LA_2-LA_1)$,所得值为乳酸阈值。乳酸阈处对应的跑速越快(或功率越大),则有氧能力越强。

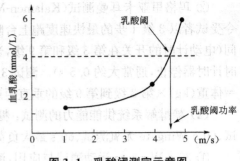

图 3-1 乳酸阈测定示意图

由于在完成运动负荷时,每个人都具有不同的血乳酸动力学变化特点,因此个体乳酸阈的测定可以更客观地评定不同运动员个体有氧代谢能力的差异与优劣(图 3-2)。个体乳酸阈的测定采用蹬功率自行车逐级递增负荷的形式,起始负荷为 50 W,每 3 min 递增 50 W,一般递增不超过 6 级。分别采取安静时、各级负荷后即刻及恢复期第 2、5、8、10、15 min 的血样测定血乳酸,在坐标纸上画出乳酸动力学变化曲线,最后一级负荷后即刻的血乳酸值定为 A 点,由 A 点作水平线与恢复期曲线相交于 B 点,再由 B 点向负荷曲线作一条切线,切于 C 点。C 点所对应的纵坐标为个体乳酸阈乳酸浓度,对应的横坐标为个体乳酸阈强度。采用个体乳酸阈值的测定方法,可以根据运动员个体选择最佳训练强度和训练计划,也有助于专项选材。

乳酸阈较 $VO_2\max$ 能更客观、更好地反映运动员的有氧代谢能力。一般 $VO_2\max$ 高的运动员乳酸阈值也高,在较长时间的耐力运动中,乳酸阈强度比 $VO_2\max$ 更能预测运动成绩,因为比赛时跑速非常接近乳酸阈强度。而较短时间的有氧运

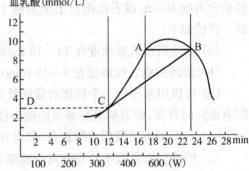

图 3-2 个体乳酸阈测定示意图

动强度,实际上超过 $VO_2\max$ 强度,此时用 $VO_2\max$ 表示已没有意义。大量研究证明,经系统训练后,运动后乳酸升高的幅度下降,而 $VO_2\max$ 变化则不大。所以使用乳酸阈比 $VO_2\max$ 更具实用性和科学性。

(2) 12 min 跑推算法:12 min 跑测试是让受试者全力跑 12 min,测量跑的距离,根据 12 min 跑的成绩推算 $VO_2\max$。Cooper1968 年报道,$VO_2\max$ 与 12 min 跑的距离之间呈高度相关,相关系数为 0.897。日本的研究结果也证实了 Cooper 的结果,且无年龄和性别差异,因此,可以通过 12 min 跑的成绩间接推算出每千克体重的 $VO_2\max$。一般从事耐力项目运动员的 $VO_2\max$ 比其他项目运动员要高。测试前受试者要充分做好准备活动,在跑的过程中尽量快跑,但在开始和结束时,应避免全速跑和冲刺跑。

可通过下面的公式来评价受试者的 $VO_2\max$:$VO_2\max(ml/kg \cdot min)=0.0268S-11.3$。式中,S 为所跑的距离,单位为 m。

在测定 $VO_2\max$ 时要求全身各器官系统尤其是心肺功能充分动员,尽可能多的肌群参与运动,功率输出达到最大。当有氧代谢系统达到最大供能状态时,已经有相当多的糖酵解参与供能,血乳酸可达 9 mmol/L 以上,平均血乳酸浓度范围是 9~12 mmol/L,未见明显的专项特

点。因此,血乳酸可以作为 VO_2max 测定的辅助指标。先测安静时血乳酸值,然后让受试者在做准备活动后进行 12 min 跑,记录 12 min 的最大跑距和跑后 3、5、10、15 min 血乳酸值,用跑距和血乳酸值来综合评定。评价时以跑的距离长、跑后血乳酸消除速度快,是有氧代谢能力强、机能状态好的表现;跑的距离短、跑后血乳酸消除速度慢,是有氧代谢能力差、训练水平低的表现。

由于 VO_2max 值代表机体整体利用氧的最大能力,测定时要注意以下几点:
① 必须使全身各器官系统尤其是心肺功能充分动员。
② 让尽可能多的肌肉群参与运动。
③ 功率输出达到最大。耐力运动员随着运动成绩和有氧代谢能力的不断改善,VO_2max 值增大,其对应的血乳酸值出现下降。

人体进行有氧耐力运动时,VO_2max 反映机体呼吸、循环系统氧的运输工作的能力。VO_2max 是有氧耐力的基础,其值越大,有氧耐力水平越高。VO_2max 可以用于有氧工作能力的评价和耐力运动员的选材。

[拓展]

普通人 VO_2max 测试方法与评价标准:充分热身,在田径场尽力跑完 2.4 km(400 m 田径场地 6 圈),记录所用时间,计算平均速度 V(m/min)。再利用下列公式推算:VO_2max=0.2V+3.5。对照表 3-7 可以对 VO_2max 进行评价,5 分为满分。数值低者,要加强有氧练习,提高心肺功能。

表 3-7 普通人 VO_2max 评价标准

分值	年龄	20~29	30~39	40~49	50~59	60 以上
5	男	≥53	≥49	≥45	≥43	≥41
	女	≥49	≥45	≥42	≥38	≥35
4	男	42~52	38~48	35~44	33~42	30~40
	女	37~48	33~44	30~41	27~37	23~34
3	男	33~41	30~37	26~34	24~32	22~29
	女	30~36	27~32	23~29	20~26	18~22
2	男	25~32	23~29	20~25	19~23	16~21
	女	24~29	20~26	17~22	15~19	13~17
1	男	<25	<23	<20	<18	<16
	女	<24	<20	<17	<15	<13

3.3 运动体能的测试

运动体能与身体素质有关,身体素质是运动体能的外在表现。身体素质也称身体适应性,是指人体在运动过程中所表现出来的速度、力量、耐力、灵敏、柔韧、平衡、协调等机能能力的总称,是人体各器官系统的机能在肌肉工作中的综合反映。这种机能能力不仅与人体解剖、生理特点有关,而且与锻炼程度、营养状况也密切相关。它是掌握运动技术、提高锻炼效果的基础。身体素质是决定运动体能的重要基础,目前的体质测试基本与运动体能测试类似。

这里主要介绍速度、力量、耐力、柔韧和灵敏素质的测量和评价。

3.3.1 速度素质测试

速度是指人体进行快速运动的能力,包括人体对外界信号刺激做出快速反应、快速完成动作以及快速位移的能力。因此,速度素质包括反应速度、动作速度、位移速度。反应速度是指人体对各种信号刺激(声、光、触等)快速应答的能力;动作速度是指人体或人体某一部分快速完成某个动作的能力;位移速度是指人体在特定方向上快速移动的能力。影响速度的因素是多方面的,如肌肉的力量、肌纤维类型、中枢神经系统的机能状态、条件反射的巩固程度、年龄、性别、体形、柔韧性及协调性,等等。因此对速度素质的测试通常包括反应速度、动作速度、位移速度能力的测试。

1) 反应速度测试

反应速度的测试通过测定反应时来进行,用突然发出的信号来统计运动员对简单信号的反应能力。反应时是指从机体接受刺激到做出应答所需要的时间,也叫反应的潜伏期,是指从刺激开始呈现到做出反应之间所经历的时间。反应时的测定方法主要有对光、声反应时,即视觉和听觉反应时的测试。在实验内容上有复杂反应时和简单反应时两大类,其中复杂反应时又包括选择反应时、辨别反应时等的测试。简单反应时主要有光反应时测试、手反应时测试、全身跳跃反应时测试等。本节介绍光反应时和全身跳跃反应时测试步骤。

(1) 光反应时测试:利用仪器检测受试者机体视觉反应时的快慢,具体测试步骤为:

① 打开电源,待仪器所有灯熄灭,屏幕数字显示 0.000 后,可按键开始测试。

② 受试者按"启动"键在 0.5~3 s 后(该时间任意变化),反应时键 1~5 号中任一键发光有音响,这时食指离开"启动"键(即受试者按"启动"键后信号发出到食指离开"启动"键的时间)。这段时间表示简单反应时(第一个反应时间)。

③ LED 显示简单反应时,同时受试者食指以最快速度按向给出信号的键,一旦食指按下键,灯光信号随时停止,LED 显示综合反应时(第二个反应时间)。

④ 上述"第二"与"第三"步骤连续操作 5 次后,按"功能"键,出现的第一组数据显示的是简单反应时的平均值,再按一次"功能"键,显示综合反应时的平均值,再按一次"功能"键,结束本次测试。

(2) 全身跳跃反应时测试:测试全身跳跃动作时的反应时。具体测试步骤为:

① 受试者站在跳台上,膝关节微屈。

② 以光或音响为信号,当接受指令后尽可能快地垂直跳离跳台。

③ 用表面电极法记录受试者的小腿肌电图,通过示波器记录从信号到肌电图发现的时间(反应开始时间),从信号到脚离开跳台的时间(全身反应时)。

④ 连续测量 3 次,取其平均值,以毫秒为单位记录。

一个完整的反应过程由 5 部分组成:

(a) 感受器将物理或化学刺激转化为神经冲动。
(b) 神经冲动由感受器到大脑皮质。
(c) 大脑皮质对信息进行加工。
(d) 神经冲动由大脑皮质传至效应器。
(e) 效应器做出反应。

因此,通过反应时的测试可以来评定反应速度的快慢。

2) 动作速度测试

动作速度是指人体或人体的某一部分完成单个动作或成套动作的快慢以及单位时间内重复动作次数多少的能力。这往往寓于某一个技术动作之中,如抓举的动作速度、跳跃起跳的动作速度、游泳转身的动作速度等,所以动作速度的测量是与技术参数测定联系在一起的,如测出手速度、起跳速度、角速度、加速度等。

(1) 坐姿快速踏足:测量受试者两脚快速交替重复特定动作的能力。受试者坐在快速动作频率测试车车鞍上,两手扶车把,大腿成水平状,膝关节成 90°,两脚快速上下交替做踏足动作,记录计时器的数值(10 s 内重复动作的次数)。测 3 次,每次测 10 s,取最好成绩。踏足次数越多,则受试者的动作速度越快。

(2) 两手快速敲击:测量受试者两手快速交替重复特定动作的能力。首先,调节金属触板与髂嵴同高。受试者站在测试台前,两手各持一根金属棒,食指按住棒的前端。听到信号后,两手快速交替敲击金属触板,记录计时器的数值(10 s 内重复动作的次数)。测 3 次,每次测 10 s,取最好成绩。敲击次数越多,则受试者的动作速度越快。

3) 位移速度测试

通常采用短距离的极限强度跑来进行测试。常采用定距计时或定时计距的方法来测量,定距计时要求跑的距离不要过长,可用 30~60 m 的距离。可测定 2~3 次,取最好成绩。定时计距可用 4 s 或 6 s 冲刺跑等方法来进行。测试时要在受试者不疲劳、神经兴奋性高的状态下进行。也可以测试绝对速度即不从起跑计时,而测定以最高速度跑过某段距离的能力,预跑距离在 10~15 m 之间。

(1) 30 m 跑:30 m 跑主要测试受试者快速跑动的能力。受试者采用站立式起跑,听到发令声后快速跑向终点,记录成绩。测 2 次,取最好成绩。50 m、60 m 跑测试同 30 m 跑测试的要求一样。

(2) 4 s 或 6 s 冲刺跑:受试者站立于起跑线,可采用任意方式起跑。听到发令声后快速跑动,当听到停跑声后立即停止跑动,记录受试者所跑动的距离。测 2 次,取最好成绩。

3.3.2 力量素质测试

力量素质是指人体神经肌肉系统在工作时克服或对抗阻力的能力。根据完成不同体育活动所需力量素质的不同特点可分为最大力量、快速力量、力量耐力;根据其与体重的关系又可分为绝对力量和相对力量;根据肌肉收缩的形式可分为等张性力量和等长性力量。力量是反映人体运动能力的重要指标。

1) 最大力量的测试

最大力量既可在静态条件下测定,亦可在动态条件下测定。这种方法的优点在于,当器械以各种不同速度运动时都可以表现出最大力量。

(1) 握力测试:测量受试者臂部、手部肌肉的力量。具体测试步骤为:

① 握力计指针调至零点。受试者手持握力计,转动握距调整螺丝,使中指第二关节屈成 90°时为最佳握距。

② 测试时,受试者两脚自然分开(约一脚距离),身体直立,两臂自然下垂,持握力计的手掌心向内,握力计的指针向外。用全力握握力计的内、外柄。每只手握 2 次,分别记录最好成绩。取最好成绩与自身体重相比为握力指数(握力/体重)。注意在用力抓握的过程中,上肢和

躯干保持垂直于地面。

(2) 背肌力测试：测量受试者背部肌肉的力量。具体方法为：

受试者双足站在背力计的底盘上，调节拉杆高度（拉杆高度与受试者膝盖上缘平齐）。受试者上体前倾，双手正握拉杆，身体用力上抬。注意拉时膝关节保持伸直，不要猛然用力。测2次，记录最佳成绩（千克），然后使指针回零。

(3) 卧推：卧推主要用于最大等张肌肉力量的评价，通常以能够一次成功举推的最大重量，即1次重复重量（One-Repetition Maximum, 1 RM）的大小表示。测试过程中，卧推的起始重量通常低于1 RM重量，在成功完成该负荷的测定后，休息2~3 min，继续推举新的重量直至1 RM重量。一般情况下，每次增加重量的幅度不要超过2.5 kg。具体步骤见表3-8。身体其他部位、下肢最大力量（半蹲）的测试遵循同样方式。

表 3-8　最大负重(1 RM)测试方法及步骤

步骤	强度	重复次数	备注
1	60%左右	8~10	热身
2	75%左右	3~5	热身
3	90%	1	
4	100%	1	
5	100%+2.5 kg	1	注意帮助

注：举不起时可适当减重，组间休息2~3 min。

(4) 等速测试：等速测试可以测量人体各个关节的最大力量、力量耐力、爆发力，可以通过数据对比对人的肌肉状况进行诊断，要利用专门的仪器进行。等速测试由于速度是可调的，而且测试过程中随时可以停止，因此极为安全，也被广泛用于肌肉康复练习。利用等速测试实施肌肉力量检测与评价通常是在30~180 rad/s关节运动角速度。最大动态肌力测试与评定时一般采用慢等速测试，此时加载于肢体的负荷阻力可以达到最大。

等速肌肉力量测试的主要评价指标为峰力矩（Peak Torque, PT），它是力矩曲线最高点所代表的力矩值，单位为牛·米（N·m）。每千克体重的峰力矩称为峰力矩体重比（Peak%BW）。此值可供横向比较，有高度特异性及敏感性，是最有价值的动态肌肉力量评价指数之一。以膝关节伸肌为例，受试者取坐位于等速肌肉力量测试系统的测试椅上，腿部、躯干固定。调节等速肌力测试系统的膝关节运动角速度为60 rad/s，设定最大运动重复次数为5次。运动试验开始时，要求受试者尽最大努力完成膝关节屈伸运动，记录受试者每次最大收缩的结果，取最大值代表膝关节伸肌的最大等速肌力。

利用等速测试评定力量时，要注意根据专项特点制定不同的评定标准，还要重视对对抗肌群力量的评定。在评定伸肌力量时，要重视对屈肌力量的评定，既要重视对局部主要运动环节力量的评定，又要重视对整体用力效果的评定。

2) 快速力量的测试

快速力量的大小，通常可采用动力曲线描记图分析评定，例如：下肢蹬地力量或上肢击打力量的动力曲线描记图。通过计算快速力量指数也可评定快速力量。三维测力台和上述等速测力仪都可以用于快速力量和下肢爆发力的测试。

3) 爆发力的测试与评定

爆发力指肌肉快速收缩发出的力，是完成许多动作和位移运动必不可少的重要素质，常以立定跳远或原地纵跳来评定下肢的爆发力。

（1）立定跳远：立定跳远用来测试下肢肌肉力量及身体协调能力的发展水平。测试方法为：

① 被测者两脚自然分开站立，站在起跳线后，脚尖不得踩线。
② 两脚原地同时起跳，不得有垫步或连跳动作。
③ 丈量起跳线后缘至最近落地点后缘的垂直距离。
④ 跳 3 次，记录其中最好一次成绩。以厘米为单位，不计小数。

（2）原地纵跳法：原地纵跳主要反映受试者垂直向上跳跃时下肢肌肉的爆发力。首先测量受试者原地摸高（指尖）的高度，然后原地用力向上跳起，达腾空最高点时做一标记，测量站立摸高与起跳摸高的垂直距离即为纵跳高度。测 3 次，取最好成绩。

4）相对力量的测试

相对力量是指每千克体重所具有的最大力量，所以其评定可在对最大力量测定的基础上进行，用最大力量与体重之比值为相对力量（每千克体重）。

5）力量耐力的测试

对力量耐力的评定多采用多次重复完成动作的方法，根据重复的次数进行评定。通常采用 1 min 仰卧起坐、俯卧背伸计时、1 min 俯卧撑等方法进行测试。

（1）仰卧起坐：仰卧起坐测量受试者腰腹部肌肉的力量耐力。

受试者全身仰卧于垫上，两腿屈膝成 90°角，两手指交叉贴于脑后，一同伴压住两腿关节处。起坐时，以双肘触及同侧膝关节为成功一次。仰卧时，两肩胛骨必须触垫。测试时，测试人员发出"开始"口令开始坐起，同时开表计时，记录 1 min 所完成的次数，注意控制脊柱不宜过度弯曲。表 3-9 为普通人 1 min 仰卧起坐评定标准。运动员仰卧起坐能力要明显好于普通人。

表 3-9　普通人 1 min 仰卧起坐评定标准　　　　　　　　　　　　　　　　　　　　个

年龄组	性别	1分（差）	2分（一般）	3分（较好）	4分（好）	5分（优秀）
20～24	男	23～27	28～35	36～47	48～55	≥56
	女	1～5	6～15	16～25	26～36	≥37
25～29	男	20～25	26～33	34～45	46～50	≥51
	女	1～3	4～11	12～20	21～30	≥31
30～34	男	16～20	21～28	29～39	40～46	≥47
	女	1～3	4～10	11～19	20～28	≥29
35～39	男	12～18	19～25	26～35	36～42	≥43
	女	1～2	3～6	7～14	15～23	≥24

（2）1 min 俯卧撑：测试人体上肢、肩背部肌肉力量及持续工作能力。使用垫子测试。

受试者双手撑地，手指向前，双手间距与肩同宽，身体挺直，屈臂使身体平直下降至肩与肘处于同一水平面，然后将身体平直撑起，恢复至开始姿势为完成 1 次。记录次数。

注意事项：测试时，如果身体未保持平直或身体未降至肩与肘处于同一水平面，该次不计数。标准见表 3-10。

表 3-10 普通男子 1 min 俯卧撑评价标准 个

年龄组(岁)	1分(差)	2分(一般)	3分(较好)	4分(好)	5分(优秀)
20～24	7～12	13～19	20～27	28～40	>40
25～29	5～10	11～17	18～24	25～35	>35
30～34	4～10	11～15	16～22	23～30	>30
35～39	3～6	7～11	12～19	20～27	>27

3.3.3 耐力素质测试

耐力是体能的组成部分，也是人体运动能力的构成要素。训练学理论把耐力素质看作是人体在尽可能长的时间内进行一定强度运动的能力。许多项目在进行运动竞赛时都要持续一定长的时间，因此耐力也被看作是对抗疲劳的能力。耐力是一种综合能力，是人体各器官系统机能和意志品质的整体表现，同时耐力素质指标可以用来评价人体机能水平和体质强弱。耐力素质可以进行如下分类：

(1) 按人体生理系统，把耐力素质分为肌肉耐力和心血管耐力。其中肌肉耐力与力量有关，故又称为力量耐力；心血管耐力与氧的供应与利用有关，可分为有氧耐力和无氧耐力。

(2) 按耐力素质与专项的关系，可以把耐力素质分为一般耐力和专项耐力。一般耐力是基础性耐力，对专项运动成绩的提高只能起间接作用；专项耐力是指与提高专项运动成绩有直接关系的耐力，具体地讲是指以一定的强度维持专项比赛动作的能力。

评定有氧耐力的方法有很多，经常采用的方法是定距离的计时位移运动，如 1 500～10 000 m 跑、400～3 000 m 游泳、100～200 km 自行车骑行及 5 000～10 000 m 划船等，还有定时计距的 12 min 跑等。上述基础体能的耐力测试仍然有效，方法相同，不再赘述。

通常最大摄氧量(VO_2max)在耐力测试中较为常用，既可以判定耐力水平，也可以用来指导耐力的训练。我国正常成年男子 VO_2 max 为 3.0～3.5 L/min，相对值为 50～55 ml/(kg·min)；女子为 2.0～2.5 L/min，相对值为 40～45 ml/(kg·min)。可以对照表 3-11 的相关数据进行实践操作。

表 3-11 普通人(12 min 跑)最大有氧能力评定表 m

体能水平	性别	30岁以下	30～39岁	40～49岁	50岁以上
很差	男	<1 600	<1 500	<1 400	<1 300
	女	<1 500	<1 400	<1 200	<1 000
差	男	1 600～1 999	1 500～1 799	1 400～1 699	1 300～1 599
	女	1 500～1 799	1 400～1 699	1 200～1 499	1 000～1 399
一般	男	2 000～2 399	1 800～2 199	1 700～2 099	1 600～1 999
	女	1 800～2 199	1 700～1 999	1 500～1 799	1 400～1 699

(续表)

体能水平	性别	30岁以下	30～39岁	40～49岁	50岁以上
好	男	2 400～2 799	2 200～2 599	2 100～2 499	2 000～2 399
	女	2 200～2 599	2 000～2 399	1 800～2 299	1 700～2 199
很好	男	>2 800	>2 600	>2 500	>2 400
	女	>2 600	>2 400	>2 300	>2 200

[拓展]

$VO_2\max$在耐力素质评定中是常用指标,也可以用来指导训练实践。因为$VO_2\max$与心率、呼吸商有线性关系,所以可以用来间接判定耐力训练的强度(表3-12)。

表3-12　由12 min跑成绩推算$VO_2\max$相对值

成绩(m)	$VO_2\max$(相对值)	成绩(m)	$VO_2\max$(相对值)
1 000	14.0	2 500	45.9
1 100	16.1	2 600	48.0
1 200	18.3	2 700	50.1
1 300	20.4	2 800	52.3
1 400	22.5	2 900	54.4
1 500	24.6	3 000	56.5
1 600	26.8	3 100	58.5
1 700	28.9	3 200	60.8
1 800	31.0	3 300	62.9
1 900	33.1	3 400	65.0
2 000	35.3	3 500	67.1
2 100	37.4	3 600	69.3
2 200	39.5	3 700	71.4
2 300	41.6	3 800	73.5
2 400	43.8	3 900	75.6

3.3.4　柔韧素质测试

柔韧素质是指人体关节在不同方向上的运动能力以及肌肉、韧带等软组织的伸展能力。柔韧素质通过关节运动的幅度,按一定的运动轴产生转动的活动范围表现出来。柔韧素质分为一般柔韧素质和专门柔韧素质。一般柔韧素质是指机体中最主要的那些关节活动的幅度,如肩、膝、髋等关节,这对任何运动项目都是必要的。专门柔韧素质是指专项运动所需要的特殊柔韧性,如武术运动中的下腰,体操运动中横叉等。专门柔韧素质是掌握专项运动技术必不可少的条件。

测量与评定柔韧素质带有局部性的特点,其测量方法和手段均涉及身体有关部位完成动作时的活动幅度。一般来说,年龄越小,柔韧性越好,随着年龄的增大,柔韧性会越来越差。良好的柔韧素质不仅是运动所需，也可以防止受伤。另外，柔韧性并不是越高越好，要根据专项需要，过度的柔韧性练习会对关节稳定性带来不利的影响。柔韧素质对不同年龄的人都是非常重要的，要保持良好的柔韧性需经常进行牵拉练习，自身用力的大小应依自我感觉来安排。

常用测试方法主要有：坐位体前屈、肩部柔韧性、立位体前屈、新坐位体前屈、俯卧背伸、转肩、转体、肩臂上抬（俯卧抬臂）等。下面主要列举几种常用方法。

1) 肩部柔韧性测试

肩部柔韧性测试评价的是肩关节的活动范围。测试方法是：站直后，举起右手，前臂向体后下方弯曲，并尽量向下伸展，同时，用左手在体后去触及右手，尽可能地使两手手指重叠。完成右手在上的测试后，以相反的方向进行测试（即左手在上）。一般总是一侧的柔韧性要好于另一侧，但相差过大说明肩关节存在隐患。

2) 立位体前屈

立位体前屈测量髋关节和腰椎的灵活性及有关肌肉、韧带的伸展性。

受试者两脚尖分开 5~10 cm，并与平台前沿齐平，脚跟并拢，两腿伸直，上体尽量前屈，两臂平指伸直，两手并拢，用两手中指尖轻轻推动标尺上的游标下滑，直到不能继续下伸时为止，记录刻度读数。以厘米为单位。测 2~3 次，取最佳成绩。

3) 俯卧背伸

俯卧背伸测量脊柱的伸展性。受试者取直腿端坐姿势。置挠度尺于两腿间，测量其坐高（鼻尖至地面之距）。然后，受试者俯卧于地，双手背叠于臀上，腿伸直。由一同伴按压其两大腿，受试者尽力向后仰体抬头。测试者在其前方，直尺的零端置于地面，当受试者后仰至最高点时，迅速上移引尺直至引尺上端触及其鼻尖（要求后仰至最高点并保持 1~2 s 的稳定，以便测量）。测量 2~3 次，记录量尺的读数（厘米），取最佳成绩。用坐高减去最佳观测值，取其差为成绩（坐高—后仰高度）。

4) 转体

转体主要测量腰部的柔韧性。在平坦地面铺一画有 0°~180°的图，系有锥形重物的约 1 m 长木棍 1 根。受试者两脚开立约 30 cm，立于 0°~180°直线上，双肘屈曲于体后夹住木棍，使锥尖正对 0°，向左、右各缓慢转体两次。以转体角度为测量值，取两次测试的平均成绩为测验成绩。

3.3.5 灵敏素质测试

灵敏素质是指在各种突然变换的条件下，机体迅速、准确、协调地改变身体运动的空间位置和运动方向的能力，如急起急停、左右滑步。灵敏性在很大程度上依赖于神经肌肉的协调性、反应时间和爆发力。灵敏素质可分为一般灵敏素质和专门灵敏素质两类。评定灵敏素质的方法很多，如反复横跨测试、象限跳测验、滑步倒跑测验、十字变向跑及综合性障碍等。

1) 10 s 反复横跨

10 s 反复横跨测量受试者迅速、协调地变换身体方向的能力。

在平坦地面上，间距为 120 cm 画三条平行线。预备时，受试者两脚分开落于中线两侧。听到"开始"口令，先向右跨，即右脚落于右边线外，左脚落于右边线内；然后回到预备时位置；再继续向左跨，同上面右腿动作；再回到预备时位置。凡完成上述 1 组练习者，为完成 1 次，每完成1次计4分。每次测试为20 s,记录其完成次数和相应得分。可测2次,取最佳成绩。

2) 10 s 象限跳

10 s 象限跳测量受试者在快速跳跃中,支配肌肉运动和克服身体惯性的能力。

受试者站在起点线后,听到信号即以双脚跳入第一象限,然后依次跳入第二、三、四象限(图3-3)。按此法反复跳10 s,每跳入一个象限计一次。要求跳跃时必须双脚同时起跳,同时着地。路线或跳错象限不计次数,测2～3次,每次10 s,记录完成次数,取最佳成绩。

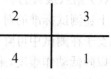

图 3-3　象限跳测试

3) 10 s 立卧撑

10 s 立卧撑测量受试者迅速、准确、协调地变换身体姿势的能力。

受试者并腿直立为开始姿势,屈膝至蹲撑,两脚后撤伸直成俯撑,再收腿成蹲撑姿势,然后站起还原成开始的姿势,计其正确完成动作的次数。每名受试者由一名测试者测试。要求:下蹲时手撑地之处距足过远,俯卧时身体不直、屈肘,收腿距手过远,站立不直等,均不计数。计算方法同上。

3.4　核心力量与功能性训练的测试与评价

3.4.1　核心力量的测试与评价

在竞技体育中,任何项目的教练员和运动员都在寻求最有效的训练方法与手段。对于核心力量训练效果也同样需要一个准确的评价手段,这对于每一个阶段训练计划的制订和准确评价一个运动员进行核心力量训练后机体能力的变化能够提供有力的参考。核心力量测试的主要内容包括腰腹肌力量的大小,以及保持屈伸稳定、核心稳定和旋转稳定性的能力。核心力量的测试不仅可以帮助教练员和运动员发现弱势肌群,评价运动员的核心稳定状态,还可以让教练员了解运动员实际的运动状态,便于合理制订训练计划和训练任务。

1) 俯卧撑测试

测试方法:俯卧,双脚并拢,双手分开略比肩宽,躯干和膝关节均着地。男运动员的拇指与头顶在同一平面上,女运动员的拇指与下颌成一条线,练习者向上撑起,整个身体同时抬起。该方法仅仅是对普通人群的基本测试,或对伤病康复的判断。

评价标准:要求整个身体平直,没有塌腰拱背动作,两臂、肩平衡用力。

优秀:在规定姿势下很好地完成动作1次。

合格:在降低难度的姿势下完成动作1次。

不合格:在降低难度的姿势下无法完成动作。

2) 八级腹桥测试

(1) 第一级:俯卧支撑60 s(双手双脚着地,手指朝前、身体平直、手臂伸直)。

(2) 第二级:俯卧支撑抬左脚15 s。

(3) 第三级:俯卧支撑抬右脚15 s。

(4) 第四级:俯卧支撑抬左手15 s。

(5) 第五级：俯卧支撑抬右手 15 s。

(6) 第六级：俯卧支撑抬右脚左手 15 s。

(7) 第七级：俯卧支撑抬左脚右手 15 s。

(8) 第八级：回到一级姿势 30 s。

上述测试标准的对象为成年男子，优秀选手或者专门训练者可以达到 8 级。小学生、中学生和女子在测试中可降低难度，将俯卧支撑姿势换成膝关节着地的跪姿 8 级腹桥测试。此外，也可以降低动作难度，采用俯卧肘支撑的 8 级腹桥测试(图 3-4)。

图 3-4　八级腹桥测试

3) 七级背桥

(1) 第一级：T 型背桥。动作要领：两臂侧平举贴于地面，与身体成 T 型。向上顶起髋部，大腿小腿约成 90°，脚跟着地，勾脚尖(图 3-5)。时间可参照腹桥标准。

(2) 第二级：双臂伸直手掌相对向前(上)。

(3) 第三级：右腿髋屈膝伸勾脚尖。

(4) 第四级：左腿髋屈膝伸勾脚尖。

(5) 第五级：右腿外摆 45°。

(6) 第六级：左腿外摆 45°。

(7) 第七级：回到 T 型背桥(同第一级)。

图 3-5　背桥测试

4) 六级侧桥

(1) 第一级：侧卧，肘支撑，两脚前后开立，与支撑手臂成三点支撑，非支撑手臂侧平举（向上），髋部保持中立位置，不下沉（图3-6）。时间可参照腹桥标准。练习时可直臂支撑以增加难度。

(2) 第二级：两脚相靠。

(3) 第三级：非支撑腿外展。

(4) 第四级：非支撑腿屈髋45°。

(5) 第五级：非支撑腿伸髋45°。

(6) 第六级：两脚相靠。

换另外一侧进行。

图3-6　侧桥测试

5) 侧卧支撑

测试方法：侧卧于垫上，以前臂和脚支撑，身体成一条直线，根据支撑时间来进行评价（图3-7）。主要用于普通人测试。

(1) 大学生评价标准

① 优秀：在规定姿势下能够很好地坚持60 s。

② 良好：在规定姿势下能够坚持40 s。

③ 及格：在规定姿势下能够坚持20 s。

④ 不及格：不能在规定姿势下完成动作并坚持20 s。

图3-7　侧卧支撑

(2) 中学生评价标准

① 优秀：在规定姿势下能够很好地坚持40 s。

② 良好：在规定姿势下能够坚持20 s。

③ 及格：在规定姿势下能够坚持10 s。

④ 不及格：不能在规定姿势下完成动作并坚持10 s。

(3) 小学生评价标准

① 优秀:在规定姿势下能够很好地坚持 15 s。
② 良好:在规定姿势下能够坚持 10 s。
③ 及格:在规定姿势下能够坚持 5 s。
④ 不及格:不能在规定姿势下完成动作并坚持 5 s。

3.4.2 功能性训练的测试与评价

1) 功能性动作筛查(FMS)

功能性动作测试(简称 FMS 测试)又称为功能性动作筛查,是在 20 世纪 90 年代由美国的 Gray Cook 和 Lee Burton 等人设计出来的。它是一种通过基本动作模式来预测运动风险的筛查系统。此方法通过测试受试者的功能性动作、神经肌肉系统控制等方面表现出的稳定性和灵活性,以及在运动过程中潜存的动作补偿问题,来判断机体运动链的完善,降低运动过程中存在的风险。FMS 测试的每个测试动作都有严格的评分标准,评分分为 3 分、2 分、1 分、0 分四个等级,累积分值为 21 分(单侧,记弱侧),低于 14 分说明受试者受伤的风险要高于正常人 15%~51%,需要引起重视,进行矫正训练。作为一种革新性的动作模式质量评价系统,FMS 简便易行,可以广泛用于各种人群的基础运动能力(灵活性和稳定性)评价。FMS 由 7 个动作构成(图 3-8)。

图 3-8 功能性动作测试

功能性动作测试,反映的是人体的基本运动能力。通过深蹲、跨栏架、旋转等 7 个基本动作模式的测试,可以发现在完成基本动作时人体各环节、部位的局限性因素或均衡性问题,测试结果可以作为制订运动训练计划的依据。在进行测试时,要求受试者严格按照动作要领做出规定动作,最大幅度地完成运动。测试动作虽然简单,但可以判断受测者在动作的控制、稳定等方面的表现。如果受测者的稳定性、灵活性不足,身体某些部位不平衡,他的薄弱环节就会充分表现出来(表3-13)。

表 3-13 功能性动作测试的动作名称和目的

动作名称	测试目的
深蹲	评价肩胛区、肩关节、胸椎的灵活性和稳定性
跨栏架步	评价双踝、双膝、髋部两侧的灵活性和稳定性
直线弓箭步	评价背阔肌、股直肌的灵活性及髋、踝、脚的灵活性和稳定性
肩部灵活性	评价肩关节、肩胛骨的灵活性以及胸椎的伸展性
主动直膝抬腿	评价小腿后侧肌群和异侧大腿后侧肌群的灵活性
躯干稳定俯卧撑	评价上肢力量的大小及核心稳定性
躯干旋转稳定性	评价上下肢运动时骨盆、核心部位及肩带的稳定性

根据经验,即使高水平竞技运动员也不一定能完美地完成这些简单的动作。有些人在完成这些测试时,使用了代偿性的动作模式。如果以后他们继续使用这种代偿性动作,客观上就会强化这种错误的动作模式,最终会使动作的运动生物力学特征非常差,甚至造成受伤。要注意这类测试只能判断人的功能性动作情况,并不能直接反映运动能力。

(1) 深蹲:这一动作可以评价髋、膝和踝关节的双侧均衡性和功能灵活性。通过观察举在头顶上的木杆,可以评价肩和胸椎的双向性、对称灵活性。若想成功地完成这一动作,运动员需要良好的骨盆结构、踝关节闭合运动链背屈、膝关节的弯曲、胸脊的伸展以及肩关节弯曲和外展(图3-9)。各个动作都可以根据表现进行打分(表3-14)。图3-9从左至右依次是3分、2分、1分。

表 3-14 功能性动作测试评分标准

分数	评分标准
3	准确地完成某个动作测试
2	具有能够完成某个动作的能力,但是不够准确或需要一些补偿
1	不能完成某个动作的测试
0	测试过程中被测试者出现疼痛

图 3-9 测试1(深蹲)

(2) 跨栏架步:这一动作需要受测者髋部与躯干在完成踏跳动作时具有正确的协调性和稳定性,同时也要有单腿站位的稳定性。跨栏架测试可以评估髋关节、膝关节和踝关节双侧功能灵活性和稳定性。完成踏步测试时,需要支撑腿的踝关节、膝关节和髋关节表现出稳定性,以及髋关节闭合运动链的最大扩展性。同时要求踏步腿踝关节开放运动链的背屈以及膝关节和髋关节的弯曲能力。受测者需要表现出足够的动态平衡能力(图3-10)。

图3-10 测试2(跨栏架步)

(3) 直线弓箭步：本测试所采用的动作姿势主要是模拟旋转、减速和侧向的动作。直线弓箭步测试中，下肢呈绞剪姿势，这时身体躯干和下肢扭转，保持正确的连接。用于评估躯干、肩部、髋和踝关节的灵活性与稳定性、股四头肌的柔韧性和膝关节的稳定性。受测者要想较好地完成这一动作，就需要后腿(站立腿)踝关节、膝关节和髋关节以及相关闭合运动链的稳定性。同时也需要前跨腿(踏步腿)髋关节的灵活性、踝关节背屈能力。由于受测者要进行扭转动作，因此必须具有足够的稳定性(图3-11)。

图3-11 测试3(直线弓箭步)

(4) 肩部灵活性：肩部灵活性评估双侧肩的运动范围，以及内收肌的内旋和外展肌的外旋能力。完成规定动作时，需要正常的肩胛骨灵活性和胸椎的伸展，以及外展/外旋、弯曲/伸展与内收/内旋组合动作时肩部的灵活性和肩胛与胸椎的灵活性(图3-12)。

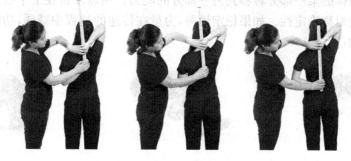

图3-12　测试4(肩部灵活性)

(5)主动直膝上抬腿:通过主动直膝上抬腿可以测试在躯干保持稳定的情况下,下肢充分分开的能力。通过测试可以评价在盆骨保持稳定、对侧腿主动上抬时,腘绳肌与腓肠肌、比目鱼肌的柔韧性。若要较好地完成这一动作,需要受测者腘绳肌具有良好的功能柔韧性,与一般测试的被动柔韧性不同,该测试也能反映运动员对侧腿髋关节灵活性以及腹下部肌肉的稳定性(图3-13)。

图3-13　测试5(主动直膝上抬腿)

(6)躯干稳定俯卧撑:俯卧撑是一个简单的动作,但从功能性的视角来看,俯卧撑可以从前后两个维度反映运动员维持脊柱稳定性的能力。俯卧撑是上肢的闭合运动,上肢和肩部做对称性动作,躯干在矢状面上维持稳定。在人体完成的众多动作中,都需要躯干保持足够的稳定,使力量在上肢和下肢、左侧和右侧的传递过程中保持均衡,减少损失。如果在做俯卧撑动作时,躯干稳定性欠缺,力量在传递的过程中就会减弱,导致功能性表现下降,也反映出某部位存在伤病的隐患(图3-14)。

图3-14　测试6(躯干稳定俯卧撑)

(7) 躯干扭转/旋转稳定性：该动作比较复杂，需要受测者有良好的神经肌肉协调能力，以及将力量从身体的某一部分转移到另一部分的能力。用以评价在上下肢同时运动时，躯干在多个维度上的对称稳定性。如果稳定性差，力量在传递的过程中减弱，功能性下降，损伤的可能性就会增加（图3-15）。

图3-15 测试7(躯干扭转)

FMS是一项评价技术，它通过测试功能性动作来发现受测者灵活性与稳定性方面的不平衡。这种评价技术可以放大受测者动作补偿的问题，从而使我们更容易发现问题。也正是这些动作上的瑕疵会导致运动链系统出现故障，并使受测者在活动时动作效率不高，并有受伤的风险。通过查明与本体感觉相关的、灵活性与稳定性等方面的功能性问题，可以减少运动损伤的可能性，并通过针对性的训练来提高运动表现。

2) 选择性功能动作评价

与FMS动作筛查不同，选择性功能动作评价主要是通过人体做动作时出现的疼痛，来反映可能的不良性功能。选择性功能动作是多种多样的，通过各种动作来激发各种疼痛和功能不良的出现，它的目的不是反映动作是否完善，而是要找出可能存在的缺陷，寻找动作模式链中最薄弱的环节。这一点非常重要，因为通常运动员的伤病产生是一个积累的过程，早期往往很难感觉和发现。而选择性功能动作评价就提供了一个发现可能导致伤病隐患的机会，利于完整地认识人体的功能状态，建立系统的动作行为观念。

表3-15 选择性功能动作评价标准

级别	功能和症状
FN	功能或动作模式正常，无痛
FP	功能或动作模式正常，疼痛
DP	功能不良或动作模式受限，疼痛
DN	功能不良或动作模式受限，无痛

与功能性动作筛查相比，选择性功能动作评价的标准和分级是完全不同的，不是按功能性筛查的3、2、1、0来进行动作分级，而是根据疼痛和动作质量两个变量之间的相互作用（即FN-FP-DP-DN四种模式）来进行分级评价（表3-15）。选择性功能动作评价的相关动作名称和目的见表3-16，实践中可以根据项目和个人需要选择进行，也可以自行设计动作对有问题的部位加强训练。具体参见其他专业书籍。

表 3-16　选择性功能动作评价的相关动作部位和目的

名称	目的
颈部脊柱	评价颈部脊柱屈曲、伸展、转动的程度以及枕骨-寰椎联合的灵活性
各种上肢动作模式	评价肩部内外旋转、伸展、屈曲、内收和外展的活动能力
多环节屈曲	评价脊柱和髋关节的屈曲能力
多环节伸展	评价髋关节、肩关节、脊柱正常的伸展能力
多环节转动	评价躯干、盆骨、髋部、颈部、双膝和脚的灵活转动能力
单腿站立	评价动、静态姿势下,每条腿的独立稳定性
双臂上举深蹲	评价双踝、双膝、髋部的两侧对称灵活性

思考题

1. 体能测试与评价有哪些内容体系?
2. 如何评价运动员的心肺功能?
3. 力量和速度测试有哪些方法?
4. 为运动员制定一份功能性测试方案,并进行测试与评价。

4 青少年体能训练

[学习目标]
(1) 了解青少年生长发育的基本规律和运动能力阶段划分。
(2) 理解青少年运动能力发展的阶段划分。
(3) 掌握青少年体能训练的内容与特点。

4.1 青少年的身体发育

青少年特别是少年儿童阶段处于身体发育的敏感期,该阶段的训练是否科学,对运动员后期所能达到的竞技水平层次有极大的影响。合理的训练应该始于儿童时期,让运动员的身体和心智得到循序渐进式的系统发展,直到获得长期的卓越表现,而非拔苗助长、昙花一现。尽管很多教练员和体育教师都会制定阶段性的训练计划,但更有必要制定着眼于运动员长期的职业或专业的发展规划。

目前青少年的运动训练有许多误区。如儿童的训练计划经常会以知名精英运动员的训练计划为蓝本,或从网站或文献、书籍中寻找直接运用到青少年的训练计划中,为了追求成绩而盲目大负荷训练,几乎不考虑孩子们当前的身体状况和需求等。事实上,青少年的训练应该遵循发育规律和运动能力提高的规律,应当鼓励青少年参加各种游戏和活动玩耍,并进行多种形式的运动,以优化他们的运动能力,促进肌肉和神经发育。少年儿童并不是"小大人",制定训练计划时必须考虑他们身上复杂且不同的生理特性。

4.1.1 青少年生长发育的基本规律

人体的生长发育是从婴儿、幼儿、少年、青年、壮年直到老年的完整过程。青少年的发育阶段在5~17岁,他们的生长发育过程受到多方面因素的影响,并存在个体差异,但其基本规律是相同的。

1) 青少年身体形态发育的特征

(1) 身体形态的生长发育具有波浪性与阶段性:少年儿童的身体形态的发育随年龄的增长而增长,这种发展不是直线上升,而是呈波浪式变化。其中有两次高速增长期:一是从胎儿到出生后的第一年;二是青春发育期。

第一阶段是从出生到10岁,第二阶段是11~20岁(见表4-1)。第一阶段男子生长的占成人的百分比小于女子。第二阶段男子生长的占成人的百分比大于女子,此阶段,生长发育速度明显加快,进入快速增长期。男子多数指标在12~14岁达到高峰,女子则在10~12岁达到高峰。11~14岁是人体生长发育十分重要的时期,这一时期生长发育的快慢与好坏对今后身体形态的影响非常大。因而,这一年龄阶段的训练尤其是身体训练尤为重要。

表 4-1　不同性别的儿童、少年生长发育两个阶段增长值的比较

阶段	项目	性别	增长值	增长值占成人的百分比(%)
第一阶段 （10 岁以前）	身高 （cm）	男	135.3	79.2
		女	135.6	85.1
	体重 （kg）	男	28.0	47.3
		女	27.8	53.6
第二阶段 （11~20 岁）	身高 （cm）	男	35.5	20.8
		女	23.5	14.9
	体重(kg)	男	31.2	52.7
		女	24.1	46.4

（2）身体形态的发育存在性别差异：10 岁以前，男、女之间身体形态发育的差异性不很明显，但出现高速增长的年龄及年增值不同。青春发育期，男子上肢的围度、宽度与女子下肢的围度、宽度增长比较快，最后形成男子肩宽、髋窄的体型，而女子则相反。

（3）身体形态的生长发育存在非等比性和顺序性：有关调查结果显示，人体各部位的生长发育速度是不相等的，有早晚、快慢之分，各部位生长结束的时间也有早有晚。人体生长发育具有一定的顺序性。一般在 7 岁以前遵循"头尾律"的生长顺序，即头—上身—下肢。7 岁以后遵循"向心律"的生长顺序，即从肢体远端到近端的发展顺序：足—小腿—下肢—手—上肢—躯干。从上述特点来看，青少年全面的身体训练的内容先后顺序就要具有针对性。

2）青少年主要器官系统的发育特征

（1）神经系统：兴奋与抑制不均衡，兴奋占优势、易扩散，注意力不易集中；年龄越小，抑制过程越不完善，分化抑制能力越差，但随着年龄的增长逐步得到改善。神经活动中第一信号系统占主导地位，抽象能力较差，随着年龄的增长，抽象能力不断提高，综合分析能力显著提高。在青春期，性腺分泌活动加强，神经系统的稳定性受到影响，女性表现得更为明显。儿童、少年神经工作能力低，易疲劳，但疲劳消除也较快。

（2）运动系统：儿童、少年骨骼发育表现为长骨生长快；软骨组织、骨组织内水分和有机物多，无机盐少，骨松质多，骨密质少；骨的韧性大，不易骨折；关节囊、韧带伸展性好，活动范围大，但坚固性差，易变形。肌肉生长主要表现为长度的增加，横断面积小，肌肉的力量和耐力较差，易疲劳。大肌群发展快而早，小肌群发展相对较晚。性成熟阶段，骨组织内无机盐增多，水分、有机物减少，骨密质增多，骨骼变得粗硬，肌肉面积增加，身体各部位的围度、宽度指标增加。

（3）呼吸系统：胸廓小，肺容积与肺活量小，呼吸肌弱，呼吸表浅，频率快，呼吸调节能力差。随着年龄的增长，呼吸功能日趋提高。

（4）心血管系统：儿童、少年心脏发育时心肌纤维细，心脏收缩力较弱，心率快，每搏输出量小，同时血管壁弹性好，血管口径相对较大，血液外周阻力小，收缩压低。植物性神经系统对心脏的调节功能还不完善。针对上述特点，在组织儿童、少年运动员训练时应注意训练内容、形式、方法和手段的多样化，重视基本能力和正确姿态的训练，负荷量的安排要适当，并且要考虑性别差异，注意区别对待。

4.1.2 青少年运动素质发展的敏感期

青少年各项运动素质能力随年龄增长而增强的现象,是发育的自然结果,又由于从事体育训练而得到提高。在不同年龄阶段,各项运动素质增长速度不同,即使在同一年龄阶段,不同运动素质的发展变化也不一样。从儿童阶段开始到青年时期,各项素质发展的敏感期出现的时期不同,错过适宜时机会造成该项素质能力发展延误,抓住适宜时机给予相应训练刺激,能够有效提高该项素质能力,获得最佳训练结果。

敏感期是指特定能力和行为发展的最佳时期。各种运动素质都有自己发展的敏感期,在这段时期所对应的运动素质能力发展相对迅速。运动素质发展的敏感期大多集中在少年儿童时期,如果错过了相应的敏感期,则所对应的运动素质将很难达到理想水平。对少年儿童而言,在其敏感期训练相应的运动素质会为日后的身体技能学习将打下坚实的基础。各种运动素质发展的敏感期如表 4-2 所示。

表 4-2 不同年龄少年儿童运动素质发展的敏感期

素质		性别	4	5	6	7	8	9	10	11	12	13	14	15	16	17	18
力量	速度力量	男				■	■	■	■	■	■	■					
		女			■	■	■	■	■	■	■						
	绝对力量											■	■	■	■	■	■
	相对力量								■	■	■	■	■				
	力量耐力	男										■	■	■	■	■	
		女									■	■	■	■	■		
速度	反应速度					■	■	■	■	■	■						
	动作速度					■	■	■	■	■							
	位移速度					■	■	■	■	■	■	■					
耐力	有氧耐力	男									■	■	■	■	■		
		女							■	■	■	■					
	无氧耐力	男												■	■	■	■
		女										■	■	■	■	■	
柔韧				■	■	■	■	■	■	■	■						
灵敏					■	■	■	■	■	■	■						
协调						■	■	■	■	■	■						

注:■为敏感年龄。

运动素质的发展有一定阶段性,各种运动素质能力的自然发育包括增长阶段和稳定阶段。

青少年的各种运动素质的发展趋势是由增长阶段过渡到稳定阶段,但其年龄界限不完全一样,男女之间也有差别,一般18岁左右趋于稳定,25岁后基本不再提高。

1) 力量素质

力量素质分为相对力量、绝对力量、速度力量和力量耐力。总的来说,力量素质发展的敏感期是:男子12~16岁,女子11~15岁。在青春期发育前期,肌肉主要是纵向发育,此期间如想使肌肉变粗,效果不明显甚至会引起损伤;而到青春期中后期,肌肉开始横向发育,此时肌纤维逐渐增粗,肌力逐渐增加,及时进行力量训练效果比较明显。青少年在整个力量素质发展的过程中,速度力量成长的百分率最少,说明速度力量更多受先天遗传因素影响;而绝对力量的变化更受环境与训练影响。

2) 速度素质

速度素质包括反应速度、动作速度和位移速度。敏感期是7~12岁。这个阶段也是提高短跑成绩的黄金时期,在这年龄段进行科学训练,对未来挖掘速度的潜力有极大影响。如不给予相应训练刺激,往后再想提高步频几乎不可能(汉斯托姆/苏联)。国外神经学研究结果认为,人的反应是天生的,是一个纯生理过程,主要由先天遗传决定。但是,注意力的集中和对信号反应的动作熟练程度也会影响反应速度,所以,后天训练仍是必要的,特别是对注意力的培养和动作熟练程度的练习,能够有效提高反应速度。

3) 耐力素质

耐力素质包括有氧耐力和无氧耐力。有氧耐力的敏感期是:男子10~17岁,女子9~14岁及16~17岁。如果是以提高心肺功能和整体健康为目的的有氧练习,其强度较小,可以较早进行;如果是以提高专项耐力为目的的大强度训练必须相对较晚开始。无氧耐力的敏感期是:男子10~20岁,女子9~18岁。由于少年儿童糖酵解和无氧代谢能量储备不及成人,限制了速度耐力的适应能力。一般认为,少年儿童8岁起可进行有氧耐力训练,多利用慢跑方式进行心肺功能的适应性练习;11~12岁改进氧气输送系统和肌肉代谢功能;15岁起无氧训练可以逐渐增多,18岁左右才可进行大强度的耐力训练。

4) 柔韧素质

柔韧素质是指关节活动度的大小以及跨过关节的组织弹性及伸展能力。根据这一特性,一般来说,年轻者较年长者柔韧性好,女子较男子柔韧性好,原因和前者肌力量偏弱,肌肉紧张度低有关。柔韧素质的敏感期在5~9岁。后期可以通过动态拉伸、静态拉伸以及PNF拉伸进行练习。

5) 灵敏素质

灵敏素质是人体快速、有效、灵活移动的能力,和速度素质关系密切。灵敏素质被认为是"机体的智商",是各项运动素质的综合表现,在10~12岁进行训练效果最佳,可分为简单、空间、时间、综合四类。

6) 协调素质

协调素质不只是表示在各肌群在运动方面的协同配合,还有神经系统及各器官系统与肌肉系统的协同工作能力。发展协调能力的敏感期是10~13岁。在这期间,各系统发育相对完整,这时来搭建各系统间的协同能力较为合理。

综上所述,通过简单介绍各项运动素质的敏感期理论,让教练员能够大致定位各项运动素质的最佳训练时期,当然选择合理的年龄阶段只是科学训练的起码要求。青少年不是"微型的成年人",他们在身体形态、机能、心理等方面与成年人有着巨大的差异,这种差异决定了青少年在训练理念、训练内容、训练方法手段、负荷安排等方面都有自己的特征和规律。

4.2 青少年体能训练基础理论

4.2.1 青少年运动能力发展的阶段划分

运动科学专家和教练员认为,那些在儿童和青少年时期执行了有序、系统的训练计划的运动员能够获得最佳的运动表现。一些缺乏耐心的教练员,为了让青少年运动员尽快取得成绩,就会向运动员施加压力,结果通常都是以失败而告终。因为很多运动员往往会在获得运动成绩之前就选择退出。因此,教练员和父母只有通过秉持正确的训练原则,将儿童和青少年的训练系统性地划分成不同阶段,并且清晰、明确地设定训练目标,才更有可能培养出健康、优秀的运动员。

1) 运动启蒙阶段(6~10岁)

在运动启蒙阶段,儿童应该参加低强度的训练,强调乐趣的进一步激发。绝大多数的儿童都无法应对高强度的训练和比赛,以及在生理和心理方面提出的过高要求。所以,此时针对儿童的训练计划必须注重全面运动能力的发展,而不是专项运动表现。在这个阶段,身体以稳定的速率生长发育,大肌肉群比小肌肉群优先得到发展;心肺系统恰好处于发育阶段,这个年纪孩子的有氧能力可以适应绝大多数的运动,但是,无氧能力在本阶段的发展并不显著,因为儿童对乳酸堆积的耐受能力较为有限,身体组织容易受到损伤;韧带开始变得坚韧,骨骼末端仍然是没有完全钙化的软骨。儿童在该年龄段的注意力持续时间较短,天性爱动,因此,他们并不能长时间地久坐聆听。此阶段训练强调的是多样性和创造性,参与和乐趣远比获胜更加重要。下面的指导原则将有助于设计出适合于运动启蒙阶段运动员的训练计划:

(1) 强调通过加入多种技能和练习方法实现全方面发展,包括跑步、跳跃、投球、接球、击球、平衡和滚动。

(2) 为每一个孩子提供足够的时间以充分发展各种技能,在游戏和各种活动中给予每一个孩子相同的练习机会。

(3) 给予坚定、自律的儿童更多积极的支持,同时,强化技能发展过程中的表现提升。

(4) 鼓励儿童发展柔韧性、协调性以及平衡能力。

(5) 激励儿童在低强度的环境下发展不同的运动能力。例如,游泳是发展心肺系统的极佳运动项目,它可以最大限度地减少施加在关节、韧带和结缔组织的压力。

(6) 为每项技能动作选择合适的重复次数,并鼓励儿童正确完成每一项动作。

(7) 合理布置训练器材和训练环境,以适应儿童的训练水平。例如,儿童尚不具备将成人标准的篮球投入 3 m 高篮筐的力量。因此,应选择较小的轻质篮球,篮筐的高度也应适当降低。

(8) 所设计的练习、游戏以及活动应当能够最大限度让为儿童主动参与其中并提供训练机会。

(9) 通过赋予儿童自行设计练习、游戏以及活动的机会,促进他们体验式地学习。鼓励他们运用自己的创造力和想象力。

(10) 简化或修改游戏规则,便于儿童更好地理解。

(11) 引入强调基本战术和策略的改版游戏。如果儿童已经具备了个人基本技能,如跑动、双脚盘带运球以及踢球等技能,他们就完全可以进行一场改版后的足球比赛了。在比赛的过程中,要向青少年运动员讲解可能出现的不同状况,说明团队协作以及场上位置的重要性。社区体育联盟的理想模式是让孩子们可以和其他同龄的小朋友同场竞技,因为儿童通常在团队的环境中能更好学习如何应用各种技能。

(12) 鼓励儿童参加着重增强注意力控制的练习,帮助他们在进入运动能力形成阶段后,可以适应更高的训练和比赛要求。

2) 运动能力形成阶段(11~14岁)

在运动能力形成阶段中,应当适度地增加训练强度。此时,大多数运动员仍然容易遭遇到损伤,但是他们的身体和机能却正在迅速成长。在这个阶段,心肺系统将继续发育,对乳酸的耐受能力逐渐增强。教练员和父母应当十分清楚地意识到,运动员身体发育的差异性可能会导致个体运动表现的不同,这一点非常重要。有些运动员在此阶段可能会经历生长发育的高峰期,因此在某些特殊练习的过程中缺乏协调性。基于此方面的考虑,这一阶段应当注重技能和运动能力的发展,而不是关注成绩和取胜。下面的指导原则将有助于设计出适合于运动能力形成阶段的训练计划:

(1) 鼓励青少年参与到专项以及不同运动项目中的各类练习,这将有助于完善他们基础的全方面能力,并为自己所参与项目的比赛做好准备,逐步增加训练量与训练强度。

(2) 所设计的练习要能够帮助运动员理解基本战术和策略,有利于巩固动作技能的提升。

(3) 帮助运动员改进提高在运动启蒙阶段学到的基本动作技能,并使其成为本能反应,同时在此基础上学习一些更为复杂的运动技能。

(4) 注重提高灵敏性、协调性和平衡能力。

(5) 在训练课和比赛中强调道德与公平竞争。

(6) 为所有孩子提供参加具有挑战性活动的机会。

(7) 让运动员参与到可以发展一般力量的练习当中。在此阶段,运动员应当开始为日后的力量训练奠定基础。

(8) 继续发展有氧能力。坚实的耐力基础能够使运动员在专项化阶段更加有效地应对训练和比赛的需求。

(9) 对于处在运动能力形成阶段的运动员而言,无氧训练是全新的内容。此时适度地进行无氧训练,能够帮助他们适应专项化阶段的高强度无氧训练。

(10) 避免参加让身体承受过大压力的比赛。例如,大多数青少年运动员尚不具备发育完全的肌肉以完成三级跳远正确的技术动作。

(11) 为了提高注意力,应当让运动员进行更加复杂的训练。鼓励他们发展自我调节能力和积极采用可视化的、正规化的心理训练手段。

(12) 为青少年设置各种有趣的竞赛情境,允许他们运用各种技术和战术。例如,运动员应当在标枪投掷比赛中关注精准性和技术,而不是投掷标枪的距离。

(13) 提供与同龄人游戏和参与社交活动的时间。协调性在青春期之前的阶段可以得到快速发展,但是在青春期可能会减缓甚至略有倒退。处于青春期的青少年,每年身高突增,协调性也会受到干扰。

3) 专项化阶段(15~18岁)

在专项化阶段,运动员能够承受比之前两个阶段更多的训练和比赛要求。因此,训练过程中最为重要的变化将发生在这个阶段,这个阶段将开始完成更多以专项为主的练习和训练,旨在实现某个运动项目中的高水平运动表现。为了确保运动员在承受最低损伤风险的情况下获得运动表现的显著提升,就要对训练的量与强度进行密切地监控。在运动能力发展的最后阶段,运动员不应当再有主要的技术问题。因此,教练员可以由原来"教学"的角色转换到"辅导"和"训练"的角色。

下面的指导原则将有助于设计出适合于专项化阶段的训练计划:

(1) 在专项化阶段,要对运动员的发展情况施以密切的监控。随着训练及比赛对生理与心理上的要求日益增加,运动员必须为此建立应对策略。当然,他们也极易受到过度训练引起的身心障碍影响。

(2) 对竞赛和运动项目要求提升的同时,运动员的自我意识也会随之提升。联赛中的顶级运动员也许会建立起心理优势,与此同时,那些仍然试图在比赛中努力保持竞争力的运动员却可能开始变得孤立,甚至可能影响到技能的发挥。所以,对于教练员而言,重要的是能够为他队伍提供一个充满团队凝聚力的环境,并且让所有队员意识到他们每个人各具特点且都可以为球队做出贡献。

(3) 如果教练员认为运动员需要在某个特定技能或者核心运动能力方面进行更多的练习时,可以建议运动员每周增加额外的练习时间。

(4) 针对(专项)项目主导的运动能力(如能量、无氧能力、专项协调能力和动态灵活性等能力)的进阶提升情况进行评估。

(5) 通过增加专项练习的训练量来提升运动表现。身体必须适应专项训练负荷的增加,为比赛做好有效的准备。

(6) 虽然训练量仍然需要逐步增加,但训练强度的增速要快于训练量。同时,让运动员能够在适当的节奏和速度下完成某项专项技术,练习或训练应该尽量模拟比赛中会出现的动作。

(7) 继续强调全方面发展训练,特别是在赛季前。但是,对专项化的重视将更加重要,尤其是在竞争激烈的赛季中,应当通过训练发展高水平专项能力的效率。

(8) 鼓励运动员熟悉运动训练理论方面的知识。

(9) 强调对完成技术动作的主要肌群进行练习(如主动肌)。力量发展应当体现运动项目的专项需求。

(10) 发展有氧能力应是所有运动员最优先考虑的任务,特别是参加耐力或相关耐力项目的运动员。

(11) 逐步增加无氧训练的量与强度。在这一阶段,运动员能适应乳酸堆积。

(12) 提高并完善运动项目的技能。选择一些特定的练习,确保运动员执行技术时符合正确的生物力学和有效的生理学特征。

(13) 提高个人和团队战术能力。将基于比赛的练习纳入战术训练课中。选择一些充满乐趣、具有挑战性和令人兴奋的练习,在训练中要求运动员迅速决策、快速响应、保持长时间注意力集中以及高水平的动机。

(14) 运动员应当进行心理训练。为了运动表现的提升,在训练中应加入心理方面的训练,如专注培养、注意力控制、积极思考、自我调节以及动机强化等。

4.2.2 青少年体能训练的原则

1) 全面发展原则

对于青少年而言,发展各种基础技能非常重要。在他们开始接受专项训练之前首先要在综合能力方面得到均衡发展。这就是所谓的全方面发展，它是青少年最为重要的训练原则之一。

东欧国家普遍重视青少年的全方面发展或综合技能发展，他们的一些体育学校能够提供基本的训练计划，进入到这些学校的青少年可以得到基础技能的发展，例如，跑步、跳跃、投球、接球、翻滚以及平衡等能力。他们的身体会变得非常协调，能够获得个人或集体类项目（如田径、篮球和足球）制胜所必需的基础技能。绝大部分的训练计划中还包含了游泳学习，因为游泳可以帮助青少年发展有氧运动能力，同时最大限度地减少施加在他们关节上的负荷。随着对青少年运动员的训练计划多样化以及技能发展多样化需求的正确认识，在整个北美洲，大批体育学校迅速开办，并且获得了高度聚焦运动能力发展的一系列学术成果。如果我们鼓励青少年发展多种技能，那么他们更可能会在一些体育活动中体验到成功。部分青少年会渴望进行专门的训练，让自己的天赋得到进一步发展。一旦青少年对自身运动能力的发展表现出了兴趣，我们就必须向他们提供必要的指导和机会。要成为一名世界级的运动员需要多年的训练，我们必须为那些愿意为追求卓越而拼搏的青少年运动员提供充分的、基于科学原理的系统性长期计划。

随着时间的推移，运动能力发展的连续性路径如图4-1所示。尽管运动项目和个体间的差异会因年龄的变化而不同，但是这个模型还是论证了渐进式发展的重要性。金字塔的塔基由"全方面发展"构成，可以将其视作所有训练计划的基础。当这种发展达到了一个可以接受的水平，运动员们就可以进行某个项目的"专项化训练"，从而进入到发展的第二个阶段，直至达到"高水平的运动表现"阶段。

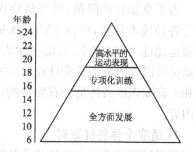

图4-1 运动员长期训练路径的三个层次

2) 适时专项化原则

当运动员建立好一个坚实的全方面基础后，就可以进入到专项化训练阶段，此时他们希望针对某个个人项目或集体项目中司职的场上位置进行专项训练。想要在任何项目中获得高水平的运动表现，专项化训练必不可少，因为它能够让运动员的身体、技术、战术以及心理等方面得到适应，这是一个复杂的过程。专项化训练开始之后，运动员就必须为训练量与强度的持续增加做好准备。

专项化训练应当同时包括促进特定运动项目能力提升的练习和发展一般运动能力的练习。当然，这两种练习方式的比例会随着项目的不同而呈现出很大的差别。以长跑运动员和跳高运动员为例，长跑运动员的训练内容由很大部分的跑动练习或者提升有氧耐力的训练（如骑行和游泳）组成；而在跳高运动员的训练计划中，跳高专项练习可以占到四成，发展项目中的专项运动能力的练习占到六成。一旦运动员决定进行专项化训练，他们就必须准备用专项训练的方法，以适应运动项目对心理和生理的需求。

专项化训练的起始年龄，根据运动项目有所不同。在那些要求动作有艺术美感、复杂技能以及高度柔韧性的项目，如体操、跳水、花样滑冰等，运动员通常在年龄较小的阶段就开始进行专项训练。而足球、棒球、排球等以速度和爆发力为主导的项目，运动员在幼年时期则主要进行基本动作技能的练习，只有当运动员能够高效应对高强度训练需求的情况下，才能开始专项化训练。在绝大多数要求速度和力量的项目中，专项化训练应当在青春期生长突增高峰末期开始；而对于那些由最大耐力决定成功与否的项目，诸如长跑、高山滑雪以及自行车项目等，运动员的专项化训练应当在可以发展速度和功率能力的年龄，或者更迟开始。一些耐力运动员都在30岁或更长的年纪取得优异成绩。

3) 多样性训练原则

在青少年运动员发展的整个长期过程中，他们通常需要经过数千小时的训练，为各种能力的发展而重复成千上万次的练习。因此，如果训练计划不能在严格监控运动员的基础上适时变化调整，那么很多运动员将难以承受来自身体及心理的双重压力。当训练计划在成长过程的每一个阶段融入各式各样的练习，用以发展一系列技能时，不仅能够帮助运动员构建新的能力，同时还可以有效地防止伤病、厌烦和倦怠。

绝大多数的集体类项目会向运动员展示更多训练方法。如在冰球、棒球、篮球等项目中，运动员为了追求卓越表现必须完成多种技能和练习。发展这种竞争能力的最有效做法就是将训练多样化。而其他运动项目，特别是个人项目，如游泳和自行车项目，训练中的多样性则相对较少。

为了克服这些问题，教练员应该将多种练习融入每一堂训练课中。运用其他运动项目中的各种技术动作，可以丰富教练员的教学指导。教练员还可以增加一些训练以发展项目专项运动能力（如速度、力量和耐力）。例如，存在过度肌肉疲劳或过劳性损伤现象的中长跑运动员可以将间歇训练安排在水中完成，这种方式比在硬质跑道上练习获益更多。具有创造力和丰富知识的教练员拥有独特的优势，因为他们能够运用各种练习方法设计出每堂训练课的内容。

4) 适应个体特征原则

每名运动员都具有独特的个性特点、生理特征、社交表现以及智力水平。设计个性化的训练计划，是通过主观和客观测量手段确定一名运动员的优势和短板的重要一步。不同运动员对训练的承受能力存在显著的差异。为运动员制定有效的训练计划时，教练员必须考虑个体的优势和不足、个体化差异（如发展阶段、训练背景以及经历）、健康状态、训练课和连续比赛之间的恢复速率以及性别差异。

此外，严格基于实际年龄划分青少年并不可取，因为相同年龄的孩子可能在解剖学成熟度上存在着若干年的差异。因此，对骨龄、生物学年龄以及运动年龄加以充分考虑十分重要。

（1）解剖学年龄：解剖学年龄是指个体解剖学生长的若干阶段，可以通过识别特殊的生理特征加以判断。需要注意的是个体差异仍然存在于这些特征之中。解剖学年龄证实了生长发育的复杂性，同时也解释了为什么一些青少年在发展技能和动作能力方面快于或慢于同龄人。

从运动能力发展的视角来看，专项化阶段（15~18岁）最为重要。因为在这个阶段中，运动员会经历身体与技能发展的不同阶段。很多项目（如冰球、橄榄球）的运动员需要具备多种技能和运动能力，并且要为日后的发展夯实基础。而在其他项目中（如体操），运动员需要实现运动表现的最大化。在学校就学的最后阶段，那些打下坚实基础并渴望在某个项目中获得卓越表现的运动员，才具有开始专项化训练的能力。

（2）生物学年龄：生物学年龄指的是身体器官和各个系统生理发育的程度。它有助于判断运动员在训练和竞赛方面的身体潜能是否可以达到较高水平。在对运动员进行分类和选拔时，教练员必须考虑到生物学年龄。如果根据实际年龄制定僵化的分级体系，将会导致误判、误估或者低效决策。两名解剖学年龄相同的青少年运动员，尽管具有同样的身高、体重和肌肉发育程度，但是其生物学年龄却可能存在差异，他们完成训练任务的能力也有不同。

(3) 运动员实际年龄：教练员对解剖学年龄和生物学年龄通常选择主观判断,因为精确的评估实施起来非常困难。因此,很难对青少年准备参加高水平竞赛的时间做出判断。很多国家和国际体育组织已经针对既定年龄下的个体所具备的生物学功能开展了大量科学研究。虽然这类决策经常伴随着争论,但是一些组织机构还是对最小参赛年龄做出了如表4-3所示的规定。

运动员年龄,特别是项目规定的最小年龄和参加高级比赛的规定年龄对于制定长期训练计划具有重要的意义。在绝大多数的项目中,训练计划应当结构化,以确保青少年循序渐进地发展且不要过早专项化。如果教练员关注运动员的长期发展,那么他们将培养出更多的世界冠军。

表4-3 不同项目运动员参加国际比赛的年龄规定

项目	最小年龄	规定年龄	
		初级	高级
田径	14	18	>19
游泳	—	15	>16
跳水	14	—	—
体操(男子)	14	18	22
体操(女子)	12	14	>19
击剑	—	20	>21
现代五项	16	19	>20
网球	—	18	>19
排球	—	18	>19
赛艇	16	18	>19
皮划艇	—	19	>20
举重	16	19	>20
拳击	—	18	>19
马术	—	18	>19
滑雪	—	19	>20
冰球	—	18	>21

5) 合理增加训练负荷原则

了解增加训练负荷的方法对于制定良好训练计划至关重要。青少年的训练量和质量直接影响到他们运动能力的提升。在生长发育的阶段,运动员根据自身需求逐渐增加训练量。在对特定训练负荷产生适应之后,运动员应对训练、比赛压力及项目需求的能力也将得到提升。

渐进式发展的运动员,将更可能适应长期的训练安排。

青少年运动员提升运动表现的速度取决于他们用于增加训练负荷的速率和方法。如果他们以近乎相同的水平长时间保持不变的负荷(标准负荷),那么就几乎看不到任何表现的提升。如果他们过多地增加训练负荷,也许效果立竿见影,但运动损伤的概率也将大大增加。因此,对于青少年运动员而言,缓慢地增加训练负荷非常重要。虽然短期内很难取得显著效果,但这样更有利于长期发展。

在生长发育的早期阶段,很难监控青少年运动员的训练负荷,因为力量、速度、耐力等表现的提升很可能是正常生长发育的结果,但循序渐进式地增加训练负荷是重要的。例如,10~15岁的棒球运动员,在整个赛季里的标准负荷是每周训练两次、每周末比赛一场。如果单从训练刺激的结果来看,他们赛季中的表现也许不会显著提升,由于生长发育的正面影响一直存在,因此运动表现仍然会有所改善。但如果整个训练量没有增加,那么进一步发展棒球技能和专项运动能力会很困难。所以,处在生长发育中的青少年运动员的训练计划可以逐步在训练课的持续时间、练习的数量、训练课的频率和阶梯递增负荷4个方面增加训练负荷。

4.3 青少年体能训练的主要内容及特点

4.3.1 力量素质

青少年力量素质自然增长的特点是,最大力量在7~9岁为第一可训练阶段。女子在10~13岁,力量增长速度很快,3年中最大力量可提高40%左右,13~15岁力量增长速度明显下降,到20岁左右,基本达到成人的水平。男子力量增长速度最快是11~13岁,18~25岁力量增长速度缓慢,25岁左右达到成人的水平。快速力量在7~13岁发展最快,此后男子仍快速增长,而女子增长幅度减小,快速力量的发展比最大力量的发展早且快。力量耐力男女性别的差异较大,女子10岁前是持续上升的,其后缓慢增长,14岁以后水平下降,而男子则一直上升。

青少年骨骼生长与肌肉发育的特点是:15~16岁以前骨骼生长快于肌肉增长,肌肉长度增长快于宽度增长。从15~16岁开始身高增长放慢,肌肉向横向发展。女子11~12岁、男子13~14岁肌肉质量变化加快,到14~15岁肌肉特性与成人差异缩小,16~17岁接近成人。

根据上述特点,青少年的力量训练应注意以下几点:

(1) 7~9岁可作为一个预备性的力量训练阶段:负重要轻,负重的重量不能超过青少年体重的1/3;时间短,锻炼部位应全面,动作速度要快。

(2) 9~13岁是力量发展的快速阶段:改善肌肉内协调、发展各部位的力量是其主要任务。重点应发展快速力量,并以动力性练习为主。发展最大力量采用的最大负荷为本人体重的2/3或不超过本人最大力量的80%。除举重项目之外,其他项目不宜进行专项力量训练。

(3) 13~16岁力量训练的主要任务:发展最大力量特别是那些对专项成绩起决定作用的肌群。在避免损伤的前提下,逐步增加负荷至尝试最大负荷刺激,静力训练的比例可逐渐加大。此阶段快速力量在最大力量增长的基础上也可获得较快的发展。不同年龄阶段力量训练的特点如表4-4所示。

表 4-4　不同年龄阶段力量训练的特点

年龄(岁)	7	8	9	10	11	12	13	14	15	16	17
训练侧重点		基础性训练（开始训练）		提高性训练							
		全身肌肉力量训练、一般力量训练								专项力量训练	
		肌肉协调训练、用力能力训练						增大肌肉横截面积训练			
		速度力量训练						力量耐力训练		最大力量训练	
					相对力量训练			绝对力量训练			
		动力性力量训练						静力性力量训练			

4.3.2　速度素质

青少年速度素质的训练与发展是随着青少年机能系统不断完善和肌肉力量不断增加而进行的。

1) 移动速度

7～13岁移动速度自然增长率最大，其中男子8～13岁提高最大，14～16岁次之；而女子7～12岁时提高最快。青少年时期是发展移动速度的大好时机，8～12岁提高移动速度主要从提高步频（动作频率）开始，13岁后，随着力量素质敏感期的到来，转到以提高步长为主的移动速度的训练，多以短距离跑和时间短、速度快、重复次数少和间歇时间长的重复练习为主，练习形式多样化。

2) 反应速度

6～12岁为反应速度提高最快的时期，以后下降，17岁又开始提高，到20岁时可达到最高水平。一个人在30岁以前是一生中反应速度最快的时期，30岁以后开始下降，但不明显，且到60岁仍能较好保持。反应速度是很难通过训练提高的，特别是16岁以后更困难。运动训练提高反应速度的幅度较小，主要是通过完善动作技能和发展快速用力的能力来实现。常用的训练方法、手段有：

（1）7～13岁，发展速度素质主要的训练手段包括提高反应能力的练习，各种提高灵活性、协调性的练习，各种短距离跑的练习，各种快频率练习及发展快速力量的练习。

（2）13～16岁，以提高动作速度和移动速度为主，主要训练手段包括协调性练习、各种反应速度练习、快速力量练习、各种速度的专门练习和不同距离的移动速度练习。可采用重复法、变换法、中小强度的间歇法，也可采用比赛法。

4.3.3　耐力素质

青少年期正处在一般耐力和有氧耐力的敏感发展期，其训练是随循环系统不断完善、运动系统不断增强而进行的。男子在10岁、13岁、16岁耐力水平有较大幅度的提高，以16岁提高的幅度最大。女子在9岁、12岁耐力水平大幅度提高，性成熟期后，即14岁左右耐力提高速度开始下降，15～16岁下降最大，16岁以后下降速度减慢。因此，8～12岁重点进行一般耐力和有氧耐力训练,打好基础,以提高心血管系统的机能水平。训练的方法手段应多样化并富有趣味性、竞争性。应避免形式固定、单一的练习,强度可小些,一般为最大强度的30%~60%,持续时间为20 min,恢复间歇用散步形式进行。13~14岁训练方法与8~12岁相似,但是负荷的强度和量有所提高,并开始用变化较大的间歇训练法。15岁以后开始无氧耐力训练,并加大训练的比重,但仍然以有氧耐力训练为主,避免过早进入专项化阶段。训练手段多为越野跑、长距离跑、法特莱克跑、球类运动和自行车等,并采用多种方法进行训练。

4.3.4 灵敏与柔韧素质

1) 灵敏素质

灵敏素质随着年龄的增长分阶段地变化,青春期前男女相差不大,青春期后男子比女子明显好。为了有效地发展青少年的灵敏素质,应高度重视协调性的同步提高,重视时间和空间感知能力的训练,合理安排负荷,避免强度过大、时间安排过长。

2) 柔韧素质

发展柔韧素质的最好时期是4~7岁,着重对各部位韧带和脊柱的柔韧性进行训练。8~11岁柔韧素质的增长速度放慢。12岁以前以发展一般柔韧性为主,以后则要巩固,并随着专项训练的增加,相应增加专项柔韧性的训练。训练时应注意与培养青少年的正确姿势相结合,以取得满意的效果。

思考题

1. 简述青少年身体发育的基本规律。
2. 青少年运动能力发展分为几个阶段?试述各阶段实施训练计划时应注意哪些原则。
3. 什么是运动素质发展的敏感期?
4. 简述青少年体能训练的内容及特点。

5 力量素质训练

[学习目标]
(1) 理解力量素质的价值和力量训练的重要性。
(2) 理解力量素质的概念和分类,力量素质的影响因素,力量训练的肌肉工作方式和注意事项。
(3) 掌握各种力量素质训练的常用方法和手段。

5.1 力量素质训练概述

5.1.1 力量素质的价值

人的运动素质由力量、速度、耐力、灵敏、柔韧五大素质组成,其中力量素质至关重要,被视为体能训练的抓手。力量素质在许多运动项目中被视作竞技能力的基本要素,往往对运动成绩和比赛胜负起很大影响。力量训练是培养优秀运动员过程中的重要内容,也是身体训练水平中关键的评定指标。其意义在于下列几个方面:

(1) 力量素质直接影响其他运动素质的发展水平。速度、耐力、灵敏、协调甚至柔韧等运动素质都是通过肌肉收缩产生力量来实施完成的,快速力量与速度能力密切相关,最大力量直接影响爆发力水平,力量耐力对有氧耐力也有重要的价值。

(2) 力量的高低与特点决定了技术的层次与风格,直接关系专项能力和运动成绩。运动员往往有自己的技术特点,水平越高,个人技术特点越突出。这种突出的技术风格建立在个人体能特点之上,特别与力量素质关系密切。如著名古巴跳高运动员索托马约尔与我国三破世界纪录的朱建华相比,后者由于力量相对较小,采用了以速度为主的助跑快、起跳快、过杆快的"三快"技术风格,腿、臂的摆动速度快,幅度小;索托马约尔由于力量出众,采用了大幅度、双臂摆技术。研究显示,在跳跃项目的起跳过程中,地面给予腿部的冲击力可以高达 700 kg 以上,速度越快,起跳越充分,冲击力越大。如果没有出色的力量做基础,就无法采用力量、幅度型技术方式(表 5-1)。

表 5-1 优秀跳高运动员数据

姓 名	助跑速度(m/s)	最后一步速度(m/s)	成 绩(m)	技术类型
朱建华	后六步 8.73	8.19	2.37~2.39	速度型
索托马约尔	倒二步 8.93	8.51	2.43~2.45	力量、幅度型

(3) 力量素质是各项运动项目的基础。没有力量作保证便无法移动得更快、跳得更高,支撑就不能稳定,击球就没有力度,对抗就会处于下风。世界优秀的女子网球运动员小威廉姆斯发

球时速超过200 km/h,优秀男子羽毛球运动员发球速度可以达到350 km/h,没有突出的力量能力是无法实现的。我国在NBA打球的球员,由于综合力量水平低,很难适应高强度的身体对抗。

力量是完成运动技能的原动力。人们认识到改善神经-肌肉系统的功能,增强肌肉收缩时产生的力量是提高运动成绩最直接和有效的途径。因此,几乎所有的竞技体育项目,无论是以力量为依托的体能类项目,还是以技术和灵巧为主的非体能类项目,以及以技、战术配合为特点的集体项目,均加大了对力量训练的重视程度。

5.1.2 神经肌肉理论

肌纤维类型理论对力量训练影响深远。Burke将运动单位分为三类:快收缩、易疲劳型(FF),快收缩、耐疲劳型(FR)和慢缩型(S),其中慢收缩型对疲劳的耐受力最强。快收缩、易疲劳型的运动单位以白肌为主。Henneman的研究指出,运动单位的动员遵循"大小原则",即当运动神经元被反射性激活时,峰电位最小的运动神经元的阈值最低,峰电位最大的神经元的阈值最高。大的运动神经元支配易疲劳型肌纤维,而小的运动神经元支配耐疲劳型肌纤维。在力量训练中表现为:小负荷、较慢练习,红肌纤维首先参与工作,白肌纤维很少参与收缩;随着负荷的增加,越来越多的白肌纤维被激活参加工作;大负荷时,主要参与的是白肌纤维。根据运动单位动员的原则,不同类型的项目就需要安排符合项目特征的训练负荷,以达到最好的神经肌肉的刺激效果。

有理论认为,力量训练的生理学基础是大强度的力量训练促进神经系统快速动员较大的神经元支配运动的能力。这些能力表现在以下几个方面:快速地募集运动单位,增加运动单位的活化速率,运动神经元的释放同步性,单一肌肉的兴奋与抑制作用的改善,肌群间协调能力的改善等。当今越来越多的学者开始重视神经肌肉系统对于专项力量的适应上,认为神经肌肉系统对训练强度具有敏感的选择性适应,长期低强度的刺激无法使肌肉的快肌纤维(白肌,Ⅱ型)得到训练,而只能使慢肌纤维(红肌,Ⅰ型)得到优先发展,一部分快肌纤维的中间型(Ⅱa和Ⅱc)纤维会朝慢肌转型,甚至典型的快肌纤维(Ⅱb)也会在组织结构和功能上逐渐转向慢肌,如线粒体增多和有氧能力提高等。现代最新的研究已把肌肉纤维类型划分为Ⅰ、Ⅰc、Ⅱac、Ⅱa、Ⅱax、Ⅱx。Ⅱx型肌纤维被视作肌纤维的"储藏库",在被激活的情况下,沿连续区域经亚类转化,改变成氧化能力更强的肌纤维。有研究显示,有氧高强度训练后几乎所有的Ⅱx转变为Ⅱa型肌纤维。这提醒人们负荷及效果是分层次的,其效果也有特异的方向性,准确地选用负荷直接影响肌纤维的转化。

提高肌肉组织的神经支配能力主要取决于提高肌肉组织的随意激活能力和力量形成速度(快速力量能力)。在力量增长的初期,神经因素起重要作用;随后,肌肉的增大作用逐步超过神经因素,在力量增长中起主导作用。神经系统初期对力量增长的适应表现为神经系统的内协调提高,主要原因在于主动肌、协同肌、稳定肌与中和肌发放兴奋冲动都有所加强,而对拮抗肌则形成抑制冲动加强,从而促使神经系统内协调的改变。在运动过程中,各肌肉正是由于受多个运动神经元协调支配才能使肌肉分工配合。有研究证明,优秀运动员肌肉收缩时拮抗肌的用力较非优秀运动员小,说明拮抗肌的放松在一定程度上加大了主动肌收缩的力量和速度,提高了主动肌的收缩效率,从而可以达到提高运动成绩的目的(表5-2)。

表 5-2　短跑成绩与肌肉放松能力的关系

选项	60 m	100 m	200 m
提高成绩幅度（s）	7.0～6.4	10.9～10.0	21.5～20.0
爆发力（%）	34.13	20.59	11.23
最大肌力（%）	20.64	12.34	6.36
肌肉放松能力（%）	19.58	21.20	46.32

神经系统不但支配了肌肉的力量，而且使运动员对技术的感觉也十分有利。例如田径等基础大项，不仅对运动的生理强度要求高，其技术动作的有效性和经济性与技术感觉有直接联系。有研究显示，通常所说的球感、水感等对技术的感觉，是通过中枢神经系统对肌肉的收缩进行不断的反馈式调节和修正的途径形成的。神经系统对力量的影响同样表现在肌肉的协调工作方面，动作之间的衔接和配合，以及整套技术动作的节奏感和流畅程度，均取决于运动神经对肌肉的支配能力。这种能力的培养应当贯穿于力量的训练之中。丹尼尔·卡尔发现，肌肉记忆是另一种神经肌肉训练法，即运动员在无意识的思维情况下让肌肉反复地进行收缩运动，形成身体记忆。得到所需的正确的肌肉记忆关键在于重复练习。因此，在动作一致的基础上反复练习可以练就所需的肌肉记忆。在训练时，重复性动作必须在一定速度内完成，并且与技术结合，从而提高并保持神经冲动模式的完整性。因此，在训练中适当降低难度的、快速的专项或力量训练十分必要，有利于建立迅速、正确的神经肌肉活动模式，如投掷轻器械。

现在仅以最大力量来评断力量的优劣已经不能适应力量训练的要求。20 世纪苏联的三代链球世界冠军，成绩差不多逐代提高 10 m，而同时各项"力量素质"指标全面地大幅度减少，其中卧推力量逐代递降达 30 kg。说明最大力量和专项力量还有很大的差距，需要更细致地认识不同性质和类型的力量。

众多竞技运动项目的差异，要求对力量的分类越来越细致。根据运动项目对不同类型力量的需要，目前的运动训练学理论通常把力量素质分为四类：最大力量、相对力量、快速力量和力量耐力。在一些运动项目的专项训练理论中，把力量分为一般力量和专项力量。长期以来，这种对力量类型比较笼统的划分方法，一直影响着具体训练的操作层面，力量训练内容基本上根据这种分类进行选择和实施。这种分类方法明显的不足在于，只注重从力量角度出发而没有对专项技术、专项能力的需要给予充分的考虑，常常引起在力量训练方向上产生很大的反差。实践中许多运动员的力量素质增长并没有反映在专项成绩的提高上。现在人们将力量的结构进行了更为详细的分类，例如把最大力量进一步细分为神经肌肉支配能力和肌肉横断面两种。虽然都属于最大力量的范畴，但这两种分类方式针对的专项具有本质意义的区别。

从神经肌肉系统的角度审视力量训练有利于专项力量的提高。专项力量指的是运动员完成专项技术时神经肌肉系统表现出的力量。当今国内学者普遍认为，专项训练是运动训练的核心，通过强化力量训练中肌纤维之间和肌肉、肌群之间的协调性，使整个神经肌肉系统形成正确的"用力链"，使肌肉收缩与放松交替更加合理，在改善运动神经对肌肉的精确支配能力的基础上提高专项力量。

5.1.3　超等长训练

超等长训练是提高快速力量能力（爆发力）的一种训练方法，它是由 20 世纪 60 年代的苏联人 Verkhoshansky 提出，早先是在一定的高度范围内采用跳下—跳上—再迅速起跳的形式进行训练。超等长训练于1984年开始引入我国的运动生理学教材并沿用至今,且在近年来得到大力发展,出现超等长训练研究热潮。超等长训练也被称为快速伸缩复合训练、反应力训练或弹性力量训练,美国称之为增强性训练。

超等长训练的工作形式是首先将肌肉拉长,使肌肉做被动离心收缩,最终使肌肉在向心收缩阶段产生强有力收缩的一种爆发力训练方式。这种训练的目的在于通过动作速度和力量来不断提高肌肉的快速工作能力,其优势主要体现在能充分利用和提高肌肉的弹性以及活化肌肉的牵张反射能力上。如各种形式的跳跃和跳深训练,就是利用这种练习方式引发髋伸肌和股四头肌做快速离心收缩后,使随即的向心收缩能够获取更大的力量荷载。

肌肉的"超等长收缩"受中枢神经的支配和调节。肌肉超等长工作时神经的调节作用是通过位于肌肉和肌腱的运动感受器——肌梭和腱梭及其反射弧实现的,其中由肌梭引起的牵张反射在增强肌力方面的作用尤为重要。超等长收缩力量的调节通过运动单位的募集和兴奋频率的改善进行。许多研究指出,根据神经单位募集的原则,当肌肉被拉长时,运动神经中枢根据肌梭传来的信息,调动更多的运动单位参与工作或提高每个参与工作运动单位的兴奋频率。当今还有通过器械进行负重超等长力量训练的研究,显示负重超等长训练使高尔基腱器的敏感性显著降低,以弥补肌梭敏感性降低的适应性,产生神经适应。

5.1.4 力量训练与耐力训练

过去由于认为二者工作机制不同甚至矛盾,人们对力量训练与耐力训练是否兼容、能否同期安排的问题一直持否定态度。近年来,力量训练在周期性耐力项目运动员的训练中有增加的趋势。主要是由于周期性项目要提高每一次动作的效果就要有力量能力的完善和提高,而提高各肌群之间的协调性,力量练习是最好的方式。同时,长时间低强度的有氧训练对神经肌肉的刺激较低,恰当强度的力量训练可以弥补这种不足,持续的、中等强度的力量耐力训练对神经肌肉控制和肌肉糖酵解供能能力有双重的刺激。如果有氧训练和力量训练在训练上进行精心安排,可以在一定程度、一定时期相互兼容。有研究认为,在运动实践中采用板块训练模式,力量训练频率每周不超过3次、耐力训练每次控制在30 min以内,力量和耐力训练之间间隔至少大于8 h等训练策略,能够有效避免同期训练中的不兼容性影响,可以提高运动员长时间、高强度做功的能力。

对于青少年力量训练历来有不同的观点。早期由于担心对发育造成不利影响,不主张在儿童少年阶段进行力量训练,但这种观点缺乏严密的论证。事实上所有运动项目的技术训练、跑、跳练习本身就带有力量训练的成分,如排球、篮球运动员大量的跳跃动作。对青少年选手进行适当强度的力量训练而非极限强度、大强度的力量训练,不仅有利于运动技术的掌握和运动成绩的提高,而且可以促进良好的身体发育。目前国内外对青少年力量训练的认识基本一致,主要观点是:

(1) 重视"神经支配能力"的提高而非"肌肉肥大"。
(2) 重点发展多肌群协调用力而非单一肌群。
(3) 注意发展深层次、小肌群及"核心力量",避免过度发展大肌群。
(4) 注意快速力量、反应力量等协调性力量的发展,而非最大力量。
(5) 以动力性力量练习为主,避免过多的静力性(憋气)动作。

5.1.5 功能性力量训练

当今对功能性力量训练越来越重视,其目的是为了提高运动成绩的同时预防运动损伤,延长运动员的运动寿命。20世纪90年代,美国矫形专家Gray Cook和训练专家Lee Burton等人设计出了功能性动作筛查体系(Functional Movement Screen,FMS),目前这套理论在竞技体育和大众健身领域应用广泛,其目的是找出运动员在某一运动模式上的主要缺陷,或是身体左右侧功能存在的差异,这些信息是帮助运动员降低慢性损伤发病率,提高整体运动能力以及帮助运动员达到更高竞技水平的关键因素。国内学者指出,功能性动作筛查强调的是正确的运动姿态并形成合理的肌肉用力模式,通过对动作姿态的把控,达到提高动力并减少损伤的效果。可以通过筛查识别出使运动员处于较高受伤风险可能的代偿动作,为运动员设计针对性的运动方案。功能性训练包括平衡训练、核心训练、反应性神经肌肉训练(Reactive Neuromuscular Training,RNT)和本体感觉神经肌肉促进法(Proprioceptive Neuromuscular Facilitation,PNF)等。

从神经肌肉控制能力的分类上来看,功能性力量训练属于由神经系统对躯干和肢体控制的能力训练,强调核心稳定与平衡以及柔韧性的作用,即在运动过程中通过肌梭和腱梭反馈式调整肌肉的力量并协调不同肌肉之间的用力,解决核心部位的稳定、稳定程度和稳定与不稳定交替转换的问题。神经与肌肉系统对不同的训练刺激产生不同的反应,长期系统的训练可以导致神经和肌肉系统在形态和功能上发生相应的适应,形成特定的神经-肌肉类型(即Ⅱa、Ⅱb、Ⅱc相互之间的转变)。

反应性神经肌肉训练是用来促进反射的功能性运动,其方法可以概括为通过作用于错误动作上的外来阻力来夸大原有的错误(Feed the Mistake),让身体自我感觉错误的程度,在身体进行平衡与修正的神经反应下,改正原有错误的动作模式。Gray Cook通过对受伤运动员的神经肌肉训练,结果显示运动员在经过8天的训练后,不仅仅是肌肉力量有所改善,其神经适应性也得到了明显的进步。通过测力仪测试,运动员髋关节内旋由训练前的40%的参与不足降低至13%,膝盖屈伸与髋内收不足得到改善。

本体感觉神经肌肉促进法(PNF)也是功能性训练的一种。研究证明,主动肌收缩时肌梭中的兴奋信息传送到运动神经元,抑制信号传送到拮抗肌,产生交互抑制,使肌肉在拮抗中相互平衡,同时达到放松肌肉、提高柔韧、增强耐力、增强机能、改善身体稳定和机体神经肌肉适应性的效果。

功能性力量训练的作用机制除了神经肌肉控制作用,还有三亚系统模型机制。Panjabi于1992年提出了脊柱稳定理论,认为脊柱稳定性由3个亚系统组成,分别是:被动亚系统、主动亚系统和神经控制亚系统。主动亚系统通过产生力作用于脊柱,通过神经控制亚系统监控来自机体感受器的不同信号,来指导主动亚系统为脊柱提供所需的稳定,以满足脊柱稳定性要求。由此可以证明,神经对肌肉的支配能力是影响核心力量的重要因素,关键在于神经对肌肉的募集和协调。

以上研究表明,神经肌肉调控能力是力量训练的核心任务,负荷结构与层次的合理组合是影响力量训练效果的主要因素。反应力训练、功能性力量训练是当前力量训练的热点问题。

5.2 力量素质训练的基本理论

力量是人体肌肉工作时克服阻力的能力,不仅是重要的竞技能力要素,也是人维持正常工作生活状态、提升生命质量和从事体育锻炼的最基本素质。力量与身体的其他素质关系密切,实践操作过程中有"优先发展力量,带动和影响速度和耐力"的观点。力量素质对灵敏、协调等素质有着良好的支撑作用,可以说力量训练是整个体能训练的基础。同时力量训练还是掌握运动技术、战术的重要条件之一,甚至于影响运动中的心理状态。力量训练既能够根据需要改变运动员的局部能力,也可以改变综合竞技能力,最终影响运动员的比赛成绩。

根据表现特点,力量可以分为最大力量、相对力量、爆发力、力量耐力、一般力量、专项力量等多种类型,但实际上人体运动中各种类型力量的表现并不是独立存在的,而是在神经系统支配之下的综合体现。在神经、肌肉支配和能量系统协同下,各种类型的力量相互影响,相互制约,形成一个有机联系的体系。因此,在训练实践中要树立系统的观点,进行全面的力量训练,发展坚实的力量能力体系。

5.2.1 力量素质的概念及分类

1) 力量素质的概念

力量素质是指在神经系统的支配之下,人体或身体某部分通过肌肉收缩克服阻力的能力。根据力量的表现可以分为多种类型。

2) 力量素质的分类

(1) 绝对力量:绝对力量是指肌肉中或一组协作肌中总的力量潜力。绝对力量作为一种潜在的力量形式,是不少运动员所追求的,但受状态的影响,在特殊的状态下才有可能被部分激发出来,表现为最大力量。有研究显示,普通人运动时只有60%左右的肌纤维参与工作,训练有素的运动员可以动员近90%的肌纤维进行高效的工作。因此,如何更大地发挥出力量潜力也是运动训练的重要任务。

(2) 最大力量:最大力量是指人体或身体某部分肌肉克服最大阻力的能力。最大力量通常在比赛中表现出来,可以测试,可用 1 RM(可重复一次的最大重量值)代表,即只能重复 1 次最大用力移动的力量。最大力量虽然不是专项力量,但在竞技体育中有特殊的价值,它是影响爆发力的因素之一(爆发力 $P = FV$),力量大可以较轻松地克服较小的阻力。

(3) 相对力量:相对力量是指人体每千克体重所具有的力量,等于最大力量/体重。对一些受体重影响的项目,如举重、拳击、摔跤、体操、技巧等项目有较大影响。

(4) 快速力量:快速力量是指人体或某部分肌肉快速克服阻力的能力。快速力量是力量中最重要的一种形式,与速度、灵敏、协调密切相关。许多运动项目都把快速力量作为重要的训练内容。快速力量又可以细分为爆发力、起动力、反应力、制动力等不同的形式。

(5) 爆发力:爆发力是指神经肌肉系统以最短的时间、最大的加速度,爆发出最大力量来克服一定阻力的能力。爆发力通常在 0.15 s 内达到最大力值,用力的梯度和冲量表示,是速度力量性项目提高成绩的关键。跳远、跳高的起跳动作,投掷项目的出手是典型的爆发力动作。

(6)(快速)力量耐力:力量耐力是指肌肉长时间工作克服阻力的能力,或者能以预定的力度维持动作的能力。例如，如 400 m 的后程，划船、中长跑最后的冲刺等。竞技体育中完成动作时对力量耐力都有一定速度的要求，要在较快的动作速度下完成。

（7）专项力量：专项力量主要是指以高强度专项运动的形式完成动作、克服阻力的能力，即指"那些在时间和空间特征上严格符合专项比赛要求的力量"，也就是"和比赛动作的动力学张力特征曲线一致的力量"。提高专项力量是力量训练的核心目的。

（8）反应力：反应力是指肌肉在由离心式拉长到向心式收缩过程中，利用弹性能量在肌纤维的储存再释放，以及神经反射调节所爆发出的力量，也被称为弹性力量或超等长。表现在关键动作环节中，如短跑的缓冲与蹬伸，球类的急停与起跳，体操跳马的触马与推手等。近年对反应力的研究受到世界范围的高度重视，鉴于反应力量的良好效果，有人主张将反应力列为专门的力量类别。

力量的分类随着运动实践和训练科学的发展在不断细化、深入，最大力量、相对力量、快速力量、力量耐力的分类方式已不能很好满足训练实践的需要（表 5-3）。运动项目的不同决定了对不同性质力量需要的差异，不能把快速力量、速度耐力、力量耐力看成是速度、力量、耐力等因素的简单组合，各种不同的力量素质具有相对独立性，都必须经过专门的训练才能获得和发展。最大力量提高未必就会引起专项成绩一定提高，力量的增加不一定能转化成相应的速度、耐力素质。在各专项的训练实践中，需要对项目的专项特征给予足够的重视，要注意全面考虑，避免训练方法、手段、内容的选择过于单一。要高度重视反应力量、专项力量、核心力量在竞技体育领域的价值。

表 5-3 力量分类的细化

传统分类	细化分类		重要力量概念
	大类	亚类	
最大力量 相对力量	最大力量	神经肌肉支配能力 肌肉横断面	基础力量
快速力量 爆发力量	快速力量	起动快速力量（30 ms） 结束快速力量	反应力量
力量耐力	力量耐力	有氧力量耐力 次最大力量耐力 最大力量耐力	核心力量
专项力量	反应力量	短程式反应力量（踏跳<170 ms） 长程式反应力量（踏跳>170 ms）	专项力量

对力量素质分类的深入和细化，利于人们在发展具体力量时更深刻地理解训练负荷及要求的重要性，改变了传统力量训练中比较模糊、大而化之的做法，使力量训练具有更加明确的针对性。实践中应根据训练课的目的和项目的需要，有计划、按步骤发展力量亚类，形成有层次的力量体系，为专项力量的提高打好基础。例如短跑运动员的力量训练，需要强调的是神经肌肉支配力量，各阶段需要的力量类型不同，起跑阶段主要是起动快速力量，途中跑阶段最需要的是次最大力量耐力，此时短跑运动员单步与地面接触一般短于 80 ms，这就要求各种跳跃练习应以快为主，充分发展短程式反应力量。不同项目对有氧力量耐力、次最大力量耐力和最大力量耐力的需要程度不同，需要区别对待，有序安排。力量分类的细化不仅是神经肌肉训练理论的发展趋势，也很好满足了训练实践发展的需求，将对竞技体育领域的力量训练产生深远影响。

5.2.2 力量素质的影响因素

根据目前的研究可知,影响肌肉力量的因素有:肌肉生理横断面、肌纤维类型及比例、神经支配调节、骨杠杆的机械效率、缺氧情况、钾钠代谢、心理因素、训练的系统性、外界刺激条件、生物节律、年龄变化等。下面陈述主要因素。

1) 肌纤维类型及比例

肌肉由不同的肌纤维类型组成,慢肌纤维收缩速度慢、力量小、不易疲劳;快肌纤维收缩速度快、力量大、易疲劳,原因是两种肌肉的酶及其活性不同,快肌中的 ATP-CP 酶的活性是慢肌纤维的三倍。肌纤维类型及比例构成了人体肌肉系统能力的基础。

2) 神经支配调节

改善神经支配调节,可以增加参与收缩的运动单位(肌纤维),改善主动肌与协同肌、对抗肌的协调关系,增强神经活动的强度和灵活性,从而达到增加力量的效果。

3) 肌肉生理横断面

横断面大小是肌肉力量的物质基础,横断面大则肌肉力量大。肌肉训练导致的肌纤维增粗,包括肌纤凝蛋白质含量的增加、肌毛细血管增多、肌肉结缔组织增厚、肌糖原增加等,有利于增大肌肉力量。

4) 骨杠杆的机械效率

人体运动的各种动作是以肌肉收缩为动力,以骨骼为杠杆,以关节为支点的杠杆运动,力、方向、支点、作用点影响用力效果,与运动技术紧密相关。

5) 钾钠代谢

钾钠离子除参与物质代谢、维持正常渗透压、调节酸碱平衡等生理作用外,还积极参与神经兴奋的传导过程,对肌肉收缩起重要作用。钾的作用是使肌肉收缩,钠的作用是使肌肉放松。合理地摄取钾钠是力量训练的新课题。

6) 心理因素

面对大负荷和激烈的对抗,首先需要进行心理动员,激发神经活性,提高兴奋性。不良的心理因素是神经系统受到抑制的重要原因。通过"意识集中""自我暗示",提高神经系统的易化作用,使机体各系统同步进入工作状态,解除抑制,才能使肌肉发挥出极限力量。

7) 训练的系统性

训练会提高肌肉力量水平,停止训练,已经练出来的肌肉力量会消退,一些与力量增长相关的机能特性也会下降。一般认为,肌肉力量消退的速度是提高速度的1/3。因此长期的、系统的力量训练十分必要。

5.2.3 肌肉工作方式及效果差异

1) 肌肉工作方式

(1) 动力性向心克制工作:动力性向心克制工作指肌肉力量大于负荷,肌肉逐渐缩短,肌肉张力随关节角度变化。这也是训练实践中应用最广泛的一种方式,如深蹲、卧推、壶铃等自由重量练习的快速上行阶段主要指这种方式。动力性练习中,负重可以根据需要变化,动作轨迹基本处于一种灵活的状态中,更容易接近专项动作。

（2）动力性离心退让工作：动力性离心退让工作指肌肉力量小于负荷，肌肉逐渐被拉长，肌肉张力随关节角度而变化。这种方式在训练中运用较少，一是由于这种方式相对于动力性练习比较麻烦，负荷也不好控制；二是大家还没有对离心方式的价值有充分的认识。这种方式产生的张力可高于动力性向心工作的40%，因此，应提倡在训练中有目的的使用，要注意安全性，做好保护工作。

（3）静力性等长工作：静力性等长工作指肌肉长度不变，张力发生变化。武术当中的马步、用于康复的靠墙半蹲就是典型的刺激臀肌、股四头肌的静力性练习。这种方式对最大力量和静力性耐力极为有效，可使动力性练习中练不到的肌肉得到锻炼，是一种重要的力量训练补充手段。

（4）等动性工作：等动性工作指动作速度不变（预先设定），肌肉长度和张力都有变化的一种方式。这种方法使肌肉在各个关节角度上的用力均等，在动作整个过程受到足够的刺激。在常用的动力性、静力性练习过程中，存在在某些关节角度区域较易发力，而在某个角度难以用力的现象，如在负重缓慢下蹲过程中在某个角度难以支撑，迅速下降，这就是肌肉的力量区和非力量区。平时的训练很难刺激肌肉在非力量区充分用力，不能保证肌肉在整个关节活动区域保持良好的状态，使用等动练习可以达到这种效果。目前由于等动练习要使用专门的仪器，通常用于实验工作，用于对关节肌肉的诊断，还不能普及，但可以使用弹力带或靠人力模拟使用这种方式。

2）效果差异

（1）力量表现：肌肉最大收缩时产生张力的大小取决于肌肉收缩类型和速度。同速收缩下，离心收缩产生的张力最大，大于向心收缩40%~50%，大于等长收缩的25%。原因：一是牵张反射，离心收缩时肌肉受到强烈的牵张，会反射性地引起肌肉强烈收缩。二是离心收缩时肌肉中的弹性成分被拉长而产生阻力，同时肌肉中的可收缩成分也产生阻力。

（2）代谢特点：在输出功率相同的情况下，肌肉离心收缩时所消耗的能量低于向心收缩，其耗氧量也低于向心收缩，其他生理活动，如心率、心输出量、肺通气量、肺换气效率、肌肉血流量、肌肉温度等指标也低于其他方式。

（3）肌肉酸痛：肌肉做退让（离心）工作更容易引起肌肉酸痛和损伤，大负荷下的离心收缩产生的肌肉酸痛、肌纤维超微结构、收缩蛋白变化更明显。酸痛通常在训练后1~2天出现（延迟现象）。酸痛程度排序：离心＞等长＞向心，向心收缩最不明显。

因此，在力量训练时，要注意肌肉不同工作方式的利弊。应该设计、利用各种方式，提高训练的综合效果。目前对离心手段的运用太少，还没有真正意识到离心手段的巨大价值，在训练实践中有待于加强。另外电刺激也是一种有效提高力量的方式。

[拓展]

力量训练中，动力性与静力性练习各有利弊，应根据需要选择使用。

1）动力性练习

（1）动力性练习的优点

① 动作与专项技术一致或接近，获得的力量对提高专项技术更为有用。

② 神经肌肉的联系比静力性练习更复杂，促进神经肌肉活动更为协调。

③ 运动中枢的兴奋和抑制过程交替进行，中枢神经系统不易疲劳。

④ 肌肉的收缩和放松交替进行，对肌肉血管起按摩作用，有助于肌肉能量物质交换，能工作较长的时间。

(2) 动力性练习的缺点

① 在相关环节整个运动幅度的不同范围,肌肉不是始终以最大力量收缩,显效较慢。

② 不是匀速而是加速运动,肌肉容易受伤(尤其是肌肉结缔组织不强者)。

③ 其中的等动练习方法,受条件限制,且与专项技术方式不同。

2) 静力性练习

(1) 静力性练习的优点

① 肌肉以最大强度收缩,持续时间长,消耗能量少,刺激强度大,发展力量容易奏效。

② 不需要专门设备,简单易行,易推广。

(2) 静力性练习的缺点

① 调节参加收缩肌肉的神经中枢较长时间处于兴奋过程,肌肉连续收缩紧张,肌肉血管受到压迫,血液循环受阻,产生的代谢废物和CO_2不能迅速排出,堆积在肌肉里,需要的能量物质和O_2得不到充分补充,容易疲劳。

② 环节无位移运动,获得的力量对位移运动的实效性较差。

③ 静力性练习容易使肌肉僵硬,反应迟钝,增大血液循环外周阻力,引起高血压。

④ 伴随憋气动作,增大胸内压,静脉血液回流受阻,因此,静力性练习不宜多,不超过力量练习的1/5,儿童更应少做。

5.2.4 力量素质训练的注意事项

1) 正确选择训练手段

不同的训练手段有直接作用,也有间接作用,有长期效应,也有短期效应,要根据需要选择训练手段。要考虑有利于改善肌肉正确的发力方式,有恰当的要求,如下蹲、蹲跳练习,对整个下肢都起作用。要针对某个薄弱环节训练,如提高小腿肌肉力量就要选择专门的手段,进行负重提踵练习,相对固定膝关节,效果就更好一些。

2) 确定合理的负荷

手段确定后,负荷大小成为影响训练效果的直接因素。负荷过大易造成动作变形,甚至伤害和疲劳;过小则刺激不够,收不到理想的效果。负荷选择不同也容易造成对快肌、慢肌刺激效果的不同。因此,要考虑训练阶段、时期,结合运动员特点和项目特点,处理好训练量、强度、间歇的关系。

3) 确定与其他训练手段的正确组合

研究证实,任何单一的手段其效果都有局限性。组合训练是促进力量转化的有效方式,主要组合有:力量与技术练习、力量与专项练习、力量与速度、力量与跳跃、大负荷与小负荷、慢速—中速—快速组合等。尤其不能忽视不同速度的力量组合练习方式。

4) 合理安排顺序

设计安排顺序,使不同练习有逻辑关系是值得重视的。一般顺序是小负荷→大负荷→小负荷、大肌肉练习→小肌肉练习、较慢速度的练习→快速练习、改变肌肉结构的练习→改善肌肉内协调能力的练习、核心力量练习→一般性力量练习→专门性力量练习、力量性练习→速度性练习等。这里所讲的顺序既指一节课里的顺序,也指阶段性的序列。同时不同性质的练习并非决然分开,而是应有所偏重,打好基础,使训练效果可持续,形成叠加、整合的效果,达到更高的层次。

5) 处理好负荷与恢复的关系

恢复包括每组练习间的恢复、课次间的恢复(隔天)、周期间的恢复(大、中、小的结合),特别是赛前的调整与恢复等。在没有恢复的情况下进行练习会影响力量训练的效应,特别是对爆发性力量训练。在系统的力量训练中要注意负荷的逐渐递增原则,负荷应该分层次安排,跨度过大,不利于力量体系的整合和力量能力的衔接。

6) 注意力量训练后的放松

力量练习作为高强度的训练,对肌肉的刺激极大,使肌肉疲劳,代谢物积累,肌丝紊乱,功能下降。在训练间歇特别是力量训练后,要注意使用牵拉、泡沫轴以及心理学手段、医学-生物学手段进行综合放松,要合理安排训练负荷和间隔时间。不合理的间歇安排对力量训练效果有极大的负面影响。

7) 与专项技术正确结合

强调与专项技术结合的目的是为了提高专项能力。与技术结合是促使一般力量向专项力量转化,获得专项力量的有效途径。要注意运用激活效应、痕迹效应和神经肌肉记忆功能,安排力量与技术训练的有序结合。处理好不同水平和年龄层次的训练负荷,因为专项力量练习的负荷强度通常较大,要避免早期形成错误的动力定型。

8) 平衡协调发展

要处理好"力量区"与"非力量区"、大肌肉与小肌肉、主动肌与协同肌及拮抗肌、近端肌肉与远端肌肉、力侧与弱侧、核心力量与四肢力量、前群肌与后群肌等之间的关系。力争全面协调发展,有序推进,避免短板效应及错误的代偿性动作,降低受伤概率。

9) 系统安排,循序渐进

有研究显示,力量素质具有增长快消退也快、增长慢消退也慢的特点,消退的速度是增长速度的1/3。要系统、长期地坚持力量训练,不要突击式地强化力量训练。

5.3 力量素质训练的方法与手段

力量分为最大力量、相对力量、快速力量、力量耐力、反应力量等,各种力量对人体运动起到不同的作用。但人体系统是复杂的,人的运动也是复杂的,特别是在较长时间的持续运动时所能表现出的能力,绝不是各种力量的简单相加,而是在人体神经系统的支配之下,各系统协同作用,通过肌肉、肌群、关节有序配合的结果。科学训练的目的,就是根据运动专项需要,挖掘各种力量的潜力,通过长期的整合,形成一个结构完整、功能完善的力量体系,应对各种复杂运动的需要。各种力量之间的关系如图5-1所示。

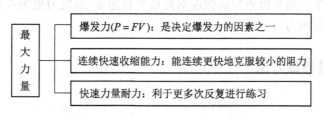

图 5-1 最大力量与其他力量的关系

5.3.1 力量素质训练方法的种类和要素

1) 力量素质训练方法的分类体系

力量训练主要有动力性、静力性和电刺激三种方法。动力性力量训练包括克制(向心)、等动(等速)、退让(离心)和超等长 4 种训练方法。克制训练法又含有重复法、强度法、极限训练法、快速用力和极端用力法 5 种训练方法。

2) 力量素质训练方法的要素

(1) 基本要求：动力性力量训练方法主要由负荷的强度(重量)、组数、每组的重复次数、组间的间歇时间等要素组成，不同的训练目的，要求对这些要素进行调整。这些要素之间的关系如表 5-4 所示。

表 5-4 发展不同类型力量的负荷安排(动力性)

目的	强度(%)	组数(组)	每组重复次数(次)	动作速度	每组间歇(min)
最大力量	≥85	6～10	1～5	快-适中	2～5
快速力量	70～85	6～8	3～6	极快	充分
肌肉体积	60～70	4～8	≥8	适中-慢	1～1.5
力量耐力	≤60	2～4	≥12	适中	≤1

(2) 力量训练的频度：一般可以每周进行 3 次力量练习，每次持续 45～75 min。每次力量练习之后休息一天，或安排其他性质的练习，保证肌细胞的恢复和重建，使肌肉更强壮。因此，一周力量练习可以安排周一、周三、周五或者周二、周四、周六。

(3) 每次练习的组数：目的不同，采用的组数有差异。在体能训练中，通常认为 3～5 组能使力量练习的效果达到最佳状态，5 组之后的练习效果显著下降。

(4) 负重及重复次数：训练目的和项目差异对负重及每组练习的次数有很大影响(见表5-4)。开始练习时可采用较轻重量，以每组可重复 8～10 次左右的重量为宜(腹部练习除外)，再逐渐增加负重。

(5) 增加重量的时机：典型的增加力量的训练计划，通常选择可以完成 8 次的重量开始，当达到能够完成 12 次负重能力时，就可以增加重量(约 5 kg)。

(6) 不同的练习方式及效果：低重复高强度和高重复低强度是两种不同的力量练习方式，分别产生不同的效果。通常低重复高强度对发展力量速度、爆发力更为有效，而高重复低强度可以有效地提高力量耐力。

5.3.2 最大力量训练方法

1) 训练原理

最大力量是指人体募集尽可能多的肌纤维克服最大阻力的能力。最大力量并不是专项力量，但同专项力量与竞技能力和专项成绩的高低关系密切(图 5-1)。人体运动能力与特定肌肉刺激的方式有关,肌肉受到特定的刺激产生力量,引起骨骼、关节的各种运动。运动包括简单的、单一的关节运动和复杂的关节运动,两者对肌肉的要求不同。体能训练计划应包括对多关节进行必要的训练,训练的重要性是建立在神经肌肉活动与协调性的基础上。运动单位被募集会产生不同形式的力量——最大力量、快速力量、爆发力等。快肌纤维与慢肌纤维的收缩特点不同(表 5-5)。

表 5-5 不同肌纤维的收缩特点

类型	阈强度	肌纤维数量	收缩速度	产生力值	要求刺激强度
快肌	大	多	快	大	高
慢肌	小	少	慢	小	低

对于神经-肌肉系统来说,负荷强度不同可以引起不同类型肌纤维的优先适应。根据 Henneman 肌肉募集原则,肌纤维具有由小到大动员的顺序,即小运动单位(慢肌)先动员,负荷逐渐增大,大运动单位(快肌)才参与收缩。肌肉受到不同强度刺激时,慢肌和快肌的参与方式不同,阈强度低的运动单位(慢肌,红肌)先于阈强度高的运动单位(快肌,白肌)参与活动。通常较小负重、慢速的练习会优先刺激慢肌参加工作,而快肌基本不参与。而大强度负重或虽然较小负重但以极限速度完成动作时,在神经系统的调配下可以动员全部或大部分白肌纤维首先参与收缩,后期红肌纤维也参与进来,从而达到发展最大力量的目的。

因此,最大力量训练的特点是让所有的或绝大多数的运动单位(包括慢肌)都参与运动,选择大负重、刺激更多几乎全部肌纤维参加工作才能有效提高最大力量。力量耐力的训练负荷要采用中小强度、次数多、持续时间较长才能达到目标。快速力量训练因为对速度、动作技术有极高的要求,负重要控制在 70%～85%之间,因此,负荷的选择对力量训练效果十分重要。现代体育科学研究表明,不同强度负荷方式,力量训练效果不同(表 5-6)。

表 5-6 不同强度负荷方式的力量训练效果

序号	负重及收缩方式	原因及效果
1	轻负重,次数少,爆发式用力	可以募集几乎所有的运动单位收缩,训练神经对肌肉的支配能力,使肌肉快速收缩能力优先发展
2	轻负重,次数多,速度慢	慢肌单位主要参与,肌肉能量供应系统活动加强,促进肌肉收缩耐力优先发展
3	大强度,高于 90%,次数少	调动几乎所有的运动单位参与运动,刺激神经对肌肉的支配能力优先发展,是发展最大力量的主要方式
4	次最大强度,负重区间为 80%～90%,重复次数较多	调动较多的肌纤维参加收缩,反复刺激,使肌纤维体积、肌肉横断面优先发展,增加人体瘦体重主要使用这种方法,健美运动员也常用此方式

2) 训练方法

根据上述原理,通过两种方式可以提高最大力量:

(1) 提高神经支配能力:使用 85%以上的负荷强度,极限用力,募集尽可能多的肌纤维参加工作。注意组间间歇相对充分,速度适中。各类力量练习理想的负荷形式可参照表5-6。

(2) 增加肌肉横断面:使用60%～85%区间的负重,次数较多,接近力竭但留有余地,可以动员尽可能多的肌纤维参加收缩。次数多于6次,一般在8～12次之间。特别是后面几次和后面几组练习要尽力坚持。

(3) 负荷安排:发展最大力量训练的主要方法有重复法、强度法、极限强度法、极端用力法、离心(退让)练习法,还有静力练习法和电刺激法等,不同的方法选择的负荷有差异(表5-7)。其中离心训练由于可以承受比向心收缩更大的负荷,其效果被证明是十分突出的,但在实践中常常被忽略,应该引起重视。而且单一的训练方法容易使肌肉产生高度适应,从而降低训练效果,因此,多种手段综合使用对最大力量训练的效果更好,可以避免产生"力量障碍"。

表5-7 最大力量训练方法的负荷比较

方法		负荷强度(%)	组数	每组重复次数(次数)	组间间歇(min)
动力性方法	重复训练法	75～90	6～10	3～6	3
	强度法	85～100	6～10	1～3	3
	极限强度法	90	3	3	3
		95		2	
		97.5	2		
		100			
		100以上	1～2	1	
静力性方法		70～90	4～6	8～12	3
		90以上	3～5	3～6	3～4

3) 最大力量训练举例

(1) 金字塔负荷模型(图5-2):训练负荷依次为85%×6→90%×(3～4)→95%×(2～3)→100%×1。

(2) 双金字塔负荷模型(图5-3):训练负荷依次为80%×4→85%×3→90%×2→95%×1→95%×1→90%×2→85%×3→80%×4。

以上练习的次数和组数可根据需要和个人实际适当调整。

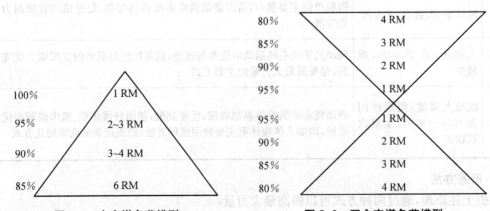

图5-2 金字塔负荷模型　　图5-3 双金字塔负荷模型

4) 退让性、静力性训练举例

(1) 深蹲、卧推：负荷110%～150%，加助力推起，加保护缓慢放下。静力性训练时，选择在某一关节角度保持静止。

(2) 仰卧直臂下压：仰卧凳上，两手持哑铃(适当重量)，快速直臂下压(头上)，慢速直臂上摆。静力性训练要求同上。

由于离心和静力性训练时负荷大，刺激深，因此要注意以下几个方面：

① 控制时间因素：离心收缩的时间要长于向心收缩的时间，如卧推时缓慢下放动作3～4 s，然后快速上推动作1～2 s。静力性练习要根据负荷强度保持5 s以上，以便取得良好的效果。

② 准备充分：在离心和静力性练习之前要有较好的动力性力量基础，并在中、低的强度进行适应性的静力性、离心训练。

③ 注意结合专项：离心、静力性练习的动作结构与专项动作有较大差距，因此，练习后要注意安排专项性的轻负荷、动力性训练，促进力量转化。

④ 及时放松：离心和静力性训练对神经肌肉的刺激极为深刻，课后要进行充分的按摩、牵拉，并用其他手段进行积极放松，及时梳理肌丝、筋膜。

5.3.3 爆发力训练

爆发力是竞技体育中十分重要的能力，受先天因素的影响较大，后天训练提高的幅度受到限制，提高最大力量可以在一定程度上完善爆发力的水平。研究认为：当发挥快速力量时间超过150 ms时，最大力量起作用。当发挥快速力量时间短于150 ms时，爆发力和起动力起作用。许多运动项目都要求练习者具有良好的爆发力，如举重、摔跤、柔道、田径、短程游泳、球类、体操、对抗类项目、场地自行车和短程速滑等。通常可以用原地纵跳、立定跳远、三级跳来直观地反映爆发力的水平(表5-8)。

表5-8 成年人原地纵跳成绩等级　　　　　　　　　　　　　　　　　　　　cm

评价	男子	女子
优秀	>70	>60
良好	61～70	51～60
中等	51～60	41～50
一般	41～50	31～40
较差	31～40	21～30
差	21～30	11～20
很差	<21	<11

爆发力的练习负荷范围比较宽，在30%～100%强度之间，也说明爆发力的提高是复杂的、困难的，关键是需要极限速度用力，使神经募集几乎全部的肌纤维参加工作。爆发力的负荷要素如表5-9所示。

表 5-9　爆发力的负荷要素

负荷强度(%)	组数	每组次数	动作速度	组间间歇(min)
30～60	3～6	5～10	爆发式	3～4
70～85	4～6	4～6	爆发式	3～4

下列几种方法可以有效地提高爆发力水平。

1) 组合训练

单一的负重练习对爆发力的提高是有限的。有些学者甚至认为,力量的提高未必就能产生最大动力,一是由于负重大,动作速度慢,和快速动作模式存在差异;二是和专项技术在动作结构上有较大差异。现实中有大量的运动员最大力量突出,但运动表现并不显著的例子。

实践中安排组合训练可以促进最大力量向爆发力的转化。在大力量训练后,紧接安排快速跳跃、起动和专项动作练习,充分利用力量练习后激活效应,可以提高力量训练的专项化效果。

组合练习举例:

(1) 杠铃半蹲起+徒手半蹲跳:半蹲起要求上下转换要快,放下杠铃后紧接进行爆发式蹲跳练习。为增加爆发力的效果,蹲跳时可以借助上拉动作减轻阻力。

(2) 杠铃提踵+徒手直膝跳:主要提高踝关节爆发力,练习时其他关节(膝)尽量保持固定,以脚腕活动为主。直膝跳时,跳过前后左右的标志物(较低),单腿跳也可以提高训练效果。

(3) 卧推+推实心球:用于提高上肢爆发力,实心球可以对墙推,也可以在队友的帮助下采取仰卧姿势向上推。实心球不宜过重,接球、缓冲、上推要衔接迅速,加上超等长练习因素。

(4) 力量+超等长+协调性+投掷:美国投掷项目常用这种组合练习,在每组的力量训练后,做超等长的弹性力量练习,再做简单的协调性练习,最后做专项投掷练习。

以上练习要注意次数、组数的搭配,不应使动作速度有明显下降。

组合练习时,要考虑专项的特点,根据需要设计多种组合形式,对全身多个部位进行刺激,并非只有上肢、下肢才能进行组合训练。躯干在核心力量练习后,可以加上投抛实心球,进行组合训练。

2) 反应力量训练

反应力也叫弹性力量、超等长和快速伸缩复合,被公认为是效果突出的爆发力训练手段。其原理在其他专业书籍中甚多,不再赘述。

值得注意的是,负荷的安排不当会降低训练效果,甚至起反作用。如负重过大引起动作变形,影响正确的动作活动结构,或跳栏架时栏架过高,造成缓冲时间过长等。图 5-4 为跳深练习时通过测力台获得的生物力学曲线,左侧栏架高度比较合适,力学曲线显示缓冲—蹬伸很快,起跳迅速。右图为栏架过高,造成缓冲时间过长,蹬伸慢,影响爆发力练习效果,甚至起到反作用。

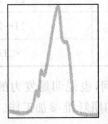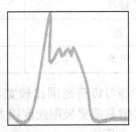

图 5-4　不同跳深高度生物力学曲线

反应力训练举例：

（1）连续跳栏架或跳箱练习：距离适当，高度适中，以能快速连贯地起跳为宜。前后左右方向可以变化，高低搭配，单腿练习或适当负重可以增加难度，提高效果。

（2）俯卧撑击掌：属于上肢的反应力练习，练习时迅速推起在胸前完成1~2次击掌。可以适当负重，或垫高腿部支撑，或者借助协调绳进行横向移动，以增加难度。

（3）推、抛实心球或能量球：可仰卧上推（在同伴帮助下），也可以两人对推。只要进行动作设计，连续各种方向的抛实心球都可以进行反应力练习。要注意重量适宜，动作衔接迅速，没有停顿。

要改变只有下肢才可以进行反应力练习的思维，根据专项需要，遵循反应力（超等长）的动作原理，设计有效的动作，也可以对核心技术动作实施反应力练习。

3）弹震式训练

传统力量抗阻训练由于负重较大，在连续动作的过程中，每一次动作的结束阶段实际处于减速状态。有研究认为，减速的时间甚至达到动作时间的24%以上，这就说明有肌肉开始降低参与程度，从而大大影响了力量训练特别是爆发力训练的效果。弹震式训练在动作过程中全部肌肉一直处于高强度的工作状态，使动作全程处于加速状态，并将重物推（抛）出，从而提高爆发力训练的效果。如在卧推中把杠铃推出去，负重杠铃（较轻）跳起（图5-5），都属于弹震式练习。

图5-5 弹震式训练

目前有研究显示，使用弹震式训练的效果要优于单纯的传统抗阻训练和反应力量训练。这主要是由于弹震式训练由抗阻+反应力训练两种方式组成，综合了二者的优点，而且重量可以调整，动作连贯，因此整体效果更好。Newton等人1996年的研究认为，传统卧推与释放式卧推的杠铃速度相比，在10%的运动幅度位置，杠铃的推起速度即开始出现不一致，反映出加速能力的差异；在60%左右的运动幅度位置，传统卧推的杠铃速度就开始下降，而弹震式卧推还在继续加速（图5-6）。

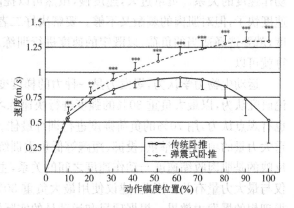

图5-6 传统卧推与弹震式卧推杠铃速度比较

弹震式训练举例:

(1) 壶铃跳:两脚适当分开,双手持壶铃,下蹲紧接跳起,连续动作。或站在两个高度、宽度适宜的跳凳上,使壶铃不着地。用杠铃时不宜太重,以免对肩背造成损伤。

(2) 负重单足跳越标志物:负沙袋连续单足跳,跨越标志物 6~8 个,距离适宜,高度30~50 cm。本练习强度较大,前期要做好充分的准备。负重不宜过重,以免动作变形。

(3) 使用末端释放器进行练习,单、双侧都可以进行练习(图 5-7)。

图 5-7 液压式末端释放训练器

自由重量的弹震式训练和利用末端释放器进行的训练还有差异,主要是负荷的调整上不灵活,末端释放器负荷范围更大,更安全,可以尽力进行爆发式用力。

[拓展]

末端释放训练

单向液压缓冲的末端爆发力释放训练:末端释放的动作模式是目前训练运动链爆发力最佳的技术方式,其特点是在动作的全程都处于最大加速发力状态,能够充分发挥出运动员的极限力量。末端释放训练在无负重蹲跳、抛能量球等小负荷力量训练中运用非常普遍,但在大肌群的大负荷爆发力训练中,下落阶段由于存在重力加速,器械的回程速度非常快速,有极大的冲击力,这是运动员身体和常规器械本身所不能承受的,末端释放器很好地解决了这个难题。

4) 功率训练

功率训练有时也叫功效训练。力量训练中经常遇到的一个问题就是如何处理负荷重量和动作速度的关系。负重过大,速度慢,虽然可以提高最大力量,但很难向专项转化。负重过小,速度快了,但对肌肉的刺激又不够。要解决好二者的关系,既能提高力量,又可以有效发展速度,就要选择适当的负荷,以既定的速度进行训练。物理学上解决这个问题并不困难,测量计算就可以。

运动生物力学认为,爆发力是一种力的梯度变化,等于力量和速度的乘积($P = FV$)。理论研究认为,以最大负重 30% 的强度进行快速练习,可以获得最高的爆发力值(功率 P 最大)。也有观点认为,用 70% 的负荷强度进行训练最佳。但现实中并不是这样,项目差异大,有些偏重大力量的项目,如举重、投掷、短跑等低负重训练显然不会取得理想的效果。研究认为,功率反映的是肌肉收缩速度与动作速度之间的关系,主要与练习者能够尽快地产生力有关,而不仅仅与最大力量有关。因此,建议使用最大负重 30%~80% 区间的重量进行快速练习,可以取得理想的爆发力效果。根据项目和运动员的实际情况选择负荷强度和练习次数,如中长跑、乒乓球、羽毛球等项目可以选择较轻的负荷进行功率训练,短跑、游泳、划船等可以使用中等负荷,而投掷、举重等对最大力量要求高的项目,可以使用 80% 甚至略高的强度进行功率训练。

进行功率训练时,要注意动作的连贯和连续性,次数和组数以不产生较明显的速度下降为宜,不能贪多。功率练习的好处是兼顾了力量和速度二者的关系,促进神经对肌肉控制能力的有效提升,而且是非极限强度,强调过程而不是一次性效果,安全性提高。

5.3.4 力量耐力训练

力量耐力水平对许多项目有非常大的影响,如田径的中长跑项目、划艇、公路自行车、现代五项、铁人三项和足球、篮球、网球等项目,均需要长时间抗疲劳的能力并维持在特定的强度。游泳项目中运动员的表现与力量耐力的水平有直接的关系。对于球类项目而言,好的力量耐力储备不仅保证运动员在后程比赛中有好的表现,也可以防止抽筋等意外情况的发生。

力量耐力练习采用的手段和其他力量练习没有太大区别,主要体现在负荷强度相对较小,练习次数多甚至达到力竭,负荷的选择可以参照表 5-10。可采用极端数量练习、循环训练法和低负荷长时间的静力性训练。要注意力量耐力训练的间歇时间,并不是间歇越短训练效果就好。研究证实,间歇相对充分,使肌肉在较好的状态下进行力量耐力训练,由于动作效率高,往往会取得更好的效果,特别是对次最大、高强度力量耐力有更高要求的项目。

表 5-10 力量训练负荷的估算

1 RM(kg)	重复次数	1 RM(kg)	重复次数
100%	1	80%	8
95%	2	77%	9
93%	3	75%	10
90%	4	70%	11
87%	5	67%	12
85%	6	65%	15
83%	7		

力量耐力训练举例:

(1) 高强度极端用力法:≥75%强度,3~5 组,每组 8~12 次,间歇 2~3 min。

(2) 低强度极端用力法:30%~50%强度,2~3 组,每组多于 12 次,尽力,间歇 1~2 min。

(3) 循环训练法:以站点的方式,按先后顺序进行上肢、腰背、下肢等不同部位练习,安排内容应以 8~10 个站为宜,考虑到间隔太长影响局部刺激效果,也可以减少站点,练习 2~3 组(图 5-8)。

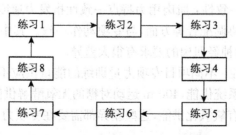

图 5-8 力量耐力的循环训练法

5.3.5 专项力量训练

1) 影响专项力量训练的因素

专项力量是指以高强度专项运动的形式完成动作时，肌肉克服阻力的能力，即指"那些在时间和空间特征上严格符合专项比赛要求的力量"，也就是"和比赛动作的动力学张力特征曲线一致的力量"。从运动生理学的角度分析，专项力量训练主要应从三个方面考虑：

（1）使参与专项运动的肌肉在力量训练时被充分调动起来，肌肉才有可能得到更直接有效的训练。

（2）重视力量练习的技术因素，使肌肉的工作方式（离心或向心工作）和冲动频率（收缩速度）与专项技术一致或一样。

（3）注意肌肉间的协同用力，使肌肉或肌群之间的配合与专项技术特点一致，将机体各环节的肌力整合，形成正确的"用力顺序"。

2) 专项力量动作表现

人们对专项力量及其训练手段的认识主要是表现在生物力学（运动学及动力学）、功能解剖学及心理因素等特征的一致性（表5-11）。

（1）动作结构的一致性：动作结构的一致性即动力特征、动作构成、动作过程三个层面基本一致。有些看上去一样的手段其实并不是专项手段，如壶铃蹲跳和连续杠铃蹲起就有很大不同，蹲跳是开放式动作，有离地腾空的动作，对于跳跃项目来说是很好的专项力量手段，而杠铃蹲起的效果有限。

表 5-11　专项力量特点的决定因素

特征因素	决定的方向
运动学特征	动作幅度、方向、轨迹、结构、节奏、连接等
动力学特征	肌肉工作特点、生物力学曲线、供能方式等
解剖学特征	参加工作的主要肌肉、关节、肌肉类型等
心理特征	心理定向、心理状态等

（2）动作要素的一致性：动作要素的一致性包括完成动作的姿势、轨迹、时间、速度、速率、力量、节奏等，和专项动作要高度相似。如跳跃项目利用跨栏进行原地摆动练习，由于幅度不够，只有前相位摆动，没有后相位摆动，就不能有效发展专项摆动能力，远不如膝关节或大腿负重进行行进间起跳摆动练习效果好。

（3）肌肉用力特点的一致性：肌肉用力特点一致性指发力速度、动作过程的力学特点、关节角度及肌群和关节间的协调配合等方面，与专项动作一致。其中发力速度的快慢及方式尤其重要，不同速度的动作对神经肌肉的要求有很大差异。

（4）供能特征的一致性：不同项目专项力量训练的能量供应不同。爆发力项目是极限强度运动，主要是 ATP-CP 系统供能，400 m 运动对糖的无氧酵解供能能力要求很高，而中长跑项目主要需要红肌纤维的有氧氧化供能，这些差异都需要在专项力量训练中予以充分考虑，达到足够的持续时间。

在持续的专项力量训练中，肌肉工作能力会下降，需要充分的休息，才能维持爆发性项目专项力量训练的效果。现实中不少教练安排跳的次数过多,间歇又不充分,难以达到提高爆发力、专项力量的效果;或者力量耐力训练时,对负重大小、持续时间、间歇等把握不准,不能有效地提高肌肉的专项力量耐力。

(5) 心理定向的一致性:心理定向指动作开始以前和完成动作过程中,心理的准备状态和注意的指向性。人完成任何动作都有心理定向,如起跑时对信号、动作要领的关注,想着正确动作的起跑效果更好,而只注意信号容易出现起跑技术失误。跳跃项目运动员容易把注意力放在起跳动作上,其实放在跑跳结合特别是放在维持助跑速度、节奏上更利于发挥水平。力量练习时,对待中等负重和大负重就有不同的心理准备,应该关注动作的速度,要求屈伸衔接流畅,转换迅速。

大量实践表明,一般性力量的提高较为容易;快速力量、爆发力提高的难度依次增加;专项力量的增长最为困难,需要在缓慢的过程中,进行足够的累积效应才能发展。

3) 专项力量训练举例

(1) 投掷项目:用略轻或略重的器械进行练习,重量以不产生动作变形为宜(约小于20%的标准重量)。相对来讲,采用轻器械的效果更好,因为投掷项目的成绩主要取决于出手速度(见表5-12)。器械过重不仅速度慢,而且容易造成动作变形。在组合练习中,进行负重练习后紧接进行投轻器械练习就是一种很好的发展专项力量的方式。

表 5-12 投掷项目出手速度要求

项目	成绩(m)	出手速度(m/s)
铅球	19	13
铁饼	65	25
标枪	85	26~30

(2) 跳高:膝或大腿负沙袋的助跑起跳膝关节触高练习,不宜过重,要有助跑速度。单腿跳箱或跳栏架也是不错的专项力量练习方式。

(3) 小球项目:乒乓球、羽毛球等项目中,用弹力带或负小沙袋的快速挥臂练习等。这类练习不足的是阻力难以调整,不能以加速的形式完成最后阶段的动作。

(4) 游泳:利用等速动作进行的划水练习,或拖重物、带阻力的游泳。

(5) 速度项目:把沙袋绑在腿上(膝、踝)做冲刺跑练习,或采用仰卧方式,用弹力带绑缚在踝关节处,连续做后摆动作。

5.3.6 力量素质训练常用手段

1) 下肢常用动作

(1) 杠铃深蹲(后蹲)

① 目标肌肉:臀大肌、股四头肌。

② 开始姿势:双脚平行站立与肩同宽,上体正直,抬头,展肩,挺胸,别腰。双手掌心向下握住杠铃杆,放置于颈后肩上(图5-9)。

③ 动作要领:向下时屈膝屈髋,保持上体姿势不变,抬头挺胸,向后抬肘,脚后跟着地,膝关节不要超过脚尖位置,大腿与地面平行,上体略前倾,脚后跟离地。向上时伸膝伸髋,保持上体与地面角度不变,伸膝直至呈完全站立姿势。

④ 常见错误动作：两膝外张或内扣；手臂放松；肘关节朝下或朝前；向上运动阶段脚后跟离地过早，上体前倾过大，向后仰头。

⑤ 变化：可做宽窄站位变化；上下速度变化；也可以用壶铃代替接跳起动作。可做前蹲练习（杠铃置于胸前——三角肌前部和锁骨位置）。

图5-9　杠铃深蹲

利用练习器进行俯身蹬伸练习（图5-10），是较好的单侧练习方法，对运动员的起动速度有较大的帮助。

图5-10　俯身蹬伸

(2) 坐姿推蹬（腿）

① 目标肌肉：臀大肌、腘绳肌、股四头肌。

② 开始姿势：坐在器械座椅上，将背部、臀部靠在座位上，两脚放在踏板中部，两脚略微张开，脚尖向上，双手握住器械把手（图5-11）。

图5-11　坐姿推蹬（腿）

③ 练习动作：向前时伸髋伸膝至两腿完全伸直，双脚踩实踏板，上体保持不动，脚后跟不能抬起。向后时屈膝屈髋，以较慢速度回到原来位置，臀部和背部保持不动。

④ 常见错误：脚后跟或臀部抬起，膝关节内收或张开，向前运动阶段锁膝。

⑤ 变化:可根据器材调整角度进行斜上蹬或斜下蹬;也可以进行单腿练习或左右交叉练习;做屈伸速度上的变化,固定的速度练习容易产生高度适应而影响效果。

(3) 单腿上台阶

① 目标肌肉:股四头肌、臀大肌。

② 开始姿势:肩负杠铃,手肘向后,腰背挺直(图5-12)。

图 5-12 单腿上台阶

③ 动作过程:左腿登上台阶,右腿随后蹬地上摆。当两脚站立至台阶上时左腿下,右脚紧接着移下,后腿积极做好蹬伸配合动作。

④ 易犯错误:弯腰弓背,腿蹬伸不直;台阶过高。

⑤ 变化:可使用徒手或手持哑铃进行练习;负较轻重量或台阶较低时,可在台上跳起,做换腿下;可配合摆动腿负重(弹力带)做上步摆动练习,做蹬摆配合练习。

(4) 杠铃硬拉

① 目标肌肉:竖脊肌、股四头肌、臀大肌。

② 开始姿势:双手握紧杠铃,两手距离略比肩宽。

③ 练习动作:保持后背平坦,向上时臀部抬起并且膝关节稍稍弯曲。向下时慢慢将杠铃放下超过膝盖5~7 cm,此时感觉到臀部肌肉和后群肌被拉直(图5-13)。

图 5-13 杠铃硬拉

④ 常见错误:弯腰弓背,弯曲动作幅度太大造成脊柱过度弯曲引发损伤。

⑤ 变化:可用哑铃或弹力带(脚踩住)代替。

(5) 杠铃弓步

① 目标肌肉：股四头肌、臀部肌肉、后群肌。

② 开始姿势：两手握紧杠铃，双脚与肩同宽或略宽于肩，挺胸，抬头，展肩向后抬肘，将杠铃撑起放置于三角肌后部颈部下方，上体正直。

③ 练习动作：一条腿向前跨出一大步，弯曲前腿，使大小腿折叠呈 90°，前脚脚趾朝前或略微内扣，保持前腿膝、踝、髋关节在同一平面内。膝盖不要超过脚尖位置。后腿屈膝屈髋，膝关节与地面距离为 3~5 cm，重心保持在两腿之间。当后腿充分降低时，前腿强有力地蹬伸回到开始的姿势（图 5-14）。

④ 常见错误：向前迈步幅度过小，前腿的膝关节超过脚尖的位置，上体前倾或侧弯，上体后移至原来位置时用力过猛。

⑤ 变化：可以左右腿交替行走练习；可以改变迈腿方向（左右前方、侧方）；可用壶铃代替；轻负重时可做弓步换腿跳练习，提高快速力量。

图 5-14　杠铃弓步

(6) 俯卧屈腿

① 目标肌肉：腘绳肌。

② 开始姿势：俯卧在器械板上，膝关节与器械的运动轴对齐，两脚后跟放在器械圆垫下，脚跟靠拢，大腿、小腿和两脚保持平衡。

③ 练习动作：向上时屈膝至圆垫靠近臀部，双手抓紧扶手，上体紧贴器械板上，向下时伸膝缓慢放回到开始姿势（图 5-15）。

图 5-15　俯卧屈腿

④ 常见错误：向上动作阶段时臀部抬起；借助摆动力量屈膝；阻力过大造成动作幅度偏小。

⑤ 变化：可以单腿练习，左右腿交替练习；可以用橡皮筋或手部阻力练习；变化速度。

（7）坐姿外展

① 目标肌肉：大腿外展肌群。

② 开始姿势：坐于训练器上，调整挡板到膝盖位置，双手握住把手，背部紧靠背垫（图5-16）。

③ 动作过程：两腿用力外展，腿保持较直的状态，然后返回初始位置。

④ 易犯错误：阻力太大造成动作幅度偏小，要注意保持幅度。

⑤ 变化：可一腿固定另一腿练习，交替进行；可使用弹力带或拉力器进行站姿或坐姿的外展练习（内收可采取类似方式）。

 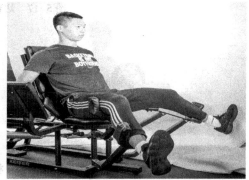

图 5-16 坐姿外展

（8）坐姿内收

① 目标肌肉：大腿内收肌群，和外展相对应。

② 开始姿势：坐于内收肌训练器上，调整挡板到膝盖位置，双手握住把手，背部紧靠靠背。

③ 动作过程：两腿用力向内夹紧，直到相互接近，然后返回初始位置。

④ 易犯错误：阻力太大，动作幅度小。

⑤ 变化：可使用弹力带或拉力器进行类似练习；做单侧练习，或交替进行。

（9）站姿杠铃提踵

① 目标肌肉：腓肠肌、比目鱼肌。

② 开始姿势：身体直立，将杠铃放置于颈后肩上，两脚站在平地上。

③ 练习动作：用力提起踵，通过脚的运动将躯干尽可能地抬高，运动到动作的最高点，缓慢将脚后跟放低，也可快速连续进行（图5-17）。

④ 常见错误：躯干运动幅度过小，利用落地反弹力起踵，达不到训练目的。

⑤ 变化：单腿进行；脚前部垫高；用壶铃代替；轻负重时直膝跳。

2）上肢常用动作

（1）杠铃卧推

① 目标肌肉：胸大肌、三角肌前部、肱三头肌、胸小肌。

② 开始姿势：仰卧于训练凳上，双手正握杠铃，握距与肩同宽，置杠铃于胸上部，收腹挺胸，两脚踩实地面（图5-18）。

图 5-17 站姿杠铃提踵

图 5-18 杠铃卧推

③ 动作要领:推起杠铃至手臂伸直,再下放杠铃至胸部。

④ 易犯错误:杠铃放得过低、过快容易造成肩部、胸部损伤。

⑤ 变化:可以使用哑铃进行练习,采用单臂上举或双臂交替上举;可调整两手握距进行训练,宽握距主要针对胸大肌和三角肌前部,窄握距主要针对肱三头肌;也可以斜板上推;速度变化。

(2) 俯卧撑

① 目标肌肉:胸大肌、肱三头肌、三角肌、前锯肌。

② 开始姿势:俯撑在平地或俯卧架上,两手臂与肩同宽。

③ 动作要领:屈臂下降身体至最大限度,再将两臂伸直撑起身体。

④ 易犯错误:塌腰弓背,上下动作幅度过小。

⑤ 变化:两手间距可变换为宽、中、窄三种;背上负重物或垫高下肢可增加动作难度;可增加不平衡因素进行(利用平衡垫);可单臂为主上撑;推手击掌(超等长)等。

(3) 双杠支撑

① 目标肌肉:胸大肌、肱三头肌、三角肌。

② 开始姿势:双臂伸直支撑身体,膝盖弯曲,脚放在身后,躯干保持正直。

③ 动作要领:弯曲双臂使身体向下,肘关节稍向外。降低身体到完全伸展,然后推起回到开始姿势。

④ 易犯错误:身体摆动或侧歪(因力量因素)。

⑤ 变化:可以在身上悬挂铁链增加负重;或用弹力带减负进行;垂直或前倾进行;推离双

杠做超等长练习;支撑宽窄变化;上下速度变化。

(4) 立姿快推杠铃

① 目标肌肉:三角肌、肱三头肌、前锯肌、斜方肌。
② 开始姿势:双脚并立或前后开立,两手同肩宽握住杠铃于胸前。
③ 动作要领:向斜上方挺举,双脚可做前后交叉动作,动作连续快速。
④ 易犯错误:负荷过重,动作缓慢、变形,碰触下颚。
⑤ 变化:可用哑铃代替;可在前后或左右移动中练习,提高难度(图5-19)。

图5-19 立姿快推杠铃

(5) 哑铃仰卧飞鸟

① 目标肌肉:胸大肌、三角肌、前锯肌。
② 开始姿势:仰卧于训练凳上,两手各持一哑铃在胸上方,伸直双臂(图5-20)。
③ 动作要领:向体侧做扩胸运动至大臂与地面平行,双臂再向上举至起始位置。
④ 易犯错误:扩胸时肘关节弯曲过大。
⑤ 变化:可采用不同斜度;哑铃路线变化;可增加不平衡因素(如背垫实心球等)。

图5-20 哑铃仰卧飞鸟

(6) 拉力器夹胸
① 目标肌肉:胸大肌、三角肌前束。
② 开始姿势:两手左右抓住拉力器把手,掌心向内,两脚开立,比肩略宽(或两脚前后开立,一脚略前于另一只脚)站在拉力器中间,背部挺直,肘关节微屈。
③ 动作要领:向身体斜下方拉绳索至两手相触,保持1～2 s,再缓缓还原至起始位置。
④ 变化:可单臂或左右交替进行练习;也可以调整拉力器高度做由下往斜上方的夹胸运动;用弹力带练习。

(7) 杠铃俯身划船
① 目标肌肉:背阔肌、肱二头肌、斜方肌、菱形肌。
② 开始姿势:深蹲姿势,手握杠铃,握距略宽于肩,伸直双腿。
③ 动作要领:屈膝屈髋,身体前倾,提拉杠铃至腹部,然后伸直手臂。
④ 变化:可使用哑铃进行练习,也可单臂或单腿或交替进行;俯身45°左右效果更好。

(8) 坐姿划船
① 目标肌肉:背阔肌、肱二头肌、大圆肌、斜方肌、菱形肌。
② 开始姿势:坐姿屈膝,双脚放于地面,面对拉力器,两手手心相对握住器械把手。
③ 动作要领:收腹挺胸坐直,将把手拉向腹部,手臂贴紧躯干,再返回到起始姿势。
④ 易犯错误:动作幅度过小,过分后仰等。过程中注意腰背挺直。
⑤ 变化:可单臂或者交替进行;也可抬肘成水平做宽拉练习;可以弹力带替代;可增加不稳定因素(坐于平衡垫或瑞士球上)。

(9) 器械高位下拉
① 目标肌肉:背阔肌、肱二头肌、大圆肌、前臂肌群。
② 开始姿势:坐姿,双手正握器械,握距比肩略宽。
③ 动作要领:下拉把手至胸口处,向上时手臂接近自然伸直。
④ 易犯错误:耸肩、后仰、弓背等。
⑤ 变化:可以改变握距来增减动作难度;可以采用反握来增强肱二头肌的训练;可以增加不平衡因素(坐在平衡球上);可单臂或交替进行;可跪姿进行,拉至颈后。

(10) 引体向上
① 目标肌肉:背阔肌、肱二头肌、大圆肌、前臂肌群。
② 开始姿势:双手正握单杠,握距比肩略宽。
③ 动作要领:将身体上拉至下颌靠近横杆,再下降至初始位置。
④ 易犯错误:动作幅度过小;下放过快,造成拉伤。
⑤ 变化:握法可变为反握,增强肱二头肌的训练;握距作宽窄变化;可以负重或正反握结合进行;也可以变化上下速度;可配合收腹动作。

(11) 杠铃耸肩
① 目标肌肉:斜方肌。
② 开始姿势:提杠铃于身体前方,收腹挺胸。
③ 动作要领:向上使双肩靠近耳朵,向下回到起始位置(图5-21)。
④ 易犯错误:下落不充分;屈肘上提。
⑤ 变化:可以使用哑铃代替进行练习;做肩前后画圈的动作(图5-22);可单侧、双侧交替进行练习。

图 5-21　杠铃耸肩　　　　　　图 5-22　哑铃耸肩

(12) 杠铃站姿提拉

① 目标肌肉:三角肌、斜方肌、肱二头肌。

② 开始姿势:双手正握,握距较窄,提起杠铃。

③ 动作要领:杠铃始终贴紧身体向上,拉至大臂和地面平行,肘关节与肩关节、手部同高或略高。向下返回起始位置(图 5-23)。

图 5-23　杠铃站姿提拉

④ 易犯错误:耸肩,身体前倾后仰,利用踮脚尖、摆杠动作惯性。

⑤ 变化:两手距离可做适当变化,可以哑铃进行练习;也可以加上不稳定因素或单腿支撑进行练习;利用弹力带。

(13) 哑铃俯身飞鸟

① 目标肌肉:三角肌、斜方肌。

② 开始姿势:站姿,身体前倾,双手持哑铃自然下垂。

③ 动作要领:向身体两侧举哑铃成飞鸟姿势,大臂与地面平行,肘关节稍屈,再还原至起始位置。此动作可以站立进行(图 5-24)。

④ 易犯错误:弓背弯腰,身体上抬的替代动作过多。

⑤ 变化:可以改变躯干的角度进行;也可以俯卧在实心球上增加难度;弹力带练习。

(14) 仰卧臂屈伸

① 目标肌肉:肱三头肌。

② 开始姿势:仰卧在训练凳上,双脚踩实地面,双手持杠铃于胸上方,手臂伸直。

③ 动作要领:大臂不动,小臂往下置杠铃于头上方,然后伸直手臂,重复动作(图 5-25)。

图 5-24 哑铃俯身飞鸟

图 5-25 仰卧臂屈伸

④ 易犯错误：腰背上拱，肘外翻，上推动作过多。

⑤ 变化：可用哑铃或弹力带替代；可支撑在实心球上增加难度；可单臂或双臂交替进行；可与划船动作结合练习。

(15) 杠铃弯举

① 目标肌肉：肱二头肌、肱肌、肱桡肌。

② 开始姿势：直立，双手反握杠铃，置于大腿前。

③ 动作要领：大臂不动，将杠铃举至胸前，再缓慢返回初始位置（图 5-26）。

④ 易犯错误：身体后仰，下放过快。

⑤ 变化：可用哑铃弯举或者拉力器弯举，采用单臂或双臂交替进行；可改变姿势进行（仰卧、斜卧）；也可用不稳定因素增加难度。

(16) 肱三下压

① 目标肌肉：肱三头肌。

② 开始姿势：双脚与肩同宽站立于拉力器前，双手握住线圈把手，掌心向下或掌心向内相对，肘关节弯曲，小臂向前伸直与地面平行，大臂不动。

图 5-26 杠铃弯举

③ 动作要领：小臂带动手向下后方拉，至双臂完全伸直，保持 1~2 s。然后小臂抵抗重物重力慢慢回到起始位置（图 5-27）。

④ 变化：可利用弹力带替代；可单臂进行；也可增加不稳定因素（站在平衡垫上）。

3) 全身协调用力动作

(1) 杠铃高翻

图 5-27　肱三下压

① 目的：全身协调用力,提高将力量从下肢传导至上肢的能力。

② 开始动作：两脚开立,与肩同宽。下蹲,髋部低于肩。两手闭握杠铃,握距宽于肩。两臂置于两膝外侧,肘伸直。小腿距离杠铃约 3 cm。头与躯干成一条直线(图 5-28)。

③ 动作要领：用力伸髋伸膝将杠铃抬离地面,杠铃贴近身体上行至胸前,迅速翻腕下蹲。

④ 易犯错误：上行杠铃离身体过远,过于依靠上肢力量。

⑤ 变化：可用哑铃或壶铃替代;可分两次进行,先提至膝处,再行高翻。

图 5-28　杠铃高翻

(2) 杠铃深蹲抓举

① 目的：同上面杠铃高翻。

② 开始动作：同上面杠铃高翻。

③ 动作要领：两脚开立,与肩同宽,杠铃置于前方地面,双膝靠近杠铃。深蹲同时双手垂于体侧抓住杠铃杆,迅速伸膝、伸髋,双臂快速提拉,紧接举起杠铃至头顶并下蹲,杠铃置于头部上后方,然后站起保持静止,随后将杠铃放置于地面(图 5-29)。

④ 常见错误：弯腰弓背,手臂弯曲,腰腹前倾过度导致杠铃向后掉落。

图 5-29　杠铃深蹲抓举

(3) 杠铃挺举

① 目的：全身爆发式协调用力。

② 准备姿势：同上面杠铃高翻。

③ 动作要领：站在杠铃后方，双脚与肩同宽呈深蹲姿态，双手正握杠铃。然后伸膝伸髋，同时快速提拉杠铃至胸部成高翻姿势。待稳定后，屈膝预蹲，紧接着发力上举至头上，同时做前后弓步分腿，再上举杠铃至头顶，停留几秒，然后下放杠铃至胸部，放于地面。

思考题

1. 影响力量素质的因素有哪些？
2. 简述不同类型力量的主要训练方法。
3. 简述肌肉的工作方式及优缺点。
4. 如何提高爆发力？
5. 结合自己专项，设计专项力量练习手段。

6 速度素质训练

[学习目标]
(1) 了解速度素质的概念、分类。
(2) 理解影响速度素质训练的相关因素和训练要点。
(3) 掌握速度素质训练的常用方法和手段,并能灵活运用于实际训练中。

6.1 速度素质训练概述

6.1.1 对速度的认识

速度是一种综合素质,是人体重要的运动素质之一,是体能训练中极为重要的一个部分。它是指人体快速移动的能力,也指人体的部分环节快速完成动作和快速做出运动反应的能力。它对人体整体运动能力的提高有着重要意义。

近年来,随着科学技术和研究的不断深入,体能研究的理论和实践有了突破性的进展,速度素质的研究成为其中的重点之一。我国现代体育多受国外发达国家的影响,很多观念与国外比较相近。我国学者将运动中速度素质具体分类为反应能力、快速移动能力和快速完成动作的能力。国外速度训练相关研究表述也多为相似的内容,不同的是对速度素质的组成有不同表达。2011 年,美国出版的 *Strength and Conditioning* 一书将速度素质分为加速度、最大速度和速度耐力三部分。国际田径联合会出版的教材《教练理论入门》,将速度分为最大速度、最佳速度、加速度、反应时、速度耐力五种类型,并认为人的速度能力发展在发育过程中存在"机会窗口",即提高速度的最佳时期,要注重对速度"机会窗口"的把握。

速度素质练习最初是针对田径运动项目中身体整体周期性移动速度的训练,之后随着速度素质训练研究的深入,速度训练不断扩展到田径运动以外的领域。现在的速度训练研究主要针对各项运动的专项速度训练。在不同的运动项目中,速度素质具有同样重要的作用。例如,球类运动中,移动速度、进攻速度、击球速度、反应速度、动作速度往往是取得胜利的重要保证;投掷项目需要器械出手的动作速度。因此,速度素质的发展水平高低,在很大程度上决定着运动成绩的高低和比赛的胜负。美国 NBA 比赛之所以引人入胜、精彩纷呈,核心因素之一就是具有激烈的速度和身体对抗,一般运动队的速度节奏达不到这种水平。因此,速度是运动员达到和维持最佳竞技状态的保证,是取得优异运动成绩的重要条件,是衡量练习者身体素质水平的重要指标。探讨提高速度素质训练方法与途径,是体能训练的一项重要任务。

6.1.2 速度与力量

速度在理论上被分为反应速度、动作速度和位移速度,又可以分为无氧速度、有氧速度,但速度绝不仅仅与跑有关,而是人体综合能力的反应,高水平运动员在运动场上的表现尤其如此。有研究认为,在特定的运动专项或技术中应用爆发力的结果就是速度。在大多数运动项目中,改变运动方向和运动速度的能力较之获得和保持速度的能力更加重要,说明快速力量、灵敏性特别是爆发力对速度素质的重要影响。实践表明,从 60 m(甚至更短)到 200 m 的周期性短距离田径项目中,爆发力、最大力量、肌肉放松能力对短跑成绩的影响存在很大的关系(表 6-1)。距离越短,力量因素的影响越大;随着距离的增加,肌肉放松能力的作用在增强,因为只有肌肉放松才能提高肌肉的发力效果,并在很大程度上节省能量消耗。长距离运动、其他球类项目同样如此。

表 6-1 短跑成绩与肌肉能力的关系

选项	60 m	100 m	200 m
提高成绩幅度(s)	7.0~6.4	10.9~10.0	21.5~20.0
爆发力(%)	34.13	20.59	11.23
最大肌力(%)	20.64	12.34	6.36
肌肉放松能力(%)	19.58	21.20	46.32

6.1.3 速度与能量供应

能量供应系统及其效率直接影响速度表现。人体运动能量产生的过程包括无氧代谢(磷酸原系统、糖酵解系统)与有氧代谢(有氧氧化系统)三种方式。实际上在任何运动中这三种供能方式均同时发生,依据运动强度和持续时间的不同,供能的比重不同,有主次之分而无绝对界限。短跑主要依靠磷酸原系统和糖酵解系统供能,数据显示(表 6-2),在短跑训练中,提高糖酵解供能能力、有氧供能能力和磷酸原供能能力同样有意义。到 20 世纪 80 年代后,肌肉活检测定显示,100 m 跑中 40 m、60 m、80 m、100 m 各跑段中肌肉 ATP、CP、肌肉乳酸、pH 等的变化,说明 60 m 后糖酵解供能增加。Locatelli 等人 1995 年对 100 m 跑进行了力能学分析,认为 100 m 跑糖酵解供能为 65%~70%,跑后血乳酸升高和消除速率与运动成绩有密切关系。这提醒人们综合提高运动员三个能量供应系统的能力,在短距离速度项目中具有重要价值,而不仅仅是 ATP-CP 系统。

表 6-2 不同时间最大用力运动各系统供能比例

用力时间(s)	磷酸原系统	糖酵解系统	有氧代谢系统
5	85%	10%	5%
10	50%	35%	15%
30	15%	65%	20%
60	8%	62%	30%

6.1.4 关于速度训练手段

不同手段的效果也是速度训练研究的重点。早期的速度训练主要是各种段落跑的练习,并逐渐融入了力量练习内容。在过去的几十年中,助力跑和阻力跑训练方法的实效性逐渐得到了国内外短跑教练员和运动员的广泛认同,并将其视为短跑训练实践中提高速度表现和突破速度障碍最为常用的手段。但也有人持相反的观点,认为助力跑和阻力跑训练可能存在破坏短跑技术结构和增加运动损伤率的负面效应,特别是在青少年训练阶段,所以应谨慎使用。

20世纪60年代,苏联人首先使用了跳深练习,并在短距离、跳跃项目上取得了令人瞩目的成绩。后期这种方法被称为"超等长"或"反应力"训练,并在世界范围内流行。但反应力的训练需要根据项目精心设计,而不是相同的要求。有研究认为,在运用"跳深"练习发展反应力量时,应该强调快速和连贯,而不能过于追求高度。

目前,随着运动科学的发展,人们不再局限于步幅、步频对速度能力的影响,而是逐渐深入,从神经肌肉系统功能和能量供应的角度,探讨进一步提高速度能力的方法。

国外对速度训练的研究从概念、分类、主要的训练方法都与我国现阶段的认知大致相同,但其研究内容更加精确量化,训练的方法和手段也更多样化,对专项速度的研究范围更广,重视对各个项目专项动作速度的训练研究。注意运用科学手段如生理指标的变化剖析其训练效果,对产生变化的原因进行深度的研究,反馈并改进训练方法。目前,速度能力及其训练被广泛应用于选材、体育科学研究、后备人才培养、竞技运动员的体能训练及普通人群的健身领域。

6.2 速度素质训练的基本理论

现代训练理论把速度分为反应速度、动作速度、移动速度、加速度、专项速度等几种速度类型,但速度是一种综合能力。各种类型的速度在人体神经肌肉系统的控制之下,有机融合,相互影响,形成完整的人体快速运动能力系统。因此,在速度训练中要有系统观和整体观。

6.2.1 速度素质的概念、分类

1) 速度素质的概念

速度素质是指人体或某环节快速运动的能力,包括人体快速完成动作的能力、对外界信号刺激快速应答的能力以及快速位移的能力。速度是一种综合能力,是人的基本运动素质。快速力量、爆发力、神经支配及技术合理性对速度素质有重要影响。

2) 速度素质的分类

根据表现形式,可以把速度分为下列几种:

(1) 反应速度:反应速度是指人体对所处环境的各种信号刺激(声、光、触、味等)的快速应答能力。反应时受遗传因素的影响较大,占75%以上。人体通常对触觉的反应时最短。反应时也叫反应潜伏期,是指运动员接受刺激与做出第一个肌肉动作之间的反应时间,在大多数运动项目,特别是对抗性项目中,反应时起着重要作用。

反应时虽然遗传度较高,但仍然有较大的可塑性。通过合理的训练可以把受遗传因素影响所决定的最高反应速度表现出来并稳定下来。反应速度与下列因素有关:

① 注意力专注程度及身体机能的即时状态。
② 对信号刺激的认知与判断。
③ 反应性动作技能贮备及动作效率。
④ 人体感受器的敏感程度等。

（2）动作速度：动作速度是指人体或人体的一部分完成单个动作或成套动作的快慢以及单位时间内重复动作次数多少的能力，分为单个动作速度、成套动作速度及动作速率三种。

动作速度是运动员成绩表现的重要组成部分。现阶段对动作的关注出现了新趋势，功能性动作成为运动训练的重要内容，对功能性动作的评估可以很大程度上反映成绩表现。下列因素与动作速度有密切联系：
① 神经肌肉系统激活状态。
② 白肌纤维参与程度。
③ 爆发力水平。
④ 动作熟练程度及协调性。

（3）移动速度：移动速度也叫位移速度，是单位时间内人体重心移动的距离。通常用通过一定距离的时间或单位时间内所通过的距离来表示，如短跑运动员的跑速、跳高运动员的助跑速度等。位移速度的影响因素主要有：
① 神经肌肉系统的灵活性。
② 肌纤维比例及肌肉协调放松能力。
③ 快速力量水平及能量贮备。
④ 人体各器官系统的协同配合。
⑤ 移动技术的合理性。

另外，在运动现实中还有衔接瞬时速度，即运动中各单一速度或个体速度之间转化、传递的快慢。它是由位移速度、动作速度、反应速度、器械运行速度、个体之间的配合等因素相互作用产生的综合效果，表现为动作环节间的衔接，如跑跳衔接，跨跳结合，助跑与投掷出手的衔接，球类项目中的攻防转换、进攻衔接等，具有实践意义。

以上几个速度类别形成了一个完整的速度系统结构（图6-1）。

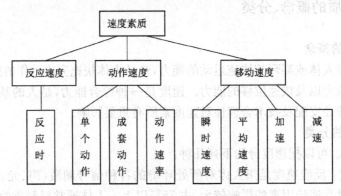

图6-1 速度素质系统结构

[拓展]

苏联《田径运动》杂志1984年第12期发表了全苏体科所田径科研人员茹科夫和尤夫里克夫撰写的文章，根据朱建华在1983年6月越过2.37 m情况的分析，认为朱建华的技术具有以下 5 个方面的特点：
(1) 助跑速度快：最后 6 步助跑的速度为 8.73 m/s。
(2) 助跑步幅小：最后几步平均步幅为 1.825 m。
(3) 支撑时间短：为 0.173 s。
(4) 脱离支撑时身体重心的垂直速度高：达到 5.217 m/s。
(5) 能快速完成过杆动作：过杆的水平速度达到 2.40 m/s。

据此指出，朱建华的技术指标可以成为其他争取突破 2.40 m 大关的背越式选手的依据。

6.2.2 速度素质的影响因素

速度作为一种综合能力，受多种因素的制约和影响。既有先天的生物因素，也有后天的训练因素。从总体上看，人的速度素质或能力，主要受到下列因素的影响和制约：

1) 神经系统支配能力

速度是在神经系统的支配下，通过骨骼肌收缩，牵引骨骼进行的杠杆式运动，神经对肌肉的支配能力对速度有最为直接的影响。神经活动的基本过程有两个，即兴奋和抑制。兴奋是指神经活动由静息状态或较弱的状态转为活动或较强的状态；抑制是指神经活动由活动的状态或较强的状态转为静息的状态或较弱的状态。神经系统通过兴奋和抑制活动控制肌肉进行收缩和放松，神经系统发放冲动的频率、强度，传导速度的加强以及降低、调整，直接关系肌肉的收缩与放松的转换效率。通过专门的训练可以提高神经系统对肌肉的支配控制能力。

2) 肌纤维组成

肌肉纤维分为快肌纤维和慢肌纤维两种类型，具有不同的生理特性(表 6-3)。快肌纤维力量大，疲劳快；慢肌纤维力量小，不易疲劳，可以持续工作。人体肌纤维类型比例，主要受遗传因素的影响，但后天训练因素可以改变其功能。研究显示，优秀的短跑、跳跃项目运动员白肌纤维可达到 80%，优秀长跑选手的红肌纤维同样可以占到 80%，这一方面源于天赋；另一方面由于对长期训练的适应。训练促进了白肌纤维中亚纤维类型(Ⅱx)的转变，使其具有典型的白肌纤维或红肌纤维特点。因此，速度、力量的负荷选择及引起的肌肉特性的改变对速度素质的发展起到极其重要的作用。

表 6-3 肌纤维分类及生理表现特点

类型	亚型		特征		
快肌(FT)	白肌	Ⅱ	Ⅱb	快缩白	FG	快缩糖酵解型
			Ⅱc(Ⅱab)	中间型，训练可以转变		
			Ⅱa	快缩红	FOG	快缩氧化糖酵解型
慢肌(ST)	红肌	Ⅰ		慢缩红	SO	慢缩氧化型

注：美国《体能训练概论》已把Ⅱb和Ⅱab改为Ⅱx和Ⅱax，肌纤维类型有：Ⅰ、Ⅰc、Ⅱc、Ⅱac、Ⅱa、Ⅱax、Ⅱx，通过训练可以把Ⅱx依次向亚型转变。

3) 能量系统供能能力

人体运动要消耗能量，通过能量供应系统不断地把能源物质运送到运动系统参与工作。

根据运动强度和时间的不同,人体有选择地使用磷酸原系统(ATP-CP)、糖酵解系统和有氧氧化系统(表6-4)。磷酸原系统供能迅速、短暂,仅能维持10 s左右;有氧氧化系统供能缓慢但持久,可以长达数小时,糖酵解系统处于中间,由于有乳酸堆积,引起机体疲劳,因此极限大强度的运动,乳酸系统供能维持在1 min左右(有观点认为在45 s左右)。从需要上看,磷酸原和糖酵解供能能力的提高,是发展和维持速度能力的核心任务。科学的训练可以打通三个能量供应系统之间的联系,提高人体综合供能能力。

表6-4 人体的三个能量供能系统

选项	磷酸原系统	糖酵解系统	有氧氧化系统
持续时间	0～10 s	10 s～1 min+	1～60 min
距离	20～80 m	80～400 m	15～30 km+或持续跑
强度	最大	80%～100%	50%～80%
重复次数	3～4	1～5	3～20+
恢复时间/次间	2～3 min	30 s～10 min	30 s～3 min
组数	1～4	1～4	1～4
恢复时间/组间	5～8 min	5～20 min	5～8 min

4) 连续技术动作的合理性与协调性

评价技术的指标有实效性、经济性、合理性,好的运动技术能够三者兼顾,特别是对连续、持续的运动项目。动作放松、协调是动作经济性、实效性的前提,放松技术是建立在正确的移动动作技术之上的、合理的肌肉用力方式和节奏变化,是达到最佳运动成绩的经济高效的运动技术,受神经系统灵活性、心理素质、肌肉本体感觉、速度耐力等综合因素影响。如何在力量训练中完善肌肉的协调放松能力,提高中枢神经系统的灵活性是体能训练的重要方向。移动动作的技术、力量、速度是密切结合的,因此,在运动技术训练中必须糅合力量、速度的因素,而在力量、速度训练中必须充分体现专项动作技术的特征,做到力量、速度、技术的一体化综合提高。

技术规格与体能状态密不可分。有什么样的体能水平很大程度上决定了运动员的技术层次。短跑运动员下肢爆发力突出,髂腰肌、大腿后群肌发达,就可以表现出前摆后扒迅速、触地时间短的优秀技术,否则会出现"坐着跑""高抬腿跑"——向前性差的现象。网球运动员的体能、爆发力直接影响运动员的击球、回球、发球(ACE)的动作效率。美国女篮队员由于爆发力突出,全部采用"跳投"技术,而其他国家不少队员只能采用"踮投"。只有不断提高体能水平,才能持续提高技术层次。

6.2.3 速度素质训练要点

速度按照对运动专项成绩的影响,可分为一般速度和专项速度。按不同的表现形式可分为反应速度、动作速度和位移速度。一般来说,运动员表现出来的速度素质都是这三种表现形式的综合体现,只是不同的项目中三者体现的比重和过程不同,既有所区别又相互联系。位移速度是由各单个动作和动作速率组合而成。反应速度又往往是动作速度和位移速度的开始,反应速度在运动时,即成为反应后的第一个动作速度。因此,在发展速度素质中,要考虑三者之间的相互关系,如位移速度的训练中,提高反应速度是前提,而动作速度则是其基础。

速度素质是掌握运动技能的重要前提,速度与力量的结合则构成速度力量,与耐力结合则构成速度耐力。速度在各个运动项目中的作用是由项目特点以及运动员本身的生理特征所决定的。因此,速度练习的性质、数量以及比例的安排要因项、因人而异。对于起直接决定因素的项目,如径赛项目来说,速度的最大化是整个训练的目的;而对于起间接作用的项目,如田赛项目、球类项目来说,速度的最优化是训练目的。因此,要结合项目的特点,进行有针对性的训练才能最大限度地发挥速度的作用。

1) 突出以爆发力为主的快速力量

速度是力量素质、特别是爆发力在运动中的体现。本章概述中已经陈述了爆发力对周期性短距离项目的重要性。作为一种极端的快速力量形式,爆发力是众多运动项目所重视的因素。从运动生物力学的观点看,爆发力 $P=FV$,力量与速度都是影响因素。因此,在尽可能短的时间里,能够尽可能展示力量的能力,成为训练的重点,是一种力的提高梯度的变化。实践中组合训练(力量+快速动作)、反应力训练、功率训练是提高快速力量的重要方法。

2) 合理发展三个供能系统

运动要消耗能量,不同的运动形式主要是强度差异,对磷酸原系统(ATP-CP)、糖酵解系统、有氧氧化系统依赖程度不同。要注意的是三个能量供应系统是一个完整、相通的体系,并不存在单独工作的现象,而是根据运动需要以某个系统为主。

从原理上来讲,有氧供能系统能力是基础,有氧能力强不仅使运动员可以抵抗大负荷的训练,而且恢复快,可以更多地进行高强度的训练。磷酸原系统是能量供应的直接环节,但肌糖原、肝糖原的储备有限,在极限强度、无氧的状态下,10 s 左右消耗殆尽,而要维持继续运动就要通过糖酵解供能。因此,糖酵解供能是整个能量供应系统的中间环节,是"连接性"供能系统,提供了有氧和磷酸原系统供能能力之间的桥梁(表 6-5)。

表 6-5 不同运动负荷人体能量动员的顺序、代谢特点及对应体能的关系

时间与运动强度	短时间高强度	较长时间大强度	长时间中小强度
主要能量供应系统及比例	ATP-CP 系统为主 糖酵解供能很少 糖氧化供能极少 脂肪、蛋白质分解供能几乎没有	ATP-CP 系统较少 糖酵解供能为主 糖氧化供能较少 脂肪、蛋白质分解供能极少	ATP-CP 系统极少 糖酵解供能很少 糖氧化供能为主 脂肪、蛋白质分解供能较多
发展目的	爆发力、爆发速度 冲刺速度、力量耐力	速度、速度耐力	有氧耐力

在竞技体育领域,各类项目的优秀运动员都表现出良好的持续对抗和连续比赛的能力,这与他们有着十分突出的糖酵解乳酸供能能力分不开。世界著名短跑运动员博尔特(男子 100 m、200 m 世界纪录保持者),早期曾经练过 400 m 项目,在鼎盛时期的非赛季,也有参加 400 m 比赛的做法,良好的糖酵解供能能力,为其在短跑上的成就打下了良好的基础。

3) 培养正确的技术动作与协调性

技术是竞技能力的重要组成部分,是运动员有效发挥体能的桥梁。如果没有符合生物力学要求和适应个人特点的技术动作,就不会有完美的表现。以短跑为例,100 m 是高速向前的周期性运动,需要高度的 ATP-CP 供能,其核心技术是髋关节的前后摆动,通过伸髋前摆——

后扒着地产生高速位移。因此短跑的快速力量练习中,尤其要突出髋关节的摆动能力,以及脚底和踝关节肌群的离心——向心收缩能力。传统的杠铃、跳跃练习很难对腿的高速摆动产生影响。

高速跑中的协调、放松能力也是关键因素之一。技术动作的合理性、实效性与人的协调性、灵敏性高度相关。协调能力是人体不同系统、不同部位、不同器官协同配合完成技术动作和战术活动的能力。协调能力的好坏直接影响技术、战术的形成和发展,作为一种复杂的生物活动能力,协调能力与速度、力量、耐力、柔韧等身体素质密切相关。10～12岁是人的协调性发展的敏感期(表6-6),也是有效发展速度能力的"机会窗口"。

表6-6 素质发展的敏感期   岁

素质	敏感期	素质	敏感期	素质	敏感期
平衡能力	6～8	灵敏性	10～12	速度	7～14
柔韧性	6～12	节奏性	10～12	力量	13～17
反应速度	7～12	协调性	10～12	耐力	16～18
模仿能力	7～12				

协调性是灵敏素质的基础。灵敏素质指在各种突然变化的条件下,人体迅速、准确、协调地改变身体运动的空间位置和运动方向,以适应外界环境变化的能力。灵敏素质本身就是多数运动项目的专项能力,如球类项目、格斗对抗类项目。灵敏素质的高低一般由平衡能力、速度、力量和协调能力决定。灵敏素质在7～12岁稳定提高,13～15岁时下降,然后又逐渐稳定提高,成熟期下降。

在青少年阶段,重视协调性、灵敏性发展,抓住敏感期,实施科学的训练,对正确技术的形成以及后期运动生涯中所能达到的高度有重要的影响作用。

4) 重视提高绝对速度

影响田径短跑成绩的因素有反应时、加速能力、最高速度、速度耐力,但其制胜因素是绝对速度和维持这种高速度的能力。我国男子短跑近几年取得了进步,但差距仍然明显,最主要的差距不是在起跑、加速能力,而是在绝对速度上(表6-7)。与世界级短跑运动员相比,我们的优秀短跑选手通常前30 m领先,60 m基本平行,后程被拉开。

表6-7 中外优秀短跑运动员途中跑最高速度

姓名	性别	国家	最高速度(m/s)	100 m成绩(s)
乔伊纳	女	美国	10.99	10.49
张彩华	女	中国	9.73	11.35
刘易斯	男	美国	12.05	9.86
博尔特	男	牙买加	12.20	9.58
郑 晨	男	中国	11.28	10.1(手记)

有绝对速度上的优势,同样会使运动员在其他项目中占有有利地位。网球运动员的绝对速度慢,在大角度来回地奔跑中就会落下风;篮球项目速度水平低,就很难跟上对方持续快速的进攻节奏。场地宽阔的足球项目对速度有更高的要求,不少世界级的优秀选手,都表现出远

远高于一般选手的速度优势(表 6-8)。所以现代足球不是传统意义上的技能类项目,而是以强大的体能为基础的技、战类项目。球类项目运动员具备高速度能力具有下列意义:

(1) 使运动员在专项活动中有速度优势,打出快速的攻防节奏,便于快速反击。
(2) 利于在平时的训练中提高训练的强度。
(3) 可以转化为良好的灵敏能力,利于迅速地摆脱和超越。
(4) 使运动员在对抗中有一定的速度储备,减少能量的消耗。

表 6-8 世界优秀足球运动员百米成绩

国籍	姓名	100 m 成绩(s)	位置
法国	亨利	10.9	前锋
英国	欧文	10.8	前锋
威尔士	贝拉米	10.7	边锋
尼日利亚	马丁斯	10.4	前锋
葡萄牙	小小罗	10.5	前锋
巴西	卡洛斯	10.5	后卫/边锋
巴西	罗纳尔多	10.6	前锋
巴西	埃尔顿	10.18	前锋
阿根廷	卡尼吉亚	10.23	前锋

5) 注意克服速度障碍

速度障碍是运动员达到较高速度水平后,在一定阶段长时间停滞不前,甚至略有下降、不再提高的现象。在体育实践中,速度障碍在所有表现速度的动作中都有表现,而不仅仅是表现在跑的速度方面。这主要是由于跑速达到一定水平时,形成了相对固定的动作模式和习惯的步频、步幅、节奏,技术上达到相对稳定的状态,并在神经中枢形成了动力定型。

对于这种情况,教练员要及时调整训练思路,改变一贯的训练方法、负荷、要求;手段要多样化,尤其要注意使用阻力、助力的手段,如上、下坡跑,牵引跑等,进一步打好基本技术基础,突破障碍瓶颈。在此之前,应强化完成动作的肌群,提高力量和弹性,尤其注意弹性力量的提高。注意采用结构相同、相似的动作提高速度,因为在结构不同的动作中获得的速度是很难相互转移的。对待其他项目,如投掷项目的成绩障碍,道理同样如此。

6.2.4 速度素质训练的负荷控制

1) 速度训练的强度

速度训练可以采用不同的强度。每个人的训练水平和身体状况不同,采用的训练强度安排也要区别对待。较低强度的速度训练内容可以用在学习技术动作、准备活动中,也不需要专门的准备。为了取得满意的训练效果和保障安全,高强度的速度训练内容则需要一段时期的准备过程,特别是需要练习者具有一定的专项技术水平和力量素质基础。一般来说,在训练开始阶段发展人体速度能力的训练负荷强度一般为最大强度的 75% 左右,在这个较高的强度及限定时间的训练中,运动员能够学会调节和保持技术动作的速度节奏,然后运动强度逐渐地提高到 100%,更进一步的要求是需要运动员去尝试超越原有的速度限制。由于运动员注意力集中程度、体内能量供应的限制,使得运动员在更高强度下进行技术练习变得比较困难。因此,可以采取高原训练、弹力绳牵引训练、减轻器械重量等训练手段来促进运动员的技术学习过程。

运动技术的学习应该在较低的动作速度下完成并稳定下来。然而,从训练的开始阶段,就应该鼓励运动员通过提高训练强度来保持其运动技术的稳定性。为了保持神经系统的最佳兴奋状态,在速度训练中不应当出现明显的疲劳,因此,在速度训练之前必须进行专门的准备活动,而且,耐力训练和力量训练必须在速度训练之后进行。

2) 速度训练的负荷量

在负荷的量和强度之间存在相应的关系。如果运动员的负荷强度达到最大,那么负荷的量就达不到最大。另一方面,当运动员能够适应新的速度水平并稳定下来时,就必须在更高强度的负荷下进行技术练习。关于如何安排训练负荷量的具体要求如下:

(1) 较少重复次数、较多组次和高强度:在技术动作重复性训练的负荷强度和量的安排中,必须确保在每个学习环节中都保持最高的动作完成速度,并且恢复的时间足够运动员去巩固和强化训练留在大脑中的神经肌肉刺激痕迹。因此,组内较少重复次数、较多组次、高强度的训练应该是最适宜的。

(2) 采用运动员达到最大跑速的最短距离发展加速能力:在短跑训练中,通常采用运动员达到最大跑速的最短距离来发展运动员的加速能力。对于大多数运动员来说,这个距离在 30~40 m。然而,在其他的一些运动项目中,由于项目特点的限制,运动员必须学会在很短的加速距离(5~10 m)内达到最大速度,并且在这个爆发式的加速过程完成时,能够选择和完成高精度的技术动作。例如,足球、网球、篮球等运动项目。

(3) 可以采用助力达到最大速度以减少疲劳的影响:在发展最大速度的训练中,影响训练效果的一个因素是运动员加速至最大速度过程中所产生的疲劳。例如,跳远运动员必须以个人最高速度进行助跑,并且使步速从静止状态达到所需求的速度水平,这个过程很容易产生疲劳。为了克服疲劳带来的影响,一些运动员在训练中采用了较长加速距离的旋转加速(如投掷)或利用下坡助跑等训练手段。这就是说,运动员能采用 10~30 m 的距离来发展个人最大速度,但是必须进行 40~60 m 的助跑才能达到项目的要求。

(4) 及时了解运动员保持最大速度距离的最佳水平:通过对运动员进行测试,能够确定其保持最大速度距离的最佳水平。当然,首要的问题是运动员要达到个人最大速度。例如,世界优秀短跑选手约翰逊和刘易斯也只能保持他们的最大跑速距离为 20 m。人体各部分之间的协调配合和注意力的高度集中是延长这段距离的关键。一般情况下,如果没有高原场地和顺风帮助,这段距离不可能达到或超过 30 m,甚至超过 25~40 m 这个距离范围。

(5) 采用适宜的练习距离:在短跑运动中,大多数运动员需要 5~6 s 来达到个人最大速度。因此,为了发展运动员从初加速度开始达到个人最大速度的能力,建议训练时采用 50~60 m 的练习距离。

3) 速度训练的练习密度

在以最大跑速进行的两个跑次之间的恢复时间必须足以使人体的工作能力完全恢复,但是这个时间又必须尽可能短,以便能够维持神经系统的兴奋性和最佳体温。在比较温暖的气候中,以最大跑速进行的两个跑次之间的时间间隔一般为 4~6 min,而这个间隔时间对于在冬季进行速度训练的运动员来说又是不适宜的。

4) 速度训练单元

尽管有个体差异存在,但每个训练单元中的总跑量应该为 6~12 个跑次之间。每个周训练小周期中的训练单元数量在全年训练中是有所变化的。不考虑运动项目的差异,在全年训练周期的第一阶段中的每个周训练小周期中至少应该有 1 个训练单元,在年度训练周期的第二阶段中的每个周训练小周期中应该有 2~3 个训练单元,在年度训练周期的第三阶段中的每个周训练小周期中应该有 2~4 个训练单元。对于耐力性运动项目来说,将以最大速度到比赛速度的强度来安排速度性训练,而且要根据距离比赛的时间、年度训练的阶段和运动员的个体特点来分配训练单元。

6.3 速度素质训练的方法与手段

速度训练的效果与采用的方法与手段有关。但方法与手段众多,千变万化,最重要的是要根据运动员需要、专项需要和任务需要,选择练习内容。可以把训练方法与手段分为主要和辅助性两类,根据需要,有序地穿插安排在一年的不同训练阶段中。下面根据速度的类型介绍训练方法。

6.3.1 反应速度训练

1) 简单反应速度训练方法

(1) 完整练习:对已经掌握的单一动作或成套动作反复强化练习,强调对突然出现的信号或突然改变的信号做出快速完整的应答反应,例如:反复完成蹲踞式起跑;根据特定信号按要求改变动作方向;对已知对手的动作做出不同的系列反应;对快速运动目标迅速做出完整反应等。

(2) 分解练习:把完整动作分成若干环节,就某一环节进行单独练习,如蹲踞式起跑时,对不同姿势进行反应训练,逐步过渡到正常姿势起跑练习;再如向前、后、左、右的转身跑,可以重点强化转身动作。

(3) 变换练习

① 改变信号刺激形式:使用视觉、听觉、触觉等。

② 改变应答方式:反口令或专门的要求。

利用变换练习,既能有效地提高人体各感觉器官的功能,缩短简单反应的时间,又能提高练习积极性和训练效果,增加技能储备。

(4) 运动感觉练习

① 跑的项目(动作):按规定的时间要求跑完一定的距离,反复对照,运动员能较准确地判断运动时间的变化。

② 投掷项目(动作):让运动员投出规定的距离(不是最大用力),反复练习可以提高肌肉的用力感觉,提高神经对肌肉的精细控制能力。

2) 复杂反应速度训练方法

(1) 移动目标练习:移动目标练习一般经历四个阶段:感知→判断→选择方案→完成动作。要注意移动目标在位置、方向、速度、轨迹等方面的变化,反复练习。同时有意识地增加外部变化因素,如增加移动目标的数量,增加人为干扰或加强对抗等。

(2) 选择动作练习:专项比赛情况复杂,增加反应过程中的选择面和难度,才能促进中枢神经系统的分析辨别能力,缩短反应时间。同时在练习中引导运动员根据对手传达的信息,合理预判,提高反应、行动能力。

3) 具体训练手段

(1) 起动跑:两手撑地,两腿交叉成弓步,听信号后快速起动跑出;或两腿做弓步交叉跳,听信号快速跑出。

(2) 蹲距式起跑:按蹲距式起跑要求做好准备,听口令后迅速起动跑出。

(3) 站立式起跑:按站立式起跑要求做好准备,听口令迅速起动跑出。

(4) 变向起跑:背向蹲立,听信号后迅速转体起跑。

(5) 仰卧起跑:仰卧于垫上,听信号后迅速翻转成俯撑后,做蹲距式起跑。

(6) 前滚翻起跑:站立,听信号后做前滚翻,接蹲踞式起跑。

(7) 起跑接后蹬跑:蹲踞式起跑后接做后蹬跑。

(8) 高抬腿接跑:原地高抬腿,听信号后迅速跑出。

(9) 动作反应练习:练习前告诉运动员多种动作,如蹲下、起立、手触地、跳起等,然后任意喊,可以是一个也可以是一串。可以静止,也可以行进间练习。

(10) 反口令练习:教练员喊蹲下或做下蹲动作时,运动员站立不动,以此类推。起立/蹲下,立正/稍息,向左转/向右转,或喊 1、2、3、4 当中的某个数字,运动员做出事先规定的相应动作。

(11) 手抓棒球:站立,持球手臂稍前平举,手指张开使球自由下落并迅速抓住。要求:球离开手后,不得翻转手臂去接球。

(12) 扶竿接力:距起跑线 6 m 处,一人扶竖立的标枪或竹竿,听信号后一人起跑前去扶竿,与此同时,扶竿人向回跑至起跑线后拍击第二人手掌,依次连续进行,要求竹竿始终不能倒地。

(13) 对墙跑动踢球:侧对墙 5 m 站立,听信号后平行于墙做快速跑动中对墙踢球,连续进行 30 m。要求直线跑动,球在脚下不能有停顿,越快越好。

6.3.2 动作速度训练

1) 动作速度训练方法

(1) 完善技术练习:完整的技术由多个环节组成,在多个环节中总会有相对不足之处。根据各个专项的某些动作环节进行分解练习,主要是解决薄弱环节。如人体环节通常向前摆动快、习惯,但向后摆动慢,或者幅度不足等,可以设计专门的动作,突出薄弱环节的训练。

(2) 利用助力练习:通过减轻负荷,或者在人或自然条件的帮助下有意识地加快动作,如为提高双腿起跳速度,可以上跳时下拉横杆以减轻阻力;或者轻器械投掷,提高出手速度;在一些动作中通过教练用手给予助力,如体操中的摆动;利用合适的下坡进行跑速训练等。

(3) 利用后效作用练习:通过先负重较大阻力进行练习,激发、动员更多的运动单位参与工作,在神经肌肉系统留下痕迹效应,然后利用后效作用,进行正常负重或较轻负荷练习,如深蹲练习后紧接快速跳跃练习,或投重器械后投轻器械等。负重练习与动作练习之间的时间应尽可能缩短,以免后效作用下降。

(4) 加大难度练习:加大难度练习是指和助力练习相反,加大负荷和难度进行练习,如铅球滑步练习中,先站在适当高的木板上,跳下后紧接滑步;投、摆重的实心球,或挥摆时用弹力带给予阻力等。

2) 具体训练手段

(1) 听口令、击掌或节拍器摆臂：双脚前后开立，根据口令节奏，做快速前后摆臂练习20 s左右，节奏由慢至快，快慢结合，要求摆臂动作正确、有力。

(2) 仰卧高抬腿：仰卧，两腿快速交替做高抬腿练习，要求以大腿为主工作。做10～30 s。

(3) 悬垂高抬腿：两手握单杠成悬垂，两腿快速交替做屈膝高抬腿，速度越快越好。

(4) 快速小步跑转高抬腿跑：快速小步跑5～10 m后，转高抬腿跑20 m，小步跑要放松而快，转高抬腿跑时频率不变，幅度加大。

(5) 快速小步跑转加速跑：快速小步跑10 m后转入加速跑。加速跑时频率节奏不能下降，跑出20～30 m后放松。

(6) 变速高抬腿跑：行进间高抬腿跑中突然加速至最高速的高抬腿练习，动作要协调。

(7) 高抬腿跳绳：站立，两手持绳，听信号后，做快速原地高抬腿跳绳。

(8) 前倒起跑：两腿前后开立，身体自然向前倾倒，使重心前倒，失去控制时顺势迅速起跑20～30 m。

(9) 扶肋木后蹬跑：面向肋木站立，身体前倾，两臂伸直扶肋木，听信号后，做快速后蹬跑，要求后蹬跑技术正确。

(10) 小步跑跨栏架：10～12 m内放5个栏，在快速小步跑中摆动腿栏侧做过栏动作，频率越快越好。

(11) 向后单足跳：站立，两臂前平举，做向后快速单足跳10 m，放松做回。要求跳动时由摆动腿发力，动作频率越快越好。

(12) 纵跳转体：原地跳起转体360°，落地连续进行10～20次，强调转体速度要快，不要求跳得高。

(13) 起跳快速转体：三步助跑起跳，摆动腿屈膝上摆，空中转体180°～270°，跳起腿落地。转体速度越快越好，转体时躯干保持正直。

(14) 两侧移动：两个物体相距3 m，高1.20 m，练习者站中央，做左右两次移动，用左手摸右侧的物体，右手摸左侧的物体，强调移动及转体速度要快，计算30 s内触摸物体的次数。

(15) 曲线带球：每人一球，在30 m内插上10根旗杆，用脚内外侧快速带球，依次绕过旗杆返回起点，要求带球速度越快越好。

(16) 上步后撤移动：乒乓球台端线站立，根据对面教练长短球手势做上步和后撤步的步法移动，要求移动速度越快越好。

(17) 交叉步移动：乒乓球台端线站立，听信号后左脚迅速向右侧跨一步，连做折臂打球动作，右脚迅速向左侧做同样动作，要求左右移动20 s，移动速度越快越好。

(18) 跑动冲刺练习：中速跑120 m，每跑10 m做一次终点冲刺动作，要求冲刺动作迅速果断，不停顿地连续进行下一点练习。

(19) 快速箭步交换跳：弓箭步站立，上体保持直立，原地向上跳起做弓箭步快速交换腿跳练习，要求连续跳时保持弓箭步姿势。

(20) 跑动跨跳：中速跑，每跑3步跨步跳1次，连续跨跳10次，要求摆动腿尽量向前摆出，速度始终如一。

(21) 小场地练习：球类练习中，利用小场地，缩小练习空间，加快动作速度和衔接。

(22) 协调绳练习：利用协调绳做各种快速的步法练习动作，可以有效地提高动作速度和动作频率，也是训练灵敏、协调素质的常用方法，关键在于变化。

(23) 变化重量的小实心球的挥摆练习:挥摆小网球到能量球,重量不等,可用双手进行;强调爆发式用力,姿势可以变化,如跪姿、坐姿等。

(24) 夹球跳传:用脚夹住球或沙袋,双脚跳起,传给对方或规定距离、位置,既可以提高前摆速度,也可以提高神经控制能力(准确性)。

6.3.3 移动速度训练

项目间的差异决定了移动速度训练的差异性。跑、游泳、自行车、划船、滑雪等周期性项目的移动速度训练,以各种周期性动作方式为主,结合少量变向、变速的练习。球类等项目二者要兼顾,要安排大量的变速变向练习,同时结合专项(球)进行各种移动练习,更有助于专项体能的提高。

1) 变速变向练习

(1) 三角移动:地上摆三个相距5~10 m的标志物,成三角形,以各种步法在三角线上进行变速、变向的移动,可以起到提高速度和灵敏性的双重效果。

(2) 长短往返跑:摆4个标志物成一直线,相距3~5 m,从第一个标志物起跑,依次触碰第二、第三、第四个标志物,并回到起点,往返练习。

(3) 摸球台移动:乒乓球运动员常用,可以利用一张球台的两个台角进行,也可以在两张球台间进行。听信号后,用各种步法移动往返触碰球台角。

(4) 后退跑+转身冲跑:背对前进方向,听信号后退约20 m,见到标志物转身冲跑20~30 m。其他步法类似。

(5) 变向起跑:背向站立或背向蹲立,听信号后迅速转体180°成半蹲式起跑,加速跑20~30 m。

(6) 蛇形跑:以20 m半径画3个相交的半圆弧线,正确运用弯道跑技术由起点沿弧线跑至终点。

(7) 穿插跑:练习者成一路纵队行进间慢跑,间隔2 m,听信号后排尾穿插快速跑曲线至排头,后面依次进行。快速跑中不要触碰别人。

2) 重复跑和间歇跑

(1) 速度性练习:以85%~100%的强度,进行20~150 m的反复跑,间歇时间充分,以速度没有明显下降为宜,主要用于发展绝对速度。采用间歇跑的方式(间歇不充分),可以发展高强度速度耐力。具体训练手段为:

① 高抬腿跑转加速跑:行进间快频率高抬腿跑,听信号后转加速跑,高抬腿的动作要规范,频率逐渐加快,加速跑时频率不变。

② 后蹬跑变加速跑:行进间后蹬跑20 m,听信号后变加速跑全力冲刺20~30 m。

③ 单足跳变加速跑:开始做10~15 m左右交换的单足跳,听信号后变加速跑全力冲刺20~30 m。

④ 交叉步接加速跑:先做5 m交叉步跑,然后做加速跑20 m。

⑤ 加速跑:逐渐加速至最高速度后保持一定距离,然后放松跑。加速跑50 m、80 m或100 m。

⑥ 连续加速跑:逐渐加速跑至最高速度,然后随惯性高速跑3~4步后随惯性放松至慢跑后再加速跑,连续练习(一般为30 m加速跑,高速跑5~8 m,放松10~20 m,然后第2

次加速跑)。

⑦ 加大难度跑：在跑之前先负一定重量进行跳跃练习，然后卸掉重量快跑 30～60 m 距离。注意负重要适当，重点是提高步频和加大步长。

⑧ 站立式、半蹲式或蹲距式起跑：起跑后全力跑 20～60 m。

⑨ 行进间跑：加速跑 20～30 m，在到达规定行进间的距离前达最高速度，在规定距离内保持最高速度跑，行进间距离为 20 m、30 m、50 m、60 m、80 m、100 m 等。

⑩ 重复跑：以 95％或以上速度，重复多次跑，短于专项距离，也可以重复跑一组不同的距离。

⑪ 上坡跑：站立式起跑后上坡加速跑（在坡度为 7°～10°的斜坡跑道上进行），注意大腿高抬，加强后蹬力量。

⑫ 上下坡跑：听信号起跑后沿 7°～10°斜坡跑道全速上坡跑 30 m，接着转身下坡跑 30 m 返回为一组。

⑬ 起跑下坡跑：站立式或蹲距式起跑，沿 7°～10°斜坡跑道下坡跑，要求随下坡惯性积极加快频率及速度。

⑭ 牵引跑：用绳子拴住练习者的腰部，另一端拴在牵引器上，做 20～60 m 跑步，注意牵引速度要符合运动员水平。

⑮ 让距追赶跑：2～3 人一组，根据速度水平前后拉开距离，速度快者在前，听信号站立式起跑后全速跑，后者追赶前者，前者别让后者追上。跑 30 m、60 m。

⑯ 变速跑：加速快跑 30 m、50 m 或 80 m，然后放松慢跑 30 m、50 m 或 80～100 m，或直道加速快跑弯道慢跑或弯道快跑直道慢跑等，是改变速度的跑，以慢跑形式休息。

⑰ 变速越野跑：在公路、公园等自然环境中进行越野跑或慢跑游戏，在平坦地面进行，不等距离加速快跑。根据自然环境及运动员水平决定加速跑距离及次数。

⑱ 固定步数跑：用事先规定的步数加速跑 30～50 m，要求步点准确，动作幅度大而快，可计时进行。

⑲ 按标记快速助跑：在助跑路线上放置全程标记或最后几步标记，踏标记快速助跑起跳，要求步点准确，发挥出最大速度。

(2) 速度耐力性练习：距离主要以 200～600 m 段落为主，强度通常在 75％～90％之间，通常采用间歇跑的方式，发展混合供能能力、糖酵解能力为主。间歇时脉搏下降到 120 次/min 以下(20 次/10 s)，就可以开始下一次练习。

(3) 接力练习：利用上述段落进行接力比赛，可以提高对抗性和训练效果，同时也使练习的趣味性得以增强。

具体训练手段为：

① 接力跑：8×50 m 接力跑，4×100 m 接力跑，或绕田径场连续循环接力跑，也可画 20 m 半径小圆进行圆圈接力跑。

② 让距接力跑：方法同"接力跑"，一队在里道，一队在外道，绕田径场进行接力跑比赛。

③ 迎面接力跑：两组练习者相距 30 m 或 60 m，做往返迎面接力跑。

(4) 组合跑练习：组合练习的方式很多，应根据需要灵活安排。例如，(100 m＋200 m＋300 m)×2～3 组，或者(150 m＋300 m＋600 m＋400 m＋200 m)×2～3 组。这类练习的距离、次数、组数要根据实际情况和训练任务确定。

3) 结合专项进行练习

(1) 篮球

① 后退跑传球:两人一球,面对面站立,相距10 m。一人快速后退跑,另一人向前跑,两人跑动中相互传球,连续做60 m。注意始终保持距离,后退跑速度越快越好。

② 变向带球跑:6名队员站成一排,间隔5 m,每人一球,根据教练的手势作前后、左右变换方向带球,最后急停,转身带球跑20 m。

③ 滚球接力:篮球场端线站立,球放在地上,信号开始后用手滚动球到另一端后返回,手递手将球传给第2人,依次进行。要求球不能离开地面。

④ 起跳冲跑:篮下站立,听信号后连续起跳,手摸篮板5次,后接冲刺跑到中线折回。要求起跳动作不得有停顿,一气呵成。

⑤ 全场防守冲刺跑:站在罚球线附近,随教练员的手势滑步移动,听信号后连续起跳3次,接着起动冲刺跑到另半场罚球线处,变后退跑返回。

⑥ 运球接力:篮球场端线站立,听信号后快速运球跑到另一端线折回,手递手将球传给第2人,两人循环往返4～6次为一组。

(2) 足球

① 停球接运球:手持足球向前抛出,立即向前跑,用脚内(外)侧停反弹球,接做快速带球跑30 m。

② 跑动推进传球:两人相距10 m,平行站立,用一个足球按规定的脚法踢球,快速跑动推进传球60 m。

③ 双人多角传球:两人对立3～5 m,来回直线跑动传球。

④ 蛇形跑+冲刺跑射门等:按照标志盘进行蛇形跑动,后接加速跑至门前射门。

[拓展]

疲劳理论的衰竭和堵塞学说认为,疲劳产生的原因是肌糖原、肝糖原等能源物质的耗竭。骨骼肌疲劳时,肌肉中ATP变化不大,但CP下降到原来水平的60%～70%,同时有乳酸堆积。乳酸引起血液pH下降,阻碍神经肌肉接点兴奋的传递,传向肌肉的神经脉冲受到影响,抑制果糖磷酸激酶活性,从而抑制糖酵解,使ATP合成速率下降。同时pH的下降使肌浆中Ca^+浓度下降,影响肌纤维中肌球蛋白和肌动蛋白的相互作用,肌肉收缩能力减弱。

思考题

1. 简述速度和力量的关系。
2. 简述速度和能量供应的关系。
3. 简述速度的定义和分类。
4. 速度素质有哪些影响因素?
5. 简述速度素质训练的要点。
6. 如何控制速度素质训练的负荷?
7. 结合专项谈谈如何选择反应速度、动作速度、移动速度的训练方法。

7 耐力素质训练

[学习目标]
(1) 了解耐力素质训练的基本概念、内涵、模式、分类等问题,理解耐力素质训练的意义。
(2) 理解耐力素质相关原理,掌握耐力训练的基本原则和方法。
(3) 能够理论联系实际,根据需要制定耐力素质训练计划。

7.1 耐力素质训练概述

7.1.1 耐力训练的意义

耐力训练具有多重意义,在体能训练领域一直是核心问题。首先耐力素质是所有中长距离项目(田径、游泳、划船、滑雪、自行车)的专项能力,练耐力很大程度上就是练专项。其次耐力训练是提高人体能量代谢与储备能力的重要手段,能量的代谢(分解、氧化、合成)、运转效率是影响运动员持续运动能力的关键因素。长期的耐力训练对奠定扎实的能量系统基础,构建良好的能量链(磷酸原—糖酵解—有氧)具有直接作用。再次有氧耐力练习是放松、恢复、组织再生的重要手段,在大强度的训练之后,进行适宜强度的慢跑,促进血液回流和代谢废物排除,利于激烈运动中造成的肌肉损伤修复、软组织的再生,尽快消除疲劳。同时在健身、健康领域,耐力训练也是流行项目。医学权威认为,慢跑是锻炼心脏和全身的好方法,跑步可以预防肥胖、高血压、糖尿病、血脂异常、癌症等等。即使是相对低的跑量,也可以显著降低心血管疾病发生率和死亡率;跑量相对越多,健康收益也就越大,运动与健康之间存在着显著的剂量-效益关系。慢跑对于保持中老年人良好的心脏功能,防止肺组织弹性衰退,预防肌肉萎缩,防治冠心病、高血压、动脉硬化等具有积极的作用。最新的研究表明,运动是最佳的健脑丸,运动刺激为大脑创建理想的环境,从而提高记忆、学习能力。运动可以平衡大脑,使大脑生长,同时降低甚至治愈焦虑、抑郁、成瘾等心理类疾病,长期坚持运动可以预防大脑退化,延缓衰老。近几年马拉松运动在世界各地蓬勃发展,2017年我国马拉松及相关赛事达1 100场,近500万人参加比赛,影响力逐年提升,这也在一定程度上促进了人们对耐力训练、有氧训练的进一步关注。

7.1.2 耐力训练方法的演变

早期耐力训练的变化主要体现在训练方法上。持续跑是中长跑最原始的训练方法,大约1910~1936年出现了自然跑训练法,主要有匀速跑、节奏跑和越野跑。1936~1948年法特莱克跑训练法和间歇训练法逐渐形成。瑞典的考斯达·何尔穆教练在研究芬兰等国训练方法的基础上,找到了一种既能提高速度又能发展耐力的训练方法,发展了自然跑训练方法,创造出法特莱克跑,并训练出了一批世界级优秀中长跑选手,如贡·黑格、阿·安德松、伦·斯特兰德、亨·克拉内等,多次创造出多项中长跑世界纪录,特别是贡·黑格8次改写了4项世界纪录。

间歇跑训练法具有里程碑的意义,意味着中长跑运动进入"速度时代"。后期反复跑、高原训练相继出现,发展成今天的综合训练法。但各种训练方法各有优势和不足,运动员取得成就的基础是优秀的运动天赋和适合于他们的训练方法的结合。

7.1.3　耐力训练模式

各系统能量供应的特点是耐力训练的主要理论依据:现有多数理论对以大强度、极限强度运动时各系统可以持续供能的时间认识基本一致。人体各供能系统以最大输出功率供能,对于维持运动的强度和时间,磷酸原系统最短,可供极限强度运动6~8 s,不超过10 s;糖酵解系统可供极限强度运动30~90 s;糖有氧氧化系统供亚极限强度运动约90 min,是中长跑运动的主要能量供应系统;脂肪酸氧化供能时间不受限制,适宜中低强度运动,通常认为超过30 min以上较大强度的持续跑才会动员脂肪物质参与代谢;蛋白质和氨基酸供能时间可从运动开始后30~60 min起持续到比赛结束。以福克斯(FOX)为代表的美国学者提出了能量连续统一体的概念,根据时间划分为4个不同的区域(表7-1),界定了不同能量供应系统在不同运动中的参与情况。至此,基于运动持续时间不同的运动项目,其有氧和无氧能量供应比例逐渐得到人们的重视和接受,成为判断运动项目能量代谢特征的主要依据。

表7-1　能量连续统一体的4个区域

区域	运动时间	主要能量系统
一区	短于30 s	ATP-CP
二区	30 s~1.5 min	ATP-CP和糖酵解
三区	1~3 min	糖酵解和有氧氧化
四区	长于3 min	有氧氧化

各能量代谢系统在各类运动项目中参与能量供应的程度,特别是有氧、无氧所占的比例,是人们所关注的问题,同时也存在较大的争议。1988年,尼曼在总结了大量研究资料的基础上,对以全力运动、持续不同时间的有氧与无氧能量供应所占的比例提出了自己的观点。他提供的资料表明,有氧、无氧供能各占50%的时间通常在高强度全力运动的2~10 min期间。但这种观点的范围太大,给实际训练带来了不少困惑。2001年,Gastin在归纳其他人最新研究成果的基础上提出了新的看法,他认为有氧、无氧各占一半的时间,平均出现在全力运动的75 s左右,一般出现在1~2 min之间。范围的缩小对训练实践的影响是巨大的,但这种认识并不统一。目前有氧与无氧供能比例1∶1的临界点时间越来越短,在田径项目中,1 500 m曾被认为是有氧与无氧供能各占50%,之后是800 m。目前的最新研究表明,400 m是有氧和无氧1∶1供能的分水岭。时间提前对1~2 min全力运动项目的训练指导和监控意义非常重大。但在不同的项目中,如游泳、划船、自行车等又表现出较大的差异,说明专项的差异性及专项化训练的必要性。

乳酸阈、个体乳酸阈是耐力训练中一个重要的理论。用"乳酸阈模式"(乳酸阈附近的强度)进行耐力训练,可以有效提高运动员的有氧耐力水平。但近年来研究认为,优秀长跑运动员在大量使用"两极化模式"进行训练(图7-1)。有人认为,近几年赛事大幅度增加,运动员在短暂的比赛间歇只能通过低、中强度的有氧训练保持体能，积极恢复和调节体力，以应对频繁的赛事。因此，世界优秀耐力选手明显加强了对"代偿恢复性耐力"和"基础耐力"训练的重视程度，如游泳、田径中的长跑、越野滑雪以及一些赛事频繁的球类项目（如篮球、足球和网球等），均不同程度地增加了有氧的训练比例，并取得良好的运动成绩。人们认识到，运动时磷酸原系统、糖酵解系统和有氧氧化系统三个供能途径是一个统一的整体，并不是分别起作用。耐力项目选手将有氧能力作为训练重点，但其效果却具有综合性，不仅能提高机体的有氧能力，同时对无氧代谢能力也起到积极的作用。运动训练过程中有氧能力的改善，缓冲酸的能力增强，不仅提高了机体的耐酸能力，也能推迟乳酸峰值出现的时间并降低乳酸峰值。这对无氧代谢能力的提高起到促进作用。

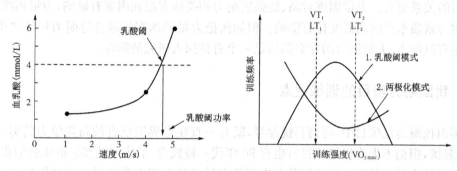

图 7-1 乳酸阈与两极化训练模式

训练中有氧训练比例的增加，一方面降低了年训练负荷的平均强度；另一方面也促进了无氧训练强度的进一步提高。由于这种训练安排利于机体的恢复，不易造成疲劳的积累和伤病，因此，运动员能够以更高质量、更大强度完成无氧区域的训练内容，大大提高了训练的综合效益。

德国学者诺伊曼建议，在年训练负荷中最大强度的无氧训练比例应控制在10%以内，高强度的有氧-无氧阈训练比例应在20%以内，其余70%应作为有氧强度的训练。另一位德国学者哈特曼认为，最高强度的无氧训练比例应控制在年训练总量的5%～10%之间，有氧-无氧阈以上强度的训练最好不超过10%，其余80%应该是有氧-无氧阈以下的中、低强度的训练。这和20世纪80年代苏联的理论十分接近，但略有不同（表7-2）。

表7-2 苏联高水平马拉松运动员全年训练负荷参数（运动健将和国际级健将）

负荷性质	准备期		竞赛期		全年总量	
	km	%	km	%	km	%
跑的总量	3 600±100	100	3 100±100	100	6 800±100	100
有氧负荷量	3 000±100	80±3	2 600±100	80±3	5 600±100	80±3
混合供能负荷量	550±50	15±2	500±50	16±1	1 000±50	15±1
无氧负荷量	90±5	2.5±0.5	100±5	3±0.5	180±5	2.5±0.5

7.1.4 耐力素质与力量

原来中长跑不太重视力量（包括力量耐力）的训练，主要以长时间的持续跑和高强度的重复跑、间歇跑为主。但研究表明,在近代马拉松运动员中,优秀运动员与一般运动员的最大吸氧量无显著性差异,但腿部力量相差明显。优秀运动员腿部力量达到 5 kg/cm^2,一般运动员为 2.5 kg/cm^2,说明成绩的提高不是主要依靠心血管系统机能的改善,而与肌肉力量耐力、速度耐力的改善有关,是随着对项目属性认识的深化,训练负荷结构变化,使机体产生适应,提高了肌肉的性能,对能源物质使用、代谢、快速清除乳酸等有毒物质,能够更有效地发挥作用的结果。

由于有氧训练强度低,参加工作的主要是慢肌纤维,而对快肌纤维的刺激减少,所以近年来有氧训练出现了较大的变化,最为突出的是在有氧训练中融合了技术和力量的内容和要求,强调"耐力-技术""耐力-力量"的结合。有研究认为,最大力量与耐力是有关的,而且与高强度耐力项目的关系更大。力量训练对高、低强度耐力相关的素质和因素有影响,力量训练量的大小对其耐力素质水平的高低变化有影响。但如何把力量训练有效融合进耐力训练之中,又不至于发生有氧能力、无氧能力的冲突仍然是一个有待深入研究的问题。

7.1.5 我国耐力项目的训练观点

我国田径耐力性项目中,可谓喜忧参半,既有一直在世界田坛有较高竞争力的男、女竞走(尽管有起伏,但仍不失为优势项目);也有 90 年代一枝独秀、形成突破和集群优势但很快沉寂并一蹶不振的女子中长跑。近几年甚至出现没有运动员有能力参加世界田径锦标赛、奥运会中跑比赛的局面。

20 世纪 80 年代以前,我国中长跑项目长期落后。这种长期的落后现象主要是由于对项目本质特征的认识出现了偏差,长期对跑的速度不够重视,认为中长跑、马拉松是以有氧供能为主的耐力性项目,甚至提出过"向公里数要成绩"的口号。虽然练得很苦,但由于未能从认识上突破对该项目性质的误区,训练成效不大。通过长期的训练实践,我国体育工作者,重新认识了中长跑、马拉松是高速度的耐力性项目,运动员既要有很高的耐力水平,又要有很强的速度能力,才能达到世界水平。正是由于对该项目性质、特征认识的改变,在训练指导思想上提出,训练中长跑、马拉松运动员要全面,耐力、速度耐力和速度都要好,成为多面手,只是耐力好、速度不好,出不了高水平的中长跑、马拉松选手。在训练上集中体现在三个突破:训练量的突破、训练强度的突破、训练后身体恢复过程的突破。运用"三氧"综合训练法,同时抓有氧、有氧-无氧、无氧三种供能能力,并注意合理安排"三氧"的比例、组合、方式、课间间歇、负荷量、负荷强度、训练阶段和专项需求。也有研究者归纳为四结合:即大运动量结合高强度、慢跑结合快跑、长距离结合短距离、高原训练结合平原训练,训练结构的设计和训练方法、手段的使用都与传统训练不同。

其实重视速度训练、"三氧"结合训练并不是一个新观点。苏联早期的理论就认为,取得长跑的优异成绩在很大程度上还取决于速度训练水平,世界优秀长跑运动员 100 m 的成绩为 10.8~11.0 s,使他们能以较高的平均速度跑完全程。长跑运动员的另一个特点是根据个人机体的生理、生化特点能在比较短的距离(1 500 m)或是比较长的距离(20 km、30 km)中跑出很好的成绩。我国训练理论认为,随着成绩的提高,中长跑运动员速度水平越来越重要,无氧训练和速度训练越来越重要,对中长跑运动员速度耐力、专项耐力的要求越来越高。因此,必须走"多项化"道路,全面发展项群素质,提高短翼项目和长翼项目的运动能力,以短促长,以长补短,细化培养专项能力,才能不断促进主项成绩的提高。

[拓展]

健身格言

"如果你想聪明,跑步吧!如果你想强壮,跑步吧!如果你想健康,跑步吧!"这是古希腊奥林匹亚阿尔菲斯河岸岩壁上的格言。但现在来看,仅仅跑步对健康是不够的,还需要重视力量和柔韧练习,有氧+力量+柔韧是现代健身训练的三大要素。中老年人肌肉退化较快,而过度的走路、慢跑,容易对膝关节造成磨损。因此,把有氧、力量、柔韧有机结合,进行科学健身十分重要。

7.2 耐力素质训练的基本理论

大量的运动实践和科学研究证实,人体运动时并不存在单独发挥作用的能量供应系统,3个能量代谢系统几乎同时工作(表7-3)。但由于运动时间、强度的差异,3个能量供应系统参与的程度、比例不同。从生理学的角度看,有氧氧化供能能力、糖酵解供能能力、磷酸原供能能力相互影响,形成一个有机联系的能量供应体系。因此,耐力训练要树立系统观,对心肺功能、能量供应、神经肌肉、专项特点充分考虑,实施系统的综合性训练,才能有效提高耐力素质水平。

表7-3 不同项目供能系统参与的比例%

项目	时间	ATP-CP系统	乳酸能系统	有氧氧化系统
100 m	10~15 s	95	2	3
200 m	20~35 s	95	3	2
400 m	45 s~1 min 35 s	80	5	15
800 m	1 min 50 s~3 min	30	5	65
1 500 m	3 min 45 s~6 min	25	25	50
3 000 m	8~16 min	20	40	40
5 000 m	14~25 min	10	20	70
10 000 m	28~50 min	5	15	80
马拉松跑	130~180 min	/	5	95
田赛项目	5 s以下	98	2	/

7.2.1 耐力素质的概念及分类

1) 耐力素质的概念

耐力素质是指有机体长时间工作,克服工作过程中产生的疲劳的能力。理论上认为,耐力与力量结合表现为力量耐力,与速度结合表现为速度耐力。但这种结合并不是简单的结合,而是在神经肌肉、能量系统、运动技能等方面的有机融合。

影响耐力素质的因素主要有:运动器官、系统长时间持续工作能力;能源物质的储备及利用能力;运动员的心理耐受能力;运动技能的熟练程度等。耐力素质是各项运动成绩的基础,对于以有氧代谢为主要供能来源的项目来说尤其重要。

2) 耐力素质的分类

根据耐力特点、属性及作用的不同,可以把耐力分成不同的类型(见图7-2),这里对常用的几个耐力素质进行界定。

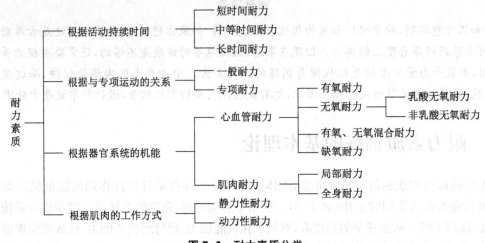

图 7-2 耐力素质分类

(1) 一般耐力：一般耐力是一种多肌群、多系统长时间工作的能力，是各运动项目的基础能力。进行一般耐力训练时，应充分考虑一般耐力与专项耐力之间的关系。

(2) 专项耐力：专项耐力是指运动员为取得专项成绩而最大限度地动员机体潜能，克服因专门负荷所产生的疲劳的能力。不同项目的专项耐力存在很大的差异，主要是由于环境、阻力、比赛过程等方面有各自的特点。

(3) 有氧耐力：有氧耐力是指有机体在氧气供应比较充分的情况下，坚持长时间工作的能力，如马拉松、越野跑、长跑、长距离竞走项目所需要的耐力。有氧耐力对众多项目有基础性作用。

(4) 无氧耐力：无氧耐力是指有机体在氧气供应不足的情况下，能坚持在较长时间内工作的能力，如体操、短距离游泳、短跑、投掷和跳跃项目在比赛中所需要的耐力。无氧耐力对动作稳定性、维持高强度的对抗能力有积极的意义。

(5) 混合耐力：混合耐力是介于无氧供能和有氧供能之间的一种耐力。它的特点是持续时间长于无氧耐力而短于有氧耐力，如拳击、摔跤、柔道、跆拳道以及田径运动中的 400 m、400 m 栏和 800 m 项目所需要的耐力。

其他还可以分为心血管耐力和肌肉耐力、全身耐力和局部耐力、动力性耐力和静力性耐力等。

7.2.2 影响耐力素质水平的主要因素

不同性质和类型的耐力的影响因素不同，如有氧耐力主要与糖有氧氧化供能、最大吸氧量、线粒体、力量耐力有关，而无氧耐力主要与糖酵解供能、快速力量有关，综合起来主要有下列几个方面：

1) 有氧系统机能能力

(1) 最大吸氧量：最大吸氧量是指在运动过程中，人体的呼吸和循环系统发挥出最大的机能水平时，每分钟所能吸取的最大氧气量。最大吸氧量对耐力素质的影响十分明显，在很大程度上受遗传因素影响。

(2) 机体的能量储备与供能能力：机体活动时的能量供应和能量交换的程度，在某种意义上取决于各种能量储备的多少和能量交换过程的动员水平。能量储备越多，耐力发展的潜力也就越大。肌肉中的 CP 储备能保证速度耐力活动中的能量供应，而肌肉中的糖原储备则是耐力活动中的能量供应的物质基础。能量供应的速度主要取决于能量交换的速度，耐力训练能有效地提高各种酶的活性，加快 ATP 的分解与合成速度。

(3) 红肌纤维数量与比例：白肌纤维与红肌纤维比例影响耐力水平。耐力性项目中红肌纤维所占的比重极大，高水平运动员通过系统的训练可以达到 80%，给发展耐力素质提供了物质条件。

(4) 机能稳定性：机体机能的稳定性是指机体的各个系统在疲劳逐步发展、内环境产生变化时，仍然能够保持在一个必要的水平上。一般来说，机能的稳定性取决于机体的抗酸能力，主要和血液中的碱储备有关。运动员的碱储备比未受过训练的人高出 10% 左右，这对提高运动员的抗酸能力，保持机能稳定性是有利的。

2) 中枢神经系统的功能

运动造成的疲劳既可能发生在外周系统，也可能发生在中枢神经系统。中枢神经系统的功能对耐力素质有很大的影响。中枢神经系统通过交感神经对肌肉、内部器官和各神经中枢起到适应和协调作用，另外，还可通过神经体液调节来提高人体的耐力素质水平。耐力训练的结果又反过来促进中枢神经系统工作能力的增加。同时中枢神经系统的功能对耐力素质有制约作用，耐力素质的练习又能促进神经系统有关方面功能的改善。

3) 技术因素

耐力素质的水平还取决于机体的机能节省化程度。合理的、高度机能节省化的运动技术，可使人体运动时的能量消耗减小到最低程度，从而保证人体更长时间的运动。在中长跑等长距离项目的训练中，往往会忽视技术训练，多次重复不合理的动作，造成能量物质的浪费。

4) 速度储备

速度储备即以较少的能量消耗保持一定速度的能力。速度储备也是影响耐力特别是专项耐力的因素之一。速度储备较高的运动员能以较少的能量消耗保持一定的速度，达到轻松持久的效果。合理的速度、速度耐力储备是耐久跑成绩的重要保障。

5) 个性心理特征

耐力训练是艰苦的活动，运动员的运动动机和兴趣，以及面临运动训练的心理稳定性、主观努力程度、自持力、忍耐力和意志品质都直接影响到耐力水平的发展，特别是忍耐力在耐力训练中起着非常重要的作用。在以强度为主的长时间训练中，机体发生缺氧以及酸性物质的堆积，运动员的机体处于十分难受的状态，这时运动员的忍耐力决定运动员能否坚持下去。

7.2.3 耐力素质训练要点

1) 打通能量链与能量桥

根据运动链理论，能量链由 ATP-CP 系统、糖酵解系统和有氧氧化系统构成，并有机构成一个整体。三个能量系统是相通的，同时开始工作，在神经系统的支配下，根据运动需要决定哪个系统起主要作用。其中糖酵解系统起到连接性的"能量桥"的作用，在快速供能和持续供能之间架起桥梁，在运动中起到非常关键的作用。不管什么项目，大多数优秀运动员其糖酵解供能能力都处于较高的水平，也证明了糖酵解连接性供能的重要性。

由于在运动训练中,身体各器官、组织、系统有定向适应的特点,而各种负荷对机体所起的刺激作用不同,这就要求要合理规划负荷的结构层次,长期、系统训练,打通三个供能系统之间的联系,奠定良好的能量通道基础。

2) 处理好有氧训练与专项耐力训练的关系

有氧训练和专项耐力训练并不完全相同。有氧训练主要为能量储备能力的提高打好有氧供能所需的各种生理机能基础,通常采用较低强度的持续训练和有一定强度的间歇训练,使心率维持在一定靶心率的范畴(表7-4)。有氧训练形式多样,可以是慢跑、游泳、骑自行车、爬山,也可以在健身房跑步机上定时、定量进行。但有氧能力与专项所需的耐力还有相当大的距离,运动专项不同耐力的含义存在较大差异,有学者把耐力定义为运动员以一定力量或功率重复某一运动的能力。因此,项目耐力训练除了心肺机能训练外,要有明显的专项特征,需要使用与专项接近的动作模式。因为专项的运动环境不同,中长跑要在场地甚至野外进行长时间的奔跑,对下肢支撑能力有极高的要求;划船对全身力量耐力的要求远远高于一般的周期性耐力项目,且需要全身协同用力;游泳在水中要克服远远大于空气中的阻力;球类要反复做各种复杂的技术动作等,都决定了有氧训练与耐力训练的不同。实践中要区别对待,有序安排,把低、中、高不同强度的有氧训练与专项训练有机结合。

表7-4 有氧训练的靶心率   次/min

年龄(岁)	最大心率	最大心率(%)		Karvonen 公式计算法	
		70%	85%	50%	85%
20	200	140	170	135	181
25	195	137	166	133	176
30	190	133	162	130	172
35	185	130	157	128	168
40	180	126	153	125	164
45	175	123	149	123	160
50	170	119	145	120	155
55	165	116	140	118	151
60	160	112	136	115	147
65	155	109	132	113	142

3) 重视抗阻力量训练

耐力训练与力量训练长期以来被认为是一对无法克服的矛盾,主要是认为力量训练主要是对白肌纤维起作用,能提高无氧代谢能力,与有氧能力起相反的作用。但近期研究显示,进行合理的力量练习(包括最大力量),可以有效预防伤病,提高爆发力和耐力水平,改善比赛最后阶段的冲刺能力,对耐力项目有利。有专家认为,力量耐力是力量素质中较为复杂的能力,不仅涉及神经-肌肉的工作,还涉及能量的代谢过程。一般练习强度通常低于70%,次数多于12次,以2~3组为宜。建议对力量耐力的训练,要根据项目需要,按负荷层次进行。Ehlenz 将力量耐力分为3个级别:

① 最大力量耐力(>75%)。

② 次最大力量耐力(50%~75%)。

③ 有氧力量耐力(30%~50%)。

实践中除要考虑负荷的层次外,还要对时间因素、练习顺序进行设计,使偏重于较大力量的训练单元与大强度的耐力训练适当间隔,以免相互干扰,影响综合训练效果。

4) 重视多样化功能性动作训练

近几年,通过核心力量训练、功能性训练提高耐力项目成绩的研究多有出现。由于传统的耐力训练通常以周期性、长时间重复的方式进行,刺激相对单调,对单个动作的效率要求不高,而且容易造成局部负担过重,如下肢、膝踝关节。有计划地安排功能性动作训练,丰富了对身体刺激的方式;良好的姿态利于保持正确的周期性动作,提高动作效率。同时多样化的动作训练与技能储备,也完善了人体的整体综合能力。功能性训练不能直接提高耐力项目成绩,却可以起到很好的间接帮助作用。

在实际操作过程中要注意使用复合性的动作练习,可以对全身肌肉耐力进行有效的刺激,如中等强度、时间较长的立卧撑,4~5个动作的组合连续练习等。

5) 合理安排交叉训练

交叉训练通常是指运动员在出现伤病或一个比赛期后的恢复阶段,采用其他项目训练,以维持基本体能水平的训练,如中长跑、自行车、游泳、划船、滑雪等运动员相互交换项目的训练。现在交叉训练已经成为耐力项目运动员训练计划的组成部分,在训练过程中有意安排交叉训练,分散过多的专项训练对局部肌群、关节的过度压力。交叉训练时注意刺激的强度、时间要能基本达到专项所需的要求,使呼吸、心血管、肌肉骨骼系统产生良好的适应。

[拓展]

有氧训练心率控制

有氧运动并不是强度越大、心率越高越好,而应以适宜的心率维持足够的时间(通常30 min以上),这样才能取得理想的效果。健身和训练中可以利用表7-5中公式计算合理的运动强度,使心率处于理想的靶心率范畴。

表7-5 有氧练习强度(心率)的计算

指 标	Karvonen公式计算法
最大心率	220－年龄
心率储备	最大心率－安静心率
运动时心率下限	60%×心率储备＋安静心率
运动时心率上限	80%×心率储备＋安静心率

7.3 耐力素质训练的方法与手段

提高运动员的摄氧、输氧及用氧能力,保持体内适宜的糖原和脂肪的储藏量,提高肌肉、关节、韧带等支撑运动器官对长时间负荷的承受能力,是发展耐力素质的基本途径。大多数运动项目和训练手段中有氧、无氧都有着特定的比例,根据运动项目对有氧、无氧比例要求的特点,选择同样比例的训练手段,往往可以达到比较好的训练效果。

7.3.1 耐力素质训练的要素

耐力素质训练的效果取决于运动形式、训练强度、持续时间、训练频率4个方面。在训实践中选择训练方法的时候,要充分考虑专项特点、训练阶段和任务,有序组合 4 个方面的内容。

1) 运动形式

运动项目众多,在竞技比赛中对耐力素质都有要求,但所需要的耐力性质不同。运动项目的表现形式和运动环境有很大差异,造成了运动过程中能量消耗与代谢方式的不同。例如,同样是体能类项目,长跑对有氧耐力有更多的依赖,游泳对持续的糖酵解(乳酸)供能能力要求更高,而划船要求全身有良好的肌肉耐力水平。球类项目也同样如此。因此,耐力训练要充分考虑专项运动需要,有计划地选择耐力训练方式。那种以跑为主、千篇一律的耐力训练方式是不足取的。

2) 训练强度

强度是耐力训练的核心,对强度的把握很大程度上决定了耐力训练的效果。无氧耐力、有氧耐力、专项耐力在训练强度的要求上有较大的差异。例如,有氧耐力训练通常采用 70% 以下的强度,心率低于 160 次/min。无氧乳酸耐力训练一般采用高于 80% 强度的练习,心率在 170~180 次/min 之间。研究显示,不同耐力训练强度对机体的影响和作用功能是有层次性差异的,对快肌、慢肌的作用也不同(表 7-6)。因此,针对专项和训练需要,选择适应的负荷强度十分重要。实践中要注意防止用偏大的强度进行一般耐力、有氧耐力的训练。

表 7-6 不同耐力训练强度的主要功能及对机体的影响作用

强度	主要功能	功能及机体适应
恢复性、代偿性耐力训练强度:<70%	恢复、调节机体能力	① 加速恢复体能 ② 维持一般有氧耐力水平
基础性耐力强度:75%~90%	提高运动和技术动作经济性	① 次最大负荷时最大摄氧量、心率、血乳酸下降 ② 基础储备(糖原、氧化酶等)提高 ③ 有氧基础代谢增加 ④ 神经肌肉运动稳定化(慢肌)
基础性耐力强度:90%~95%	改善机能能力和快速动作幅度	① 最大摄氧量和抗血乳酸运动能力增强 ② 有氧、无氧混合代谢能力提高 ③ 运动单位运动能力提高(快肌)
比赛性专项耐力强度:95%~105%	增强极限机能	提高完整的专项最大机能能力

3) 持续时间

持续时间与训练强度有对应关系,强度大则运动时间短,反之则反。因此,耐力训练持续的时间要根据强度确定,以维持足够的运动时间。通常中等强度运动保持 30 min 以上,大强度运动保持 20 min 以上,对耐力素质的提高较为理想。在耐力训练实践中,要避免强度过大的做法。因为强度与时间成反比,运动时间太短不会对心肺功能有理想的效果。

4) 训练频率

提高耐力不是短期内能解决的问题,要常年坚持,在一周中也要间隔性的安排。通常在耐力训练中,一般中等强度训练可以每周 5 次,或者大强度训练每周 3 次(隔天练),也可以两者互补安排。同时要注意专项特点,与专项耐力训练有机结合并考虑所处训练时期。例如,准备期一般耐力训练安排的次数多一些、时间长一些,专项耐力训练相对较少;比赛期一般耐力训练安排得少一些、时间短一些,专项耐力训练安排相对增加。

7.3.2 不同耐力素质的训练方法与手段

1) 一般耐力训练

(1) 一般耐力训练的形式

① 各种形式的长时间跑。

② 长时间进行的其他周期性运动,如速度滑冰、划船、自行车等。

③ 长时间重复做某一非周期性运动,如排球、篮球、足球等。

④ 反复做克服自身体重或坚持较长时间的抗小阻力(重量)的练习,如较慢速度的连续蹲起、小重量的杠铃上推练习等。

(2) 一般耐力训练的具体操作方法

① 持续练习法:是指在相对较长的时间里(不少于 30 min),以较为恒定的强度持续地进行练习的方法。持续练习法具有持续刺激机体的作用,利于改善大脑皮层神经过程的均衡性,提高心血管系统和呼吸系统的功能,能经济地利用体内储备的能量,有利于发展有氧耐力和一般耐力。持续练习法因为持续时间较长,又没有明显的间歇,所以总的练习负荷量较大。但强度较小,比较恒定,维持在 60% 左右的强度,对机体产生累积性的刺激比较和缓。持续练习时,内部负荷心率一般控制在 140~160 次/min 的范围内为宜,优秀运动员可达 160~170 次/min。

② 重复练习法:是指不改变动作结构和外部负荷表面数据,在相对固定的条件下,按照既定间歇要求,在机体基本完全恢复的情况下反复进行练习的方法。重复练习法每次练习的负荷量与强度可大可小,根据具体任务、目的而定。由于每次练习时都需要恢复到练习之前的水平,故每次练习可以保证强度在中等偏大或极限强度 90%~100% 范围内。

③ 间歇练习法:是指在一次(或一组)练习之后,按照严格规定的间歇时间和积极性间歇方式,在机体未完全恢复的情况下从事下一次(或下一组)练习的方法。间歇后心率下降到 120 次/min 左右,练习时心率达到 170~180 次/min,有利于提高机体的心肺功能和无氧代谢能力。根据负荷大小,可分为低强度和高强度间歇训练法。

④ 变换练习法:是指在变化各种因素的条件下反复进行练习的方法。由于耐力练习比较枯燥,采用变换练习法可以在一定程度上提高运动员的练习兴趣和积极性,提高练习的效率。变换的因素一般有:练习的形式、练习的时间、练习的次数、练习的条件和间歇的时间、方式与负荷等。因素的改变,会对运动员机体造成负荷刺激的变化。

⑤ "法特莱克跑":是变换练习法的一种特殊形式,也可以将它理解为是一种由持续练习法和变换练习法综合而成的组合练习法。具体方法是:在各种变换的外界自然环境条件下进行持续、变速跑的练习,时间长达 1~2 h,强度自我调节,有节奏的变化。法特莱克练习法对练习的过程没有明确的限制,运动员可自由选择地形、确定速度和路线。因此,这种方法能使耐力练习变得较为生动,使运动员在练习中能主动投入、积极进取,有利于发展一般耐力。

⑥ 游戏练习法与比赛练习法:是指运用游戏或比赛的方式进行练习的方法。这种方法能较快地提高运动员练习的兴趣和积极性,并在练习中充分发挥主动精神,使机体能够承受较大强度的负荷,有利于提高有氧耐力和无氧耐力。游戏练习法与比赛练习法是两种有紧密联系的练习方法。比赛练习法是从游戏练习法发展而来的,但其练习强度大于游戏练习法。

⑦ 循环练习法:把训练内容设置成若干个练习站点,按规定顺序进行练习,练习时的各站点内容及编排,必须符合训练课的目的,满足专项或训练任务的需要。组织形式有流水式、分

配式、轮换式等。在设计上要注意"渐进负荷"或"递增负荷"的原则。

⑧ 高原训练法：主要利用高原空气稀薄，在缺氧情况下进行训练。这有利于刺激机体，改善呼吸及循环系统的机能，提高最大吸氧能力，刺激造血功能，增加循环血中红细胞和血红蛋白的数量，提高输氧能力。因而高原训练具有提高运动员对运动后过量氧耗的承受能力，进而提高有氧耐力和无氧耐力的水平。

以上所介绍的耐力练习方法基本上是单一类型。在实际发展耐力素质的练习过程中，往往还要采用综合练习法，即组合练习法。通过各种方法的综合运用，使得练习过程变化更大，更具选择性，从而有效提高耐力素质。

2) 有氧耐力训练

(1) 负荷强度：通常负荷强度低于最大强度的70%，一般运动员的心率可控制在140~160次/min，高水平的运动员则可相对提高些。计算合适的心率公式为：

$$训练强度＝安静时心率＋(最大心率－安静时心率)×70\%$$

(2) 无氧阈：无氧阈是指人体在逐渐增加工作强度时，由有氧代谢供能开始大量动用无氧代谢供能的临界点，常以血乳酸含量达到 4 mol/L 时所对应的强度来表示。超过这个强度时，血乳酸将急剧增加。在径赛项目的训练中，往往又把运动员血乳酸值在 36 mg 百分比跑速确定为无氧阈速度。用接近无氧阈的速度训练是发展有氧耐力的有效方法。

(3) 持续时间：练习持续时间应根据专项特点、运动员自身的情况和训练的不同阶段来确定，如为了提高高强度的速度耐力，可持续 60~90 s；为提高有氧耐力，可多次重复 3~10 min 或持续 20~120 min。有氧练习通常以高于 30 min 为佳。

(4) 重复次数：使用重复训练法时，重复次数应根据维持高水平氧消耗的生理能力来确定，不能一概而论；通常 3~5 次/2~3 组。

(5) 间歇时间：应在运动员机体处于尚未完全恢复时再进行下一次的练习，一般不超过 4 min。一般当心率恢复到 120~130 次/min 时，开始进行下一次练习。低水平或少年儿童可以适当低于这个标准。如果采用重复法进行专项耐力强度训练，间歇要相对充分。

3) 无氧耐力训练

(1) 乳酸供能无氧耐力的训练

① 主要采用间歇训练法和重复训练法。强度：最大强度的 80%~90%，心率可达 180~190 次/min。负荷持续时间：长于 35 s，一般在 1~2 min 之间。距离：300~600 m 跑；或 50~200 m 游泳。

② 练习次数、组数和间歇时间：根据训练水平、跑速、段落长度和组间间歇时间而定。段落短，则间歇时间也短，如：200~400 m 段落跑，共练习 3~4 组，每组重复跑 3~4 次。

③ 练习顺序：为了提高有机体迅速动员无氧糖酵解的能力，则从长段落开始到短段落，如 (400 m×2＋300 m×2＋150 m×2)等。若为了提高有机体长时间维持糖酵解的能力，加强训练效应积累，则从短段落到长段落，或者交替安排。

(2) 非乳酸供能无氧耐力的训练

① 强度：90%~95%。练习持续时间：5~30 s 之间。

② 重复次数与组数：以不降低训练强度为原则，重复次数不宜多。次数、组数根据运动员水平与具体情况，水平高，则组多些。如练习 4~5 次/5~6 组。

③ 间歇时间：短距离如 30~70 m 跑：间歇时间为 50~60 s。较长距离如 100~150 m 跑，

间歇时间为 2~3 min。间歇时间要确保 CP 能量物质的恢复。要适当控制总量在 700~1 000 m 范围,过多速度会明显下降,达不到训练非乳酸供能的效果。

[拓展]

运动性疲劳

(运动性)疲劳是指机体(生理过程)不能将它的机能保持在某一特定水平,或者(器官)不能维持某一预定的运动强度。运动训练必然使人体产生疲劳,没有疲劳便没有训练效果。由于负荷强度越来越大,疲劳的程度也就越来越深。因此,关于疲劳的研究以及相关的恢复,越来越受到人们的重视。有关疲劳的理论主要有以下几种:

(1) 能量耗竭学说:疲劳的产生主要是运动过程中体内能源物质大量消耗而得不到及时补充造成的。高能磷酸物大量消耗:人体短时间、大强度运动,主要靠高能磷酸化合物(ATP-CP)非乳酸供能系统供能。运动时 CP 含量的下降取决于运动负荷,运动强度越大,CP 含量下降越明显,运动性疲劳产生也就越快。血糖含量下降:人体中等强度较长时间的运动过程,主要靠糖的有氧氧化供能,长时间消耗体内糖类物质,造成血糖浓度下降。脑细胞对血糖浓度的变化异常敏感,血糖下降直接影响脑细胞的能量供应,造成大脑皮层工作能力下降,身体疲劳。糖原含量下降:糖原是体内重要的能源储备物质,血糖浓度的维持主要靠肝糖原、肌糖原的分解。运动时间越长,糖原消耗就越多,疲劳症状也就越明显。

(2) 代谢产物堆积学说:运动性疲劳主要是运动过程中某些代谢产物在体内大量堆积而又不能及时消除所致,代谢产物的堆积将影响体内的正常代谢,造成运动能力下降,引起疲劳。乳酸(HL):是体内糖原(或葡萄糖)在缺氧条件下氧化分解的代谢产物,是目前研究最多的致疲劳物质之一。氨:运动时肌肉收缩可产生氨,体内氨含量升高可促发糖酵解过程,使乳酸含量增加。

(3) 离子代谢紊乱:运动时离子代谢紊乱可导致运动性骨骼肌疲劳,主要有钙、钾、镁等离子。

(4) 氧自由基-脂质过氧化:大强度运动中,氧自由基及其引起的脂质过氧化反应可以攻击细胞及线粒体等其他生物膜,造成离子、能量代谢紊乱,从而导致运动性疲劳。

(5) 内分泌调节机能下降:运动过程中正常的激素调节对于保证机体的运动能力有重要作用,内分泌腺机能异常将导致运动能力下降,包括垂体-肾上腺皮质系统和肾上腺髓质系统。

(6) 保护性抑制:无论是体力劳动还是脑力劳动,都会使大脑皮层处于一种高度兴奋状态,使脑细胞耗损,导致工作能力下降。为防止脑细胞进一步耗损,大脑皮层由兴奋状态转为抑制状态,即保护性抑制。

(7) 突变理论:认为肌肉疲劳是由于运动过程中能量消耗、力量下降和兴奋性或活动性丧失三维空间关系改变所致。

多种疲劳理论,说明产生运动性疲劳的原因是很复杂的,运动性疲劳不是单一的过程,而是一个综合的生理过程,是由外周执行器官转移到中枢神经系统中。这也预示着恢复手段的多样性。

思考题

1. 简述耐力素质的意义及其与速度、力量的关系。
2. 影响运动员耐力水平的主要因素有哪些?
3. 简述耐力训练的要素及注意事项。
4. 不同耐力素质训练有哪些差异?
5. 设计一堂针对青少年学生的有氧耐力或无氧耐力训练课。

8 灵敏素质与协调素质训练

[学习目标]
(1) 了解灵敏素质与协调素质的概念,了解灵敏素质与协调素质的影响因素。
(2) 理解灵敏素质与协调素质训练的要求和需要考虑的要素。
(3) 掌握灵敏素质与协调素质训练的常用方法。

　　灵敏素质与协调素质是影响人体运动能力的重要因素,也是运动员竞技能力的重要组成部分。二者密切联系,既相互促进,又相互影响。现阶段在功能性体能训练理论中,直接论述灵敏和协调训练的内容较少,但其中的快速伸缩复合训练、动作(技能)训练、核心柱训练的实质就是灵敏与协调的训练,涉及的内容有所重叠。因此,灵敏素质与协调素质训练也是功能性体能训练体系的重要组成部分。

8.1 灵敏素质及训练

8.1.1 灵敏素质概述

1) 灵敏素质的定义

　　灵敏素质是运动员面对突然变换的外界刺激因素,迅速改变身体的空间位置和运动方向,快速、准确地转化并完成动作的能力,"快"和"变"是其主要特征。

　　灵敏素质是一种复杂的运动素质,主要与反应能力、身体素质、动作技能、身体形态和系统机能等因素有关,它包含了神经心理因素(如预判、直觉、感觉、决策等),同时也包含了诸如反应时间、加速度、最大速度、改变方向的速度和机动性等生理因素,在拳击、球类等对抗性项目中具有重要的作用,是运动员竞技能力的重要组成部分。

2) 灵敏素质的作用

　　灵敏素质是一种综合素质,是速度、力量、柔韧等运动素质的综合表现。对运动员的应变能力有很高要求的运动项目来说,灵敏性显得尤为重要。良好发展的灵敏素质有助于运动员更好地发展技战术能力,发挥出最大速度、控制力,减少能量的消耗和多余的动作。此外,运动员具备良好的灵敏素质,使肌纤维正确地激活,控制精细肌肉运动,有助于避免运动损伤。灵敏素质的训练效果不易消退,训练获得的灵敏性能力可以保持较长的时间,这与力量、速度和耐力训练不同。灵敏素质所能达到的层次,很大程度上决定了运动员专项技术所能达到的高度,甚至影响运动员的运动寿命。

3) 灵敏素质的分类

　　(1) 一般性灵敏和专门性灵敏:一般性灵敏素质是指在完成各种复杂动作时所表现出来的适应变化着的外环境的能力。专门性灵敏素质是指运动员在专项运动中,迅速、准确、协调地完成专项运动中各种动作的能力,它是在一般灵敏素质的基础上多年重复专项技能和技术环节训练的结果。

(2) 程序性灵敏和随机性灵敏:从竞技过程中灵敏素质的表现与应用来看,程序性灵敏是指运动员对于比较相似的竞技行为做出选择性反应的应变能力,其应变行为基本上可以程序化地进行操作。随机性灵敏是指对于完全无序的竞技行为做出随机反应的应变能力,由于突发竞技行为难以预见,这就对运动员机动灵活的应变行为提出了更高的要求,如复杂多变的球类项目和格斗对抗类项目。

(3) 动作性灵敏和反应性灵敏:动作性灵敏是指人体在运动中根据需要迅速改变动作的能力,表现为连续的变速或变向、急起急停、快速转身等动作行为,主要受力量、速度等身体素质的影响。反应性灵敏是指人的中枢系统在受到外界环境刺激时,通过各种感觉系统进行快速的信息加工和发出指令的能力,与经验、判断、决策和心理唤醒水平有关。反应性灵敏是动作性灵敏的生理基础。

8.1.2 灵敏素质的影响因素

灵敏素质是神经反应、运动技能和各种运动素质的综合表现,这些要素与灵敏素质有密切关系,其中任何一种能力较差,对灵敏素质的提高都会造成不利影响。

1) 神经活动的灵活性

任何动作都受神经中枢和神经肌肉支配调节的控制。灵敏素质是在极其巩固的运动技能基础上表现出来的,也就是在大脑皮质综合分析能力高度发展的情况下才能体现。大脑皮质的分析、综合能力是在时间和空间上紧密结合进行的。因此,学习每一个动作都必须按一定顺序进行,大脑皮质根据动作难易程度所给予的刺激也按一定顺序正确地反映出来,经过多次重复,最后形成熟练动作。反复练习,使技术动作熟练化、自动化,使大脑神经活动兴奋和抑制的转换能力加强,才能提高大脑神经活动的灵活性,从而在任何环境中都能把技术动作熟练地表现出来。

2) 动作技能储备

实践证明,运动员掌握的动作技能越多、越熟练,则不仅学习新的运动技能快,而且技术运用也显得更灵活,更富有创造力,表现的灵敏素质也就越高。在激烈的比赛中,运动员能够根据实战需要,迅速做出适宜的动作反应。

3) 速度和力量发展水平

灵敏素质水平的高低主要由快速力量、速度能力所决定。力量是保障肌肉或肌肉群克服阻力的能力,快速力量、爆发力对灵敏素质的影响最大。速度是保障身体向各方向快速移动的能力,是一种包含反应、动作、加速、减速、移动等速度的综合能力。另外,协调和平衡能力对灵敏素质也有较大影响。

4) 智力和经验

灵敏素质并不是独立存在的,也不仅仅是动作能力,良好的智力发展水平和敏捷的思维能力对运动员的灵敏素质有重要影响。在体育活动中,各种运动技术和运动技能的灵活应用、聪明的战术思想的灵感及其具体实施、大脑神经活动兴奋与抑制的转换程度与快速工作能力的平衡,都取决于良好的智力发展水平和敏捷的思维判断能力。长期的训练和比赛,可以丰富运动员的运动经验,强化预判和动作选择能力,促进灵敏素质水平的不断提高。优秀运动员的突出之处,不仅表现在超人的技能和惊人的运动素质方面,而且也表现在良好的思维能力和解决复杂与潜在的技术、战术问题的方法方面。掌握技术动作后,还必须反复练习,不断强化,使之形成动力定型。因为条件反射形成后,如果不予以强化,获得的神经适应会下降,暂时神经联系就会中断,条件反射消退,灵活性随之降低。

5) 身体机能状态

灵敏素质较大程度上受身体机能状态的影响。本体感受器(运动感受器)的灵活性与准确性,以及肌肉收缩的协调性与节奏感,是影响灵敏素质的重要因素。通过多年系统训练,可使上述能力得到全面提高。前庭分析器对空翻、转体、平衡等类型动作灵敏性的提高有很大作用。翻转时,由于前庭分析器的作用,才能感觉身体在空间位置的变化,协助各种反射来调节肌紧张以完成整个动作。体操、跳水、蹦床能改进前庭分析器机能,可利用这些项目的一些特定动作改进前庭分析器机能,发展灵敏素质。

6) 年龄、性别、体重和遗传因素

灵敏素质受遗传因素的影响较大,主要是因为与灵敏素质关系密切的神经、肌肉类型等都受到遗传因素的影响。灵敏素质与年龄和性别有关,中老年人的灵敏性要明显低于青少年。在儿童期,男女灵敏素质几乎无差别;在青春期,男子逐渐优于女子;在青春期以后,男子明显优于女子。女子进入青春期,体重增加会导致身体克服惯性的难度变大,加之内分泌系统变化,灵敏素质会一度出现明显的生理性下降趋势。根据这一变化规律,在青春期以前就应加强女子的灵敏素质训练,使之得到较好发展。

8.1.3 灵敏素质训练的要求和方法

灵敏素质是人体综合能力的反映,受遗传因素影响很大。因此对运动员进行选材时应充分考虑其灵敏素质。为了提高灵敏素质,从青少年时期就应同时学习和掌握大量运动技能,进行动作技能储备。因为青少年神经系统的可塑性(改变和适应环境的能力)远远高于成年时期,有利于充分发挥灵敏素质。灵敏素质可通过改进平衡能力和协调能力,发展速度和力量素质予以提高。而对应于程序性灵敏素质和随机性灵敏素质,则应有针对性地组织相应的训练。

1) 灵敏素质训练的要求

(1) 从小培养,发展多种运动技能:灵敏素质的生理学基础是在中枢神经系统指挥下,将身体各种能力,包括力量、速度、协调、柔韧等综合地表现出来。神经系统是人体发育最早、最快的系统,儿童具有发展神经系统潜能的优越条件,如7~12岁具有良好的反应能力,6~11岁孩子节奏感较好,7~11岁具有良好的空间定向能力等,为发展灵敏素质提供了良好的条件。由于灵敏素质是人体综合能力的表现,是一种动作技能储备的自然表现,所以发展灵敏素质还必须从培养运动员的各种动作能力入手,在训练中广泛采用发展其他运动素质的方法来发展灵敏素质,并培养运动员学习能力、掌握动作的能力、反应能力、平衡能力等。

(2) 结合项目,训练手段多样化:运动员能否在运动中表现出准确的定向、定时能力和动作准确、迅速变换的能力,取决于运动器官的功能。一旦运动员对某一动作技能熟练到自动化程度时,再用该动作去发展灵敏素质就会减少效能,因为对神经肌肉的刺激降低。因此,采用多种多样并经常变换的手段发展灵敏素质,对强化运动员运动器官机能,提高灵敏素质更为有效。

(3) 合理安排时间,营造轻松愉悦的训练氛围:灵敏素质训练在整个训练过程中都应适当安排,使之系统化,但训练时间不宜过长,练习重复次数不宜过多。疲劳时或精神不集中时,都不宜进行灵敏性练习,因为机体疲劳或注意力下降,力量、速度、节奏感都会下降,平衡能力降低,这些情况都不利于灵敏素质的发展。

灵敏素质训练一般安排在训练课的前半部分,在运动员体力充沛、精神饱满时进行。教练员应营造轻松愉悦的训练氛围,消除运动员恐惧心理或紧张状态,以保证训练取得良好的效果。

2) 灵敏素质训练的方法

(1) 程序性灵敏素质的训练:运动项目及人体运动对灵敏素质有共性的要求,对于比较相似的竞技行为,运动员可以在一定程度上预先做好准备。这首先要求对比赛中经常可能出现的环境、对手的行为特征有所了解,进而制定相应的对策预案,并在训练过程中模拟实施,有针对性地进行训练,做好程序化准备。在比赛过程中,一旦该情景出现,能尽快地做出选择性反应,程序化地进行应变操作。程序性灵敏素质训练的主要方法有:

① "图形跑":发展程序性灵敏素质的练习可在不同速度下进行,例如,围绕摆放成"之"字形或"T"字形的锥形物跑、穿梭跑。在练习过程中按照已知的标准形式改变运动的方向。

② 限制完成动作空间的练习:如缩小球类运动场地的练习。

③ 改变习惯动作方式:改变完成动作的速度、难度或频率,如采用不同器械、设立不同目标、完成不同任务的往返跑和接力跑,变换动作的节奏,变换动作的频率等。

经常进行这些练习,并能在正常情况下完成,比赛中则可以灵活地应对不同的赛场环境。

(2) 随机性灵敏素质的训练:运动场上更多的是反应性的灵敏活动,这种随机性灵敏动作对应于完全无序的竞技行为,因此,更加难以培养和提高。发展随机性灵敏素质练习的主要方法有:

① 以非常规姿势完成动作:如各种侧向或倒退方向的练习。

② 以对侧肢体完成动作:如反侧腿跨栏、跳远,用对侧脚盘带球或踢球,做反方向拳击防护等。

③ 制造非常规训练条件练习:如增加对方队员人数并使用不同战术,改变训练场地条件(山地跑或山地滑雪),在有浪的水中进行游泳或赛艇训练,负重完成动作,缩短栏间距离的跨栏等。

④ 各种信号的综合刺激练习:利用视觉、听觉、触觉系统,刺激运动员进行快速的反应、移动练习等。

由于突发竞技行为难以预见,要求运动员对于无法预知的竞技环境和运动形式做出随机反应,对运动员机动灵活的应变行为提出了更高的要求。可以通过躲闪练习(如躲闪下落的网球)和进行专门性练习(如跳起落地后听从并完成教练随机提出的未知运动形式)等加以训练。灵敏素质训练富有挑战性、趣味性和刺激性,训练方法千变万化,不要使练习变得枯燥乏味。

8.2 协调素质及训练

8.2.1 协调素质概述

1) 协调素质的定义

协调素质是指运动员机体的不同系统、不同部位、不同器官,在特定的时间和空间条件下协同配合、合理有效地完成技术动作的能力。

协调素质是形成运动技术的重要基础,运动协调素质是综合的神经机能能力,其表现形式为运动员机体能够和谐地将运动时的时间、韵律和顺序等因素调和在一起协同运作,高效地完成动作。人体运动协调能力由反应能力、空间定向能力、本体感知能力、节奏能力、平衡能力、与动作认知有关的认知能力等多种要素构成。

也有观点认为,人的协调性不是一种单纯的身体素质而是一种综合能力,是人体各器官系统机能、运动素质、心理品质、个性特点和动作储备的综合体现。

2) 协调素质的作用

协调素质是一种综合性的运动素质,是评定动作质量和动作效果的重要指标之一。协调素质的高低,不仅影响技术、体能的层次,也很大程度上决定了运动员后期所能达到的竞技水平高度。良好的协调素质有助于运动员迅速地建立起大脑皮质中相关中枢之间的暂时联系,更快地形成动力定型,高质量地掌握运动技术;有助于运动员更好地适应运动时的外部环境;有助于运动员在完成同样的练习时更节省地使用能量;有助于减少运动损伤的发生。协调素质是运动员达到高水平竞技能力的基础,也是少儿阶段最为关键的训练内容。

3) 协调素质的分类

从机能系统的角度,可把协调素质分为神经协调、肌肉协调与动作协调。

(1) 神经协调是指在完成动作时神经活动过程的兴奋和抑制的相互配合和协同。

(2) 肌肉协调是指肌肉适宜而合理地用力,其中包括工作肌肉用力的程度和用力的时间顺序,用力的程度取决于参与工作的肌肉和肌纤维的数量,用力的时间顺序则是肌肉紧张和放松的相互配合能力。

(3) 动作协调是指动作的不同阶段不同环节相互配合、相互连接的状态,它取决于本体感受器官所提供的信息。

人体要完成一个动作,不论简单还是复杂,都存在着主动肌、辅助肌、拮抗肌的相互配合协作以及不同动作部位各肌肉间的配合协作。

从运动特点及其与运动专项关系的密切程度,可将协调素质分为一般协调和专项协调。一般协调素质是指运动员完成各种运动时所需要的普适性的协调能力,专项协调素质是指运动员完成专项运动时所需要的专门性的协调能力。

4) 协调素质的影响因素

(1) 神经系统的支配和调节能力:人体的活动过程是中枢神经协调各器官、系统进行的复杂的机能活动。动作完成质量的优劣取决于神经系统的支配和调节,需要建立在完整、高效的神经反射弧的基础上。运动员神经系统的机能状况直接影响动作完成的协调度,如果人体具备快速的反应能力、高效的运动单位募集水平、优化的神经反射弧传导通路,其神经系统机能必然能保证人体协调完成动作。

(2) 动作和技能的储备量:协调素质反映人体各器官、系统协调完成某一动作的能力,其表现形式即为动作协调。而动作协调需要建立在多种技术相互配合的基础上,运动技能储备越丰富,技能间的相互支撑或迁移的能力就越强,运动员完成动作的协调性表现就会越好。

(3) 时间、方位和节奏的感知能力:技术动作表现是建立在时间和空间两大基本维度之中的。运动由一系列同时和不同时发生的身体动作组成,体育运动极具节奏性,运动员对于时间节奏的掌控和空间维度的判断,需要具有良好的时空感知能力,因此,协调能力的培养必须建立在时间、空间和节奏的整体观念基础上进行。

（4）项目专项化水平：协调能力，特别是专项协调能力是完成专项动作的基础。运动员专项协调能力越好，运动单位的募集水平就越高，完成专项动作的效率就越高，技术动作就越节省，表现出的动作协调水平就越高。由于协调素质具有明显的项目特征，所以要密切围绕专项需要进行针对性的协调性训练。

（5）心理状态：运动员往往在放松的状态下能够做出协调稳定的动作，这样的动作省时省力，从而达到事半功倍的效果，这主要得益于身体各个部分密切一致的协调配合。

（6）遗传因素：协调素质具有很强的遗传特性，训练中要最大限度地挖掘运动员的协调素质潜能，合理安排敏感期的协调训练。

（7）其他体能要素的发展水平：协调素质表现是多器官、多系统共同作用的结果，所以其他素质的发展水平也在一定程度上影响着协调素质的综合表现，如反应速度、肌肉耐力、力量水平、灵敏性等。

8.2.2 协调素质训练的要求和方法

根据现有理论，协调素质影响因素主要有神经活动过程的灵活性和可塑性，运动技能储备，身体素质发展水平，个性心理特征和运动智能等。因此，针对协调素质的训练应该讲求方法，提出合理的要求。

1）协调素质训练的要求

（1）多样化训练，综合发展多种运动技能：运动员的协调能力受到时间、空间或动力控制等多种因素的影响。在提高运动员协调能力的训练中，关注某一能力改善的同时，应注意与全面改善综合协调能力密切结合起来。

（2）科学规划，注重敏感期的训练：协调素质虽然受遗传的影响很大，但经过后天的努力仍可提高，尤其是在肌肉和动作的协调方面；重视运动员在运动技能发育过程中存在的差异性，关注协调素质发展的"机会窗口"，选择适合的训练内容，青少年运动员应该进行更多运动项目的练习，以期达到事半功倍的效果。

（3）持之以恒，克服肌肉过度紧张：肌肉不合理的紧张是由于肌肉在收缩之后不能充分放松而引起的，而培养良好的调节肌肉张弛力的能力是一个长期的过程。协调素质的训练应作为每天的重要训练内容来予以安排。

（4）强化空间感觉和空间准确性：空间感觉必须深入到各专项才能适应其特殊性，如田径项目的时间感，体操项目的器械感，球类项目的球感等。在周期性项目中，协调能力的专门练习手段较少，因此，随着运动技术水平的逐步提高，应在完成习惯性练习的同时开拓更多的训练手段。例如，练习不常用的起始姿势，运用各种扩大动作幅度的练习器械和专门设备；改变训练条件和环境等。

（5）提高维持静态和动态稳定性的能力：由于很多动作均要求身体在动态中仍要保持平衡，这种动态平衡的能力，不仅在动作技能训练中可得到练习，在各种静态平衡练习中也可得到提高。静态性与动态性平衡练习有序结合，才能取得良好的效果。

2）协调素质训练的方法

协调素质的训练方法，通常可以归纳为以下4类：

（1）配合训练：两个系统、两个部位、两个肌群之间协同练习。

（2）变换训练：用不同的要求做同一动作，如轻重球、左右手（腿）、前后左右跳、快慢交替等。

(3) 加大难度训练：跑跨高低栏，球类的以少打多(加强防守)，小场地对抗等。

(4) 非常规动作：在特殊场地运动，不习惯的身体练习，反向完成动作等，如沙地跑、跳等。

可以结合需要，根据表8-1中的要求来实施协调素质训练。

表8-1 协调素质训练的方法与手段

方法	具体手段举例
使用不习惯的起始位置	背对跳跃方向完成跳高或跳深
镜式练习	用左手扔铁饼(常用手为右手)；镜像动作完成体操全套练习
借助辅助性器械提高动作协调难度	增大重量、改变体积或利用不规则物体在专项训练练习中使用
改变行动方式，提出"运动创造性"	使用不同跳跃技术方案完成跳高或跳远；在体操器械练习中，与同伴竞争练习时用不同(不常用的)的方案完成练习
通过附加动作增加行动难度和在不习惯的组合中配合行动	在落地前附加转身或支撑跳跃等其他动作；增加转身次数下投掷铁饼和链球；将新学会的球类项目或个人对抗项目中的方法用于各种技战术行动中；将已经掌握的体操单个动作组合到按照规定完成的新的全套练习中去
改变战术条件	要求用不同的战术相互作用或对抗作用一起完成；与不同级别对手或同伴完成任务
使用附加的行动客体或要求紧急改变行动的信号刺激物	增加球数量的练习；对突然的信号做出规定内的反应
改变完成练习的空间范围	在缩小的圈子里投铁饼或链球；在小场地上进行练习；在回转路线上增加障碍物；缩小支撑条件下完成平衡练习
针对性地改变外部负重	按一定的计划改变负重量，要求精确区分所施加的值
利用各种物质技术和自然环境等条件，以扩展运动技能可变的范围	定期完成利用不同质量的运动器械的练习；在室外场地和不同类型的室内场地中交替进行训练，在不同的自然条件(气候、温度、景色)下进行训练

思考题

1. 什么是灵敏素质？影响灵敏素质的因素有哪些？
2. 简述灵敏素质训练的要求。
3. 试述程序性灵敏与随机性灵敏的含义与训练方法的异同。
4. 什么是协调素质？影响协调素质的因素有哪些？
5. 简述协调素质训练的要求和方法。

9 柔韧素质训练

[学习目标]
(1) 了解柔韧素质的定义及分类，了解柔韧素质的影响因素。
(2) 理解柔韧素质训练的原则和需要考虑的要素。
(3) 掌握柔韧素质训练不同的拉伸练习方式及常用方法。

9.1 柔韧素质概述

人体的柔韧素质不仅是一种健康要素，也是重要的运动素质，在体育项目中具有重要作用。实践中人们对于柔韧素质的认识远远不够，研究显示，柔韧素质不仅影响关节稳定性和活动范围，同时对人体的发力（肌肉力量）产生较大影响，从而有效促进运动员的整体竞技能力。发展柔韧素质不仅可以加大动作幅度，使动作更加优美、协调，增加技术动作表现力，而且通过柔韧素质训练能够增加肌肉和关节的力量，减少受伤的可能性，有效预防运动损伤。此外，通过拉伸训练可以有效地减轻运动员延迟性肌肉酸痛，加快肌肉中代谢产物的排出，有利于运动员身体疲劳的恢复。因此，科学地进行柔韧素质训练，对于提高运动技术水平具有极为重要的意义。

9.1.1 柔韧素质的定义和作用

1) 柔韧素质的定义

柔韧素质是指人体关节活动幅度的大小以及跨过关节的韧带、肌腱、肌肉、皮肤及其他组织的弹性和伸展的能力。柔韧素质通过关节运动的幅度，也就是按一定的运动轴产生转动的活动范围而表现出来。关节的活动幅度主要取决于关节本身的结构，以及跨过关节的肌肉、肌腱、韧带等软组织的伸展性。值得注意的是，柔韧素质并不是越高越好，而应该和运动专项需要相适应。人们经常把柔韧素质简称为柔韧性。

2) 柔韧素质的作用

柔韧素质是运动员体能的组成因素之一，在运动员运动、训练、竞赛过程中发挥着重要的作用。同时，柔韧素质也是普通人群体质健康和运动能力的影响因素。

（1）为力量等素质的输出提供结构和供能基础：关节柔韧性的改善，有利于加大身体各部位活动幅度，为力量的有效输出提供帮助，提高运动过程的流畅性。如果肌肉力量的提高与柔韧性发展之间失去平衡，会限制力量及速度、协调能力的发挥，使肌肉协调性下降，并影响到其他运动素质的发展。

（2）帮助运动员提高运动技术的难度和美感。柔韧性是有效改进技术的必要基础，也是保证提高运动技术水平的基本因素之一。提高柔韧素质可以改善关节的灵活性和弹性，有助于完成复杂的动作技巧,增加动作的协调性和美感。

(3) 预防运动损伤,促进恢复,延长运动寿命:训练前后进行有效的柔韧性练习,能够激活关节周围的肌肉群,改善肌肉和关节的灵活性,适应训练和比赛的强度要求。加强关节周围肌群的力量还可以防止肌肉和韧带损伤的发生。训练或比赛后的柔韧练习,有利于运动员肌肉的牵拉、放松,恢复肌肉疲劳,减少肌肉酸痛。

9.1.2 柔韧素质的分类

1) 动力性柔韧素质和静力性柔韧素质

从外部运动状态的表现上看,柔韧素质可分为动力性柔韧素质和静力性柔韧素质。

(1) 动力性柔韧素质:是指人体根据完成动作技术的需要,各个关节在较快速度的运动过程中拉伸到最大限度的能力。通常我们说的运动员完成动作的幅度大小就是指动力性柔韧能力。

(2) 静力性柔韧素质:是指人体在静力状态下,保持关节角度和最大动作幅度的能力。如静力状态下肩关节柔韧能力、髋关节柔韧能力、脊柱柔韧能力等。

运动员静力性柔韧素质是动力性柔韧素质的基础,但静力性柔韧能力强不代表动力性柔韧能力一定也强。

2) 主动性柔韧素质和被动性柔韧素质

从完成柔韧性练习的表现上看,柔韧素质又可分为主动性柔韧素质和被动性柔韧素质。

(1) 主动性柔韧素质:是指运动员自身主动用力,依靠相应关节周围肌肉群的积极工作,完成大幅度动作的能力。如热身练习时行进间的前踢腿、扩胸运动。

(2) 被动性柔韧素质:是指在一定外力协助下完成或在外力作用下(如教练员协助运动员做压腿练习)表现出来的柔韧素质水平。如靠(手抓)肋木进行的压腿、躯干侧屈练习,在教练员协助下运动员做长时间的劈叉动作等。

主动性柔韧素质不仅反映拮抗肌的可伸展程度,而且也可反映主动肌的收缩力量。一般来说,主动性柔韧素质比被动性柔韧素质要弱,这种差距越小,说明柔韧素质的发展水平越均衡。

3) 一般性柔韧素质和专项性柔韧素质

从运动员竞技水平的发展需要来看,柔韧素质可分为一般性柔韧素质和专项性柔韧素质。

(1) 一般性柔韧素质:是指运动员在进行训练时,为适应这类身体练习,保证一般训练动作顺利进行所需要的柔韧素质。

(2) 专项性柔韧素质:是专项运动技术所特殊需要的、特殊的柔韧素质。它建立在一般性柔韧素质基础上,并由各专项动作的生物力学结构要求所决定。体操、跳水等运动员为了完成各种专项练习,肩、髋、腰、腿等部位必须表现出更大幅度的活动范围。

9.1.3 柔韧素质的影响因素

解剖结构和训练因素是影响柔韧素质的关键因素,其中有些因素(如关节结构、年龄、性别)是不能通过训练来改变的。在为运动员安排柔韧素质练习时要考虑到影响运动员柔韧素质的各方面因素。

1) 关节的结构

关节结构决定活动范围。关节的结构是影响柔韧素质最不易改变的因素,基本上由遗传决定。球窝关节(如髋、肩关节)在所有关节中活动范围最大,可以在任何解剖平面活动。手腕关节是椭圆关节(椭圆形关节头,椭圆形凹面关节窝),其活动范围比髋、肩关节都小,只能在矢状面、额状面一定范围内运动。膝关节属滑车关节,其活动范围最小。

2) 关节周围组织的弹性

肌腱、韧带、筋膜、关节囊以及皮肤都可能限制关节活动范围,关节周围组织体积的大小对关节活动有限制作用。结缔组织(被动拉长后回到原来长度的能力)和牵张性(被动拉长的能力)也影响关节的活动范围。

3) 肌肉体积

肌肉体积增加可能会限制关节活动,从而影响关节的活动范围。肱二头肌和三角肌发达的举重运动员,可能在高翻支撑时或持杠铃前蹲时出现三角肌不能充分拉伸的现象。一般来说,肌肉体积增大带来的好处往往大过它对关节活动范围限制造成的不利,但仍应注意肌肉增加的同时强化柔韧性训练。

4) 年龄和性别

大多数研究表明,女性柔韧素质普遍高于男性,原因是解剖结构的不同以及所从事的活动不同造成的。肌肉、韧带组织的弹性取决于男女性别和年龄特征,如男子与女子肌肉组成成分不一样,则弹性不一样。一般来说,年轻者较年长者的柔韧性好,女子较男子的柔韧性好,少年儿童较成年人柔韧性好。

5) 中枢神经系统的兴奋性

神经系统兴奋与抑制过程转换的灵活性与运动中肌肉的基本张力有关,特别是与中枢神经系统调节原动肌与对抗肌之间的协调性的改善,以及对肌肉紧张和放松的调节能力的提高有关。在中枢神经系统的影响下,肌肉的弹性会起显著的变化,如在比赛中情绪高涨时柔韧性会增大,在疲劳的情况下柔韧性会变差。因此,在训练和比赛中保持兴奋性和关注度,对减少肌肉、韧带的拉伤是有益的。

6) 外部环境和温度

适宜的外部环境是表现柔韧性的有利条件,外界温度的变化对于运动员身体的机能状态有较大的影响,可以通过准备活动的方式(如慢跑、激活练习)提高身体温度进而提高身体的柔韧素质。

此外,柔韧素质还与其他因素(如时间、心理)有关。运动员早晨起床后的柔韧性较下午差的原因可能与运动员身体机能或者运动员的心理状态有关。心理作用可通过中枢神经系统影响到有机体各部位的工作状况,消极的心理状态或过度紧张会使神经过程由兴奋转为抑制,致使运动员机体的协调能力下降,进而影响到身体的柔韧性。

9.2 柔韧素质训练的要求和方法

发展柔韧素质的目的是为了提高跨过关节的肌肉、肌腱、韧带等软组织的伸展性。发展柔韧素质的方法是拉伸(也称牵拉)练习,人们通常习惯把拉伸练习根据动作特征分为动力性伸展练习、静力性伸展练习和 PNF(Proprioceptive Neuromuscular Facilitation Stretch)拉伸练习。拉伸需要运动员使身体的关节运动到活动范围受阻的位置,在这个受阻的位置继续施加一定的力以完成拉伸运动。拉伸类型大致可分为主动、被动或辅助拉伸。现阶段在实践训练过程中,主动、被动、辅助及功能性柔韧练习等不同类型的拉伸方法和拉伸方式的安排组合形成了柔韧素质训练体系。

9.2.1 柔韧素质训练的要求

1) 注重安全,训练安排科学有序

充分做好准备活动,拉伸练习之前准备活动不充分,容易造成韧带受伤。所以,开始练习之前,要进行短时间的放松慢跑,提高拉伸肌肉群的血流量。柔韧素质训练的安排首先要拉伸大的肌肉群,可以使相对较小的肌肉群的灵活性发挥出更大的潜能。静力性拉伸运动的顺序通常先从中心部位开始,即背部、臀部和大腿后肌群。进行拉伸练习时,不要憋气,避免因此造成身体的紧张。柔韧性训练后一定要注意放松活动,以使肌肉柔而不软,韧而不僵。

2) 发展柔韧素质与力量素质相结合

在运动活动中,虽然专项运动对柔韧性往往有较高的要求,但一般来说,没有必要使其发展水平达到最大限度,超过关节的解剖学结构限度的灵活性(即过分发展柔韧性)会导致关节和韧带变形,影响关节结构的牢固性。发展柔韧素质尤其要注意与力量素质相结合,力量与柔韧性结合的练习不仅可以避免或消除两者之间的不良转移,而且有助于两种素质的协调发展。

3) 以满足专项技术的需要为标准

运动员在比赛过程中的柔韧性体现在技术动作中,柔韧性的表现不仅仅是在一个关节或一个身体部位,而是牵涉到几个有关联的部位,柔韧性练习是为了保证顺利地完成必要的动作。例如,体操中的"桥",就是由肩、脊柱、髋等部位的关节所决定的。如果其中某一个部位稍差,就应立即采取措施使其得到改善。另外,也可通过其他部位的有效发展使其得到补偿,保证专项运动需要。

4) 循序渐进,持之以恒

柔韧性训练要求在全年训练的任何一个时期,都安排发展或保持柔韧性的练习。由于肌肉、韧带等的伸展性并不是一时一刻就能得到提高的,在专门提高关节活动幅度阶段,应该每天都安排发展柔韧性的练习,做到循序渐进。在拉长肌肉时可能会出现疼痛现象,对此要保持警惕,不能拔苗助长、急于求成;在柔韧性的保持和提高阶段,练习应逐步提高要求,在同伴帮助下进行被动性练习时更应谨慎避免肌肉、韧带拉伤。

5) 合理规划、区别对待

柔韧性训练必须根据项目特点和运动员具体情况安排。柔韧素质发展的敏感期是5～12岁,从小发展的柔韧性,能得到一定程度的巩固和保持,消退较慢。跳跃项目的运动员对腿部和髋部的柔韧性要求较高,训练时必须根据项目特点确定重点。在训练课前要安排全面的柔韧性练习,大负荷身体训练结束后,进行拉伸练习有利于及时消除运动员训练后生理不良反应,降低肌肉酸痛。此外,每个运动员的竞技能力发展水平不一样,外界温度过高或过低,都会影响运动员身体机能和关节肌肉的伸展能力,因此训练过程中要区别对待。

9.2.2 拉伸练习

在运动实践中,不同的拉伸方式都有自己的特点。静力性拉伸不会因为活动范围超出关节组织而导致运动损伤,需要的能量较少,静力性拉伸对于缓解大负荷运动后产生的肌肉酸痛有良好的效果,有利于运动员肌肉恢复,但有研究表明,赛前进行过度的静力性柔韧练习可能造成肌肉松弛、肌力下降。动力性拉伸可以有效地激活神经肌肉系统,较大的拉伸范围对于发展柔韧素质效果更好,对于增加肌肉弹性、协调性有较好效果,但速度快容易造成肌肉延迟性疼痛。PNF 拉伸遵循本体感觉神经肌肉易化的基本理论,以主动-助力牵拉为主要形式,是一种常见的物理治疗方法,有研究表明,PNF 拉伸对于提高髋关节活动幅度更为有效。但上述 3 种拉伸方式同样存在着自身的优势与不足(表 9-1)。

表 9-1 静力性、动力性及 PNF 拉伸的优缺点比较

优点	静力性拉伸	动力性拉伸	PNF 拉伸
过度伸展的危险性小	好	差	优
有效预防抽筋或酸痛	优	差	好
可促进伸展效果	差	好	好
利用反射原理放松肌肉	好	一般	优
符合特殊性训练原则	差	优	一般
不需要其他人协助	劣	优	劣
有效,用时很少	一般	好	差
有效增加肌肉和韧带活动度	好	优	优

1)静力性拉伸练习

静力性拉伸练习是指在一定时间里,缓慢地将肌肉、肌腱、韧带拉伸到一定活动范围并维持一定时间(通常 10 s 以上)的拉伸活动。静力性拉伸可作为运动前准备活动(适当缩短静止时间)或运动后整理活动的一部分,其主要特征是动作缓慢并停留一定时间。静力性拉伸练习是目前较理想的拉伸练习方法,与动力性拉伸练习相反,静力性拉伸练习要求四肢缓慢伸展,这种方法可减少或消除超过关节拉伸能力的危险性,有效防止肌肉、韧带拉伤。

静力性拉伸有两种形式,即主动性拉伸和被动性拉伸。

(1)主动性拉伸:是指运动员在动作最大幅度的情况下,通过主动收缩阻碍该块肌肉的拮抗肌来实现拉伸自身肌肉并保持一定时间的练习方式,这种方式相对舒适、安全和容易操作。例如,体前屈后静止并保持 10~30 s。

(2)被动性拉伸:是指运动员开始时自己练习,在练习的最后部分利用某种外力来协助自己完成拉伸动作并保持一段时间。这种协助可以是体重、皮带、杠杆作用、重力或者同伴,也可以是专门的拉伸设备。通过被动拉伸,可以放松尝试拉伸的肌肉,并依靠外部力量将自己固定在适当的位置。静力性练习是缓慢和连续的,并且在最后姿势保持一定时间,例如,依靠同伴的力量来保持体前屈的最大幅度,实施过程中忌讳外力大于自身的柔韧性,容易引起肌肉拉

伤风险。被动性拉伸练习可以达到更大的关节活动范围,对于发展柔韧素质的效果更好。

静力性拉伸练习要点如下:

(1) 慢跑使身体发热,每一个拉伸动作停顿 10~20 s,重复 2~3 次,每周练习 10~15 次。

(2) 在做拉伸运动时要顺应身体状况,拉伸过程中会有肌肉的被牵拉感,但不应有疼痛感或不适感,如果感到疼痛,应立刻停止练习。

(3) 静力性拉伸通常安排在训练或比赛后,能起到良好的肌肉放松作用。在训练和比赛前则要慎重安排,以免肌肉过度松弛而影响发力。

2) 动力性拉伸练习

动力性拉伸也称动力性伸展,是指有节奏的、速度较快的、幅度逐渐加大的、多次重复一个动作的拉伸。在运用该方法时用力不宜过猛,幅度一定要由小到大,先做几次小幅度的预备拉伸,然后加大幅度,以避免拉伤。动力性拉伸练习由一整套大幅度动作组成,比静力性拉伸练习强度要大。热身准备时,动力性拉伸一般放在静力性拉伸练习之后,可为训练或比赛做准备。动力性拉伸练习能够刺激某些特殊关节神经系统的活动,通过这些活动,使肌肉和关节为接下来的激烈运动做好热身准备。

动力性拉伸练习有助于保持运动员关节运动的幅度,但不能改善肌纤维长度。事实上,动力性拉伸练习引起的是肌肉牵张反射,肌纤维被暂时拉长。如果过度牵拉肌纤维就会导致纤维受损,造成肌肉弹性丧失。在安排动力性拉伸练习时,教练员必须清楚练习存在的危险性。

动力性拉伸练习要点如下:

(1) 首先慢跑使身体发热,慢跑结束后通常做适量中等速度的快速跑练习,使神经肌肉和内脏功能活动达到较高的水平,为动力性拉伸做好充分准备,提高热身活动的效率。

(2) 拉伸的动作幅度、力度要逐渐增加,不要过快,以免造成可能的拉伤。

(3) 每个练习重复 5~10 次,不同部位交替,可以分 2 次进行。

3) PNF 拉伸法

PNF 拉伸法又称作本体感觉性神经肌肉练习法,是一种治疗技术,是在生理学、运动学、运动解剖学等学科基础上发展的一门治疗方法体系。最初是为神经-肌肉康复活动而设计的,主要是通过增加肌肉的张力和活动来放松肌肉。由于这种方法的练习能有效改善特定肌肉的功能和关节的柔韧性,通过本体感觉神经肌肉之间的联系,改善身体柔韧性、平衡能力,提高神经肌肉募集能力,所以在训练中可以作为强化肌肉柔韧性的重要手段。

PNF 拉伸包括被动的拉伸运动、对抗性活动和主动的肌肉收缩活动。这种方法可以调动神经系统兴奋性,让中枢神经系统更好地调节和控制肌肉活动,能够促进肌肉的放松,有效提高柔韧素质。PNF 拉伸法的缺点是不能自己完成,需要同伴的帮助,需要专业的知识和熟练的操作技能。

PNF 拉伸法在使用时机上要注意下列几点:

(1) 避免在受伤时使用。

(2) 一般不在练习的热身阶段采用,由于牵拉对抗时的强度较大,有可能在随后的训练和比赛中存在受伤的隐患。

(3) 在训练、比赛后的放松恢复阶段采用,也可以单独安排。

PNF 拉伸法在训练实践中,从练习形式上看与静力性拉伸方法相似,但机理上有本质的不同。在拉伸过程中,由于进行的肌肉等长收缩优先于拉伸,从而达到了比单独拉伸肌肉更好的效果,这是它不同于其他拉伸方法的显著特点。PNF 拉伸法的生理学理论依据是利用反牵张反射达到使肌肉放松的目的,肌肉做等长收缩,会对肌肉产生强烈的刺激,肌肉中的腱梭会将信号传入中枢神经,反射性地使肌肉放松,导致反牵张反射的产生。在 PNF 拉伸练习过程中主动肌与拮抗肌的收缩、放松交替进行,提高了拉伸的综合效果。

9.2.3 柔韧素质训练的要素

1) 动作模式

柔韧素质训练的动作模式主要反映在动作频率、用力大小和负重量三方面。动作频率不宜太快,应主要采用中等或较慢的频率,因为这种频率能延长力对关节的作用时间,避免肌肉和韧带拉伤。借助外力进行被动性练习时,用力程度应逐渐加大,并以运动员主观感觉为依据。当运动员感到肌肉酸疼时可以减少力量,当感觉到肌肉胀痛时可坚持一下,当感到肌肉麻时则应迅速停止训练。采用负重练习发展柔韧性时,除训练水平高的运动员外,负重量不能超过被拉长肌肉力量能力所能达到的 50%。负重量的大小取决于练习性质:在完成静力性拉伸的慢动作时,负重量可相对大些;在完成动力性摆动动作时,负重量应小些,一般控制在 1~3 kg(普拉托诺夫,1984)。总之,柔韧素质训练宜采用中等强度进行,强度过大、过猛均易造成拉伤;强度过小,则不易达到很好地发展柔韧素质的目的。

2) 练习重复次数、组数与持续、间歇时间

练习重复次数应根据运动员的年龄、性别、项目特点以及不同训练阶段(发展柔韧素质阶段、保持柔韧素质阶段)的任务进行安排。普拉托诺夫(1984)指出:少年运动员(12~14 岁)一次课的练习重复次数应比成年运动员少 15%~20%;女子的重复次数应比男子少 10%~15%,动作重复的最多次数,是通过完成几组练习累积的数量。

练习时每组动作可安排 10~15 次重复练习,每组练习的持续时间可保持在 6~12 s,摆动动作可达 10~15 s(根据运动水平),静力性拉伸练习停留的固定时间可控制在 15~30 s。

练习的间歇时间取决于练习的性质、动作的持续时间、参与工作的肌肉数量。一般控制在 10 s~3 min 之间。确定间歇时间的基本原则,是应该保证运动员在完全恢复的条件下再做下一组练习。间歇时间一般不能太长,否则会减小关节的活动性,降低训练效果。在间歇时间,可安排一些肌肉放松练习或自我按摩练习,以便为下一次加大关节活动幅度提供条件,从而收到更好的训练效果。

【拓展】

功能柔韧性练习

良好的柔韧性有助于通过最佳的动作范围发挥功率。通常柔韧性练习可分为下列类别:

(1) 训练或比赛前,即准备活动中的柔韧性练习,通常以动力性练习为主。

(2) 整理活动或专门的柔韧课,以放松或增加动作范围为目的的柔韧性练习,通常以静力性为主,也可以使用 PNF 方法。柔韧性的提高不能以失去关节的稳定性为代价,如过度的被动拉伸。

(3) "功能柔韧性"练习:使同一个关节运动相反的肌肉群都能得到积极的练习,利于在随后的训练或比赛中做出理想的表现,主动肌快速收缩和被动肌快速放松有序进行。传统的静力性拉伸练习不能提供这种功能柔韧性,实际上会"使肌肉进入睡眠状态"。实践中要求做到以下几点:

① 准备活动和放松活动不同：准备活动中主要使用积极、动态的"动员性练习"，以动力性练习为主；训练和竞赛后的放松活动以静力性拉伸练习为主。

② 力量与柔韧性相结合：单纯的柔韧性练习有局限性，只能对关节活动范围有促进作用，不能提高力量性成分。在柔韧性练习的同时，强化关节肌肉力量，才能更好地维持关节的稳定性，减少损伤。PNF就是一种两者兼顾的拉伸方法。

③ 使关节周围的肌肉、韧带都得到发展：专项运动对关节活动的要求有专门性，关节周围肌肉活动和用力的方向相对固定，这样长期运动会使得关节周围的肌肉、韧带发生了适应性改变，容易出现"强弱侧"现象，从而影响运动表现甚至引起受伤。关节的稳定性需要关节周围的肌肉、韧带都应得到较好发展。因此，运用功能柔韧性练习，使整个关节周围肌肉的伸展、强化练习都是需要的。

9.3 柔韧素质训练的常用手段

发展各关节柔韧性所采用的动作很多，如，压、踢、摆、搬、劈、绕环、前屈、后仰、吊、转等，主要形式可分为以下几类：

(1) 在器械上的练习，利用肋木、平衡木、跳马、把杆、吊环、单杠等进行练习。
(2) 利用轻器械的练习，利用木棍、绳、橡皮筋等进行练习。
(3) 利用外部的阻力徒手练习（包括单人和双人），利用同伴的助力、负重等进行练习。
(4) 利用自身所给的助力或自身的体重练习，如压腿身体前倒，在吊环或单杠上做悬垂等。为了论述方便，下面根据身体部位介绍一些发展柔韧素质的常用动作。

9.3.1 手指、腕关节柔韧性练习

1) 手指柔韧性练习

手指练习手段很多，徒手或负重都有，应考虑专项因素，主要有以下几种：
(1) 握拳、伸展反复练习。
(2) 两手五指相触用力下压，使指根与手背成直角或小直角。
(3) 两手五指交叉直臂头上翻腕，掌心朝上。
(4) 手指垫高的俯卧撑。
(5) 杠铃至胸，用手指托住杠铃杆。
(6) 用左(右)手掌心压右(左)手四指，连续推压，交替进行。
(7) 面对墙站立，连续做手指推撑。
(8) 左右手指交替抓下落的棒球（或小铅球）。
(9) 靠墙倒立。

2) 腕关节柔韧性练习

腕关节由桡腕关节（使手屈伸、内收外展）及腕间关节（使手旋转）构成。一般腕关节的练习方法有屈伸、绕环；体操运动员主要发展背屈能力：采用俯卧撑推手、倒立爬行等练习；篮球、排球、乒乓球、手球、网球等项目对手腕的灵活性要求较高，既要发展屈伸、内收外展，又要发展旋转的能力，主要通过基本动作、基本技术来发展；举重运动员需要发展手背后屈柔韧性等。

9.3.2 肘关节柔韧性练习

肘关节由肱尺关节、桡尺关节、肱桡关节构成。它由内侧、外侧副韧带及桡骨环状韧带加固。肘关节运动时屈伸动作较多,所以在发展屈肌力量练习的同时配以屈肌的伸展性练习,主要采用压肘、旋内、旋外、绕环的练习动作。由于运动中挥臂的动作多、速度快,肘关节所受的刺激较大,是容易受伤的部位,因此应重视肘关节的柔韧性和力量训练。

9.3.3 肩关节柔韧性练习

肩部(肩轴)是运动过程中人体上部的支撑点,在运动中处于非常重要的位置,可采用压、拉、吊、转等多种方式进行练习。

1) 压肩

(1) 手扶一定高度物体身体前屈压肩。
(2) 双人手扶对方肩,体前屈直臂压肩。
(3) 面对墙一脚距离站立,手、大小臂、胸触墙压肩(逐渐加大脚与墙的距离)。
(4) 练习者背对鞍马并仰卧在鞍马上,另一人在后面扶着他上臂下压。
(5) 两人互相以手搭肩,身体前倾,向下有节奏地压肩。

2) 拉肩

(1) 双人背向两手头上拉住,同时作弓箭步前拉。
(2) 练习者站立,两手头上握住,帮助者一手拉练习者头上手,一手顶背助力拉。
(3) 练习者俯卧,拉木棍,一手顶其背助力拉。
(4) 背对肋木坐,双手头上握肋木,以脚为支点,挺胸腹前拉起成反弓形。
(5) 背对肋木站,双手反握肋木,下蹲拉肩。
(6) 背向肋木屈膝站肋木上,双手头上握肋木,然后向前蹬直双腿胸腹用力前挺。
(7) 侧向肋木,一手上握一手下握肋木向侧面拉肩。
(8) 体前屈坐于垫上,双手后举,帮助者握其两手向前上推助力拉。

3) 吊肩

(1) 单杠各种握法(正反)的悬垂摆动。
(2) 单杠负重静力悬垂。
(3) 杠悬垂或加转体。
(4) 单杠悬垂,两腿从两手间穿过下翻成后吊。

4) 转肩

用木棍、绳或橡皮筋做直臂向前、向后的转肩(握距逐渐缩小)。

9.3.4 腰腹部柔韧性练习

腰腹部处于人体的中间环节,也是四肢的连接部位,肌肉的层次、走向复杂多样,可采用多种方式进行柔韧性练习,主要的练习手段有:

(1) 弓箭步转腰压腿。

(2) 两脚前后开立,向左后转,向右后转,来回转腰。
(3) 体前屈手握脚踝,尽量使头、胸、腹与腿相贴。
(4) 站在一定高度上做体前屈,手触地面。
(5) 分腿体前屈,双手从腿中间后伸。
(6) 分腿坐,脚高位体前屈,帮助者可适当用力压其背部助力。
(7) 后桥练习,逐渐缩小手与脚的距离。
(8) 俯卧撑交替举后腿,上体尽量后抬成反弓形。
(9) 双人背向,双手头上握或互挽臂互相背。
(10) 肩肘倒立下落成屈体肩肘撑。

9.3.5 胸部柔韧性练习

胸部练习采用的手段主要有以下几种:
(1) 俯卧背屈伸,练习者腿部不动,积极抬上体、挺胸。
(2) 面对墙站立,两臂上举扶墙,抬头挺胸展肩,要求让胸尽量贴墙,幅度由小到大。
(3) 背对鞍马头站立,身体后仰,两手握环使胸挺出,要求充分伸臂,顶背拉肩、胸。
(4) 练习者并腿坐在垫子上,臂上举,同伴在背后向后拉其双手,用脚蹬练习者肩背部。

9.3.6 髋关节柔韧性练习

髋关节的柔韧性练习主要发展前后、左右开胯的能力。练习手段有髋关节绕环、侧向转髋跑、正向脚跟脚尖转髋跳等。发展膝关节、髋关节柔韧性,常结合在一起练,称为腿部柔韧性练习。经常采用的练习动作有主动或被动的压腿、踢腿、摆腿、劈腿等。

9.3.7 下肢柔韧性练习

腿部柔韧性训练,主要发展腿部前、侧、后的各组肌群伸展和迅速收缩的能力,以及髋关节的灵活性。腿部柔韧性训练主要采用压、开、踢、控和劈腿等动作方式。主要手段如下:
(1) 压腿:分正压、侧压和后压三个方向,将腿放在一定高度上进行练习。要求正压时髋正对腿部,侧压和后压将髋展开。
(2) 开腿:分正、侧、后三个方向站立,可由同伴帮助把腿举起加助力按。要求肌肉放松,不要主动对抗用力。
(3) 踢腿:可扶肋木,常用的踢腿方法有正、侧、后踢腿,还可采用两腿分别向异侧45°方向踢出的十字踢腿,踢腿时要求上体正直,腿伸直。
(4) 控腿:按舞蹈基本功姿势,腿向三个方向上举,并控制在一定高度上,包括前控腿、侧控腿和后控腿,注意保持躯干姿势。
(5) 劈腿:前后劈腿时,同伴帮助压后大腿根部;左右劈腿时,应将两脚垫高,自己下压或由同伴扶住髋关节下压。

9.3.8 踝关节和足背部柔韧性练习

增强踝关节的柔韧性可以提高弹跳力，因为小腿腓肠肌和比目鱼肌以及跟腱的韧带拉长后再收缩就更有力量。足背的柔韧性好，不但可以增加肌肉收缩力量，而且可以使动作姿态更加优美。可采用下列手段进行练习：

（1）正对肋木，练习者手扶腰部高度肋木，用前脚掌站在最下边的肋木杠上，利用体重上下压动，然后在踝关节弯曲角度最大时，拉长肌肉和韧带，反复练习。

（2）练习者跪坐在垫子上，利用体重前后移动压足背。也可以将足尖部垫高，使足背悬空，做下压动作，这样强度更大一些。

（3）练习者坐在垫子上，在足尖部上面放置重物，压足背。

（4）做脚前掌着地的各种跳绳练习。

（5）做脚前掌着地的各种方向、各种速度的行走练习等。

思考题
1. 简述柔韧素质的定义及分类。
2. 简述柔韧素质的影响因素。
3. 柔韧素质训练需要考虑的要素有哪些？
4. 简述主动性拉伸练习法与被动性拉伸练习法的主要内容。
5. 谈谈你对 PNF 拉伸训练的理解。
6. 如何进行功能柔韧性练习？

10 功能性训练

[学习目标]
(1) 了解功能性训练的发展过程,理解功能性训练的含义、训练目的和训练方法。
(2) 理解功能性训练的基础理论知识并能联系实际。
(3) 掌握功能性训练的方法及手段,并能够有效地运用到实践中。

10.1 功能性训练概述

10.1.1 功能性训练的起源及发展

功能性训练源于物理性康复治疗领域,同时也受到力量训练、健美、举重等抗阻运动的影响。两次世界大战出现了大量的伤残人员,客观上推动了物理医学和康复医学的产生和发展,人们开始重视运动治疗手段用于伤病员的身体功能恢复。第二次世界大战后,康复治疗的发展经历了骨骼肌肉、中枢神经系统、关节和动作4个阶段,逐渐由重视肌肉练习到更加关注以神经支配为主的动作控制。Panjabi 自 1985 年相继提出了脊柱稳定性和核心稳定性的概念,认为人体的核心稳定性是一种"稳定人体系统,以使椎间的中部区域保持在生理极限范围内的能力"。这也使得人们开始重视核心稳定性及核心肌群的训练。

竞技体育领域的功能性训练起源于 20 世纪末的美国职业运动队。1997 年,Gary 首次提出了"功能性训练"的概念,并致力于功能性训练的理论与实践研究,指出运动员应注重身体的动力链作用,避免孤立地对一个环节进行力量训练,为功能性训练在体育领域的系统开展打下了基础。在此期间,美国国家体能协会(NSCA)和美国国家运动医学会(NASM)都对功能性训练予以充分的关注。如 NASM 将其定义为"所有功能性训练形式都包含有运动链和运动三维平面中的加速、稳定和减速的动作",突出功能性训练的生物力学要素。NSCA 把体能训练定义为"以力量为核心的人体器官功能与机能系统活动的系统再平衡",强调力量训练和各系统机能特别是神经系统的整合。同期进行了体能训练师的培训认证,把功能性训练列为重要的培训内容。这些观点和做法对功能性训练在世界范围内的发展起到了极大的推动作用。

现阶段对功能性训练的概念及理解还不统一。有人认为功能训练不是一个严谨的概念,而是一个重要的理念。1996 年奥运会金牌获得者美国女子冰球国家队体能教练 Mike Boyle 将其解释为:训练运动的动作。而有"功能性训练之父"称谓的 Gary 给出的定义是:发展身体被设计的动作。后两个解释,从神经肌肉控制理论的角度,突出了动作程序化、自动化训练的重要性。

还有一些国外专家认为,功能性训练就是有目的的训练,是一种与专项训练不同的有用的训练。其实质是为了克服一般和专项训练中性质相对单一的负荷效果的不足而带来隐患所采用的动作设计体系。功能性训练重在提高训练手段的个体化、专项化，缩小训练和比赛的差距，有利于运动员达到最佳竞技状态。

目前认为，功能性训练是根据人体解剖结构、生理特征、动作特征以及相关理论知识相结合而设计出来的成套动作模式训练。可以改善身体姿势，发展运动员在不同运动状态下对身体姿势的控制能力，形成主动肌、辅助肌、拮抗肌的合理互动，提高运动员完成动作的经济性和有效性。功能性训练中的动态平衡训练可以大幅度提升人体的平衡能力，加强运动员的本体感受和核心稳定性，有效地协调四肢运动，达到完成动作的最佳状态，深入挖掘运动员的运动潜力。此外，通过多种形式的动作控制练习，不仅可以加强运动员完成动作的稳定性、维持关节的灵活性及提高动作的精准性，还可以提高运动员全身关节及周围肌肉、肌腱和韧带的稳定性，确保赛时良好的运动表现，并且能够有效地预防运动损伤。

我国功能性训练起步较晚，2006年国家体育总局为了改善我国运动员体能方面相对落后的现状，开始不断地学习和吸收国外先进的训练方法、理论及经验。在此背景下，功能性训练逐渐走进我国广大教练员和体育学者的视野。这一全新的训练方法和理念不断地冲击传统训练的观点，并得到广泛的关注。功能性训练作为一种新兴的训练方法体系，打破了以往的高强度、大负荷、单一性的传统训练方法和观点，注重高质量的正确动作模式训练，强调核心区的稳定性和身体控制下的动态平衡性，符合生物力学特征的多关节、多平面进行的训练方式。

核心力量训练在20世纪90年代开始出现在竞技体育领域并引起人们的重视，同期也开展了核心力量的相关研究。例如，Ian Hasegawa认为，核心肌群由腹直肌、腹横肌、背肌、腹斜肌、下背肌和竖脊肌组成，并且髋关节周围的肌肉——臀肌、旋髋肌、股后肌群也属于人体的核心肌群。J. H. Pilates指出，核心肌群是指人体肋骨以下至骨盆的肌群部位，它所包含的肌群有腹肌群、背肌群、横膈肌、骨盆底肌、交错骨盆及下肢的肌肉群。理论研究显示，核心稳定性训练、功能性训练、核心力量训练于2005年出现交叉。三者虽然在主要目的及要求上各自有所偏重，但涉及的部位、使用的方法手段多有重叠，现阶段有融合的趋势，因此可以将核心力量训练视为功能性训练的有机组成部分。

总体来看，功能性训练主要起到下列几个方面的作用：

（1）丰富了体能训练的理论与方法体系：功能性训练根据人体解剖结构、生理特点及专项动作的需要，结合康复和物理治疗的理论知识，设计完整的动作模式进行训练，改变了传统以力量、速度、耐力为主的大运动量、高强度、较为单一的身体训练方法和理念，形成了新的训练理论，丰富了体能训练的理论与方法体系。

（2）注重矫正性训练，有效预防运动损伤：功能性训练源于康复领域，注重通过矫正性训练克服肌肉、关节及其他身体能力的薄弱环节，使人体的系统机能、神经支配、运动素质处于更加平衡、和谐的状态，有效预防因某一能力和环节过度发达或不足，或者由于经常的代偿性动作而可能引发的运动伤病。

（3）提高力量、能量在运动链之间的传递效益：由于功能性训练注意对全身各部位身体姿态的整体控制，使运动员在复杂、多变的运动状态下，身体各环节处于合理的位置，主动肌、辅助肌、拮抗肌协同配合，使力量、能量在运动链之间的传递没有大的损耗，提高了人体完成动作的经济性和时效性。

（4）挖掘运动潜力，形成最佳状态：运动训练就是不断挖掘运动员身体潜力的过程，竞技状态的高低很大程度上与体能发展水平直接相关。功能性训练注重通过大量不同支撑条件下的动态平衡训练,提升运动员维持平衡的能力,加强人体本体感受的敏感性和核心稳定性,协调上下肢运动,可以有效挖掘身体潜力,使动作的完成处于最佳状态。

(5) 提高运动表现:运动技术由动作环节组成,各个动作完成的效果直接影响整体运动技术的规格。功能性训练重视动作完成的合理性及效率,实质是注重神经对肌肉的精细控制,这不仅能加强动作完成的稳定性、精准性、促进关节的灵活性,还能提高运动员全身关节及周围肌肉、肌腱和韧带的稳定性,使人体在激烈的运动、比赛中呈现良好的运动表现。

10.1.2 功能性训练与传统体能训练的区别

与传统体能训练相比,功能性训练(包括核心力量训练)作为一种新的训练理论和方法体系,与当前世界竞技体育的发展特征和要求是密切相联的,具有一定的先进性。与传统体能训练相比其差异体现在下列几个方面:

1) 训练理念不同

传统体能练习多为躯干表浅肌群的动力性练习为主,动员的多为动力性肌肉,通常是单关节肌、表浅的、多个分段、以向心收缩形式的训练为主,能够产生爆发力和加速度;而功能性训练所涉及的肌肉,多以多关节肌、深层、短肌、以等长收缩的形式训练为主,起到稳定作用。与传统的力量训练相比,其增加了人体运动中的不稳定因素,更加强调人体核心稳定性的基础性作用。

2) 针对的部位不同

核心功能性训练重视人体核心部位在运动中所起到的作用和价值,认为核心部位是人体运动时的"缸体",起到储存能量和输送能量的作用,强调核心部位所具有的强大肌群是完成任何运动的基础。传统力量训练多以大肌肉群训练为主,注重四肢肌肉力量的发展。

3) 支撑条件不同

传统的体能训练多在一种身体重心相对稳定的状态下练习,通过高强度、大负荷、器械等抗阻练习的方式来提高力量素质,容易导致在平时训练所增加的力量在实际运动过程中出现丢失的现象。而功能性训练多以一种不稳定、动态的形式进行,如采用瑞士球、平衡板及悬吊训练,更多是从运动训练的实际出发,注重平时训练所增加的力量在运动过程中得到充分的利用。

4) 训练重点不同

传统体能训练的内容、手段、方法与专项能力的诸多训练非常相似或接近,以较大负荷甚至极限强度的力量、速度、耐力训练为主,同时重视上肢、下肢大肌肉力量的提高,动作模式及维度相对单一,以单维、双维为主。与传统体能训练对核心部位重视不够,协调、平衡、稳定、灵敏训练不足相比,功能性训练注重从人体各组织、器官、系统的特征及需要出发,以人体解剖结构、生理特征、动作特点为基础,设计目的和功能不同的内容体系,以多关节、多维度的完整动作模式训练为主,注重身体各部位的均衡,强调在不稳定和动态环境中人体对神经肌肉、运动环节的精细支配。同时可以有效地预防运动损伤,在康复上也能够起到积极的作用。

功能性训练、核心力量训练是在传统体能训练基础上的一种进步和优化,而不是可以完全否定和取代,但明确两者之间的差异十分必要(表 10-1)。二者优势互补,注重核心部位力量与四肢力量的协同发展,力量与稳定性并重,动力性与静力性结合,才能更全面地发展体能。

表 10-1 功能性训练与传统体能训练的区别

功能性训练	传统体能训练
训练对象是动作	训练对象是肌肉
注重多维度、多关节整体动作模式训练	注重单块肌肉、单关节训练
链式运动、强化弱链接	非链式运动、动作发生代偿
重视核心力量训练	重视四肢力量发展
符合生理、生物力学特征	与生理、生物力学特征有距离
重视神经肌肉的控制	忽视神经肌肉的控制
服务于专项训练和比赛	与专项训练脱节
多为克服自身体重的训练	以负重抗阻训练为主
强调动作质量	强调大运动量

10.2 功能性训练的基础理论

10.2.1 功能性训练的原理与内容

1) 功能性训练的基本原理

(1) 以核心柱为支撑的神经肌肉控制体系训练:功能性训练在本书第 1 章已有所陈述。这里的核心柱是指肩关节、躯干、髋关节的联合体。与传统体能训练强调肌肉力量和动作速度不同,功能性训练注重以提高全身肌肉整体工作能力和效率为目的,强调以躯干(核心柱)部位支撑、各关节周围小肌肉群起到有序的稳定辅助作用的力量能力体系。功能性训练兼顾了专项和一般体能训练,兼顾了神经控制和肌肉用力,是一种为提高专项运动能力,通过加强核心力量并能使神经肌肉系统更加有效率的训练方法。它包括了身体的稳定性,动作衔接的加速、减速等练习在内的多关节、整体性、多维度的动作。

(2) 以人体运动链为依托的动作模式训练:人体运动功能的基本系统是运动系统,包括神经系统、肌肉系统和骨骼系统。这 3 个系统在能量系统的支持下,通过运动在人体链中相互作用,形成了人体生物力学的动力链。功能性训练是一种依托动力链进行的动作模式训练,包括柔韧训练、平衡训练、稳定性训练、核心训练和动态的本体感觉训练。

(3) 以关节灵活性为基础的多平面(维度)训练:人体运动是通过关节运动和肌肉收缩来实现的,对关节运动的控制在功能性训练中占有非常重要的地位(关节运动在第 2 章中已有所介绍)。附着在关节上的肌肉,围绕人体不同的轴和面产生运动,活动幅度有很大的差异性,分别起着稳定性关节和灵活性关节的作用(表 10-2)。运动时一旦伤害稳定性关节就会产生运动损伤,同样,灵活性关节的活动度不足也会产生运动损伤。因此,训练实践中要按照人体解剖特点,有针对性地提高不同类型关节的稳定性和灵活性。

表 10-2 各关节主要动作功能

关节名称	主要动作功能
踝关节	灵活性(矢状面)
膝关节	稳定性(矢状面和水平面)
髋关节	灵活性(多平面)
腰椎	稳定性
胸椎	灵活性
肩胛骨	稳定性
盂肱关节	灵活性(多平面)
肘关节	稳定性

身体运动功能性训练应按照人体的基本位面来设计各种动作模式。其中,矢状面是指将身体分成左右两个部分且贯穿身体前后的垂直面;冠状面是指将身体或身体的其他部位分成前后两个部分且贯穿身体左右两侧的垂直面;水平面是指将身体分成上下两个部分。3 个面交叉的部分(轴线)分别叫作垂直轴(上下)、冠状轴(左右)、矢状轴(前后)。人体各环节的运动是复杂的,围绕不同的轴和面进行不同程度的运动,这就要求关节在神经肌肉系统的控制之下,能够根据动作要求做出多维度的、适当的动作。

在功能性训练实践中,可以按照人体运动面将各部位动作划分为不同的动作模式。例如,上肢动作可分为双臂和单臂,双臂和单臂动作模式可分为推、拉、推拉同步,推和拉的动作模式可在矢状面、冠状面、水平面和多平面进行,使肩关节、肘关节周围,甚至整个上肢的肌肉、韧带、软组织以及神经对肌肉的控制都得到发展。在功能性训练中,根据关节在不同动作中所起的作用(稳定性、灵活性),进行合理的多维度运动是很重要的原则。

(4)恢复再生训练:是指依据生物学再生原理,通过专门的运动手段促进人体组织的修复和功能再生。主要是通过按摩、牵拉等手段刺激筋膜、肌腱、肌肉、韧带等组织,使疲劳或受损的肌肉和筋膜得到梳理和修复。实践表明,训练后及时安排再生训练对预防伤病、加快恢复是有积极效果的。这也是功能性训练课的重要组成部分。

2) 功能性训练的理念

功能性训练之所以成为当今体能训练的主流,是由于它有比较合理的理念(表 10-3)。

表 10-3 传统体能训练与身体运动功能性训练的理念比较

传统体能训练	身体运动功能性训练
多即好	强调以动作质量为基础的(最终)综合效果
尽可能大负荷:容易导致过度训练,运动损伤	有系统的解决方案,适量训练:通常是较小运动量,高质量,减少运动损伤
没考虑运动寿命问题:缩短	充分考虑运动寿命:延长
一般性训练居多:针对性不足,方法主要来自举重、田径等	个性化:方法来自专项"运动模式"
通过比赛进行检测	注重过程性、定期化的测试和评价
以自我恢复为主	注重能量再生与恢复性训练
计划跨度长:体现在大—中—小周期计划中	注重调整计划:完美的每日计划

功能性训练注重动作质量和安全性，传统体能训练关注负荷且以大负荷为主。传统体能训练的理念是进行单方向、单关节、实效性较低、有序的训练，单一的以比赛成绩论成败，往往负荷大、损伤多，导致运动寿命缩短。而身体运动功能性训练的宗旨是为运动员提供最优质的服务，整合各种资源，预防运动损伤，提高运动成绩。在提高运动成绩的同时，帮助运动员尽可能地延长运动寿命，并制定实现目标的成功策略。

功能性训练理念是围绕多维度、多关节、无轨迹、无序的场上所需动作设计动作模式的，强调的是动作质量而不是肌肉力量，目的是使运动员在比赛时能够有效地展现运动技能。在训练系统的设计方面，功能性训练将哲学、方法学、战术训练等融合在一起，形成一个整体，在各训练系统内实现了整合与协调。其训练方法包括训练的程序、技能以及训练思路。在解剖位置上，功能性训练更强调躯干部位和各关节周围肌肉的训练；在生理功能上，更强调稳定和平衡，更强调辅助肌群的固定作用和拮抗肌群的适宜对抗作用，更强调神经对肌肉的支配能力；在作用上，功能性训练强调的力量属于"柔性力量"，它并不直接提高单块肌肉的收缩速度或力值，而是通过肢体稳定性的加强，主动肌与协同肌、拮抗肌之间协作能力的提高，以及神经－肌肉支配能力的改善，来提高一个动作不同环节之间的衔接，动作与动作之间的配合，整套技术动作的节奏感和流畅程度，最终达到提高多块肌肉参与完成的整体力量的目标。

3）功能性训练内容体系

世界竞技运动训练在体育职业化和市场化的影响下，赛事密度、对抗程度大幅度增加，如美国NBA，每年常规赛有80多场，再加季后赛可多达近120场。密集的比赛使一些长期占据主要地位的传统训练理论已不再适应当前训练形势的发展，一些曾经对运动训练起到重要作用的训练方法也不再符合训练实践的需求，进一步强化理论的变革和实践创新成为当代竞技体育训练的主旋律。

功能性训练打破了以往一般训练和专项训练的习惯，强调"像准备比赛那样准备训练"，强调训练的针对性和实战性，注重多维性和动态性的训练。功能性训练认为"竞技就是动作"，强调动作是身体运动的基石，注重机体的系统化功能；它的训练是基于对机体基本功能性动作测试与评价的基础上，利用专门性的动作进行针对性的训练，来降低运动过程中存在的风险以及提高运动水平和完成动作的效率。功能性训练由七大部分组成，包括躯干支柱力量训练、动作准备训练、快速伸缩复合训练、动作技能训练、力量与爆发力训练、软组织再生训练、拉伸训练（表10-4）。功能性动作体系已经涵盖了传统的灵敏、协调、柔韧训练。由于动作很多，本书只介绍部分动作类别并举例说明。

表10-4 功能性动作训练板块构成表

内容板块	分类	功能作用	动作示例
1. 躯干支柱力量训练	肩部训练、脊柱训练、髋部训练	改善身体姿势，提高能量传递效率；改善动作模式、有效预防运动损伤	瑞士球练习、侧桥俯卧1字或T字等
2. 动作准备训练	臀部激活、动态拉伸、动作技能整合、神经激活	建立、强化正确的动作模式；提升机体温度；有效伸展肌肉；唤醒、激活肌肉的本体感觉；唤醒、激活神经系统	迷你带深蹲、抱膝前进、纵向军步走、单侧快踢腿等
3. 快速伸缩复合训练	上肢练习、下肢练习、躯干练习	提高上下肢、躯干的力量和爆发力；通过强化关节和机体连接处的力量，增强力的传递；发展、强化机体的平衡和稳定能力	双脚跳、多方向跳跃、头上扔球、俯卧撑等

(续表)

内容板块	分类	功能作用	动作示例
4. 动作技能训练	纵向练习、横向练习、多方向练习	有效地提高机体的反应能力、移动能力、爆发力和灵敏性并降低运动风险	3步起跑、踏步跑、向后之字形交叉步
5. 力量与爆发力训练	上下肢推拉练习、全身推拉练习、旋转练习	增强支持动作模式的完成能力；提高全身肌肉整体工作能力和效率；增强脊柱力量和关节周围小肌肉群的稳定性；提高神经肌肉的控制能力	杠铃高拉、哑铃推举、哑铃平举、站姿飞鸟等
6. 软组织再生训练	上肢练习、躯干练习、下肢练习	激活、放松机体各部位的肌肉和组织，促进机体的恢复和再生；刺激血液和淋巴循环，加快肌纤维修复，缓解运动疲劳	泡沫轴-腓肠肌 泡沫轴-下腰背 按摩棒-前臂等
7. 拉伸训练	静态拉伸、动态拉伸、PNF拉伸、AIS	调节肌肉的张力，提高关节的活动度；加快代谢产物的排出，促进机体的超量恢复	静态拉伸-胸大肌、AIS-斜角肌、PNF-前锯肌等

10.2.2 功能性训练注意事项

1) 重视体能诊断与评估

有针对性的训练是功能性训练的要求之一，诊断与评估是功能性训练的起点。通过诊断发现能力不足、伤病隐患，提高训练科学性，而不是盲目地提高力量。如传统的专项训练与力量训练累积，对膝关节的刺激很大，一方面造成膝关节前部（股四头肌）力量强，受负荷刺激多；而另一方面关节内侧、外侧、后侧相对薄弱，容易使膝关节部位发生"代偿性"动作，增加膝关节受伤、变形的风险，就需要针对性地加强训练，使膝关节四周的力量得到加强，提高关节稳定性。

2) 重视平衡能力和本体感觉训练

身体平衡能力和本体感觉对人体运动能力有很大的影响作用，不仅体操、跳水等类项目如此，球类、体能类项目也一样，利于感知身体的位置，保持平衡，提高精细动作能力。但一般训练和专项训练对平衡和本体感觉的重视不够，而功能性训练通过非平衡条件下的各种动作练习，促进了平衡能力和本体感觉的提高。

3) 重视矫正性的无伤化训练

任何专项训练或某部位过度使用，都会对身体局部关节造成过重负担，长期积累会造成左右腿、前后群、上下肢等力量的不均衡以及关节的变形，既影响人的整体动作能力，也很容易使人受伤。现实中许多运动员脊柱变形，腰、膝、踝受伤都与此有关。功能性训练注意对身体形态、不均衡部位的矫正、调整，重视在没有疼痛的情况下进行各种训练。一旦有痛点出现，除非因为技术因素，则说明存在某种问题，需要进行专门的矫正性训练。即便康复训练也需要在无痛情况下进行，以免起到副作用，加重伤情。

4) 重视功能性柔韧训练

"功能性柔韧"是指与某关节作用相反的肌肉群都得到积极的拉伸练习，利于在随后的训练或比赛中做出理想的表现，使主动肌快速收缩，被动肌快速放松。传统的拉伸可以分为静力性、动力性、摆动性拉伸。传统的静力牵拉练习不能提供这种功能柔韧性，实际上会"使肌肉进入睡眠状态"，使肌肉反射敏感性减弱，肌肉、肌腱韧度或神经肌肉激活能力下降，影响发力效果。有研究认为，过多的静力性柔韧练习，会使随后的力量、爆发力下降近30%，而且会持续近60 min。而爆发性的摆动性拉伸，由于速度太快存在拉伤的风险。

柔韧对竞技能力有特殊贡献,多维度的柔韧与力量训练相结合,训练效益才能更加显著。另外,注意柔韧性的提高不能以失去关节的稳定性为代价,要适度发展,考虑项目特点。操作中要求做到以下几点:

(1) 区别对待课前准备活动和课后放松活动:热身、比赛前主要使用动力性柔韧方法,即主动拉伸,少做或不做静力性柔韧,以免肌肉过于松弛而影响用力。

(2) 力量与柔韧相结合:力量练习和柔韧练习是密切相关的,不存在独立的动作,力量训练的同时对柔韧也有刺激作用,柔韧差会影响力量的发挥。要经常采用专门的方法同时对力量素质和柔韧都起到作用,例如 PNF 训练法。

(3) 使一个关节周围肌肉韧带都得到锻炼:不仅拉伸常用的主动肌及韧带,而且对拮抗肌、协同肌部位的肌肉、韧带,都要进行练习。

5) 重视与专项性技术动作的衔接

功能性训练是体能训练体系的重要一环,其本身并不是目的。功能性训练是为了提高专项练习的效率,要充分考虑专项技术动作的要求,在一般体能和专项体能之间架起桥梁,提高体能训练的专项性。在运动水平逐渐提高的过程中,训练、比赛负荷逐渐接近极限,大强度地完成专项技术动作对身体各部位、环节、系统乃至心理带来极大的刺激,需要有强大的身体功能能力作为储备和支撑,为训练负荷(强度、持续时间、频率)符合专项的需要(耐力、力量)打好基础,提高训练的目的性、系统性。

6) 重视层次化的训练设计

人的功能性动作能力是一个由低到高的发展过程,如同发育过程中从爬行、直立到行走、奔跑的顺序,不能跳跃式提高,有必然的规律和层次之分,需要打好基本动作基础。功能性训练动作多样、负荷多样,要精心设计,形成由低到高、由简单到复杂的动作体系,不断提高功能性动作能力储备。

10.3 功能性训练的方法与手段

10.3.1 躯干支柱力量训练

为了尽可能降低职业运动员的损伤风险,针对常见运动损伤的原因,很多体能训练师对预康复训练进行进一步改良,以减少常见的肩部劳损、脊柱腰段劳损和髋关节运动功能异常导致的下肢关节劳损等运动损伤。由于这种简化版的预康复练习主要针对躯干部位的肩关节、脊柱腰段各关节、髋关节进行练习,因此又被称为"躯干支柱力量"。后来一些专家在躯干支柱力量训练的基础上,对常见的运动损伤预防练习进行进一步的整理,并总结出原因:肌肉力量下降,关节稳定性降低,由此引发的相邻关节动作代偿现象。这不仅深化了躯干支柱力量训练的理论基础,还丰富了肩部、脊柱腰段和髋部的功能性训练方法和手段。

躯干支柱力量训练是通过激活关节弱侧肌肉,进而改善关节异常位置,纠正全身骨性排列顺序,最终实现长期保持良好动态、静态肌张力,改善身体姿势的目的。另一方面,良好的身体姿势和正确的关节位置还可以为相邻关节肌肉用力提供稳定的支点,有利于提高上下肢通过躯干传递能量的效率。

躯干支柱力量训练具体可分为三个部分:肩部训练、脊柱腰段训练、髋部训练。每个部位可以根据不同身体姿势对动作模式进行划分,如卧姿动作、跪姿动作、站姿动作等;每个动作根据对身体稳定性的要求高低可分为四点支撑、两点支撑和高难度单点支撑等(表10-5)。最后,在动作模式训练的基础上也可根据项目特点选择不同器材进行练习,如弹力带、瑞士球、迷你带等。

表 10-5 躯干支柱力量基本动作模式

	卧姿	跪姿	站姿
全支撑	俯、仰、侧		
四点支撑		俯、仰	
三点支撑		俯、仰、侧	
两点支撑	俯、仰、侧	俯	直立
一点支撑			直立

1) 肩部力量训练

(1) 动作模式:肩部力量训练的基本动作模式共有 I、T、Y、W、L 字形 5 种,在此基础上还有两两搭配的组合动作。根据身体姿态和稳定性的不同,上述动作分为三个难度等级。其中全支撑-俯卧姿势为最初级难度动作,也称为基础动作模式;站姿为中等级别难度动作模式;瑞士球由于存在不稳定因素,因此,瑞士球支撑练习为高级别难度动作模式。部分动作模式练习方法见表 10-6。

表 10-6 肩部力量训练部分练习动作

模式	动作名称	动作要点	作用	负荷
俯卧练习	俯卧-T字形	俯卧于垫上,双臂外展与躯干呈"T"字形;双侧肩胛骨向下收紧,双臂抬起 2~3 cm,保持 3~5 s;回到起始状态,完成规定次数	通过不同姿势、不同器材的动作练习,激活肩胛骨周围肌群,提高肩部稳定性,预防肩部运动损伤	根据个人能力,每组 5~10 次,涉及对称性动作,左右分开练习。组数 1~2 组,间歇 30~60 s
泡沫轴练习	泡沫轴-俯卧 Y 字形	俯卧于垫上,左臂放于泡沫轴上与躯干成 45°角,呈"Y"字形;肩胛骨向下收紧,双臂抬起 2~3 cm,保持 3~5 s;回到起始状态,完成规定次数后换另一侧		
瑞士球练习	瑞士球-屈伸肘	双膝跪地,双臂曲肘 90°放球上;双膝伸直保持背部平直,双肘撑起向前推球;拉回瑞士球回到起始状态,完成规定次数		
站姿练习	站姿-L字形	站立,抬头挺胸,身体前倾,背平直,双手放两侧;肩胛骨向内收紧,肘部上抬至曲肘 90°,然后向上抬起呈"L"字形		
跪撑练习	跪姿-肩胛骨推	呈双手双膝跪姿,双臂伸直,双手推起,使胸部尽量远离地面;身体下压,回到起始位		

(2) 动作示例

① 半球俯卧撑:采用俯卧位,双手支撑于 bosu 半球球面,双脚分开比肩略宽,从侧面看耳、肩、髋在同一条直线上;向下至胸部接近球面但不接触球面,吸气;向上速发力,呼气,回到起始位置(图 10-1)。

图 10-1 半球俯卧撑

② 振动棒站姿冠状面摆动：深蹲。双手从上往下握住振动棒，双臂向前伸展，在头高的位置，与地面平行。向后/向前摆(约 30～60s)，身体保持自然站立状态，不要出现向一侧屈的体态，肘关节避免出现大幅度屈，保持均匀呼吸(图 10-2)。

图 10-2　振动棒站姿冠状面摆动

③ 悬吊绳肩部支撑：双手直握把手置于胸部正前方，距离略比肩宽，手臂伸直，保持躯干稳定，双腿伸直，身体从头到脚成一条直线，向前倾斜适当角度，双脚并拢，保证悬吊绳斜挂绷直。保证躯干和下肢不动，屈肘，身体下沉，至肘关节呈 90°夹角，保持双臂与躯干 60°夹角，快速推起身体，回到起始姿势，重复规定次数(图 10-3)。

图 10-3　悬吊绳肩部支撑

④ 跪姿瑞士球前推：双腿自然分开并拢跪于垫上，双手置于瑞士球上，肘关节微曲，吸气准备，呼气向前推，保持身体稳定，尽量做到身体与地面平行，然后吸气收紧腹部还原至初始位(图 10-4)。

图 10-4　跪姿瑞士球前推

⑤ 站姿 L 型练习：正常站立，抬头挺胸，双臂自然放置体侧，肩胛骨收紧，双臂屈肘上抬，达到 90°时，固定肘关节，转肩向上，双臂上伸并伸直成 Y 形，沿之前轨迹还原(图 10-5)。

图 10-5　站姿 L 型练习

2) 脊柱腰段力量训练

（1）动作模式：根据肌肉用力方式不同，把脊柱腰段力量训练分为静力性练习和动力性练习两类，如四点支撑类动作，全是静力性动作。运动员可通过静力等长收缩练习，有效激活身体一侧动力链上的肌群，并提高神经-肌肉连接的兴奋性，达到提高身体姿态和关节稳定性的目的，为即将开始的动态练习建立稳定的基础。静力性练习是人体进行动态练习的基础，因此建议在动力性练习之前先进行静力性练习。而三点支撑和两点支撑中的部分动作既可以采用静力性练习，也可以采用动力性练习。部分动作模式练习方法见表 10-7。

表 10-7　脊柱腰段力量训练部分动作

模式	动作名称	动作要点	作用	负荷
跪撑练习	跪撑-单腿单手伸	双手推起躯干呈双手双膝跪姿，双臂伸直，腹部收紧；同时抬起右手左脚，直至与地面平行；回到起始状态，换对侧练习	通过不同姿势、器材动作练习，激活腹壁深层肌群，提高脊柱腰段稳定性，预防脊柱腰段运动损伤	根据个人能力，每组 5~10 次，涉及对称性动作，左右分开练习。组数 1~2 组，间歇 30~60 s
俯姿支撑练习	平板支撑-俯卧撑	呈俯卧撑姿势；腹部收紧，降低身体到将要触地高度；双手推起，保持腹部收紧，尽可能使躯干远离地面		
侧姿支撑练习	分腿侧平板撑	身体呈一条线侧卧于地面，右手放于肩关节下方，双脚打开，左脚在前；右手直推起躯干，双腿伸直；保持 10~15 s 换另一侧		
仰姿支撑练习	瑞士球-卷腹	仰卧于球上，上背部触球，双脚撑地；臀部及肩部自然贴住瑞士球，腹肌有微微牵拉感；腹肌收紧，躯干弯曲，肩部推起，卷腹上推		

（2）动作示例

① 瑞士球平板支撑：在瑞士球上呈平板支撑姿态，腰腹肌发力，从侧面看耳、肩、髋在同一条直线上。需要克服瑞士球的不稳定性，控制身体晃动（图 10-6）。

图 10-6　瑞士球平板支撑

② 瑞士球屈腿内收：将一个瑞士球放置在身体附近的地面上，双手与肩同宽撑地，做出俯卧撑的姿势。保持上半部分姿势不变，双腿向前弯曲，使瑞士球在脚踝下向前拉动，同时呼气。挤压腹部并保持该动作 1 s，然后缓慢伸直双腿，使瑞士球向后滚动到初始位置。

注意事项：膝关节向身体方向运动时呼气，回到初始位置时吸气(图 10-7)。

图 10-7　瑞士球屈腿内收

③ 瑞士球侧卧单侧摆腿：侧卧于瑞士球上，肘部接触球面。上侧支撑脚踩实地面，下侧支撑腿伸膝，向前摆动(不宜过大)。左右侧交替进行(图 10-8)。

图 10-8　瑞士球侧卧单侧摆腿

④ 瑞士球卷腹：后背平躺在地面上，双脚放在瑞士球上，膝关节弯曲 90°。双脚分开 3～10 cm，脚趾向内靠拢。双手放在头的两侧，保持肘关节向内。后背小部分着地，使肩膀抬起离开地面，下背尽可能下沉。肩膀抬起离地约 10 cm，下背要一直贴地，身体抬到最高点时腹肌保持最大用力停顿 1s。然后缓慢回到开始姿势(图 10-9)。

图 10-9　瑞士球卷腹

⑤ 瑞士球仰卧转体：仰卧，背靠瑞士球，将下背部靠在瑞士球上，然后慢慢将瑞士球移到颈部及肩胛骨上部。同时将双膝上挺，双脚脚掌支撑地面，并用身体移动瑞士球，使大腿与上半身保持一条直线后与地面平行，小腿接近与地面垂直。双手手臂伸直核心收紧以后，身体向右侧旋转的同时颈下的瑞士球也随着身体向身体背部的方向滚动，然后右肩外侧支撑在瑞士球上，伸直的双臂保持不变。左右交替进行(图 10-10)。

⑥ 动态侧支撑：侧卧于球面上，一侧上肢前臂支撑于球面，上臂与地面垂直，下侧脚外侧着地，上侧手臂伸直，维持侧支撑的姿态，然后外侧腿缓慢抬起。在保持身体姿态不变的前提

图 10-10　瑞士球仰卧转体

下尽可能抬高,至能力最大点时保持 3~5 s,然后有控制地下落,大臂垂直于球面,侧面看耳、肩、髋处于同一条直线,避免出现撅屁股、塌腰的现象,动作速度不要过快,保持均匀的呼吸。左右侧交替进行(图 10-11)。

图 10-11　动态侧支撑

⑦ 振动棒侧面撑举:侧卧,双臂伸展成侧撑。骨盆提起,上面的腿撑开。握住振动棒,做手臂垂直向上、向下运动,尽量减少手腕的活动,保持身体的稳定避免出现前后晃动。左右侧交替进行(图 10-12)。

图 10-12　振动棒侧面撑举

3) 髋部力量训练

(1) 动作模式:髋部力量训练的目的以激活髋关节周围臀大肌,内旋髋、外旋髋关节肌群为主,其动作类型主要为髋关节的屈伸、内收和外展动作。其中仰卧练习主要以激活臀大肌为主;侧卧练习以激活髋关节内旋、外旋肌群为主;跪姿练习是在侧卧练习基础上加入脊柱腰段稳定性练习,并且在激活多裂肌及竖直肌的前提下,激活髋关节内旋、外旋、伸髋肌群。因此,可以把跪姿练习看成髋部力量训练的高级练习。部分动作模式练习方法见表 10-8。

表 10-8　髋部力量训练部分练习动作

模式	动作名称	动作要点	作用	负荷
仰卧练习	臀肌桥-双腿	仰卧垫上,双手放于身体两侧,屈膝勾脚尖;臀部收缩抬起髋部,至肩、躯、髋、膝一线;保持3~5 s	激活臀大肌兴奋性为主要目的,提高髋关节稳定性,预防下肢运动损伤	根据个人能力,每组5~10次,对称性动作,左右分开练习。组数1~2组,组间间歇30~60 s
侧卧练习	直膝髋外展	侧卧垫上,头枕手臂,且躯干保持一条线,双腿伸直,双脚脚尖勾起;抬起左腿,保持双脚勾脚尖姿势;回到起始状态,换另一侧		
跪撑练习	瑞士球-交替伸髋	俯卧瑞士球上,腹部贴球;保持背部平直,向上抬左腿;回到起始状态,抬另一侧腿		

(2) 动作示例

① 臀桥挺髋:仰卧于垫上,双臂置于身体两侧,屈髋屈膝,脚后跟撑地,臀肌收缩挺髋呈臀桥姿势,使大小腿呈90°,另一条腿伸直与躯干平直,维持姿势,回到起始位置。左右交替进行(图10-13)。

图 10-13　臀桥挺髋

② 振动器单脚背桥支撑:背桥支撑,脚后跟置于平台上,伸直一条腿,使之与身体呈一条直线。背部挺直,避免身体塌陷或旋转,维持稳定与平衡。左右交替进行(图10-14)。

图 10-14　振动器单脚背桥支撑

③ 平衡气垫顶髋:仰卧姿,单腿放在平衡气垫上,腿微曲,另一只腿伸直固定,把臀部和腹部抬起来。抬起臀部直到身体处于一条直线上并保持身体稳定,臀大肌收紧,动作过程中保持核心收紧,身体稳定,动作流畅。左右交替进行(图10-15)。

④ 气阻训练器髋关节内收:侧躺在瑜伽垫上背对气阻拉力器,外侧大腿与小腿折叠成90°并抬起90°。把连接拉力器的腿套套在外侧腿上,此为初始位置。外展90°保持稳定。外侧腿内收至贴紧内侧腿并吐气,外展还原至初始位置并吸气。注意在此过程中保持身体挺直侧躺,不要向前俯身或向后仰身(图10-16)。左右交替进行,也可以用于内收。

图 10-15 平衡气垫顶髋

图 10-16 气阻训练器髋关节内收

⑤ 跪撑伸髋：跪姿撑于垫上，左腿屈膝成 90°夹角，向上抬起至最大幅度并保持稳定。避免发生身体旋转，回到起始位置。左右交替进行(图 10-17)。

图 10-17 跪撑伸髋

10.3.2 动作准备训练

　　动作准备训练是一种适应运动员日常训练和比赛要求而设计的一套系统训练方法，在针对性、个性化等方面有突出的特点。它有热身的性质，但又与传统的准备活动有很大的不同。从功能性训练理论来讲，动作准备训练是一种精心安排的训练模式，也可以成为独立的系统训练构件。动作准备有明确的目的性，既可以用来预防运动损伤，又可以作为重要的训练手段以提高运动员综合运动能力。

　　动作准备训练是在诊断、了解运动员基本运动能力的基础上，结合训练课和专项的需要而进行的专门设计的系列活动。在设计时具有下列几方面的考虑：①与运动员现阶段的基本运动能力相适应，难度适中。②与本次训练课的内容和目的相吻合，目的性强。③重视建立动作模式和对中枢神经系统的刺激作用。④突出针对性和个体性，针对某种需要和个人需求。因此，动作准备练习利于建立和强化正确的动作模式，有效伸展各环节肌肉，激活人体的本体感受器和神经系统，提高体温和肌肉工作效率。在内容上涵盖了臀部激活（迷你带）、神经激活、动态拉伸和动作技能整合四个练习模块。

1) 臀部激活(迷你带)训练

(1) 动作模式：臀部肌肉位于髋关节后部，是人体中体积最大的单块肌肉，蕴含很大的力量。由于处于核心位置，在身体重心附近，臀部肌肉成为连接下肢和躯干、上肢的枢纽，在维持脊柱稳定性方面具有基础性作用。但在运动和训练过程中，臀部肌肉参与运动较少，动作幅度小，往往很难动员，远没有发挥应有的作用。通常下肢的多数动作都在过多地使用股四头肌和腰部肌肉，在反复的运动中，容易造成膝关节和腰背的损伤。因此，在平时的训练中，如何充分激活、动员臀部肌肉，使其主动参与到各种动作中去，提高多关节联合工作效率，减少错误的代偿性动作，成为重要的训练任务，也是动作准备练习的目的之一(部分练习动作见表 10-9)。

在臀部激活的动作练习中，要注意保持正确的身体姿势，通过专门的器材(迷你带)给下肢适当的阻力，突出髋关节特别是臀后部肌肉的运动，以充分激活臀部肌肉，使其在动作过程中发挥主要作用。

表 10-9 臀部激活(迷你带)训练部分练习动作

动作名称	动作要领	作用	器材选择
迷你带-深蹲	直立站位，双脚与肩同宽，手臂自然下垂，背部挺直，腹部收紧；下蹲至大腿与地面平行，双手抬起，脚尖向前，膝盖不能超越脚尖，始终保持背部平直和双膝间的距离	激活臀部肌肉，加强臀部大肌肉在动作模式中的主动发力，减轻由于臀肌薄弱带来的关节损伤	一般情况下，使用一根迷你带置于膝关节上 3~5 cm，可用两根增加难度，置于踝关节上 3~5 cm；另外选择不同阻力迷你带调节难度
迷你带-运动姿单腿后蹬	单腿站立，左脚抬离地面 3~5 cm，双臂微屈，背部挺直，腹部收紧；保持身体平衡，左腿向右后方慢慢蹬出，收紧左侧臀部至左腿与背部保持直线，左脚回位，换对侧重复练习		
迷你带-运动姿纵向走	运动基本姿站立，双脚与肩同宽，双臂微屈，背部挺直，腹部收紧；左脚向前迈出一个步长距离，右脚再向前迈出一个步长，双手前后摆动，重复练习；始终保持双膝分离、膝盖内扣、脚尖向前，迷你带处于拉紧状态		

(2) 动作示例：横向移动，呈站姿状态，双脚分开与肩同宽，屈膝曲髋。将弹力带放于膝关节上方，使弹力带撑紧。然后臀部收紧向左或者向右一步一步移动，注意避免双腿并拢(图10-18)。此类练习，也可用于向前、向后的移动。

图 10-18 横向移动

2) 神经激活训练

(1) 动作模式：神经激活训练可以很好地提高运动员神经系统的专注度和参与度，使大脑的反应速度加快，提高中枢神经系统的兴奋性。神经系统兴奋性的提高能够增强运动中枢间的相互协调，使机体在神经系统的控制下，协调、有序、准确地完成动作，为训练和正式比赛做好准备(部分练习动作见表10-10)。

进行神经激活训练时,一般以运动基本姿势为起始动作,进行快速反应和快速移动练习,力求在最短的时间内完成尽可能多的动作,或者根据口令进行相应动作练习。这里需要注意的是,针对神经激活的练习并没有标准化的范式,只要能使运动员的神经起到兴奋作用都可以进行练习,比如发展灵敏素质的绳梯练习就很有效果。

表 10-10 神经激活训练部分练习动作

动作名称	动作要领	作用
双腿前后蹬	运动基本站姿,双脚比肩稍宽,脚跟微抬,背部平直,腹部收紧,双臂微屈放于体侧;双腿有节奏、有弹性的向前后方快速跳跃,双脚前脚掌着地后迅速起跳,节奏由慢变快到达极限速度;保持身体姿势,脚尖向胫骨靠拢,注意踝、膝、髋关节发力	提高运动员神经系统的专注度和参与度,使大脑的反应速度加快,提高中枢神经系统的兴奋性,使机体在神经系统的控制下,协调、有序、准确地完成动作
碎步跑	运动基本站姿,双脚比肩稍宽,脚跟微抬,背部平直,腹部收紧,双臂微屈放于体侧;脚每次抬高约 60 cm,以最快的频率碎步运动,并缓慢前移,节奏由慢变快到达极限速度;保持身体姿势,脚尖向胫骨靠拢,注意踝、膝、髋关节发力	
单侧快速提腿	运动分腿站立,右腿伸直,脚跟微抬,背部平直,腹部收紧,双臂成摆臂姿势;右腿快速向身体前方蹬出至髋部位置,同时伸直左腿,左脚跟微微踮起,成单腿军步式站立,然后回到开始姿势,循环进行	

(2) 动作示例

① 前后腿跳:动作要领见表10-10中(图10-19)。

图 10-19 前后腿跳

② 单侧快速提腿:动作要领见表10-10中(图10-20)。

图 10-20 单侧快速提腿

3) 动态拉伸

(1) 动作模式:动态拉伸是以动态的方式进行,通常选择 4~8 个动作,每个动作在拉伸到最大拉伸范围内保持1~2 s,目的是实现对关节和肌肉的拉伸以及提高机体温度。此外,由于提前预演了各种动作,在神经肌肉中留下了痕迹,因此,也有利于减少运动中代偿现象的出现,且提高了动作质量。在动作准备练习过程中,应有顺序地对身体主要肌群进行拉伸,首先对髋部的肌群进行拉伸,其次对多关节进行拉伸。此外,也应根据不同项目、不同水平运动员及主体部分练习的内容,对相应部分进行专门性拉伸(部分练习动作见表10-11)。

表10-11 动态拉伸训练部分练习动作

动作名称	动作要领	作用
抱膝前进	直立站位,双脚与肩同宽,左腿向前迈一步,成运动分腿姿;右膝抬至胸前,双手抱膝向上提拉,勾脚尖,同时左脚跟踮起,左臀收紧,背部挺直,拉伸1~2 s;向前迈右腿,重复练习,练习中保持胸部挺直,支撑腿一侧臀大肌收紧	通过各种动态拉伸动作练习,实现对肌肉、关节的拉伸及升高体温,同时预演各种动作模式,减少运动中代偿性动作出现,提高动作质量
侧弓步移动	直立站位,双脚与肩同宽,背部平直,腹部紧收,双臂垂于体侧;右脚向右迈出呈弓步,重心前移,脚尖向前,下蹲至深蹲位且保持左腿向右伸直,两手前平举,保持1~2 s;换方向重复练习,注意保持胸部背部直立,且膝关节不得超过脚尖	
脚后跟抵臀-手臂上伸	直立站位,双脚与肩同宽,背部平直,腹部紧收,双臂垂于体侧;右腿微屈,左手抓左脚踝至脚跟抵臀,同时右臂上举,左手用力拉伸股四头肌1~2 s;换对侧重复练习,注意保持臀大肌收紧,腰部挺直,膝盖指向地面	

(2) 动作示例

① 燕式平衡:直立姿站位,单腿抬离地面,背部挺直,双臂伸直与身体成90°夹角,半握手掌,大拇指朝上,身体呈一条直线,俯身并向后抬起左腿至身体与地面保持平行,拉伸1~2 s,保持身体平衡,支撑腿保持微屈,回到初始位置。左右交替进行(图10-21)。

图10-21 燕式平衡

② 万能拉伸:直立姿势,左腿向前做弓步,俯身,右手支撑地面,左肘触及左脚内侧,拉伸保持1~2 s。左臂外展,转躯干,眼睛看着手指方向,两臂呈一条直线,拉伸保持1~2 s。双手撑地,左膝伸直,脚跟支撑,拉伸保持1~2 s,起身,回到弓步动作。左右交替进行(图10-22)。

图10-22 万能拉伸

4) 动作技能整合训练

(1) 动作模式：传统体能训练中"力量、速度、耐力"等素质的测量是通过量化的形式进行描述，这往往忽视动作本身的内在质量；而功能性训练是从动作的内在本质出发，注重动作模式的建立与练习及动作质量的提高。动作技能整合训练把协调性与灵敏性密切结合，强调在身体整体动力链的参与下，建立起在神经支配下各运动系统之间的联系，使身体各环节有序地组合运动，从而强化正确的动作模式。动作技能整合训练主要适用于一些基本运动能力发展较好的运动员，可以很好地提高动作的经济性和实效性，减少一些不必要的动作代偿现象，同时也可以通过"痕迹效应"为后面的主体训练做好准备，提高训练质量（部分练习动作见表10-12）。

表 10-12　动作技能整合训练部分练习动作

动作名称	动作要领	作用
原地垫步跳	直立站位，双脚与肩同宽，背部平直，腹部紧收；双臂垂于体侧；抬左侧大腿与地平行，勾脚尖，自然摆臂呈跑步姿；左腿从提起到支撑过程中，前脚掌用力蹬地，在脚掌落地时快速做一个垫步跳，然后继续蹬地，即左脚与地面有两次接触，同时换右腿重复练习	整合并强化正确的动作模式，增加动作的经济性，减少不必要的能量损耗，提高训练质量
纵向军步走	直立站位，双脚与肩同宽，背部平直，腹部紧收；双臂垂于体侧；抬左侧大腿与地平行，勾脚尖呈踏步姿；右手在前，左手在后；左脚脚掌落地并用力向下蹬地，重心前移，同时换右腿抬起；交替练习，注意下蹬时保证髋部伸展	
交叉垫步跳	直立站位，双脚与肩同宽，背部平直，腹部紧收；双臂垂于体侧；抬右侧大腿与地平行，同时摆动对侧手臂；向左横向移动时，从左侧支撑脚内侧往脚外侧发力蹬地，右腿提起后向左侧做交叉并下蹬，在脚掌着地时快速做下一个垫步跳，然后继续蹬地，即右脚与地面有两次接触，重心左移，左腿从交叉状态，继续向左侧踏步；两腿交替重复练习	

(2) 动作示例

① 原地垫步跳：动作要领见表10-12中（图10-23）。

② 直腿小步跳：直立站位，双脚与肩同宽，背部平直，腹部紧收，双臂垂于体侧。右腿伸直向前踢出，脚尖勾起，踢腿时，摆动手臂，用脚前掌用力蹬地，在脚掌着地瞬间，借助于地面的反作用力快速做一个垫步跳，然后继续蹬地，左脚与地面两次接触后身体重心向前移动。左右交替进行（图10-24）。

图 10-23　原地垫步跳

图 10-24　直腿小步跳

10.3.3 快速伸缩复合训练

1) 动作模式

快速伸缩复合训练(超等长)是指能够使肌肉在最短时间内发挥最大力量的练习。主要通过预先拉长肌肉、反向运动、助力运动等方式,利用肌肉和肌腱的弹性势能以及牵张反射,实现更加快速有力的向心运动。快速伸缩复合训练被视为专项运动的基础,通过提高产生力的速度来增加爆发力;通过提高储存和释放弹性势能来增强反应力量;通过增加关节和身体连接处的力量,减少能量泄露和增加力量的传递效率。快速伸缩复合训练可以通过提高这些要素来促进专项运动能力的提高。

从国外文献研究的结果来看,快速伸缩复合训练还对运动员的灵敏性、跑动的经济性以及核心稳定性等竞技运动能力有着较好的促进作用。此外,研究还表明,适宜的快速伸缩复合训练可以提高肌肉在一定负荷内拉伸的能力,提高反应速度、快速变向能力和减少运动时能量的消耗,从而有助于减低运动损伤出现的概率。

按照身体部位的不同可将快速伸缩复合训练分为上肢训练、下肢训练和躯干训练,例如:头顶上扔药球是属于上肢快速伸缩复合训练,单腿跳箱是属于下肢快速伸缩复合训练,俄罗斯旋转抛接药球是躯干的快速伸缩复合训练。在三种训练中,下肢的快速伸缩复合训练是最普遍的,几乎适合所有运动项目(部分具体练习动作见表10-13)。

表 10-13 快速伸缩复合训练部分练习动作

类别	动作名称	动作要领	作用
下肢	双脚跳-横向	呈双脚运动姿势站栏架一侧,双脚与肩同宽,双臂微屈于髋部两侧,背平直,腹部收紧;双臂向上快速摆动,以手臂带动身体快速伸髋伸膝,双脚蹬离地面,从栏架上方跳过;落地时,屈髋屈膝缓冲,同时双臂下摆至髋部两侧	提高下肢力量与爆发力,强化下肢弹性力量及力的产生速率
上肢	俯卧撑-跳箱	俯卧双脚撑地,双手撑跳箱,手在肩部正下方;通过曲臂,降低胸部贴近药箱,尽可能用最大力推起身体离开跳箱;手做好落地缓冲准备,当身体贴近跳箱时,再次迅速推起,重复规定次数	提高上肢力量与爆发力、增强肩部稳定性及发力速率
躯干	药球-仰卧起坐	呈仰卧起坐准备,面向同伴,同伴站立于练习者对面;同伴将药球掷向练习者伸出的手,练习者躯干后仰,曲腹缓冲,双手抓药球,接球位置躯干与地面约45°;练习者躯干后仰背部靠近地面时,药球拉至胸前,尽可能用最大力屈髋收腹将药球推给同伴	提高躯干动作模式的力量与爆发力,强化核心力量

2) 动作示例

(1) 进阶式纵跳:双腿站立,面向跳凳,双臂微曲于髋部两侧,双脚站距与肩同宽,背部平直,腹部收紧。双臂向上快速摆起,以手臂带动身体快速伸髋伸膝,双脚蹬离地面,向前跳上跳凳,屈髋屈膝落在凳上缓冲的同时双臂下摆至髋部两侧,呈双脚运动姿势站立,保持1~2 s。落地时,保持身体平衡。练习过程中应逐渐增加凳子高度(图10-25)。此类练习同样可以用于左右跳。

(2) 仰卧胸前推球:平躺于垫上,膝关节弯曲,双脚平放在地板上。双手持非弹力药球置于胸口处,持球于其底部。用力向上推出,球落下时,双手接球(图10-26)。

注意事项:发力时,两手发力相同,要求药球在上升过程中直上直下,减少药球向一边偏移的情况,减少安全事故的发生。要求持续推球,药球不要在胸前停留。

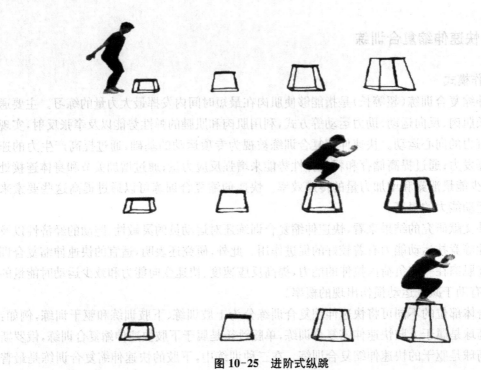

图 10-25 进阶式纵跳

图 10-26 仰卧胸前推球

（3）跪姿药球鱼跃前推：跪姿直立跪于垫上，抬头挺胸，目视前方，背部平直，腹部和臀部收紧，面墙或者搭档，屈膝约成 90°，脚尖勾起，双膝与双脚尖支撑于地面。用双手拿球体挤压在胸部。使用臀部发力，用尽全力向前和向外推出球体。身体顺势向前倒，保持这个倾斜的动作，双手支撑地面，调整稳定身体，迅速回到初始位置。要用整个身体发力，不是仅用手臂的力量将球推出。球推出后要顺势向前倒下，不要出现撅屁股的动作（图 10-27）。

图 10-27 跪姿药球鱼跃前推

（4）绳索药球俄罗斯转体：坐在垫上，双腿弯曲，双脚放于地面上，臀部支撑地面。上身

挺直，后倾约45°，双手持绳索药球于身体一
侧。利用身体的转动，将药球甩向另一侧，
当球碰地后立刻转向另一侧，重复此动作。
此训练有一定的危险性，要求在训练过程中
周围不要站人，防止药球飞出造成安全问
题。转体要靠身体和腹肌主动、连续发力，
而不是依靠绳索药球的惯性。药球的运动
轨迹尽量要与球在同一平面（图10-28）。

图10-28 绳索药球俄罗斯转体

（5）弓步侧向砸球：身体左侧对弹床呈弓步姿势，双手持药球于右肩处。双手持药球由
右肩向左下方砸至左髋外侧，将药球砸向弹床中心，双臂伸直于髋部，反弹后接住药球恢复初
始位置。尽量将药球砸向弹床的中心，在动作的过程中要保持身体的稳定（图10-29）。

图10-29 弓步侧向砸球

10.3.4 动作技能训练

1）动作模式

在功能性训练体系中，动作技能是一种综合性练习，包括传统意义上的灵敏、协调性训练
内容。灵敏与协调密切相关并对速度素质有很大的影响。从功能性训练理论的视角看，运动
动作的熟练性和准确性是持续提高运动员竞技能力的两大基本目标，二者有紧密的联系。动
作技能训练不仅重视运动项目的共性特点，也重视运动项目之间的相互差异，关注运动员的个
体需求，针对性地发展运动员所需的技术效率和动作功率。在传统的观点中，往往容易把竞技
能力的各种要素分割对待，把灵敏与速度区别开来，认为速度就是快速反应、快速动作、快速位
移的能力，而灵敏就是在快速移动中完成急起、急停、变速、变向的能力。动作技能训练则重视
各种竞技能力构成因素的整合，把力量、速度、灵敏、协调包括耐力看成是有机的整体，用完整、
系统的观点看待动作。不仅重视单一的动作质量，也关注多方向、多关节、连续性的动作质量
及其持久性。

动作技能练习通常要注意下列几个方面：

（1）在运动过程中加强对身体位置的有效控制。
（2）在技术正确的基础上快速完成动作，并在持续的运动中保持动作质量。
（3）强调人体运动过程中各环节加速-减速的耦合能力。
（4）注重神经支配之下肌肉离心-向心收缩的耦合能力。
（5）注意多方向、多维度的移动和动作训练，增加技能储备。

例如，根据移动方向，动作技能训练可分为纵向（前-后）、横向（左-右）、多向（旋转）等。不同运动项目的运动员有各自习惯的运动方向和运动方式，田径运动员习惯做向正前方加速的纵向动作技能练习，而篮球、羽毛球运动员对纵向、横向、多向的步法移动都有极高的要求。这就要求在训练中要结合专项需要进行多样化的动作技能训练（部分具体练习动作见表10-14）。

表 10-14 动作技能训练部分练习动作

分类	动作名称	动作要领	作用
纵向	加速跑-阻力带	直立站直，助力带位于身体后方系于髋关节处；左腿抬离地面同时右臂向前上方摆；左腿快速向后下方蹬地，右腿抬离地面，同时左臂前摆；两腿快速交替向前移动，完成规定距离及次数	提高髋部的稳定性及下肢和摆臂的爆发力
横向	横向-切步	直立站立，身体左侧靠向墙壁；左手扶墙，右臂在身体前面，身体向墙壁侧移，抬起左侧大腿与地面平行，保持头、髋、膝、踝呈一条线；右腿后脚跟离开地面，脚尖方向指向身体前面；完成规定时间，对侧依然	有效地提高移动能力、爆发力和灵敏性并降低运动风险
多方向	立姿交叉步	运动姿站立，抬起右腿向身体左侧方向移动，穿过身体中心，触碰左手；回到起始姿势，重复规定次数，对侧亦然	提高反应能力和移动能力，增强身体稳定性

2) 动作示例

(1) 气阻训练器侧向滑步：侧身略蹲于拉力器前，身体重心下降，双腿自然分开站立。将连接拉力器的一侧腿套绑在内侧小腿位置，此为初始位置。向外延展 2～3 m 处放置一个标识桶。保持匀速呼吸向外滑步至标识桶处，并缓慢滑步至初始位置。注意在运动过程中保持上半身的稳定与上肢摆动的协调，保持低重心（图 10-30）。此类练习也可用于前后移动。

图 10-30 气阻训练器侧向滑步

(2) 阻力伞直线加速跑：将阻力伞系在运动员腰部，运动员以最快速度向前加速。阻力伞在起跑时阻力较小，运动员可以快速提高速度。阻力伞提供的阻力随着速度的提升而增大（图 10-31）。

图 10-31 阻力伞直线加速跑

(3) 灵敏性并步移动：将10个锥桶放在一条线上，相距1 m。队员以预备姿势站在锥桶1的左边。听信号冲刺并超过锥桶2，然后向右减速并步移动，接着后退超过锥桶2，再并步移动到锥桶2的左边，再冲刺到锥桶3。重复上述模式，在其余锥桶处也重复以上动作(图10-32)。主要练习爆发力、脚步速度、平衡能力、反应灵敏和动作灵敏。

(4) 空当训练：将4个锥桶排在一列，间距为1 m，并且将每个锥桶之间的空当用1、2、3编号。一位运动员站在距离锥桶10 m处，以准备姿势面向锥桶。听到"开始"的口令，运动员开始向前跑，跑到5～8 m处，教练员说出任意一个空当的号码，然后运动员跑向此处(图10-33)。这是一个结合专项的灵敏性练习，帮助运动员在比赛中找到空当避开对手。

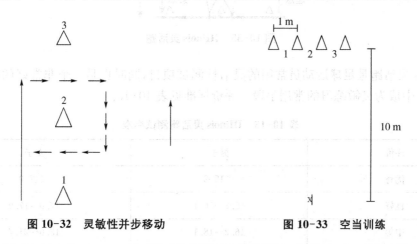

图10-32　灵敏性并步移动　　　　图10-33　空当训练

(5) 绳梯练习：利用绳梯做各种简单或复杂的步法、跳跃、移动、转身练习(图10-34)。也可以把协调绳与其他练习结合，增加难度，提高灵敏、协调训练的综合效果。这种练习方法最为丰富，不仅可以练习步法，也可以用来对上肢和全身进行控制性的协调能力训练。

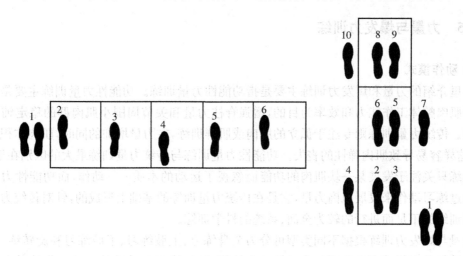

图10-34　绳梯练习

(6) Illinois灵活跑：标准的Illinois灵活跑测试场地如图10-35所示，长10 m，宽2.4 m，规则地放置标识物。练习时在起点可以用任何姿势起跑以提高反应难度，按路线绕过标识物，到达终点。

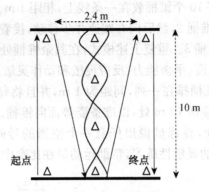

图 10-35 Illinois 灵活跑

Illinois 灵活跑是足球运动员常用的灵活性测试项目,同时也是一个非常好的练习方法,在许多项目中成为灵敏练习的常用手段。评价标准见表 10-15。

表 10-15 Illinois 灵活跑测试标准   s

评价	男子	女子
优秀	<15.2	<17.0
良好	15.2~16.1	17.0~17.9
中等	16.2~18.1	18.0~21.7
一般	18.2~18.3	21.8~23.0
差	>18.3	>23.0

10.3.5 力量与爆发力训练

1) 动作模式

这里介绍的力量和爆发力训练主要是指功能性力量训练。功能性力量训练主要是指以提高全身肌肉整体工作能力和效率为目的,增强脊柱力量和关节周围小肌肉群的稳定辅助作用的练习。传统力量训练则专注于孤立的肌肉或肌群训练,在力量增加的同时,肌肉体积也随之增加,这样容易导致肌肉弹性的丧失。功能性力量训练与传统力量训练最大的区别在于:传统力量训练只关注于发展某一块肌肉的功能而忽视了运动的本质——动作,而功能性力量训练正是通过练习动作来发展肌肉力量,它是在传统力量训练的基础上形成的,针对传统力量训练与专项训练的不足而进行的较为全面、系统的科学训练。

力量与爆发力训练根据不同类型可分为全身练习、上肢练习、下肢练习和旋转练习,例如跨栏运动员的过栏技术动作就是全身性动作技能练习;排球运动员的扣球动作就是上肢动作技能练习;立定跳远动作的练习则属于下肢动作技能练习;网球运动员向身体右前方采用开放步移动则是旋转的动作技能练习。在实际的运动过程中,任何运动形式都不是通过身体某一部分做功来完成的,而是整个身体的协调做功来完成的;因此,在实际的训练过程中,在注重局部练习的同时,要处理好整体与局部的关系(部分具体练习动作见表 10-16)。

表 10-16　力量与爆发力训练部分练习动作

类型	动作名称	动作要领	作用
全身	杠铃-高拉	双脚开立略宽于肩呈下蹲势,双手正握杠铃置于小腿胫骨前;匀速站立,同时竖直拉起杠铃;杠铃过膝后,快速伸髋、膝、脚踝同时快速耸肩,并曲肘提拉杠铃置锁骨高度;回到起始状,重复规定次数	提高动力链能量传递效率,提高全身爆发力
上肢	正握引体向上	双手正握把手,距离略宽于肩,手臂伸直,身体下垂;保持身体和下肢不动,肩胛骨下回旋,曲肘将颈部拉向把手;回到起始状,重复规定动作	发展背阔肌、大圆肌、肱二头肌和斜方肌下束等
核心区	瑞士球俯卧撑	俯撑姿势,双脚撑地,双手撑于瑞士球上,距离与肩同宽,手臂伸直,身体从头到踝呈一条直线	发展核心区多处肌群
下肢	深蹲	立姿正常站位,双手垂于体前;屈髋屈膝下蹲,直至大腿与地面平行,双臂伸直前举;快速站起,回到起始状态,重复规定次数	发展股四头肌、臀大肌和腘绳肌等
旋转	杠铃片-站姿单腿旋转推举	直立姿单腿军步站立,双手将杠铃片置于胸前;屈膝屈髋将杠铃片下移至左膝外侧;伸膝伸髋站立,将杠铃片向头顶右上方举起,双臂伸直;回到起始姿势,完成规定次数后换另一侧	加强身体旋转稳定性,提高动力链能力传递

2) 动作示例

(1) 气阻训练器俯身飞鸟:俯身双臂持把手交叉于身前,挺直背部,直到躯干与地面平行。双臂基本平直,平稳地拉起把手,让拉索在身前交叉,然后继续向身体两侧伸展手臂。此时应该略微转动手腕,使大拇指低于小拇指,尽可能地伸展,逐渐回到初始位置(图 10-36)。利用气阻训练器的练习变化很多,例如,单侧、双侧、上肢、下肢、正面、侧面、上提、下拉、斜砍,可以根据训练需要进行设计。

图 10-36　气阻训练器俯身飞鸟

(2) 气阻训练架深蹲:双脚站立与肩同宽或比肩稍宽,脚尖向外分开约为 30°。上身保持枕骨、肩胛骨、尾骨在一条直线上。下蹲时膝盖稍微过脚尖,保持重心在中立位,不要前倾或者后仰,以免脊柱过重的负荷导致伤害。蹲至大腿与地面平行即可,下蹲时吸气,站立时呼气(图 10-37)。

图 10-37　气阻训练架深蹲

(3) 振动台俯卧撑：双手与肩同宽，置于平台上，弯曲手肘降低身体。保持肩、背、腿呈一条直线。向上撑起时，手臂不要过伸，可控制向下幅度，感受胸大肌、三角肌前束发力并有震感（图10-38）。

(4) 振动台单腿硬拉：单腿屈膝站于平台上，身体前倾，另一侧腿抬起与身体呈直线。单手（双手）垂直提重物。身体逐渐直立，再回到起始位置，完成相应次数。脊柱保持直立，不弓背，体会腘绳肌及竖脊肌有振动感（图10-39）。

图10-38　振动台俯卧撑　　　　　　　　图10-39　振动台单腿硬拉

(5) 跳跃砸绳：双手持战绳置于体前腰部高度。训练时双腿、双臂和背部同时发力展体，利用爆发力向前上方摆动战绳，随后再双臂向下快速摆动战绳回到初始位置。持续动作训练不要间歇，尽最快速度上下鞭打战绳完成训练。使用控制战绳相反的力，重点强调一个推战绳远离的力，而不是拉战绳靠近的力（图10-40）。此类练习，可进行各种动作、姿势和支撑条件的变化。

图10-40　跳跃砸绳

(6) 绳索药球转体：身体直立，双脚自然分开与肩同宽，背部靠在墙上。双手持绳索药球放于两腿之间，调整绳索的长度，手臂弯曲，使药球自然下垂。转动身体，使药球砸向一侧的墙，当砸到墙时立刻转体砸向另一侧，重复此动作。要求在训练过程中周围不要站人，防止药球飞出造成安全问题。转体要靠核心发力，而不是依靠绳索药球的惯性。药球的运动轨迹尽量与球在同一平面（图10-41）。此类练习可以采用不同的姿势、动作轨迹和支撑条件设计实际需要的练习动作。

(7) 仰卧瑞士球起身砸球：双手持球于头顶面对弹床并仰卧于瑞士球上，要求背部靠于瑞士球，腹直肌发力做卷腹动作并将球砸向弹床，双臂伸直。反弹后接球恢复初始位置，接着进行下一次练习。依靠腹直肌收缩产生的力将球砸出而不是靠手臂的力量，练习者尽量将球砸向弹床的中心。克服瑞士球带来的不稳定因素，控制身体的稳定（图10-42）。

图 10-41　绳索药球转体

图 10-42　仰卧瑞士球起身砸球

(8) 平衡球卧撑击掌：采用俯卧位，双手支撑于平衡球(也称 Bosu 球)球面，双脚分开比肩略宽，耳、肩、髋从侧面看处于一条直线上。向下至胸部接近球面但不接触球面，吸气。向上时快速发力，呼气，使身体弹起双手完成一次击掌动作，落回。动作过程中注意呼吸不要憋气，动作要快，尽最大力气发力使身体弹起，弹起时身体尽量保持呈一条直线(图 10-43)。利用平衡球也可进行各种跳跃练习。

图 10-43　平衡球卧撑击掌

(9) 平衡气垫弓步：双手伸直呈水平，紧收腹部，双脚与肩同宽，一脚向前呈弓步踏于平衡气垫上，此时脚掌踩实平衡气垫中心，保持平衡气垫稳定，向上至身体自然直立，膝关节不要锁死。动作过程中保持核心收紧，身体稳定，动作流畅(图 10-44)。

图 10-44　平衡气垫弓步

(10) 振动杆蝴蝶向上：双腿分开站立，膝关节与脚趾指向外。振动杆置于头顶，手臂伸展，拇指指向前方。向上/向下（约30~60 s）身体保持自然站立状态不要出现向一侧屈的体态，肘关节避免出现大幅度屈，保持均匀呼吸（图10-45）。振动杆练习的变化很多，如单侧的练习、左右摆动的练习等。

图10-45　振动杆蝴蝶向上

10.3.6　软组织再生训练

1) 动作模式

随着体育职业化进程的不断加快，运动员的训练和比赛强度越来越大，在激烈的竞争中，运动员需要在高强度、快节奏的比赛间歇快速有效地恢复身体。科学有效的训练是运动员竞技能力提高的基础，充分的恢复则是运动员竞技能力持续提高的重要保障；除了恢复之外，机体组织还需要重建和再生，通过主动促进恢复取得更快更好的超量补偿，再生训练就是在这样的一个大背景下被提出来的，并且在理论研究和实践操作层面得到推广。

软组织再生训练主要是指针对筋膜、肌膜、肌腱、韧带等软组织进行的按摩、激活、放松、梳理活动，以有效缓解因大强度运动或长期工作所造成的肌肉紧张、不适感和疼痛感。目前使用的再生训练工具主要有泡沫轴、按摩棒、扳机点、双球（花生）等。通常训练比较注意肌肉的放松，但对软组织的放松重视不够，而肌膜、肌腱、韧带等软组织的状态不仅直接影响肌肉的工作能力，与关节活动功能也有密切的关系。通过对软组织的放松，可以有效提高人体内组织细胞的可塑造性和关节活动幅度，同时降低组织纤维发生粘连的可能性，因长期高强度运动引起的关节僵硬也可以得到有效缓解。此外，可降低神经肌肉的兴奋性，减轻各种疼痛症状。

作为一种功能性练习，软组织再生训练既可以安排在训练之前，也可以放在训练、比赛结束后的整理活动中，这与传统的恢复练习固定安排在训练之后不同。训练前的再生练习主要起到帮助运动员激活肌肉、唤醒软组织的作用。训练后安排再生训练有助于通过整理、放松活动，梳理肌膜、筋膜，加速血液、淋巴液的回流，使运动系统较快地恢复正常状态。根据所使用的不同器材，软组织放松分为泡沫轴放松、按摩棒放松、扳机点放松等（部分具体练习动作见表10-17）。

表10-17　软组织再生训练部分练习动作

分类	动作名称	动作要领	作用
泡沫轴	泡沫轴-臀部肌肉	呈坐姿，将泡沫轴置于臀部下方，双臂撑于身体后方，背部平直，腹肌收紧；双手推地带动身体移动，使泡沫轴从坐骨节至腰骨间来回滚动；在肌肉酸痛点上停留一定时间，完成动作至规定时间	激活、放松臀部肌肉
按摩棒	按摩棒-腘绳肌	呈半跪姿势，左腿在前，右腿在后，双手持按摩棒放在左大腿后侧靠近髋关节位置；双手持按摩棒从左大腿后侧的髋关节至膝关节间来回加压滚动；在肌肉酸痛点上停留一定时间，完成动作至规定时间，对侧亦然	激活、放松腘绳肌
扳机点	扳机点-三角肌	呈坐姿，左手支持在体侧，右手持按摩球按压左侧肩部三角肌的位置；调整位置直至找到酸痛点，右手加压滚动按摩球；在肌肉酸痛点上停留一定时间，完成动作至规定时间，对侧亦然	激活、放松三角肌

2) 动作示例

(1) 泡沫轴单侧小腿放松：坐在垫上，将泡沫轴放在小腿靠近踝关节的下方，双臂撑于身体的后方，背部平直，腹肌收紧。双手推地带动身体移动，使泡沫轴从小腿踝关节后侧至膝关节后侧间来回滚动。在肌肉酸痛点停留30～60 s，完成动作(图10-46)。

图10-46　泡沫轴单侧小腿放松

(2) 泡沫轴单侧腘绳肌放松：坐在垫上，双手放在身后，将泡沫轴放在膝盖下方。伸展双腿，脚后跟稍稍离地，背部平直，腹肌收紧。借助手臂的力量将身体向前推，使泡沫轴滚至坐骨结节。在肌肉酸痛点停留30～60 s，完成动作(图10-47)。

图10-47　泡沫轴单侧腘绳肌放松

(3) 泡沫轴单侧臀肌放松：坐在垫上，将泡沫轴放在臀部的下方，双臂撑于身体后方，伸直双腿，脚后跟着地，背部平直，腹肌收紧。双手推地带动身体移动，使泡沫轴从臀部下方至下腰背间来回滚动。在肌肉酸痛点停留30～60 s，完成动作(图10-48)。

图10-48　泡沫轴单侧臀肌放松

(4) 泡沫轴股四头肌放松：侧卧在垫上，双腿侧屈，将泡沫轴放在大腿前侧的下方，手掌支撑地面，向后伸展双腿，使上半身形成一条直线。借助手臂的力量，带动身体移动，使泡沫轴从骨盆至膝关节上方间来回滚动。在肌肉酸痛点停留30～60 s，完成动作(图10-49)。

图10-49　泡沫轴股四头肌放松

(5) 泡沫轴单侧髂胫束放松：伏在地面上，将泡沫轴放在左腿髋关节外侧的下方，右臂屈肘支撑于地面，左手放在身体的前方。左腿伸直，右腿屈髋屈膝放在身体前方。右腿蹬地带动身体移动，使泡沫轴从髋关节外侧至膝关节外侧间来回滚动。在肌肉酸痛点停留30～60 s，完成动作,换另一侧重复进行(图10-50)。

图10-50 泡沫轴单侧髂胫束放松

10.3.7 拉伸训练

1) 动作模式

柔韧性是指与关节连接的肌肉、筋膜和韧带等组织的活动范围,而灵活性是由关节的结构所体现出的活动范围。在竞技运动过程中,良好的柔韧性和灵活性对运动员的肌肉以及关节能起到积极作用,有助于运动员扩大其动作幅度从而实现肌力的最大化。相反,柔韧性和灵活性差会影响动作技能的掌握,同时限制力量、速度、协调等素质方面的发展。拉伸是在训练体系中提升机体柔韧性和灵活性不可或缺的方法手段,主要针对特定的肌肉、韧带或关节,通过增加骨骼肌起止点或不同骨骼间的距离的方式,从而调整肌肉的肌张力及提高关节的活动度。

在准备活动期间,拉伸练习可以有效降低肌肉黏滞性,减少不必要的能量损耗。同时由于肌肉的弹性增加,可以进一步提高肌肉的收缩速度与收缩力量,从而有助于运动员更加合理地完成技术动作,并预防运动损伤。在再生训练过程中,拉伸可改善关节周围软组织的伸展性以及肌肉的肌张力,进一步放松肌肉,同时加快机体的血液和淋巴循环,促进代谢产物的排出,并减缓运动后短期内肌肉延迟酸痛,促进机体的超量恢复。

拉伸技术可按照不同维度进行分类,根据施力方式可分为主动拉伸、被动拉伸和辅助拉伸;根据动作特征可分为动态拉伸和静态拉伸。随着体育科学的快速发展,为适应竞技运动或身体活动的需求,许多不同技术的拉伸方法孕育而生,其中一些方法原理都存在较大共性(部分具体练习动作见表10-18)。

表10-18 拉伸训练部分练习动作

分类	动作名称	动作要领	作用
静态拉伸	静态拉伸-股四头肌	呈单腿站立,站于牵拉架内,右手扶握牵拉架,左手向后抓左脚踝;左手尽可能将左脚脚踝拉向臀部,直至股四头肌有中等程度的牵拉感;保持姿势至规定时间,对侧亦然	牵拉股四头肌
PNF拉伸	PNF拉伸-背阔肌	被牵拉者呈俯卧姿势,脸置于按摩床的护脸圈中,双臂向前伸展并外旋;牵拉者呈弓步姿在被牵拉者头顶的上方,双手紧握住被牵拉者的手腕;被牵拉者缓慢地拉肘靠向身体两侧,手臂内旋,然后保持背阔肌等长收缩6 s	牵拉背阔肌
主动分离式拉伸	主动分离式拉伸-大腿内收肌群	呈仰卧姿,双腿伸直,将牵拉绳的一端固定在左脚,左手抓住牵拉绳的另一端;保持右腿不动,左手抓紧牵拉绳向头方向移动,使左腿外展,逐渐远离身体,并且主动收缩外展肌群,在1.5~2 s助力牵拉过程中施加少于1磅的阻力,直至大腿内收肌群有中度的牵拉感;左腿向起始位置移动,直至大腿内收肌群牵拉感消失;对侧亦然	牵拉大腿内收肌群

(续表)

分类	动作名称	动作要领	作用
动态拉伸	动态拉伸-直腿-小腿拉伸	呈手撑姿,双手伸直撑于地面,右腿伸直,脚尖撑地,左腿屈膝,左脚搭于右侧小腿上;始终保持右腿伸直状态,右侧脚后跟缓慢着地,直至腓肠肌有中等程度牵拉感;保持 2 s 后回到起始状态,重复规定次数,对侧亦然	牵拉腓肠肌

2) 动作示例

(1) 颈部拉伸:前倾-后仰(屈、伸)-侧屈-侧转(图 10-51)。

① 目标肌肉:颈肌、斜方肌上束、夹肌。

② 开始姿势:站立姿势,该类动作简单,主要是充分活动头颈关节。

③ 易犯错误:弯腰拱背;腰部跟随动作大,影响练习幅度。

图 10-51 颈部拉伸

(2) 两臂平举侧摆

① 目标肌肉:背阔肌、大圆肌、三角肌前后部、胸大肌。

② 开始姿势:身体直立,右手侧平举向后伸展至最大幅度,左手掌心向下同时向右做侧平举,从正面看两手在同一水平线上(图 10-52)。

③ 动作过程:摆臂时,两臂动作协调一致,向左侧摆臂时,右臂置于胸前,右手手指与左肩同高,左臂摆过体后,随后两臂协调一致向右侧摆动。摆臂时只能让肩部运动,幅度保持在舒适的范围内。

④ 易犯错误:摆臂时转体转头。

图 10-52 两臂平举侧摆

(3) 坐姿脊柱扭转

① 目标肌肉:竖脊肌、腹内斜肌、腹外斜肌。

② 开始姿势:坐于地面,两腿伸直,上体保持正直,屈右膝,将右脚放在左腿膝盖外侧,踏在地上(图 10-53)。

③ 动作过程:上体右转,将左侧肘关节置于右膝外侧,右手撑地,距离臀部后方30~40 cm,臀部坐于地面,左肘用力顶在右膝上,慢慢向右转头、转肩,直到有牵拉感,两腿交换重复

练习。

④ 易犯错误：臀部离地，将肘关节置于大腿的前部（膝关节外侧）。

图 10-53　坐姿脊柱扭转

(4) 弓步转腰走—侧屈走

① 目标肌肉：髂腰肌、股直肌、腹内斜肌、腹外斜肌、臀大肌、腘绳肌、背阔肌等。

② 开始姿势：直立，双脚平行，同肩宽。

③ 动作过程：左脚向前迈出一大步，屈左膝至膝关节位于左脚的正上方，膝关节成90度，右膝略微弯曲至脚后跟离地，两脚脚尖朝前，左手垂于体侧，右手向上伸展并向左侧弯曲躯干，停顿片刻，回到躯干直立位，两脚交替弓步走（图54a 转腰走，图54b 侧屈走）。

④ 易犯错误：前腿膝关节超过脚趾，后腿膝关节触地；上体前倾或后仰；手臂没有充分向上伸，侧屈走时躯干没有侧弯。

(a)　　　　　　　　　　　　　　　(b)

图 10-54　弓步转腰走和侧屈走

(5) 手足爬行

起始为躬身卧撑姿势。足——交替小步向前移动，向后移动，脚跟不离地。

手——交替小步向后移动，向前移动，掌心撑地（图10-55）。

图 10-55　手足爬行

10.4 核心力量训练

10.4.1 核心区域

核心力量训练最初来源于康复训练领域，主要针对腰以下病患者进行康复治疗。近年来，随着竞技体育理论的不断发展，核心力量训练也逐渐在竞技体育领域得以应用，并得到广泛认可。从目前专家学者们的研究结果来看，核心区域主要指肩部到髋关节的身体部分，也是人体运动链的主要核心环节（图10-56）。由肩、躯干、腰、髋及向四肢辐射的肌肉组成，该部分有大约30对肌肉，力量大，储存能量多，附近是身体重心所在，起稳定、传导、发力、减少发力、平衡等作用，在带动小关节的运动中起先导作用，提高了动作效率。

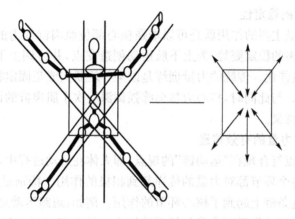

图10-56 身体核心区及运动链

髋关节是人体最粗壮的联合性关节，可以看作是人体力量的"发动机"，而相邻的腰比较薄弱，容易受伤，特别是背部。其实武术上所讲的"力从腰发"是不准确的，真正的应该是"力从髋发"。躯干部位可以作为支点，发力或带动发力的主要是髋部和肩部，在人体运动中十分重要。从运动链的角度看，核心区域和四肢组成了完整的运动链，且处于中心环节。如果核心区力量不足，整个运动链就非常薄弱，造成力量、能量泄露或内耗。

核心力量训练作为一种有效的辅助训练手段，对运动核心区域肌肉力量的发展起到良好的作用，同时也促进运动技术的发展并降低运动损伤发生的概率。核心力量训练是在传统力量训练的基础上发展形成的，主要是针对传统力量训练中核心肌肉发展不足而进行的较为全面、系统的科学训练。

核心力量训练模式主要是围绕腰椎-骨盆-髋关节联合周围肌群所进行的训练。目前，有关核心力量训练的方法和手段较为繁多，总体可以概括为以下几类：徒手训练、瑞士球训练、实心球训练、弹力带训练等（表10-19）。通过对这些训练方法的总结可以看出，核心力量训练方法主要通过身体的非稳定性训练，增加核心区域的不稳定来提高核心区域肌肉群的力量，尤其是对深层小肌肉群力量的提高极为有效。

表 10-19 核心力量训练方法

训练方法	外部环境	主要目的	应用领域
徒手训练	稳定性与非稳定性	提高核心肌群的用力和有效的控制身体	康复、健身、竞技体育
瑞士球训练	非稳定性	改善神经对肌肉的募集和反射性调节能力，提高稳定力、本体感觉和平衡能力	康复、健身、竞技体育
弹力带训练	非稳定性	改善柔韧，提高稳定性力量，增强本体感觉和控制能力	康复、健身、竞技体育
实心球训练	稳定性与非稳定性	主要提高爆发力和身体控制能力	康复、健身、竞技体育
器械抗阻训练	稳定性与非稳定性	提高核心肌群力量和协调用力能力、爆发力	康复、健身、竞技体育

10.4.2 核心力量训练的意义

核心力量训练的作用主要体现在下列几个方面：

1) 增强核心部位的稳定性

核心力量的训练最主要的作用就是可以增强核心部位肌肉群发力的稳定性，在运动中控制骨盆和躯干部位肌肉的稳定姿势，为上下肢运动创造支点，并协调上下肢用力，使力量的产生、传递和控制达到最佳化。传统的力量训练是以某一块肌肉或是固定状态下进行训练，与实际运动轨迹不相符合。与此同时，核心力量训练强调深层次小肌肉群的训练，这对于稳定核心部位具有重要的实际意义。

2) 促进核心部位力量的有效传递

核心力量这一特点符合现在"运动链"的观点，即人体在运动过程中，身体的每个环节都是运动链中的一个环，每个环节都对力量的传递起到积极的作用。特别是人体核心部位由于拥有强大的肌肉群，在这条链上起到了核心环节的作用。例如：短跑运动是通过上下肢的协调用力来完成的；网球的击球动作需要全身包括下肢用力。核心部位对力量的传输起到了承上启下的作用，可以提高远端环节完成各种动的效率。

3) 支撑运动技术的提高

在众多运动项目中，诸如赛艇、游泳、皮划艇等水上竞技运动项目以及标枪、跨栏等田径项目，除了对体能素质要求较高以外，专项技术动作的优劣及其效率是能否取得良好运动成绩的关键因素。良好的专项技术的形成与提高主要取决于核心力量的发展，只有两者协调发展、密切结合才能更好地促进专项技术能力的提高。我国优秀跨栏运动员刘翔高超的过栏技术离不开核心力量的发展。孙海平教练在谈及刘翔的过栏技术时，也曾强调由于他具有突出的核心肌群力量，为良好的技术和优异的运动成绩打下坚实的基础。

4) 弥补传统力量训练的不足

核心力量训练的本质不同于传统力量训练，能够弥补传统体能训练中协调、灵敏、平衡能力等方面的不足。核心力量训练通过对核心部位肌肉特别是深层肌肉的刺激，能够很好地提高肌肉间的协调性、灵敏性和平衡性，这就弥补了传统力量训练在发展速度力量、力量耐力等方面的不足，同时也建立了一种新的训练理念，创新了力量训练方法与手段，为传统力量训练提供新的发展思路与方法。

5) 有效预防运动中的损伤

在运动过程中，身体处于一种不稳定的状态，如果核心力量不足，进而出现能量补偿现象，四肢的部分肌肉将参与维持身体稳定性,使四肢部分肌肉超负荷做功,导致肌肉拉伤。核心力量训练中经常采用静力性的等长训练方式,可以使肌肉能够承受较大的负重,有效发展该部位的最大肌肉力量。另外进行等长练习时,肌肉对血管造成很大的挤压,影响肌肉中血液的回流和氧气的运输,对肌肉无氧代谢能力的提高有积极的作用,如促进肌肉毛细血管增生、肌红蛋白含量增多。同时肌膜厚度增加,使肌膜、韧带的抗张程度增强。身体核心部位的肌肉分布多,肌纤维的走向复杂,一般训练对表面的大肌肉较为有效,对深层次的小肌肉效果受限。通过核心力量训练,可以加大对深层小肌肉群的刺激,弥补传统训练的不足,降低因小肌肉群力量不足可能带来的损伤。

10.4.3 核心力量训练注意事项

1) 多维度练习

传统腰背力量训练中,单维、双维训练较多,由于躯干部位肌肉多,走向复杂,深层次的肌肉往往很难练到,影响效果。功能性核心力量训练,要求实施多方向、多维度、多支撑条件下的多样化训练,前后、左右、旋转等力量都可以得到有效改善。

2) 核心力量和一般力量都要以提高专项力量为目的

专项力量依然是运动训练的主要目的。核心力量训练要解决一般性力量与专项需要相差较大的矛盾,促进以脊柱为支撑的核心稳定性,为专项动作的发力提供良好的稳定基础。

3) 核心力量发展优先于四肢力量

四肢力量主要是表层肌肉,走向简单,训练起来相对容易,但其力量的传递要通过核心部位。如果核心部位不稳,充实度不够,就会增加能量、力量的内耗,影响发力效果。因此,核心力量是其他部位力量的支撑系统,要优先发展。

4) 核心力量要分层安排,才能取得理想的效果

核心力量训练手段繁多,要有整体使用的设计规划,由简到繁,由轻到重,由一般到专项,使骨骼、关节、肌腱、肌肉逐渐适应,打好基础,才能获得理想的效果。通常的顺序是:

(1) 垫上练习:主要在(硬)海绵垫上做一些基本的腰背肌肉练习,多增加一些旋转的、静力性的、不同支撑部位的练习。"八级腹桥"、侧桥等也属于这类动作,可逐渐负重。

(2) 单个专门器械练习:利用单个的瑞士球、平衡板、悬吊、振动器等进行上述练习,逐渐增加不稳性,结合实心球进行投、抛、摆练习,可逐渐负重。

(3) 两个专门器械结合练习:如把悬吊与瑞士球结合,实心球与瑞士球结合等,使上下肢都处于不稳定状态进行练习,循序渐进增加训练难度。可逐渐增加负重。

(4) 把器械与专项技术相结合:如在平衡板上做阻力性划船动作练习,背依瑞士球做投掷动作等,以增加动作的复杂性和对神经肌肉的控制能力。

10.4.4 核心力量训练的方法与手段

1) 徒手练习

徒手训练法主要适用于核心力量训练的初始阶段,主要目的是让运动员体会核心肌群的用力及对身体的控制能力。在具体的训练过程中,可根据运动员核心力量的增长情况,采用不同形式的由表及里、由浅入深、由慢及快的训练,可以有效地刺激核心区域不同层次的肌肉群。

相关练习方法如下：
(1) 屈膝半蹲
① 部位：胫骨前肌、腓肠肌、比目鱼肌、臀大肌、股二头肌、股直肌、股内侧肌。
② 作用：加强小腿后肌群的力量，提高其柔韧性和平衡能力。
③ 方法
　(a) 身体直立，两脚平行，脚尖朝前，两臂向前水平举起，保持平衡。在保证站稳的情况下，脚尖抬起。
　(b) 收紧腹部肌肉，慢慢下蹲，足跟离地面，背部挺直，头颈上顶，避免身体过度前倾。
　(c) 呼气的同时慢慢回到起始姿势。动作过程中体会腿部肌肉克服体重做功的感觉。
④ 组数：每组 20 s，共练习 3 组。
⑤ 注意事项：背部挺直，头上顶，在动作过程中收紧腹部和脚尖上卷。
(2) 屈膝两头起
① 部位：腹直肌、腹内斜肌、腹外斜肌、腹横肌、阔筋膜张肌、股中间肌、股直肌、股内侧肌、髂肌、梨状肌。
② 作用：增加腹肌的耐力性，加强屈髋肌力量。
③ 方法
　(a) 平躺在地面，头、颈部、肩部、两腿轻微抬离地面，不要弯腰，两臂抬起平行地面。
　(b) 膝屈曲向胸前移动，上体前屈，两手触碰踝关节。此时臀部着地，其他部位离开地面。
　(c) 慢慢打开身体，双腿伸直，上身后躺，回到起始姿势。
④ 组数：重复 15 次为一组，共练习 3 组。
⑤ 注意事项：动作过程中要收紧下巴，整个过程中要绷紧大腿。
(3) 俄罗斯旋转
① 部位：腹直肌、腹内斜肌、腹外斜肌、腹横肌、股中间肌、股直肌、髂肌、髂腰肌。
作用：增加腹肌的耐力，加强屈髋肌力量。
② 方法
　(a) 身体呈坐姿，双膝屈曲，两脚平放于地面。两手向前水平举起，位于膝盖上方。
　(b) 上半身向右扭转，两手触碰身体右侧的地面。
　(c) 回到起始状态，上半身向左扭转。可适当负重。
③ 组数：每组每侧完成 10 次扭转，共 3 组。
④ 注意事项：扭转时双脚与地面保持接触，膝关节紧紧靠在一起，颈部和肩部保持放松。
(4) 髋关节旋转
① 部位：阔筋膜张肌、股直肌、股外侧肌、股二头肌、臀大肌、臀中肌、髂胫束、缝匠肌、股内侧肌、股中间肌、长收肌。
② 作用：利用自身体重练习腹肌，提高腹部肌肉的控制能力。
③ 方法
　(a) 坐于地面，两手放于身后支撑，两腿伸直并拢，向上抬起。
　(b) 在骨盆保持稳定的前提下，慢慢把两腿移动到最右侧、最下方以及最左侧，可适当负重。
④ 组数：每组每侧完成 5 次扭转，共 3 组。
⑤ 注意事项：两腿来回摆动时，双腿保持伸直；为了更好地支撑起体重，双臂应离身体远一些；整个动作过程颈部保持伸直。

(5) 仰卧举腿

① 部位：腹直肌、腹横肌、股中间肌、阔筋膜张肌、臀大肌、臀中肌、股三头肌、股直肌、髂肌、髂腰肌。

② 作用：加强核心区域肌肉力量，提高骨盆稳定性。

③ 方法

(a) 躺于地面，两腿交叉上举，膝关节伸直，两臂伸直放于体侧。

(b) 两腿和臀部夹紧，腹肌发力将髋关节抬离地面。

(c) 慢慢将髋关节放回到地面。

④ 组数：每组10次，两腿位置互换，共3组。

⑤ 注意事项：整个过程两腿伸直并绷紧；向上举腿时保持颈部和肩关节放松。

(6) V形两头起

① 部位：腹直肌、阔筋膜张肌、腹直肌、股外侧肌、股内侧肌、股中间肌、长收肌、腓骨肌、肱肌。

② 作用：增强腹肌的力量，提高脊柱的稳定性。

③ 方法

(a) 身体呈仰卧位，两腿抬起与地面成45°～90°的夹角。

(b) 吸气，两手上举，肩关节和头部抬离地面。

(c) 吸气的同时胸椎屈曲，上身继续抬起到胸廓部位抬离地面。

(d) 深吸气，两手向前触摸脚尖，背部弯曲呈V形；吐气时慢慢放下身体，体会椎体一节一节伸展的感觉，回到起始姿势。

④ 组数：每组10次，共计3组。

⑤ 注意事项：在抬起和放下身体的过程中注意体会脊柱的各个椎体之间的相对运动；为了使胸椎和颈椎所受到的力量最小，颈部应该保持伸长且放松状态。

2) 瑞士球练习

20世纪80年代以来，瑞士球逐渐开始在理疗诊所和康复中心普及，一些运动队也把它当成提高运动员平衡稳定能力、预防运动损伤的训练工具。瑞士球具有不稳定性，在球体上练习时可以充分刺激全身尤其是核心部位的肌肉协作，维持人体的平衡和稳定。很多体育工作者已将瑞士球训练法引入田径、游泳、体操、球类等运动项目的训练中，并将其练习作为训练方案的组成部分。事实证明，瑞士球是一个增强核心力量、提高身体稳定性和增加关节柔韧性的有效训练工具。根据不同标准，瑞士球可以分为多种，直径从45 cm到75 cm不等。瑞士球在保持身体平衡、改善身体姿势及预防运动损伤等方面发挥着重要作用。

(1) 瑞士球俯卧撑

① 部位：腹直肌、腹外斜肌、腹内斜肌、腹横肌、阔筋膜张肌、髂腰肌、缝匠肌、短收肌、长收肌。

② 作用：在增强上肢力量的同时，很好地调动核心肌群并锻炼髋部屈肌，提高脊柱稳定性和核心肌群力量。

③ 方法

(a) 双手双膝着地，手指朝前，瑞士球置于身下为开始姿势。

(b) 双腿伸直，使身体呈一直线。

(c) 保持背部挺直，同时双膝弯曲使瑞士球朝核心肌群移动。

(d) 双腿伸直，移动瑞士球远离身体，然后做一个俯卧撑。

④ 组数：每组12次，共计3组。

⑤ 注意事项：髋部和躯干保持在同一水平面上，避免身体弯曲和拱起。

(2) 瑞士球提臀平板支撑

① 部位：腹直肌、腹横肌、耻骨肌、股中间肌、髂腰肌、长收肌、阔筋膜张肌、背阔肌、股直肌。

② 作用：提高脊柱的稳定性，强化腹部肌肉和髋部屈肌的力量。

③ 方法

(a) 摆出俯卧撑姿势，双臂分开与肩同宽，同时胫骨置于瑞士球上。

(b) 在保持双腿伸直的同时使瑞士球朝向身体方向滚动，同时使髋关节尽可能抬高。

(c) 身体下移并重复以上动作。

④ 组数：每组 20 次，共计 3 组

⑤ 注意事项：避免背部拱起和髋部向任何一侧倾斜；动作要尽可能的缓慢，双目直视地面。

(3) 瑞士球侧卷腹

① 部位：腹直肌、腹内斜肌、腹横肌、腹外斜肌、肋间肌。

② 作用：瑞士球侧卷腹是一项强化核心力量的高级运动，对强化腹肌、锻炼身体斜肌和肋间肌尤其有效。

③ 方法

(a) 身体左侧卧躺在瑞士球上，左侧髋关节和躯干左侧在瑞士球上。左腿膝关节从地面抬起，右腿跨过左腿，右脚放在左大腿前侧。

(b) 双手指尖放在双耳两侧，同时肘关节向外张开。

(c) 利用腹肌带动身体动作，躯干抬高直至上半身几乎垂直。

(d) 身体下压，重复以上动作，重复做 15 次。身体另一侧重复以上动作。

④ 组数：身体两侧各进行 3 组，每组 15 次。

⑤ 注意事项：完成动作的过程应当缓慢，切勿利用双腿带动身体动作，核心肌群始终保持紧张。

(4) 瑞士球俄罗斯转体

① 部位：腹直肌、腹横肌、腹内斜肌、腹外斜肌、肱三头肌、背阔肌。

② 作用：瑞士球俄罗斯转体是一项独特的强化核心肌群的运动，同时还可以缩减腰围，使腹肌、斜肌更加紧致有力。

③ 方法

(a) 坐于瑞士球上，双脚分开与肩同宽，将瑞士球朝前滚动，直至颈部撑在球体上方，双臂在胸部正上方伸直、固定。

(b) 一侧髋关节向外转动，同时转动躯干和双臂。

(c) 身体回到中心位置，然后身体向另一侧重复以上动作。

④ 组数：身体两侧各重复进行 15 次，共计 3 组。

⑤ 注意事项：练习时动作要缓慢克制，注意避免上半身抬离瑞士球，躯干悬空。

(5) 瑞士球卷腹

① 部位：腹直肌、腹内斜肌、腹横肌、腹外斜肌。

② 作用：瑞士球卷腹是在基本卷腹运动基础上增加了一个新维度，通过使身体仰卧在瑞士球上，迫使腹肌更加有力地工作，能够达到强化腹肌、稳定核心肌群的作用。

③ 方法

(a) 身体仰躺，双脚分开比肩略宽，背部撑在瑞士球上，双手贴近双耳，肘部向外张开。

(b) 双臂双腿同时抬高，双臂贴近双脚，同时背部挺直。

(c) 身体下压,重复以上动作。
④ 组数:每组重复做 20 次,共计 3 组。
⑤ 注意事项:双腿要始终固定在地面上,下背部始终撑在球体上,尽可能地使身体在球体上稳定不动。

(6) 瑞士球双腿交替屈膝
① 部位:腹内斜肌、腹直肌、腹外斜肌。
② 作用:瑞士球双腿交替屈膝是增强核心肌群的有效手段,它对所有为身体提供力量的肌肉群都有一定的锻炼效果,尤其是对核心肌群力量的发展。
③ 方法
(a) 身体笔直地坐在瑞士球上,双脚分开固定在身体前侧,与肩部同宽,双手放在身体两侧的球上。
(b) 一条腿上抬,朝胸口部方向拉伸。
(c) 将抬高的那条腿放下,另一条腿重复以上动作。
④ 组数:每条腿各重复做 20 次,共计 3 组。
⑤ 注意事项:腿上抬时保持膝盖弯曲动作不变,避免背部拱起或向前弯曲。

3) 弹力带练习
弹力带是一种由橡胶制作能够自由伸缩并且带有弹性的带子。弹力带具有弹性,根据其厚度的大小可确定阻力的大小,锻炼者克服其弹性能够使相关部位得到很好的锻炼,所以被广泛应用于大众体育、康复领域。弹力带核心力量训练的主要目的是加强核心肌肉力量的训练,通过阻力训练的方法和多个平面内的运动,增加肌肉力量、肌肉围度和肌肉爆发力,提高臀部肌肉对骨盆的控制以及对脊柱的稳定作用。

(1) 弹力带伐木
① 部位:腹直肌、腹横肌、腹内斜肌、腹外斜肌、三角肌、背阔肌、胸大肌。
② 作用:弹力带伐木是一项强化斜肌的有效运动,利用弹力带阻力,强化核心肌群、双臂和肩关节,使腹肌尤其是斜肌更加紧致。
③ 方法
(a) 将弹力带的一端固定在物体上,身体站直,同时双手握住弹力带的另一端,双臂伸直,躯干转向身体一侧,带动弹力带转动。
(b) 躯干转向身体另一侧,身体转动的同时双臂抬高,腹部收紧。
(c) 躯干转回中心位置时双臂放下。身体另一侧以同样的动作幅度重复以上动作。
④ 组数:身体两侧各重复 20 次,两侧各进行 3 组。
⑤ 注意事项:摆动动作要有力,扭转动作要缓慢,核心肌群收缩、绷紧。

(2) 弹力带单腿俯身后拉
① 部位:腹直肌、腹横肌、阔筋膜张肌、髂腰肌、臀大肌、股中间肌、背阔肌。
② 作用:通过弹力带阻力,促使腹部、臀部及大腿肌肉收紧,增强大腿肌肉、核心部位力量及骨盆的稳定性。
③ 方法
(a) 将弹力带固定在前方与髋同高的位置,左腿站立,俯身 90 度。
(b) 右腿抬起与地面平行,双手紧握弹力带,掌心向上,直臂伸于肩前方,然后挺胸收腹,肩胛缩回下压。

(c) 呼气时双手向两侧回拉,至上臂与右腿成一条直线;吸气时,缓慢回到起始姿势。

④ 组数:身体两侧各重复20次,两侧各进行3组。

⑤ 注意事项:腹部收紧,注意下背部不要下塌;身体保持平衡,骨盆不要侧倾。

(3) 侧身平板弹力带

① 部位:腹直肌、腹横肌、股直肌、胸大肌、肱二头肌、三角肌、背阔肌。

② 作用:能够有效地强化腹部肌肉以及上背部、下背部和肩关节肌肉,强化并稳定核心肌群及强化双臂肌肉。

③ 方法

(a) 将弹力带的一端固定在固定物上,身体左侧卧,双腿伸直且相互交叠,左臂弯曲呈90°,同时指关节朝前。

(b) 右臂握住弹力带的一端,上臂在体前伸直,弹力带与地面保持平行,在前臂撑离地面的同时髋部从地面抬起,直至身体呈一条直线。

(c) 将弹力带朝胸口拉伸时上臂弯曲,当身体朝地面方向移动时上臂伸直。身体另一侧重复动作。

④ 组数:身体两侧各重复15次,两侧各进行2组。

⑤ 注意事项:在确保弹力带拉紧的同时,用前臂和髋部带动身体向上移动,整个运动过程中双腿保持稳定不动。

(4) 弹力带扭曲滑动

① 部位:腹直肌、腹横肌、腹内斜肌、前锯肌、腹外斜肌、肱三头肌、前三角肌。

② 作用:可以使整个核心肌群得到充分锻炼,是强化核心力量的重要运动。此动作幅度较小,但只要姿势正确,会对上腹部有明显的锻炼作用。

③ 方法

(a) 身体呈坐姿,双腿略微弯曲,弹力带缠在双脚后跟下方,双手握住手柄并将其朝双耳方向拉伸。

(b) 躯干收缩时,双肘贴近大腿部位,同时肩关节和上背部下压。

(c) 躯干恢复直立姿势的同时朝右侧扭曲,右手像开始姿势一样贴近右耳,左臂在头顶上方伸直,并保持拉伸姿势不动。

(d) 左臂放下,躯干扭转回到中心位置。用身体另一侧重复以上动作。

④ 组数:身体两侧交替练习,每侧进行15次,共计3组。

⑤ 注意事项:开始姿势时上半身要伸展拉长;弹力带的两手柄应贴近耳朵;双腿双脚保持固定不动。

(5) 跪姿弹力带卷腹

① 部位:腹直肌、腹内斜肌、腹外斜肌、阔筋膜张肌、前锯肌、背阔肌、大圆肌、中三角肌、胸大肌、肱三头肌、股直肌。

② 作用:此动作利用弹力带来调动和强化核心肌群。为了获得最佳锻炼效果,要充分利用腹肌带动身体动作,同时身体其他部位保持稳定、协调一致。

③ 方法

(a) 将弹力带系在身体附近的一个稳固物体上,双手抓住弹力带的两端(背对弹力带),双膝跪于垫上,脚后跟抬起,肘关节弯曲,手柄紧贴着双耳。

(b) 调动身体腹肌,髋关节以上部位向前弯曲,直至躯干充分收缩。

(c) 背部抬起恢复到开始姿势,重复以上动作。
④ 组数:每组重复 25 次,共计 3 组。
(6) 仰卧单腿拉弹力带上举
① 部位:腹直肌、腹横肌、股中间肌、阔筋膜张肌、臀大肌、臀中肌、股直肌、髂肌、髂腰肌。
② 作用:通过弹力带的抗阻练习,进一步加强核心肌群的力量,提高骨盆稳定性。
③ 方法
(a) 将弹力带的一端固定在一个固定物上,身体仰卧于地面,将弹力带的另一端套在一侧脚踝上。
(b) 腹部收紧向上拉弹力带与地面呈 90°,膝关节伸直。
(c) 将抬高的那条腿放下。身体另一侧重复以上动作。
④ 组数:每侧进行 20 次,两侧各进行 3 组。
⑤ 注意事项:腹部始终处于收紧状态,上举腿伸直,避免膝关节弯曲。

4) 实心球练习

实心球利于抓握,有多种重量选择,可以因人而异、因时而异、因训练目的而异。实心球训练的主要目的是加大核心训练的强度,通过有限的训练时间使训练效果最大化,从而提高运动员发展力量所必需的身体控制能力。也可以通过增加不稳定因素来提高训练的难度。一般情况下,8~11 岁用重量 0.5~1 kg 的实心球,12~14 岁用重量 2~3 kg 的实心球。具体练习方法如下:

(1) 实心球站姿俄罗斯转体
① 部位:腹内斜肌、腹外斜肌、腹横肌、背阔肌。
② 作用:可以有效地强化核心肌群的主要肌肉群以及双臂和肩关节力量。
③ 方法
(a) 双腿分开站立,比肩略宽,双膝微屈,双臂握住实心球在体前伸直。
(b) 双臂和躯干转向身体一侧,回到中心位置,然后再转向身体另一侧。
(c) 身体恢复到中间位置并重复以上动作。
④ 组数:每组做 20 个旋转动作,共计 3 组。
⑤ 注意事项:扭动动作应流畅克制,双臂保持伸直,避免耸肩和向前弯腰。

(2) 实心球画大圆
① 部位:腹直肌、腹内斜肌、腹外斜肌、腹横肌、前三角肌。
② 作用:实心球画大圆运动对于腹部前侧的核心肌群的锻炼效果非常明显。运动过程中,身体肌肉始终保持紧张状态。
③ 方法
(a) 双脚分开站立,与肩同宽或比肩稍宽,双手握住一只实心球,双手高举过头顶。
(b) 继续画圆运动,双臂指向身体一侧,同时头部随着实心球转动,双眼盯紧球体。
(c) 双臂保持伸展状态,继续画圈动作,双臂在体前下方伸展,同样头部随球转动,双眼紧盯球体。
(d) 双臂指向身体另一侧。
(e) 双臂举过头顶,恢复开始姿势。
④ 组数:每个方向完成 15~20 个大圈,每个方向各 2 组。
⑤ 注意事项:双臂保持伸直状态,躯干保持挺直,整个动作缓慢克制。

(3) 实心球仰卧起坐

① 部位：前锯肌、腹直肌、腹外斜肌、腹横肌、髂腰肌、阔筋膜张肌、股中间肌、股直肌。

② 作用：实心球仰卧起坐是一项基础锻炼的升级版，此运动过程中腹部必须特别积极地工作，进一步加强核心区域肌肉群力量及稳定性。

③ 方法

(a) 面朝上仰卧在垫子上，双臂弯曲，同时双脚固定在地上，双手握住一只实心球放在胸口。

(b) 肩部和躯干抬离地面，朝双腿方向拉伸。

(c) 身体下压重复以上动作。

④ 组数：每组重复 20 次，共计 3 组。

⑤ 注意事项：在运动的每个阶段实心球始终保持在胸前，同时避免用力过猛。

(4) 实心球对角卷腹

① 部位：腹直肌、腹横肌、腹外斜肌、肋间内肌、肋间外肌、腹内斜肌。

② 作用：实心球对角卷腹有助于强化腹肌、斜肌和肋间肌的发展。

③ 方法

(a) 双手握住一个实心球，身体仰卧在垫子上，使身体呈一条直线，双脚分开与肩同宽。

(b) 利用腹肌带动身体动作，双臂和躯干朝一侧运动。

(c) 躯干抬起伸直，并将实心球放在双腿之间。

(d) 背部下压恢复开始姿势，将实心球放在头顶的地板上。身体另一侧重复以上动作。

④ 组数：每一组重复练习 15 次，共计 3 组。

⑤ 注意事项：双腿和双脚保持稳定不动，动作克制而流畅，避免上肢动作过猛。

(5) 两膝夹实心球两头起

① 部位：腹直肌、腹横肌、阔筋膜张肌、股中间肌、股外侧肌。

② 作用：两膝夹实心球两头起是在原两头起动作基础上的加强版，能够更好地刺激核心肌肉群，增加脊柱的活动度。

③ 方法

(a) 仰卧于垫子上，双手抱头，膝关节弯曲夹实心球。

(b) 两头起，肘关节尽量触及膝盖。

④ 组数：每组练习 15 次，共计 3 组。

⑤ 注意事项：膝盖夹紧实心球，起来快放下慢。

10.4.5 核心力量练习图例

核心力量训练及稳定性训练手段繁多，下面举例演示。因动作比较简单，不做动作说明。详细动作要领可查阅相关功能性训练专业书籍。

1) 瑞士球前推（图 10-57）

图 10-57 瑞士球前推

瑞士球前推是用瑞士球练习核心力量的入门动作,可分为跪姿和立姿两种。

2) 瑞士球仰卧起(图10-58)

两脚踩实地面,两手抱头,做仰卧起坐或转体。

图10-58 瑞士球仰卧起

3) 俯卧收腿(图10-59)

并腿成俯卧姿势,小腿前面放于瑞士球上,做向前收腿动作。也可以直腿做左右摆动,以增加难度。反复进行。

图10-59 俯卧收腿

4) 仰卧收腿(背桥)(图10-60)

并腿成仰卧姿势,T字形支撑,小腿后面放于瑞士球上,做收腿成"背桥"动作。反复进行。

图10-60 仰卧收腿(背桥)

5) 负重俄罗斯转体(图10-61)

仰卧于瑞士球上,双手拿杠铃片做左右转体动作。注意控制不要转髋。

图10-61 负重俄罗斯转体

6）平衡球转体收腹(图 10-62)

仰卧坐于平衡球上,转体收腹,使异侧肘关节、膝关节碰触。左右交替进行。

图 10-62　平衡球转体收腹

7）腹肌轮练习(图 10-63)

先站立姿势,收腹用两手握住腹肌轮把手,做前推成俯卧撑姿势,然后收腹将腹肌轮拉回脚的方向。反复进行。两脚可取宽、窄两种方式。可以采取跪姿以降低难度。

图 10-63　腹肌轮练习

腹肌轮练习亦可采取仰卧位成 T 字形,双脚置于腹肌轮踏板上,挺髋收腿,将腹肌轮拉向肩部,成"背桥"动作,反复进行。

思考题

1. 简述功能性训练的含义。
2. 简述功能性训练与传统体能训练之间的区别。
3. 简述躯干支柱力量训练的动作模式及动作体系?
4. 在非稳态训练中,常用的器材设备有哪些?并举例说明训练方法。
5. 功能性训练内容体系有哪些?
6. 功能性训练的理念和特点是什么?
7. 举例说明快速伸缩复合训练的动作体系。
8. 力量和爆发力训练计划中可以安排哪些训练模块?
9. 简述核心力量训练注意事项。
10. 训练前和训练后分别采用哪种拉伸方式?为什么?举例说明。

11 体能训练计划与设计

[学习目标]

(1) 了解训练负荷的构成及其相互关系,掌握训练负荷设计与安排的原理、原则、方法和影响因素。

(2) 理解运动训练过程的基本构架与基本流程,掌握制定训练计划的基本要点。

(3) 能够根据不同项目特点和运动员竞技能力水平,结合不同训练阶段的目标与任务的需要设计训练负荷,并与训练计划相匹配,科学、有效地指导体能训练实践。

11.1 体能训练设计的意义和理论基础

体能训练设计是在训练学理论(包括体能训练理论)指导下,运用科学系统的方法探索体能训练结构中不同训练阶段之间、各要素之间的关系,以及整体与子能力之间的本质关联,从而通过体能各子能力之间的不断改造和更新,带动体能结构的升级,是对体能训练过程的整体把握和理论优化。在具体的设计过程中要消除体能结构中的不协调要素,使各个要素与子能力之间有机结合,体现体能训练的系统性功效。因此,体能训练设计是一个系统工程,通过对目标现状的分析与规划、实施、控制和调节训练过程,达到训练目的,解决训练中存在的问题,并对训练效果进行评价。

竞技运动的训练过程是一个复杂的系统工程,运动训练计划是推动竞技运动科学发展的思想构架、理论设计和行动纲领。在运动训练活动中,以发展运动员竞技能力、提高运动员运动成绩为目的所施加的训练刺激称为运动负荷,是引起人体生物适应,不断提高竞技能力的主要因素。体能训练设计很大程度上是对负荷在训练过程中的有序安排和调控,因此负荷的选择、周期、阶段的划分,训练过程的信息反馈与控制是制订体能训练计划所涉及的主要内容,设计体能训练计划是保证体能训练效果的重要前提。

11.1.1 体能训练设计的意义

随着国际竞技体育赛制变化、现代体能训练体系科学化、运动项目和运动员的个性化、竞技体育竞争愈发激烈并逐渐逼向人类的极限等因素,竞技体育对运动员的体能发展水平提出了更高的要求。体能训练设计的意义主要有下列几个方面:

(1) 构建训练过程模型,勾勒出训练计划的基本结构,为体能训练的计划制订提供思想构架和理论设计。训练计划不仅包括跨度较长的全程训练计划、多年训练计划,也包括时间较短的年度、大周期计划和周、课计划。训练计划是基于空间和时间两个角度,将多重嵌套的训练过程有机地联系为一个既相互独立又互为衔接的整体,使不同的训练目标、任务、内容、方法、手段、负荷等因素与不同时间跨度的训练过程融入一个直观且系统的设计之中,从而保证教练员在训练实践过程中有科学的阶段划分和训练实施依据。

(2) 提出科学训练纲领,推进体能训练进程。为运动员顺利制订训练方案的关键是将训练计划建立在可靠的科学依据之上。体能训练设计是通过设想和现实两种视域,将设想与训练实践有机结合。由于体能训练设计是训练实施的行动纲领,因此体能训练设计的制订质量是提高训练过程效益的前提。科学的体能训练设计有助于使训练实施结果准确地逼近训练计划目标,有助于正确认识运动训练过程中的经验与教训,有助于科学地推动运动训练的进程。

(3) 提供明确的训练目标和监控依据。体能训练设计是依据目的和目标两类任务,将整个运动训练过程分期规划后,通过逐步细化不同训练阶段、不同训练目的、不同阶段目标之后进行排列组合。正确地评估运动员能够让体能教练更好地了解如何最大限度地提高选手的竞技状态,并进而制订出理想的训练计划。通过测试,有助于教练员确定每一项体能要素与某一特定运动项目的相关性,有助于对运动员训练计划进行调整,并作为制订个人训练目标的参考工具。因此,实现最终训练目的的训练过程指标系统是现代体能训练设计的核心内容。正是由于体能训练设计过程目标和指标系统的存在,从而为训练过程的科学监控提供了依据。

11.1.2 体能训练设计的理论基础

现代运动训练的周期化训练过程从本质上来讲,就是通过控制训练负荷来达到预期目标。要实现这个目标有多种途径,每一种都具备各自的优势。教练员和运动员在体能训练设计的决策过程中应建立在运动项目特点和运动员需求之上。

1) 训练过程分期理论

体能训练计划制订主要是基于周期训练理论的基础,用来组织某个项目运动员训练过程的规划和具体训练变量进行调整的过程,是一个训练实施过程前进行的理论和时间的总体架构,即所有训练因素的负荷安排与恢复周期设计。现代竞技运动优异成绩的获得和优秀运动员的成长历程表明,运动训练过程是一个内容复杂、周期较长的系统工程。从时间跨度的序列角度看,整个训练过程可以分解为单元训练(课)、日训练、周训练、阶段训练、周期训练、年训练、多年训练等不同时间跨度的训练过程。通常,根据优秀运动员不同时期的成长特点和训练目的,可以将整个训练过程分为基础训练、专项提高、最佳竞技和保持运动寿命4个训练时期。当然,不同训练时期都由多年训练过程组成。由于不同时期的运动专项特征和训练目的各不相同,各个训练时期的训练任务、内容、重点也不同。

20世纪50年代,苏联提出了训练周期理论,1964年马特维耶夫将其逐步完善,构建成系统的训练理论。该理论逐渐传播到东欧、西欧和亚洲等国家和地区,并逐步完善成为制订竞技运动训练计划的重要理论依据。随着国际竞技体育和职业体育赛制变化,现代体能训练科学化,运动项目和运动员差异带来的训练个性化,竞技体育竞争愈发激烈等原因,导致传统的周期训练理论在现代竞技运动训练过程中出现了指导力下降的问题。最近几年出现的多种新的训练理念,如注重动作的训练理论,出现功能性力量训练理念;对于核心区的重新认识,发展了核心力量训练理论;板块理论的发展和在我国竞技体育项目中的应用实践;以赛代练,保持高强度平台训练,突出训练强度的指导思想等极大地丰富了我国训练理论体系。由此可见,正确地认识和科学地掌握竞技运动训练分期理论,是制订不同类型体能训练设计的重要依据。

2) 竞技状态形成机理

竞技状态是指运动员适时获取理想成绩的最佳状态。竞技状态表现的显著特征就是竞技能力的协调发展和优异成绩的创造。竞技能力是由体能、技术、战术、心理、智能等要素构成，它既是竞技状态形成的基础条件，又是运动训练的主要内容。竞技状态是竞技能力协调发展的体现，是运动竞赛的表现形态。竞技状态是呈周期变化的，即竞技状态从获得到保持再到消退这一过程都是周而复始循环往复地螺旋式提升。由于运动超量补偿效果取决于负荷与恢复的作用，重大赛事制度的安排取决于赛程和规则的设计，因此，竞技能力的发展进程和竞技状态的出现时机与训练计划的科学设计和科学实施休戚相关。现代竞技体育赛事的对抗性、比赛强度和技战术难度的竞争日益激烈，赛事赛程安排紧密，对运动员的训练负荷安排增加了很大的困难，教练员必须深入研究训练周期理论和运动员的负荷生理规律才能提高运动员的竞技能力表现。从根本上说，对训练刺激的顺序进行适当安排的前提是对各种训练因素进行管理，从而充分地利用恢复与适应过程。由此可见，正确认识和掌握竞技状态的形成机理，是制订不同类型体能训练设计的重要理论基础。

3) 运动项目的专项特点和运动员的个体特征

项目不同所需要的体能有所不同，运动员的训练就是专项化适应，最纯粹的运动形式就是训练的运动本身。体能训练必须与项目结合，只有与专项中的技战术有机结合才能更好地发挥体能的作用。若要训练有效，训练程序必须在动作功能及代谢需求方面与专项要求相一致。训练的动作与专项动作越相近，正向迁移性就越高。例如，篮球的防守动作就和过顶深蹲很像，杠铃背蹲练习可能更接近篮球专项防守动作，而排球拦网动作和前蹲动作很类似，因此，杠铃前蹲练习则更贴近排球专项动作。不同运动对机体的三大供能系统存在着差异。例如，短跑以磷酸原供能系统为主导，中长跑以糖酵解供能系统为主导，马拉松等长距离项目以有氧供能系统为主导，还有一些运动项目对三大供能系统都有较高的要求。正是运动项目对机体供能系统的特殊需求，因而在很大程度上影响着体能教练员对体能训练方法的设计与选择。运动员体能水平、项目的差异及时期阶段的不同，使得体能训练计划必须因地制宜，区别对待，制订出个性化的训练计划。即便是双胞胎，其个性特征、身体机能、运动素质的差异也很大，团队项目不同位置的队员差异更加明显。一个队伍一个计划，康复队员、无伤队员一个计划已不能适应现代体能训练的发展趋势。训练实践过程中教练员要认真、科学地分析每一阶段每位运动员所能承受负荷的生理临界线及其变化阈值，及时准确地判断负荷的适宜度和恢复程度以及训练实践效果，及时调控，从而保证最佳的训练效果。

11.2 运动负荷基础理论

11.2.1 负荷的概念与类别

1) 负荷的相关概念

运动训练是一个对人体实行生物改造的过程，引起改造的原因是由于人体受到了负荷的刺激，受到刺激的人体各系统产生应激反应，通过长时间的积累完成了生物改造过程，使得人体能够适应强度较大的身体活动、激烈的比赛对抗，甚至极限运动。因此，对负荷的理解、认识和选择安排是运动训练的重要问题。

（1）负荷：负荷是指在运动、训练、比赛过程中，以心理练习（活动）、身体练习（活动）为手段，对机体所施加的刺激，包括心理刺激和生理刺激。负荷包含负荷量、负荷强度两个方面。

正是由于负荷的刺激,人体发生适应性改变,逐渐完成生物改造,人的综合竞技能力才能达到更高的水平。因此,负荷是运动训练中的核心因素。负荷量与负荷强度对人体刺激及适应的表现方式及特点不同(表 11-1)。

表 11-1 负荷强度和负荷量表现方式和特点的差异

分类	因素构成	机体反应	生物改造效果
负荷强度	质量、难度、密度、高度、远度、速度、重量等	反应强烈,适应性不太稳定	迅速,但消退较快
负荷量	总重量、距离、次数、组数、时间等	相对缓和,适应性比较稳定	缓慢,效果消退较慢

① 负荷量:指负荷对机体刺激量的多少,是构成负荷的重要方面。负荷量引起的机体反应不如负荷强度强烈,但比较稳定,效果消退慢。衡量的指标通常用总的时间、次数、组数、距离、重量等。

② 负荷强度:指负荷对运动员机体刺激的深刻程度,是构成负荷的重要方面。相对于负荷量来讲,强度刺激引起更强烈的机体反应,训练适应更深刻,提高机能水平更快,但稳定性差,效果消退快。提高训练的负荷强度是现代高水平运动员训练的一个重要特征。反应强度的指标主要有密度、难度、质量、速度、重量、高度、远度等。

负荷量与负荷强度互相影响,彼此依存。一方面,量的积累是负荷强度的基础,是稳固提高强度和承受负荷能力的保障。青少年阶段尤其要重视负荷量的积累,不应急于提高负荷强度,只有打好量的基础,才能为后继的大强度训练奠定坚实的基础支撑。另一方面,强度是量的前提,从提高成绩的角度来看,没有强度的负荷量功效较低,具有一定强度的负荷量才更有生物学意义。大量的研究和实践证实,相对于负荷量,负荷强度是影响训练效果、取得良好的生物改造结果更直接的因素。

(2) 负荷的含义:训练学理论认为,在一定的限度以内,施加的负荷越大,机体受到的刺激越深,完成生物改造的进程就会越快,竞技能力所能达到的层次就会越高。但负荷过大(包括量过多、强度过高),容易造成疲劳积累,不仅会引起伤病,也会引起过度训练和过度疲劳,造成难以挽回的损失,甚至结束运动生涯。因此,全面、深刻地理解运动负荷非常有必要。

① 运动负荷具有量和强度两方面的规定性。如前所述,负荷量与负荷强度相互影响,彼此依存,既不存在没有强度的量,也不存在没有量的强度。二者在质量层面和数量层面的结合,组成了完整的训练刺激。在训练实践当中,负荷量与负荷强度的合理搭配是取得理想训练效果的基础。

② 负荷具有生理刺激和心理刺激两种属性。任何负荷都会对人体的各个系统造成刺激,引起相应的生理和心理刺激。负荷越大带来的心理压力越大,心理反应就越强烈。随着比赛的临近,即便没有身体活动,心理紧张甚至恐惧仍然存在。这是对即将来临的比赛一种自然的心理应激反应。

③ 负荷具有定性和定量两种体现(图11-1)。定性部分指负荷的专项性、对供能系统

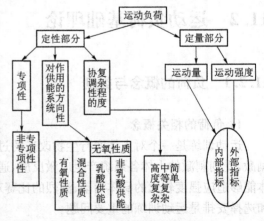

图 11-1 运动负荷的含义

作用的方向性和协调性的复杂程度。定量部分指运动量和运动强度的内部、外部的数字性指标。未来对运动员实施以数字评估为基础的数字化训练是运动训练发展的方向，也科学训练的体现。

可以从三个方面来科学认识训练负荷：
(a) 运动练习负荷：即在训练课上完成的练习内容、强度、量。
(b) 生物学负荷：由练习负荷带来的、对身体造成的生理、生化刺激以及所引起的变化，例如心跳次数、乳酸积累、尿蛋白、肌肉酸胀、肥大等。
(c) 心理、情感负荷：包括意识、心理、情感、态度的变化等。任何负荷都会对人的心理情感带来不同的压力、体验，这一点常常会被忽视。

运动练习负荷、生物学负荷、心理情感负荷共同组成了完整的负荷结构，是同一个事物的三个方面，应结合起来进行考虑。

2) 负荷的类别

(1) 训练负荷：训练负荷是指在平时的训练课上，以身体练习和心理活动为基本手段对运动员有机体施加的训练刺激。训练负荷是运动员使用、接触最多的负荷形式，长期适宜的训练负荷是在训练过程中取得良好的累积效果的基本保证。

(2) 竞赛负荷：竞赛负荷是指在竞赛以及具有竞赛性质的训练构成中，运动员机体所承受的刺激。同等负荷下，竞赛所造成的刺激反应比训练负荷大。由竞赛规模、重要程度、期望值、竞赛内容、对手水平、比赛紧张激烈程度、外部环境(观众、气候等)决定。竞赛负荷对提高运动员承受负荷的能力、对竞赛的适应能力非常有益。

(3) 生理负荷：生理负荷是指运动训练或比赛对运动员机体生理上的刺激，如心率、血压、肌力、体重、最大摄氧量、血红蛋白、血乳酸、血尿素、尿胆原、尿蛋白等。经常检查生理负荷指标，有助于了解机体变化，调控负荷，提高科学训练水平。

(4) 心理负荷：心理负荷是指运动训练负荷或比赛对运动员心理上的刺激。心理负荷使运动员对训练、比赛产生心理适应，提高自我激励、抵抗外部干扰和心理抗衡能力。任何一次训练负荷都会产生心理负荷和生理负荷，两者并存且相互影响；生理负荷加大，心理负荷相应加大；反之亦然。反映心理负荷的指标主要有：注意力集中程度、握力时间估计、焦虑量表等。心理训练(负荷)的意义体现在以下几个方面

① 挖掘潜能：人体的肌肉质量及人体中的肌糖原、肝糖原等生理能量是有限的，但心理潜力无法估量。现代训练就是挖掘运动员心理潜能和生理潜能的实践活动。

② 减少能量消耗：比赛、训练活动要运用体能，心理活动要消耗心力，产生能量消耗。良好的心理素质可以减少不必要的能量损失。

③ 提高制胜能力：良好的心理素质，利于发挥自己的实力，并能有效地干扰对方。在实力相当的情况下，心理素质的高低成为决定胜负的因素。

因此，心理训练同智能、体能、技能、战术能力训练共同构成现代训练的完整体系。

(5) 过度负荷：过度负荷是指负荷超过运动员承受能力，导致机体产生严重劣变的训练负荷。其结果会破坏人体系统功能的正常运行，造成组织损伤等病理性变化，破坏已获得的训练效应，影响训练的连续性、系统性。严重、连续的过度负荷会导致过度疲劳、受伤，甚至结束运动生涯。

(6) 负荷节奏：负荷节奏是指指训练过程中大、中、小负荷的交替安排，量与强度配置，训练与恢复的组合。波浪式的大、中、小负荷节奏变化是现代负荷安排的一个重要特征。负荷节

奏变化对竞技状态的影响较为直接,特别是赛前负荷。科学合理的赛前负荷节奏可以促进训练效应的最大化,使运动员在比赛中表现出高水平的竞技能力。

(7) 累积负荷:累积负荷是指连续多次训练负荷对运动员机体所产生的刺激的累积。一次过大负荷,机体难以适应,会产生伤病;适当增加负荷,使机体产生的适应性变化逐步累积。承受负荷能力的提高是累积负荷的结果,连续合理的负荷安排可以获得更理想的训练累积效应。

(8) 负荷结构:负荷结构是指不同性质、内容、目的的训练负荷在训练过程中的逻辑性搭配和组合,如一般训练与专项训练的搭配,大、中、小强度的搭配,核心力量、一般力量、专项力量多少的组合等。在不同的训练阶段,有序地组合、搭配不同的负荷,形成合理的负荷结构,是决定训练效果的关键因素,也是值得研究和探讨的问题。

3) 负荷的整体观

(1) 负荷内容和目的的整体观:竞技能力具有综合性,是运动员取得成绩的基础。现代运动训练理论认为,竞技能力,即指运动员的参赛能力,由具有不同表现形式和不同作用的体能、技能、战术能力、运动智能以及心理能力所构成,并综合地表现于运动训练、专项竞技的过程之中,运动训练过程就是不断提高运动员竞技能力各构成因素的过程。

运动训练的最终目的是成功地参加比赛,并在比赛过程中充分发挥竞技能力,获得优异的运动成绩。运动训练的实质就是有计划地对运动员施加适宜的负荷刺激,使机体产生预期的适应性变化,即重新构建人体的形态结构和功能,包括结构重建和机能重建。竞技能力提高的本质,是在适宜负荷的刺激下,各机能系统对刺激发生了应答性反应,人体发生了适应不同运动项目需要的生物改造过程。因此,训练从总体上讲,就是要改善神经肌肉系统的机能,提高能量供应系统的供能能力,塑造强大的心理素质和精神意志的活动。在训练实践中不能从竞技能力构成因素的表面形式进行分类,忽视人体的整体性,忽视人的各器官、系统(神经、肌肉、循环、呼吸、内分泌、感觉)功能的统一性,造成体能、技术、战术、心智能力的割裂。

(2) 负荷安排阶段的整体观:训练是一个长期、艰苦的过程,有的项目需要训练10年的时间才能参加重要比赛。运动员的训练过程,按年龄从少儿到成人可以分为三个阶段(图11-2)。由于运动员年龄、发育、水平、能力的不同,在训练内容、目标、手段、负荷上都必须呈现阶段性变化。少儿阶段要打好一般能力的基础,一般训练内容约占80%,专项训练占20%。随着年龄的增长和水平的提高,高水平阶段大强度的专项训练增加到80%,一般训练下降到约20%。

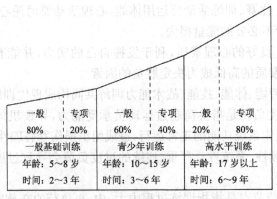

图11-2 不同阶段运动员一般和专项训练比例

但这三个阶段是一个连续的整体过程,之间没有严格的界限,不能人为割裂它们之间的联系。当一个阶段的主要任务没有达成,就不应该盲目跨入下一阶段。同时,各个阶段的任务和训练重点有很大的区别,在基础训练阶段要重视基本素质、基本技术的训练,采用多种训练手段,施加量相对较少、强度较低的负荷。高水平阶段,在整体训练负荷增加的同时,要提高专项训练、大强度训练的内容比例。研究表明,明确在不同训练阶段达到相应的运动成绩,从而采取不同的训练方法、负荷,是运动员达到高水平的重要保证,也是预防早期大强度训练的有效措施。

在年度及大周期的训练安排中同样如此。一个完整的大周期包括准备期、比赛期和恢复期,各周期以不断提高竞技能力、形成竞技状态为目的,在重要的比赛中创造良好的运动成绩,再经过必要的调整恢复,进入新的周期。要注意各阶段之间有效衔接,而不应生硬地分开。

现实中要注意预防出现下列问题:

① 忽视阶段差异性。因不明确或不重视阶段差异,容易导致目的不清,主要任务不明,负荷的选择因此产生较大偏差。

② 实施大负荷训练时机不对。大负荷是取得良好成绩的必经阶段,但过早地实施高强度训练,忽视一般能力和技术训练,造成基本功不扎实,影响运动员所能达到的层次,良好的竞技状态难以维持更长的时间。

③ 阶段之间缺乏有效衔接。每个阶段的任务不同,训练重点不同,从总体规划到细节设计都需要有清晰的逻辑关系,否则既不能完成阶段性任务,更难达成总体目标。要及时总结、反思阶段训练的不足,采取必要的措施,形成一个完整的训练、改进、提高的过程,推动竞技能力不断提升。

(3) 负荷效果的整体观:由于人体是密切联系的统一整体,任何负荷都是对整个人体起作用,因此,无论是一次性负荷还是阶段性负荷的累积效果,都具有整体性,表现在以下几个方面:

① 在同一训练负荷的刺激下,机体几乎每一个系统、器官的机能状态都会受到不同程度的影响,而且相互联系。

② 任何训练活动都需要神经肌肉系统的参与,在神经系统的支配下,动员肌肉系统工作,需要能量供应系统参加,消耗能量。

③ 训练、比赛都伴随着心理、精神、意志活动,负荷越大、比赛越激烈,心理活动和精神负担也就越强烈。

体能训练设计的总体目标就是为了改善神经肌肉系统的机能,提高能量供应系统的供能能力,培养强大的心理素质和精神意志,完善身体形态结构,构建适应专项竞技需要的坚韧的运动链。

11.2.2 选择负荷的依据

1) 专项及个人需要

竞技需要和区别对待是当代竞技体育训练的重要原则。竞技需要就是比赛需要,训练的结果能否满足实际比赛的需要是判断训练是否科学的重要标准。竞技体育项目众多,对竞技能力各构成因素的需要及依赖程度存在较大差异,突出地体现在能量系统的供应能力和神经肌肉的支配能力两个方面。跳远和投掷同样是快速力量性项目,跳远需要快速助跑下向前跳的爆发力,强调助跑快、踏板快、完成起跳动作快的"三快"技术能力,对最大力量没有很高的要求。投掷项目虽然成绩取决于出手初速度,但最大力量有基础作用,在专项素质要求上,要突出速度力量,强化专项力量(轻-重器械),重视最大力量。同样是短跑,100 m 主要依靠 ATP-CP 系统供能,仅能维持 10 s 左右,而 200～400 m,相当大的程度上要依赖糖酵解系统供能。运动项目在对能量供应系统的需求上存在非常大的差异(表 11-2),在训练负荷的选择上必须有所体现。

表 11-2 不同项目能量来源大约比例

项目		磷酸原供能(%)	糖酵解供能(%)	有氧氧化供能(%)
篮球		20	20	60
棒球		95	5	—
足球		15	25	60
英式橄榄球		25	25	50
场地曲棍球		20	25	55
拳击		30	45	25
击剑		85	10	5
摔跤		30	45	25
体操		90	5	5
公路自行车		10	18	80
网球		50	5	45
排球		80	15	5
赛艇		10	40	50
马拉松		—	—	100
游泳	短距离	75	25	—
	长距离	10	10	80
田径	田赛	100		
	短跑	90	5	5
	中跑	15	50	35
	长跑	5	5	90

个性化训练也同样。运动员在年龄、性别、竞技水平、身心特点、伤病等方面存在差异,要求采取针对性的训练负荷。教练员只有准确分析运动员的特点,根据运动员的实际情况,制订针对性的训练计划,才能使运动员体能得到充分的发展。

2) 不同负荷效果的特异性

任何训练手段都有特异性和非特异性、直接作用和辅助作用的区别。负荷具有效果的特异性和方向性。不同内容和不同强度的负荷对人体的刺激及所起的作用是不同的(表 11-3)。心率低于 150 次/min 的负荷,属于中低强度,依靠有氧系统供能,往往只能起到竞技能力的保持和恢复作用,很难提高。要进一步提高竞技能力,就要在打好有氧能力的基础上,实施大强度直至极限强度的负荷。

表 11-3 强度分级的相应机能指标参数及其作用

强度分级	作用	心率(次/min)	血乳酸(mmol/L)	最大吸氧量(%)	供能性质
低强度	恢复	100~120	2~3	50~70	有氧
中强度	保持	140~150	3~4	50~70	有氧
大强度	提高	165~175	4~8	70~80	混合
高强度	提高	175~185	8~12	90~100	糖酵解
极限	提高	>185	>12	90~100	糖酵解

同样,依靠力量训练手段提高心肺的有氧能力收效甚微,因为力量练习(包括力量耐力)主要对神经肌肉系统起刺激作用。提高心肺有氧功能的训练手段主要是采用持续、重复、间歇的方法,进行各种强度、各种距离的跑的练习。

3) 训练阶段与分期

训练阶段与分期具有多重含义,包括运动员职业生涯的各个阶段,也包括年度计划的分期。同时任何一个训练目的、任务都需要一个持续的阶段才能实现。运动员的训练是一个较长的过程,我国训练学理论把运动员全程训练分为基础训练、专项提高、最佳竞技、竞技保持四个阶段(表 11-4)。每个阶段的主要任务、持续时间、训练重点及负荷特点不同,决定了体能训练所选择的负荷必须与各阶段的目的、任务相吻合。

表 11-4 全程性多年阶段训练划分

阶段	主要任务	年限	训练的重点内容与任务		负荷特点
			体能类	技能类	
基础训练阶段	发展一般运动能力	3~5 年	① 协调能力,基本运动能力 ② 多项基本技术 ③ 一般心理品质 ④ 基本运动素质		循序渐进 留有余地
专项提高阶段	提高专项竞技能力	4~6 年	① 专项运动素质 ② 专项技、战术 ③ 专项心理品质 ④ 训练理论知识	① 专项技、战术 ② 专项运动素质 ③ 专项心理品质 ④ 训练理论知识	逐年递增 逼近极限
最佳竞技阶段	创造专项优异成绩	4~8 年			在高水平 区间起伏
竞技保持阶段	努力保持专项竞技水平	2~5 年	① 心理稳定性 ② 专项运动素质 ③ 专项技、战术 ④ 训练理论知识	① 心理稳定性 ② 专项技、战术 ③ 专项运动素质 ④ 训练理论知识	保持强度 明显减量

在一年的训练安排中,根据比赛需要分为单周期、双周期和多周期等周期类型。合理的训练分期,是对训练过程进行有效控制,争取在比赛中获得优异成绩的前提。在一个完整的大周期中,可以分为准备期、比赛期和过渡期,准备期又可以细分为一般准备期、专门准备期;比赛期可以根据需要分为适应性比赛、主要比赛和重要比赛阶段(图 11-3)。这种分期不能理解为分开,训练的各个阶段都是相互依存的有机整体。通常认为,一个训练阶

段的后延效果会对随后的训练阶段产生非常大的影响,并对确定取得既定成果的能力产生重大影响。在精心设计的训练分期中,变化的训练因素包括训练量、训练强度、训练密度、训练频率、训练重点和练习的选择等都是预先规划的。因此,分期训练可以看作为对训练因素合理的、综合性的安排和处理,以便在预定的时间点上获得最佳的训练成果。

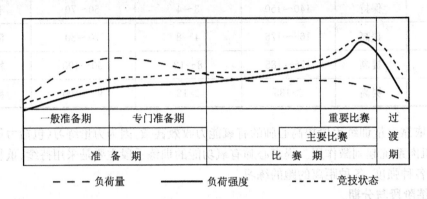

－－－负荷量　　　——负荷强度　　　‥‥‥竞技状态

图 11-3　一个训练大周期的一般结构

4) 适应与恢复规律

刺激与适应是运动训练的基本原理也是重要的规律。正是人体对负荷的刺激产生了适应,带来了人体各系统、组织、器官甚至细胞的适应性变化,人的运动能力才能不断提高。如力量训练使肌肉选择性肥大,酶的活性提高,力量、爆发力、力量耐力增强,募集肌纤维数量的能力改善,并可能使肌纤维的类型转变,引起神经肌肉系统、结缔组织、内分泌系统的积极性适应。高强度的无氧训练使机体产生的适应主要有Ⅱ型肌纤维亚类间的转变、糖分解酶和氧化酶的增加、血液缓冲酸性物质能力的增强等。

对于适宜的负荷刺激,机体基本遵循刺激→反应→短期适应→长期适应并提高→消退的规律进行,但适应效率和程度是不同的。例如,柔韧性练习效果以天计,1~2天就可以见效,力量以周计,速度训练需要1个月以上才能起到作用,而有氧能力需要几个月甚至1年以上的时间才能看到明显的效果。练习柔韧性见效最快,而有氧能力训练的适应与提高,需要花费数月、1年甚至更长的时间。机体对不适宜的负荷(过小或过大),不产生良性适应甚至会引起过度疲劳和伤病。同时,这种适应性改变常常具有可逆性,一旦训练中断,获得的适应性就会消退、消失,需要重新进行训练。

没有疲劳就没有效果,但没有恢复就无法进行更有效的训练。疲劳是训练的正常反应,但训练不是为了疲劳,而是为了提高竞技能力。恢复阶段涉及能源物质和系统功能的恢复,不同的负荷造成能源消耗和身体机能的下降需要的恢复时间不同(表11-5、表11-6)。这种恢复规律是训练课间歇时间的依据,也是课间、周间不同训练负荷内容安排的依据。当代竞技体育训练高度重视恢复,因为人体机能能力是有限度的,适应是有规律的,并不是对任何刺激都能得到良性的应激反应。过多的高强度训练,运动员很难恢复,不仅容易导致疲劳的累积,而且也会造成希望提高的能力不能有效实现的后果,引起训练的负效应。所以科学训练的主要特征并不只是"大运动量"和"高强度",中低负荷(量和强度)训练是必要的补充,有其独特的作用。

表 11-5　力竭运动后有关物质的恢复时间

内　容	最　短	最　长
ATP 和 CP	2 min	3 min
非乳酸氧债的偿还	3 min	5 min
氧合血红蛋白的恢复	1 min	2 min
肌糖原的恢复	5～10 h	26 h(间歇运动后) 46 h(长时间运动后)
肌肉和血液中乳酸的消除	0.5～1 h	1 h(活动性恢复) 2 h(休息性恢复)

表 11-6　不同性质大负荷后各种能力超量恢复所需时间　　　　　　　　　　h

负荷的主要性质	磷酸原供能能力	糖酵解供能能力	有氧氧化供能能力
无氧磷酸原供能负荷	48	24	6～12
无氧糖酵解供能负荷	24	48～72	6～12
有氧氧化供能负荷	6	24～48	72

[拓展]

重新认识"三从一大"

"三从一大"是我国体育界在总结军事训练经验的基础上提出的,即"从难、从严、从实战,大运动量"训练原则,并在早期特别是中国排球的训练中得到体现。有报道称:日本女排在 1960 年之后连续赢得 118 场国际比赛的胜利,并在 1962 年战胜苏联队,首次登上世界冠军的宝座,震惊世界。日本队的成功引起中国排球界的重视。1965 年 4 月 21 日至 5 月 23 日,中国排协邀请日本大松博文教练来华协助中国队训练。在这一个月当中,平均每次训练课 5 h(最长的一次达到 12 h);平均实际做动作 72 min 零 37 s,密度为 23.9%;平均活动距离 4 972 m(最长 7 344 m);"极限"训练时间 10 min 零 27 s,总动作 678 次(其中滚动防守和扣球 378 次)。大松教练用了 130 多种方法,重点训练防守,也练了扣、拦、调及二传、发球等全面技术。因为时间短,战术配合练得比较少。第一次课开始不到 20 min,队员们晕头转向、呕吐不止。但大松教练好像没有看见一样。这样进行 4 h 训练,情景可想而知。训练中大松教练还不满意地说:"你刚才是在慢慢地走,这是打不好球的。不要像美国人一样的软弱""拿出勇气跑起来!""这样练是不能打败日本队的"。训练十分艰苦,有一次因未完成训练任务,从下午 4 点一直练到第二天凌晨 1 点。还有一次,一个队员在 40 min 之内,连续做 68 个动作,有的连续练习 1 024 个动作(都是移动和滚翻之类的防守动作)。中国运动员能不能承受这么大的运动量呢?这是很多人都担心的问题。但无论大松怎样严格要求,也无论运动量有多大,中国姑娘都忍受下来并战胜了它们。事实证明,她们是"练不倒"的中国姑娘。据北京体育科学研究所排球医学生理研究组的报告指出:训练初期,队员普遍不能适应。表现为训练时及训练后脸色苍白、口唇青紫、头晕眼花、恶心呕吐、呼吸困难、极度疲乏、食欲不振、睡眠不佳。"极限"训练后心跳达到 10 s 34 次。百分之百的人出现大量尿蛋白,部分人出现血尿。这些反应,以训练的头 3 至 4 天最为明显。继续坚持下去就逐渐适应了,尽管训练中、后期,运动量比初期有增无减,但上述不适应反应都较少出现,甚至不出现。尿蛋白排量由开始 50～60 mg 减少到 10～25 mg,出现血尿人数由 66% 减少到 10% 以下,血色素有所回升,"极限"训练后心跳减慢,心电图检查正常。这些都说明绝大部分队员都能适应大松的训练。

以现在的视角审视当年的训练，"三从一大"要重新定义。"从难、从严、从实战，科学的大负荷"更加合理，因为负荷包含量、强度两个方面，强度的价值更大。另外，"大负荷"也不是无原则的大，应该在运动员可以接受的范围以内，才能取得更有效的训练效应，才能减少长期过度负荷引起的伤病和运动寿命缩短。这已经成为共识。

11.3 体能训练计划的制订

11.3.1 运动训练过程

体能训练是运动训练过程的重要组成部分。体能训练的重要任务就是努力、充分地挖掘运动员的身体潜力，力求最大限度地提高其体能能力。任何一个训练过程开始时，作为运动训练的主体同时也是训练活动对象的运动员，其体能发展水平总是已经处于某一特定的状态之中，通过我们所组织的运动训练过程，使运动员的体能能力发展到一个新的、更高的水平。为了实现这一目标，需要我们了解和正确地分析训练过程的基本结构和体能训练的基本特征，为科学合理的训练安排奠定理论基础。尽管不同的运动项目各有特色且对训练有着特定的要求，不同时间跨度的运动训练过程也各有自己不同的组织形式和具体内容，但完整的运动训练过程总是有着自己的规律，总是按照一定的结构形式组织起来。

训练过程实质是一个控制过程。从一般意义上说，控制是指控制主体按照给定的条件和目标，对控制客体施加影响的过程和行为。训练过程控制，是根据运动训练的规律，通过专门的方法、手段，使训练过程按指定的方式进行，达到顺利完成、提高运动员竞技能力和创造优异运动成绩的目的。如图11-4所示，田麦久认为，一个完整的运动训练过程，应该包括运动员起始状态的诊断、训练目标的建立、训练计划的制订、训练活动的实施、训练过程中的检查评定以及训练目标的实现这6个基本环节。对运动员起始状态的诊断是一个完整的运动训练过程的出发点；训练目标的建立则是为运动训练过程确定了一个目标状态，是整个运动训练过程进行

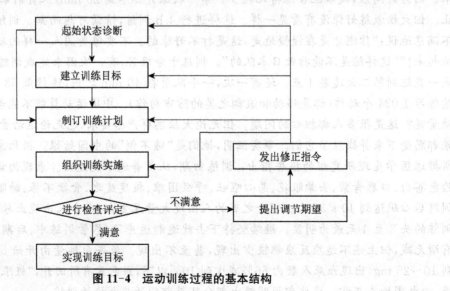

图11-4 运动训练过程的基本结构

的目的,也是对运动训练过程发展状况做出检查评定的标准;根据运动员的现实状态、所确定的训练目标以及训练条件的通路预先做出的理论设计,并进一步通过训练计划的实施,将这一预先做出的理论设计付诸实践,并对之进行检验;通过若干特定指标的测定对训练的效果进行检查评定,并将评定的结果与训练的目标状态进行比较,找出差异,以此对相应的环节进行必要的调整与修正,以求使训练获得满意的效果,实现预定的目标。

11.3.2 训练计划的类型

管理学认为,计划是根据组织内、外部的实际情况,权衡客观需要的主观可能,通过科学的预测,提出在未来一定时期内组织所要达到的目标以及实现目标的办法。运动训练计划是对未来的训练过程预先做出的理论设计,是为实现训练目标而选择的竞技状态转移通路,也是教练员和运动员进行运动训练的依据。一个好的训练计划就是合理的周期训练,对周期性训练的充分理解,将会有助于教练员更好的制订和执行训练计划。根据运动员的整体情况和规划目标,专项能力的提高尤其需要对多年、全年、各阶段的训练进行合理、详尽的计划,并通过训练周和训练课等具体训练单元的实施来逐渐落实到训练实践中,使运动员的专项体能水平得到提高。在设计一份训练计划时,必须考虑几种不同水平且相互有关联的训练计划。每一种训练水平的训练计划制订都要以运动员的训练目标为依据,一旦制订好了训练目标和竞技目标,就要对这些训练计划进行系统的组织和排序,以便使运动员能够朝着训练和竞技目标迈进。依据不同的标准可以把计划分为不同的类别,如体能训练计划、战术训练计划、力量训练计划等。训练实践中常常根据时间跨度,把训练过程划分为不同的周期,制订相应的周期计划,通常有:多年训练计划,年度训练计划,大周期、中周期、小周期、训练日和训练课计划(表11-7)。

表 11-7 训练计划周期类型的序列结构

周期类型	时间	分类与构成		
多年	2年以上	全程性(10～20年)		区间性(2～4年)
年度	1年	单周期	双周期	多周期
大周期	10～30周	准备期	比赛期	恢复期
中周期	4～15周	准备期	训练期	调整期
小周期	1周(4～10天)	训练周	赛前周	比赛周	恢复周
日周期	1～3次课	综合课		单一课

1) 多年训练计划

多年训练计划是运动员多年训练过程的总体规划,是运动员的职业发展蓝图,运动寿命长的运动员可长达20年甚至更久。多年训练计划由一系列年度训练计划组成,这些年度训练计划彼此密切联系,共同将运动员的训练引向具体的训练目标和比赛目标。在制订多年训练计划时,要密切注意下列内容:

(1) 了解个人特点:包括年龄、身体发育、伤病、性格、道德品质等。

(2) 制订阶段性(年)竞技能力和运动成绩目标:可以对运动员的体能、技术、战术、心理、智能等竞技能力进行纵向的和横向的比较,力争达到预计目标,不应过于追求运动成绩。

(3) 确定、设计各阶段(年)主要的任务和训练手段:任务应该是与运动员所处的年龄段相适应的,首先打好基础,再逐年提高,使运动员完成各阶段相应的任务,而不是盲目地追求好成绩,这对运动员的运动寿命和成绩提高有重要意义。训练手段要精心设计,先进行比较广泛的一般性训练,再增加专项训练的比例。

(4) 明确存在的问题,提出改进方法:对各阶段存在的问题,要进行深刻的分析并反思、总结,找出解决办法,不断优化训练计划。

多年训练计划包括基础性的训练任务、主要目标以及年度训练计划。多年训练计划的目标制订和实现是通过具体的年度、周期、训练课的训练目标综合而成。

在全程训练计划的早期青少年训练阶段,容易出现负荷特别是强度过大的问题,突出力量、速度、耐力等能力的提高,而忽视技术、协调能力的完善,造成身体素质与技术的不平衡。资料显示,我国优秀运动员出成绩的年龄明显小于国外优秀运动员(表11-8)。与世界优秀运动员相比,在速度力量性项目、耐力性项目、综合性项目上我国女子年龄分别小4.89岁、6.34岁和5.15岁,男子分别相差4.53岁、5.65岁和4.87岁。我国优秀男、女田径运动员平均年龄为21.07岁和20.75岁,分别相差5.02和5.46岁。这说明我国优秀田径运动员出成绩较早、退役早、保持最佳竞技能力的时间短。反映出我国在运动员的早期培养阶段存在过度早期专项化、成人化训练倾向,这可能是限制运动员日后向更高水平发展并导致运动寿命短的重要因素,也造成很大的人才浪费。

表11-8 中外优秀田径运动员平均年龄统计表　　　　岁

选项	性别	我国	世界	相差
速度力量性	女	21.10±3.35	25.99±4.49	4.89
	男	21.55±3.42	26.08±4.28	4.53
耐力性	女	20.51±3.12	26.85±4.25	6.34
	男	20.67±2.58	26.36±4.29	5.69
综合性	女	20.63±2.71	25.78±4.04	5.15
	男	20.95±2.19	25.82±4.02	4.87
平均	女	20.75	26.21	5.46
	男	21.07	26.09	5.02

2) 年度和大周期训练计划

年度训练计划是一系列训练计划中最重要的一个计划,是多年训练计划的细化。制订年度训练计划的主要依据是比赛安排,理论上通常分为3种类型:

(1) 单周期:以全年为一个大训练周期,包括准备期、竞赛期和过渡期。单周期计划由于准备期过于冗长,比赛严重不足,很难把握竞技状态的起伏,因此,只适合特殊情况如出现伤病、队伍或技术出现重大改变而难以在短期内提高的运动员、运动队使用。

(2) 双周期:全年分为两个大训练周期,包括两个准备期、两个比赛期和两个过渡期,这是最为经典的周期模式(图11-5)。通常上半年、下半年各安排一个比赛阶段,下半年8~9月份是主要的比赛阶段。各阶段根据竞技状态的形成、保持和逐渐消失的规律,分别划分为三个时期,即准备期、竞赛期、过渡期。准备期的主要任务是提高运动员的机能、素质、技术、心理等

方面的水平,使运动员的竞技状态初步形成。具体为:

① 准备期分为一般准备阶段和专门准备阶段。一般准备阶段主要是发展一般身体素质和掌握技术,负荷逐渐增大,有限增加训练量;专门准备阶段主要是提高专项素质和技术,训练量减少,训练强度逐渐加大。

② 比赛期的任务是发展专项训练水平,完善专项技术,提高比赛能力,形成和保持良好的竞技状态,创造良好成绩。比赛期负荷趋势是训练量小,训练强度增至最大。

③ 过渡期的主要任务是消除比赛所积累的疲劳,促进机体恢复,采用负荷量较小的一般身体训练或积极休息。

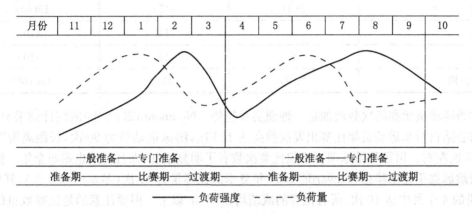

图 11-5 典型的年度双周期模式

(3) 多周期:在全年中设有多次比赛的年训练计划,在两次比赛的间歇期,进行保持训练水平的训练或安排积极性休息。目前,多周期年度计划安排在职业运动员、世界优秀运动员中较为常见,主要原因是各项目不同类型的比赛大幅度增加(表11-9)。同时赛制的不同,使得运动员无法使用单一的周期类型,如美国 NBA、我国的 CBA 等,赛季长、比赛多,基本是每年的 10 月份开始,到第二年的 5~6 月份比赛结束,每周比赛甚至多达 2~3 场。因此,传统的单周期、双周期安排已经很难适应比赛多、赛制复杂的需求。

表 11-9 世界优秀运动员最多比赛次数(出场次数)

竞技项目	1周	1个月	1年
自行车(场地)	4(32)	16(100)	>100(280)
田径短跑	3(8)	10(22)	65(126)
田径跳跃	5(25)	18(90)	65(320)
田径投掷	5(26)	14(68)	60(320)
举重	3(19)	5(33)	20(130)
田径中跑	3(6)	7(14)	49(80)
游泳	2(14)	9(22)	35(120)
冰上速滑	2(8)	8(32)	47(90)
划船	2(8)	4(14)	30(80)
长跑	2(4)	8(14)	58(76)

(续表)

竞技项目	1周	1个月	1年
公路自行车	2(14)	3(28)	24(160)
雪上速滑	3(5)	8(12)	46(70)
竞走	2(2)	5(5)	24(24)
摔跤	2(6)	3(10)	34(105)
击剑	2(7)	4(15)	21(73)
拳击	2(5)	3(7)	15(40)
冰球	4	16	110
篮球	6	16	>100
竞技体操	3(32)	4(70)	43(618)

优秀运动员比赛的次数增加是一种现实和趋势。Neumann(2001年)的统计结果显示,世界优秀公路自行车运动员年比赛出发次数高达120次,游泳运动员为90次,长距离滑雪运动员为35次左右。田径和游泳项目不仅比赛次数有了明显增加,而且赛期也遍布全年。世界著名三级跳远选手爱德华兹(Edwards)2001年夏季的比赛量为17次(冬季室内6次),其中6~10月份的4个月中达10次,所有比赛的成绩均在17 m以上。但要注意的是比赛数量的增加本身并不能提高训练的质量,优秀运动员对每一个阶段的比赛并没有专门的准备,而是正常训练状态的一种展示,也是提高强度的一种有效方法。所以不对训练进行合理设计和调整而盲目地增加比赛次数往往适得其反。在奥运年,不少优秀运动员仍然选择了双周期的年度计划模式。因为竞技状态的形成、保持和消失有必然的规律,个人最佳竞技状态可以在一个赛季出现2~3次,维持的时间通常认为在8~14天之间。应根据目的和个人的实际,有选择地参加比赛,使最佳状态出现在最重要的比赛阶段。目前,高水平运动员的全年负荷基本稳定,负荷量、训练的方法与手段有所变化,避免训练强度和竞技状态的过大起伏。

3) 小周期和课时计划

(1) 小周期:在训练方法学中,小周期是年度训练计划中最有用的规划工具,是训练日(课)计划到训练大周期(阶段)计划的过渡环节,它的结构和内容决定了训练的质量。周计划是由数次训练课组成的,持续时间由3~10天不等,是最小和最基本的训练阶段性结构,包含了非常具体的训练目标。根据任务及训练内容的不同,周训练计划可分为基本训练周、赛前诱导周、比赛周及恢复周。

① 基本训练周:通过负荷的节奏性改变引起新的生物适应现象,不断提高运动员的竞技能力。根据需要,基本训练周又分为加量周、减量周和加强度周、减强度周。

② 赛前诱导周:赛前诱导周训练主要用于比赛前的专门训练准备,使运动员的机体适应比赛的要求,通过整合把训练过程中所获得的竞技能力转化到专项上去。通常在主要比赛的赛前2~3周开始安排赛前周训练,主要的做法是有序地减少负荷量,维持或适当增加负荷强度。极限强度的力量训练要减少,以免造成神经肌肉疲劳难以恢复。

③ 比赛周:为运动员在各方面达到最佳竞技状态做准备,并进行最后的调整训练和参加比赛,力求创造优异成绩。比赛周训练一般以比赛日为训练周的最后一天,往前数一个星期予以计算。

④ 恢复周：通过降低运动负荷和采用各种恢复措施消除运动员生理上和心理上的疲劳，以求尽快地实现能量物质的再生，促进疲劳恢复。恢复的时间并不是越长越好，恢复期间应保持一定的身体活动，采用积极性的恢复方式，维持基本的运动能力。

在周训练过程中，要求在完成主要任务的同时，要考虑训练的系统性和各训练周之间的相互衔接。周训练的不同内容及不同负荷要合理交替安排，这样既能使运动员所需要的各种竞技能力得到全面综合的发展，又可避免负荷过于集中而引起过度疲劳。具体的负荷方式因为项目和个人的不同而有较大的差异，现阶段采用3∶1和2∶1负荷范式的较为常见，少量采用3∶2的方式(图11-6)。3∶1范式是指负荷量连续增加三周，第四周开始下降。2∶1指连续两周增加负荷量，第三周下降。

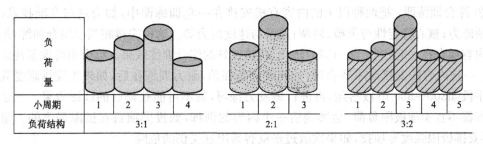

图 11-6 小周期负荷范式

小周期训练计划的制订要注意下列几个方面：
① 目的清晰，围绕大周期、中周期的任务安排训练计划，将任务落实到周计划中。
② 负荷的内容要合理交替，训练课之间要有逻辑关系，促进能力和素质的迁移。
③ 注意训练手段方法多样性的同时，有效使用重要的、专门的手段方法。
④ 根据负荷性质，安排针对性的恢复措施。

(2) 课时计划：训练课是训练计划中最基本的结构单位，课时训练计划是根据周训练计划规定的各个课次的训练任务，并结合当日运动员技能情况、场地器材、气候等实际情况制订的。通常一堂训练课由热身激活的准备部分、实施负荷的基本部分和恢复再生的结束部分组成。准备部分是让机体逐步进入工作状态，并从心理和生理两个方面做好承受计划负荷的准备。基本部分是课的主体内容，按照训练任务及训练内容的安排顺序进行，一般来讲，顺序安排应该是技术、速度、力量和耐力，但不是每次课都包括这四项内容，要根据个人竞技状态和小周期的训练目标来考虑安排。其间，运动负荷必须有一次或者几次达到高峰。结束部分要逐渐降低运动负荷量，使机体进入接近安静时的状态。

良好的课时训练效果是完成小周期任务的基本保证。不同训练内容的课特别是强度的变化直接影响周计划的训练效果。比较典型的安排是每周2～3次大负荷的训练(图11-7)，模式一在周三、周六安排大负荷，模式二在周二、周四、周六安排大负荷，其他时间交替安排中、小负荷。这样的安排既能保证比较充分的恢复，又能保证主要训练内容大负荷训练的强度。

目前理论上把课时计划分为单一训练课和综合训练课两种类型。
① 单一训练课：单独发展力量、速度或耐力；单独进行技术或战术练习；安排专门的检查、测验、比赛课等。单一训练课的好处是可以集中精力发展某一项竞技能力，改进某种明显的缺点或不足，但综合效果不够理想，能力、素质的良性迁移受到限制。

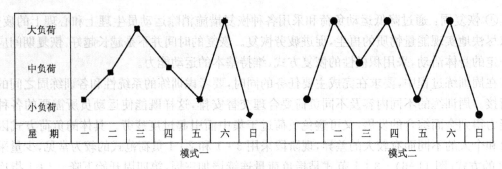

图 11-7 周课时计划负荷模式

② 综合训练课：把两种以上的内容有机安排在一堂训练课中，如力量与专项技术；体能与专项能力；核心稳定性与灵敏、协调；速度与速度耐力等。这种安排相当于组合训练，把多种训练内容糅合在一起，利于能力间的转化，获得良好的综合训练效果。综合训练课要注意两个问题：一是内容的安排顺序要合理，如速度训练在前，耐力训练在后，如果先安排耐受乳酸的训练手段如300～600 m段落跑，再进行爆发力练习，就不可能获得好的训练效果。二是每一项内容都不宜实施极限负荷，会影响后一个内容的训练，如投掷项目在极限强度的力量训练后，再安排极限强度专项投，如果次数过多就容易出现受伤的危险。

实践中不少教练常常把体能训练安排在大强度的专项训练之后，所谓"垃圾时间"练体能，是一种很不专业的做法。不仅不能有效提高体能，也影响专项能力的有效提高。运动员在比赛中表现出的许多缺陷是因为体能不够，如力量不足、灵敏和协调性不足、比赛后程技术变形、动作迟缓等，需要进行专门的训练。在适当的体能训练、有一定的激活或疲劳后进行专项训练，可以改善运动员的比赛适应性，提高训练的实战性。在专门的力量训练后安排相关专项技术的训练，可以有效促进力量向专项力量、专项能力的转化。运动技术、战术能力具有相对稳定性，技术一旦掌握往往终身不忘，但完成技术动作的效果主要依靠体能状态。神经肌肉系统的精细调控能力、能量供应能力、速度储备等因素直接决定了技、战术的完成效率。具体的安排还要考虑训练需要和负荷特点，如耐力、有氧练习安排在专项训练后就是一个不错的选择。

课时计划的制订要注意下列问题：
① 目的明确，围绕周计划任务、要求，确定课的内容、方法、手段。
② 注意使用有特异性、直接效果的训练手段，提高课的训练效果。
③ 手段多样化，穿插使用辅助性练习，起调节过渡的功效。
④ 精细安排负荷强度，把负荷与课的任务、组织、方法结合起来考虑。每周的大强度课次不宜过多，要根据所处的阶段和运动员水平进行安排，具体可参照表11-10。
⑤ 注意课后放松，对容易影响完成计划的内容，如状态、伤病、环境、器材等要有应对办法。

表 11-10 周课次中不同负荷参数表

周课次	大负荷课次	中负荷课次	小负荷课次
3～4	1～2	1～2	0～1
5～6	2	2～3	1～2

(续表)

周课次	大负荷课次	中负荷课次	小负荷课次
7~8	2~3	2~4	2
9~10	3~4	3~5	2~3
11~12	4~5	4~5	3~4

11.3.3 制订体能训练计划的步骤

训练计划的制订过程实质上就是对训练的各个要素进行排序和整合。训练要素在运动员训练的各个时期,其内容、比例和要求是不同的。不合理安排训练各个因素可能导致训练效果不显著或者过度疲劳,这都不是训练目标预期的发展方向。为了获得最佳竞技状态,要以一种科学有序、合理有效的方式控制训练的各个要素,主要包括项目需求、训练强度、训练密度、训练量、训练手段、训练方法和间歇时间等,充分利用训练干预运动员机体使其产生生理适应。在制订体能训练计划时要有序考虑6个步骤:

1) 需求分析

有效的训练计划必须满足运动员所从事专项训练的需要,满足运动员个人的需要。通过预先了解运动项目特征和运动员特点来决定如何安排可变训练因素。需要考虑的因素有:

(1) 项目的能量代谢特征。
(2) 项目的生物力学特征。
(3) 比赛特征。
(4) 运动员的基本目标。
(5) 运动员的训练经历和损伤情况。

2) 体能与竞技能力诊断

了解运动员体能的缺点和优势才能提高体能训练的针对性。体能包括运动员的力量、速度、耐力及功能性动作水平及贮备情况。要想更完整地了解体能状况,需要同时对技能、战术能力、心理能力及运动智能进行诊断和了解。竞技能力的各个构成因素是一个整体,既相互促进,又相互制约。完整了解运动员的竞技能力,才能对体能训练了然于胸;尤其要了解运动员在体能上的不足及运动项目对体能的特殊需求。

3) 明确指导思想

训练指导思想是在掌握运动训练理论知识的基础上,通过实践经验所形成的对训练过程、周期、负荷包括体能的看法。尊重运动训练规律,利用训练规律,才能保证训练的科学性。教练员的指导思想对运动训练带来的影响极其深刻和长久,需要教练员、体能训练师不断了解运动前沿动态,提高科学素养,形成正确的训练思路。

4) 进行周期规划

好的计划一定是周期安排合理的计划。周期划分紧紧围绕比赛安排进行,要考虑比赛的需求和运动员个人实际,不盲目过多地参加比赛,而是把比赛看成一个完整训练计划的组成部分。现阶段由于比赛的增加,传统的单周期、双周期安排已经不能适应需要。体能训练计划要适应发展的趋势,以多周期安排为主,而且这种短平快式的节奏安排既能使运动员身体机能产生适应和提高,也便于竞技状态的把握和诊断,以及阶段性地调整、优化训练方案。

5) 选择训练内容和手段,确定方法、负荷

影响训练效果最直接的因素是训练内容、手段、方法、负荷,这也是运动训练中最大的可变性因素。要根据运动员阶段性需要选择训练手段,在注意多样化的同时,注意使用有特异性作用的手段。训练中并没有最好的手段,只有更适应、能解决问题的手段。一些手段不能很好解决问题,甚至有负效应。有些手段看上去像专项手段,其实还有很大差距,需要进行综合的生物力学和生理、生化分析。

训练内容和手段确定后,负荷及方法就成为影响训练效果的直接因素。如表 11-11 所示,提高最大力量的最佳负荷区域是 1~6 次极限用力,高强度力量耐力选择 10~15 次负荷区域更有效。其他训练内容也是同样的道理,不在合理的负荷区域就不能达到最佳训练效果。同时,要注意阶段性的改变手段和负荷,一旦运动员对手段及负荷产生了高度适应,其训练效率就会下降。

表 11-11 发展四种类型力量训练所需的重复次数

类 型	重复次数	类 型	重复次数
最大力量	1~6	最大爆发力	<3
高强度力量耐力	10~15	低强度力量耐力	20~60

6) 制订完整的训练计划

在上述 5 个步骤的基础上,整合各个环节,安排放松手段,设置测评、反馈通路,以便进行阶段性调整、完善体能训练方案,形成完整的体能训练计划。体能训练计划完成后,不能轻易改变,应该相对固定,特别是不应该随意改变体能训练的框架和进程,可以对一些具体的手段、负荷进行必要的调整,除非出现较大的变故而无法执行原计划,否则会对体能训练的系统性造成不利的影响。

11.4 体能训练设计与实施

11.4.1 体能训练设计的类型和目的

运动训练是一个漫长而复杂的活动。一名运动员从选材开始接受训练,到成为一名优秀的选手,要进行长达数年、十几年的训练(表 11-12)。之后维持最佳竞技状态又可以持续数年,耐力项目选手甚至在 40 多岁仍然可以保持高水平的竞技状态。项目千差万别,有在成人阶段才能达到顶峰的项目,如举重、投掷、长距离跑、篮球、足球、排球、网球等;也有少年项目,如女子体操、艺术体操、蹦床、技巧等,在较小年龄就可以获得优异成绩;也存在少年-成人项目,青少年和成年都可以获得优异成绩,如乒乓球、游泳等。因此,要进行有效的控制,必须进行整体的考量和系统的训练设计。

表 11-12 世界水平运动员的年龄特征

类别	成人项目		少年项目	
	男子	女子	男子	女子
达到世界水平的年龄(岁)	21±1	19±1	17±1	15±1
需要的训练年限(年)	8～10		6～10	
开始接受训练的年龄(岁)	10～12		6～8	

1) 训练设计的类型

根据目的和时间跨度,可以把训练设计分为下列几种类型:

(1) 宏观过程设计:主要对运动员的体育生涯进行全过程规划,包括基础训练、专项提高、最佳竞技和竞技保持四个阶段如何有效衔接,各阶段应该分别达到何种水平。理想的宏观过程设计应该更全面一些,包括学习教育和职业生涯,因为这牵扯到运动员的个人发展,要以人为本。好的教育和职业规划既可以解决运动员的后顾之忧,也可以提高训练效果,使运动员奋斗目标明确,全身心地投入到训练活动中。

(2) 中观过程设计:主要是对1～4年的区间性训练设计,围绕年度和阶段性目标,有序安排一般训练内容和专项训练内容,选择大周期类型,确定负荷的总体趋向,安排比赛系列,阶段性提高竞技能力,完成预计的成绩指标。中观过程中尤其要重视经验的总结,反思得失,不断优化训练计划。

(3) 微观过程设计:对大周期、中周期与课时训练进行细节设计。围绕年度和大周期计划,安排不同类型小周期的序列,把握负荷节奏。尤其要对各阶段的训练手段、技术动作、强度与量的搭配、训练方法、放松与营养措施等进行精细的考虑和有序的安排,避免出现状态大起大落和疲劳的积累、伤病等影响训练系统性的问题。

2) 训练设计的目的

(1) 使训练成为一个客观、可控的过程:设计训练计划的依据主要是训练目标和运动员的现实状态。要通过生物力学、生理生化手段,对运动员体能、技能、负荷强度、生理反应等进行数字化诊断,建立数字化的训练体系,便于及时地评估和调整,使训练过程成为一个可以控制的过程。

(2) 每个训练阶段都达到预期的训练效果:训练是分阶段性进行的,各阶段有各自的目的和主要任务。只要设计合理,目标适当,科学安排负荷,就能够实现预期效果。各阶段训练成效和运动成绩并不是越高越好,而应该在设计控制的范围。

(3) 让个人和集体的状态在重要比赛中达到顶峰:运动员的状态是有起伏的,要尊重竞技状态形成的规律,通过合理的负荷刺激和有效的监控,促使运动员机能状态、竞技能力在最重要的比赛中达到高峰。这一点对集体项目尤其重要,因为个人的状态低迷会影响集体的完美表现,甚至成为场上比赛的薄弱环节,所以应该重视集体项目的个性化训练。

11.4.2 体能训练设计需考虑的要素

制订体能训练计划不仅要遵循不同人群的生理特点,还要符合运动训练的客观规律。既要考虑到实现训练目标的需要和方法,又必须考虑到运动员主观条件和场地、设备的客观条件。专项竞技需要是教练员在制订训练计划前分析和考虑的重要问题。体能教练在制订训练计划前需要评估运动员的一般体能、专项体能和损伤情况，结合运动项目的生理学和生物力学特征及潜在的损伤风险，根据这些信息来制订训练计划，对训练过程进行监控。因此，在制订体能训练计划时必须考虑下列几个方面：

1) 训练目标

体能训练目标的确立可以为训练计划的设计指明方向。如力量训练的目标是增大肌肉体积还是增加最大力量；注重爆发力还是局部耐力；平衡性、协调性和柔韧性的侧重点问题等。因此，体能训练计划的制订应围绕长期与近期、总体与局部相结合的目标来进行设计和规划，目的在于通过合理的安排实现预先确定的训练目标。

2) 起始状态

运动员训练的起始状态是运动训练过程的出发点，是竞技状态发生变化提高的基础。以实现运动员竞技状态的转移为依据制订的训练计划，必须符合运动员的现实状态，具备可接受性和有效性。可以通过诊断准确地理解起始状态，包括竞技能力、运动成绩和训练负荷。体能状态的诊断与了解是进行体能训练设计最为核心的内容。

3) 自身特点

承担负荷刺激的是运动员个人，个人特点的不同要求训练计划要有针对性。个人的年龄、性别、生长发育状况，生理、解剖特征以及个性心理特点等，在设计训练计划时应该充分地考虑。

4) 运动训练的客观规律

在体能训练计划的具体制订过程中，必须依据客观规律进行科学的设计与安排，才有可能取得成功。在训练过程中应该遵循的运动训练规律包括：

(1) 竞技状态的形成与周期性发展规律：根据竞技状态的形成及其周期性发展规律，确定训练周期的结构，进行训练阶段的划分，并据此安排训练负荷与比赛负荷的节奏。

(2) 人体对训练的生物适应与变化规律：训练能给运动员以深刻的身体和心理的刺激，并在此基础上产生适应性累积效益，各种竞技能力和能量物质对不同负荷后的异时性恢复有特定的规律，合理地安排负荷节奏。科学地实施大负荷训练，才能有效地提高运动员承受负荷的能力，产生有益的生物适应变化。

(3) 重大比赛安排的规律：以比赛为核心安排各个训练过程的结构、分期以及训练内容、方法和手段等。合理地安排比赛，应以重大比赛为核心，形成大、中、小型比赛交叉安排的比赛序列。运动员不可能参加所有的比赛，在制订计划时，必须考虑各种比赛设置的实际节奏，再考虑自身的情况，合理地确定运动员参加比赛的级别、次数的节奏。

5) 运动项目的能量代谢和生物力学特征

能量代谢是影响运动能力极为重要的因素。不同的运动项目、不同的强度及持续时间具有不同的能量代谢特征（图11-8）。极限强度的运动依靠ATP-CP系统供能，仅能维持10 s。持续大强度的运动主要是糖酵解系统供能，能力在1 min内就会显著下降。运动项目的主导能量代谢系统主要取决于参与肌群和能量代谢路径。教练员要根据每个专项运动在技术、战术、身体竞技能力、运动负荷、能量代谢和供能（磷酸原系统、糖酵解系统和有氧系统）等方面的需求，合理地安排训练。

通过对专项运动中技术动作进行生物力学分析，体能教练能获得技术动作的关键要素，包括技术动作的类型、运动中关节的活动范围、运动中肌肉的收缩方式和完成动作的速度要求等。分析动作模式和肌肉收缩方式有利于教练员选择在生物力学方面与专项运动相似的训练手段，这在力量训练过程中尤为关键。

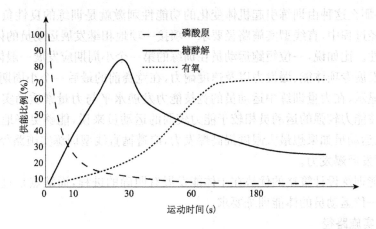

图 11-8 三大能源系统供能比例

另外,要考虑组织实施训练活动的客观条件。依据平时训练中所能提供的各种训练条件(场地、器材、仪器、设备和训练地点、气温以及经费和人力等)和比赛时主、客观条件变化(如时差、比赛场地和器材、观众、裁判、饮食、规则和竞赛规程等)制订训练计划。

11.4.3 体能训练设计的实施路径

体能训练设计需要运用系统的思维和方法对训练过程的各要素及相互关系做出客观的分析、判断和操作,处理好训练需求、内容与运动员之间的关系。体能训练设计应以运动员的实际体能需求为出发点,重视对专项体能特征进行分析,了解运动员的能力起点、体能差异和技战术风格,并以此为基础作为训练设计的依据。体能训练设计是对运动员在训练实践中所面临的问题寻找对策和方法的问题解决过程,设计科学合理的体能训练计划能够提供一个合理高效的训练框架,能够以一种符合逻辑和分阶段的方式在各种层面上对训练任务、训练内容和训练量进行规划,确保在预先确定的时间点上产生特定的生理反应和提高竞技状态。表11-13描述了体能训练设计不同的实施路径,通过学习和了解这些实施路径的特点,明确如何正确地使用它们并指导体能训练实践过程。

表 11-13 体能训练设计的实施路径

名称	实施路径描述
直线型	一项接一项地相继发展运动员的体能要素:增肌、力量、爆发力、速度、灵敏等
并进型	在一个训练周期内同时训练几个相互之间存在迁移关系的素质,比如耐力和力量
组合型	在一个训练周期内同时训练几个相互补充的素质,比如爆发力和力量
专注型	短时期内专注提高某个体能要素,比如通过为期3周的小周期来提高最大力量
板块型	按照特定的顺序分板块发展体能要素,如速度板块、有氧耐力板块等
减量型	在比赛前迅速降低训练的量与强度以达到超量恢复的目的
实战型	实战模拟、合理地安排赛间训练负荷,为持续的比赛做好准备

1) 直线型实施路径

著名的运动训练学家哈雷认为,如果一种训练刺激能够产生训练效果,能够发展、巩固或保持训练状态,那么这种由训练引起机体变化的功能性刺激就是训练的良性负荷。在体能训练设计实施路径过程中,直线型实施路径要求一项接一项地相继发展运动员的体能素质,每一项都更有针对性。比如说,一位短跑运动员在训练的第一个小周期应发展一般体能与力量,在第二个小周期发展专项体能、爆发力以及速度耐力,在竞赛前的最后一个小周期则应加强速度训练。有证据显示,在力量训练中运动员的竞技能力发展水平与力量素质确实存在线性训练方式。通常竞技能力较强的运动员相较于能力较弱的运动员来说,能够更好地适应爆发力训练。例如,一位运动员如果想最大限度提高爆发力,应遵循直线型训练实施路径,即增肌,提高最大力量,最后发展爆发力。

直线型体能训练设计策略的优势在于体能发展有明确的进程,而缺点是直线型实施路径并不能满足每一位运动员的体能训练要求。

2) 并进型实施路径

在运动训练过程中,有些集体性运动项目要求运动员同时发展多项体能素质,全面提升竞技能力。然而,由于某种形式的训练或不同的细胞信号传递方式可能会导致训练效果出现"负迁移"现象,运动员常常以牺牲一种体能要素为代价来提高另一种体能素质。在训练实践过程中教练员发现:在一个训练周期内,耐力素质与爆发力素质的训练,在不同的训练量与强度的实施过程中发生相互影响和迁移现象是存在的,在训练过程中要调整好训练的方式、内容与负荷的安排,特别是训练间隔,确保机体对于两种训练方式的生物学适应。

并进型实施路径适用于在一个较长赛季中(如篮球或足球),运动员保持或小幅提高某几项体能素质,或是针对某个正处于上升期的运动员。此实施路径不适合那些训练有素的运动员,因为他们倾向于较大幅度提高单项体能素质。

3) 组合型实施路径

训练负荷是训练活动理论研究和实践过程中教练员和科研人员最为关心和最难把握的关键内容之一,如何对运动员的机体施加恰到好处的训练刺激,使机体产生积极的适应性变化并逐渐达到对训练负荷适应的过程是运动训练过程中亟待研究的问题。顶尖的优秀运动员,相较于竞技水平处于上升期的运动员来说,能够承受更高强度和更大负荷的训练。对他们来说,直线型的训练实施路径可能会导致伤病等问题的产生。为了解决这个问题,通常采用的策略是在一个周期内进行组合训练的方法。

组合型实施路径是在同一个微训练周期内同时训练几种体能要素,但是在一个小周期内,仅仅是最大化其中一种体能素质的训练强度。例如,对于跳远运动员来说,最大力量、速度力量和力量耐力都需要最大化。如果每周进行3次力量训练,每一个训练安排都需包含所有三项素质,但每周可能侧重于其中的某一项,而其他两项次之。第一周可能侧重于发展最大力量,第二周侧重于发展速度力量,第三周着重发展力量耐力。

组合型训练实施路径的优势在于它可以在一个训练周期内同时发展几项体能素质而不会引起不必要的疲劳,这要求运动员必须有足够的体能储备以完成所需要的训练强度。

4) 专注型实施路径

在运动训练实践过程中由于人体机能存在个体差异,所能承受能力的极限有很大不同。实践经验表明,越是接近极限的负荷作用于人体所能产生的训练效果越好,但同时又会存在过度训练的风险。越来越多的证据表明,专注型的训练可显著提高和改善某项体能要素。专注型的体能训练设计主要考虑的问题是短期内集中刺激和发展某项体能素质,使机体短期内产生良性应激和适应。国外有训练案例的研究表明,在一个为期4周的小周期内,计划中的8次高强度有氧训练中,5 次训练科目如果不是平均分配到整个训练周期中,而是全部集中在第一周的话,运动员可能会获得更高的耐力数据。

专注型训练实施路径最显著的优势在于短时期内某项体能要素的水平可以获得显著提升。然而,由于训练量与强度非常高,训练实践过程相对单调乏味。因此,这是针对那些高水平、专业的运动员们所采取的短期实施路径。

5) 板块型实施路径

20 世纪 80 年代中后期维尔霍山斯基针对马特维耶夫的传统训练分期理论的弊端提出了"板块"(Block)理论。他提出了"集中负荷效应"的训练方法,即教练员以板块模式组织训练对专项成绩起关键作用的子构成和运动员自身的短板部分,有针对性的优先发展和提高,从而不断地实现运动员专项成绩的突破。这种实施路径的出现是为了帮助那些在一个赛季中需要几次达到竞技状态峰值的运动员们应对体能挑战而设计的。板块型实施路径是在一个集中的小训练周期内根据运动员发展体能要素的需求,设计出针对不同体能要素发展需要的、先后有一定迁移关系的训练板块。由于每一个板块都会累积出很高的疲劳度,教练员们相信可以利用训练的延迟效应在板块训练结束时达到峰值。一般来讲,训练板块应包含 3 个小周期:积累期、转化期和实现期(表 11-14)。

表 11-14　发展速度素质训练板块的设计

因素	积累期	转化期	实现期
第一重点	最大力量	肌肉功率	速度和爆发力
第二重点	肌肉功率	速度和爆发力	肌肉功率
第三重点	速度和爆发力	最大力量	最大力量
持续时间(周)	4	3	2

积累期板块旨在提高体能素质,如最大力量和耐力,训练效果会持续很长时间。转化期板块主要是针对运动项目所需的体能素质进行的专项训练。最后的实现期板块则应大幅减少训练负荷,转而强调对竞技表现的训练和竞技状态的调整。

6) 减量型实施路径

周期化训练所面临的最大挑战之一就是如何控制训练负荷,以便在比赛期间最大限度地优化运动员的体能适应性而不会累积过多的疲劳。减量型体能训练设计实施路径指的是迅速减少训练量和强度,以便在比赛前达到超量恢复的目的。减量型体能训练设计实施路径可结合某个微周期使用(比如一支准备参加 1 周 1 次比赛的队伍),或是单独形成一个小周期(比如一位正在准备世锦赛的游泳运动员)。当前,训练学界普遍的观点是在快要比赛时急速减少训练量但保持训练强度,适宜的训练负荷能够为运动员参赛调控好竞技状态。

减量型体能训练设计实施路径能够为运动员的疲劳恢复提供保障,为运动员创造良好的竞技状态和体能储备。同时,值得注意的是运动员对这种减量的反应具有鲜明的个性特点,在调控每位运动员的竞技状态时应考虑到个性化差异。

7) 实战型实施路径

20 世纪 80 年代开始,随着经济和政治全球化迅猛发展,各种商业赛事层出不穷,竞赛体制和比赛性质的改变直接导致各项目的一线教练对运动员训练方式、方法和周期安排的重新思量。对于精英级别的篮球和足球运动员来说,每支队伍在长达几个月的时间里,每周要打2~3次比赛。赛季期间的训练、比赛与恢复存在矛盾的关系,这就要求教练员能够给出科学合理的周期化训练设计,能够在正确的时间里,以正确的方式,对每一位运动员施加足够的训练负荷,使他们发挥出最佳水平却不会产生太多疲劳感。实战型实施路径特点是在高强度的比赛后,进行训练负荷相对较低的赛后体能训练和再生训练,帮助运动员保持体能水平和竞技状态。

"以赛带练"的实战型体能训练设计实施路径能够为运动员在赛季期间保持体能素质却不会累积不必要的疲劳,如何科学地安排赛间训练是运动项目商业化运作背景下运动训练领域需要深入探讨的课题。

11.4.4 体能训练设计指导原则与实施要点

运动训练过程中训练负荷的设计与安排是一项关键性架构活动。为了有效制订分期训练计划,必须要认识到训练刺激所产生的一般性反应可能是一次练习、一堂训练课、一个训练日、小周期、中周期或大周期的结果。运动训练的各个阶段是相互依存的,一个训练阶段的训练效果会对随后的训练阶段产生一定的影响,为了能够使适应性训练达到最优化效果,需要对训练量、训练强度、训练密度、训练频率、训练重点和练习手段做出合理的安排和处理,以便在预定的时间点上获得最佳的训练成果。

有效的训练计划应在深刻理解某项运动专项需求的基础之上,深思熟虑,仔细规划,对训练手段、方法和负荷做出从一般到专项的渐进式规划,按照正确的顺序一个一个地解决运动员提高竞技能力所需的体能要素。每一个阶段都应致力于提升运动员竞技能力系统中某一个组成部分的竞技能力,为下一阶段更专门的训练做好准备。因此,对于不同运动员个体、不同训练阶段施加的负荷强度的合理把控成为教练员努力追寻的目标。

1) 一般准备阶段

一般准备阶段通常起始于高对抗性赛季结束之后,此时,人体很可能积蓄了大量的生理和心理上的疲劳,这是由每个赛季都固有的高负荷训练和比赛累积下来的。本阶段的训练主要包含一些非专项的训练手段,这对那些刚刚结束漫长的、筋疲力尽赛季的运动员们来说十分有益。在团队项目中技术训练和战术训练仍占据很大比重,但主要任务是发展运动员的基本运动能力,对耐力、力量和速度等体能要素的提升是本阶段最重要的目标。

(1) 一般准备阶段的体能训练设计指导原则:一般准备阶段的首要目标就是改善运动员的身体机能,发展运动员的各种基本运动能力。体能训练主要以柔韧性、灵活性和小关节的力量训练为主,以有氧训练提高运动员的心肺机能,主要训练手段有伸展练习、提高关节活动范围的练习、提高小关节韧带和肌肉力量的练习以及有氧耐力练习等,同时要重视爆发力的训练,为后面的大强度训练打下基础。

(2) 一般准备阶段的体能训练实施要点:一般准备阶段的训练应专注于采用一般性的训练项目,而不是部分地或全部地复制运动员的专项训练项目。尽管可能会涉及同样的肌肉群,但不要试图将他们与比赛技能的动作类型、动作速度、力量和爆发力水平进行比较。同样地,训练时也不应模仿比赛时的速度、耐力以及运动与恢复比值。对于力量、爆发力、速度主导能力的运动项目而言,这个阶段主要用来发展运动员的无氧适应和最大力量,团队项目的运动员在发展体能的同时,也必须投入相当长的时间来发展技术和战术能力,而更专项的供能系统提升应留给下一阶段。

一般准备训练阶段以预防损伤、基础力量、一般有氧训练、一般速度和灵敏训练等训练内容为主。例如,采用每周 5 次课的小周期安排模式(表 11-15)。星期二和星期五的训练中进行的是预防损伤训练。其中预防损伤训练主要采用的是肩胛稳定性训练、胸椎灵活性训练、髋关节灵活性训练、核心力量训练等训练方法手段,训练强度低,主要目的是改善运动员灵活性和稳定性,及时消除肌肉和筋膜中的扳机点,减少疼痛,减少受伤风险,为运动员在比赛中身体功能的发挥创造有利条件。星期一和星期六安排了两次低强度训练,星期二和星期五安排了两次中等强度训练,星期四安排了一次高强度训练,周三和周日根据运动队的总体安排,没有安排训练内容,体能训练负荷节奏呈现出"中→高→低→高→中→低"的波浪形特征。

表 11-15 网球项目一般准备阶段的小周期体能训练设计

选项	周一	周二	周三	周四	周五	周六	周日
训练安排	基础力量 耐力 柔韧训练	速度 灵敏 防伤训练	休息	基础力量 再生恢复	有氧训练 防伤训练	基础力量 再生恢复	休息

2) 专项准备阶段

专项准备阶段应以前一阶段的整体提升为基础,逐渐采用更具有针对性的训练方法与手段。体能训练的主要任务是全面提高运动员的体能发展水平,体能训练手段的设计首先考虑专项的需要,主要以所从事专项的动作结构和能量代谢特征为参照标准,根据运动员的具体情况,运用专项动作或结构相似或用力特征相似的练习方法,通过训练负荷的深刻刺激,全面改善和发展运动员的竞技能力。

(1) 专项准备阶段的体能训练设计指导原则:随着运动员从一个训练阶段转入另一个阶段,体能教练员应从体能上为后续的训练安排做好准备,本阶段的重点在于通过大量反复的练习,交叉安排不同形式的训练,持续改进专项体能,促进运动员全面发展。训练强度与训练量的变化和练习的选择都应当不断加大,运动员的技术水平的发展应是重点,主要训练方法与手段逐渐转向更为专项的练习,要通过训练让肌肉和身体各器官、组织、系统都做好准备。

(2) 专项准备阶段的体能训练实施要点:决定体能训练设计的依据主要在于特定训练阶段的竞技发展目标与实际的训练条件,涉及各个专项的特点以及运动员自身的特点等。由于专项准备阶段的训练要在全面发展的前提下,突出专项能力的重点发展,要控制好训练负荷,通过比重有所不同、方式各有变化的训练刺激,保证运动员专项能力得到有效提升。例如,一位短跑运动员在本阶段并不需要重复地练习专项,训练关注的是涉及髋关节弯曲,使它保持直立姿势的练习与动作,因为他们与跑步具备生物力学上的共性。挑选那些不仅在关节活动度上,而且在抗阻模式上与运动技能具有生物力学共性的训练项目,以确保训练到同样的肌肉群。只有这样,运动肌肉才能获得必要的适应性反应。

如果训练目的在于提高无氧运动成绩,那么训练时的大部分能量就应来自无氧代谢(表 11-16)。如果训练时的力量与速度过低,有氧能量系统就会提供大部分的能量,也就不能触发预期的适应性反应,身体也就无法为下一阶段的训练做好充足准备。

表 11-16　专项准备阶段 400 m 选手的速度耐力训练设计

短跑次数	每次跑动距离(m)	间隙时间(min)
8	100	6
6	150	6
5	200	8
4	300	10
3	350	10
2	450	10

3) 赛前阶段

赛前阶段指的是在高对抗性赛季开始前的训练阶段。通常,这一阶段起始于季前赛训练营开始前 1 个月或 2 个月的时候。体能训练的主要任务是保持已获得的各项体能,逐渐形成预期的临赛状态。在体能训练中保持负荷强度,负荷量适当减少。另外,根据每一个运动员的竞技能力发展水平和机体的疲劳程度,在训练过程中区别对待。此阶段以持续发展专项体能、最大化地进行功能转化、消除疲劳等训练目标为主(表 11-17)。

表 11-17　赛前减量的体能训练效应分析

各种反应	赛前减量的潜在效果
总体反应	减少慢性疲劳,提高竞技能力,小幅度提高体能
激素反应	提高睾酮含量(T),减少皮质醇(C),增加 T/C 比值
血液反应	增加红细胞体积,提高血细胞比容,增加血红蛋白,增加触珠蛋白
肌肉适应	提高力量和功率输出
生化反应	降低血液肌酸激酶
心理反应	降低对压力的感知,降低疲劳感知度,提高睡眠质量

(1) 赛前阶段的体能训练设计指导原则:赛前训练阶段体能训练安排转向专项特点,主要任务是整合之前运动员训练中已获得的竞技能力,合理安排与调控训练的负荷量和负荷强度,不断强化机体能力的转化,形成机体的超量恢复,预防损伤,提高健康水平,促进最佳竞技状态的形成,为参加特定比赛做好充分的准备。

(2) 赛前阶段的体能训练实施要点:在赛前阶段的训练中,核心训练任务是有效刺激运动员的机体,实现专项竞技能力的定向发展,并形成良好的竞技状态。总体负荷水平保持在较高层次,主要以强度刺激为主,并适当安排适应性的热身比赛。在本阶段体能训练选择的手段主要由高度专项化的动作与技能组成,所有非专项的手段与训练方法都处于从属地位。在能量系统训练过程中应完全复制比赛时的运动与恢复时间,保证能量供给方式尽可能满足比赛需要,实现训练效果最大化。例如,足球项目可以选择 11 对 11 人的对抗,也可以采用小场地比赛,或是进行更符合比赛情境的战术训练。自由搏击运动员可以像进行正式比赛一样,击拳 3~5 回合,每回合间休息 1 min。

4) 竞赛阶段

从赛前期开始到进入比赛期,训练重点更多的是转向竞技能力的发展和竞技状态的调控。体能训练安排可以把高强度的无氧代谢训练、速度训练、力量训练等安排在赛前 3~5 天,把有氧代谢等中低强度的训练安排在赛前 1~3 天,严格控制训练量,使运动员竞技能力的各个要素都处于最佳水平,培养最佳竞技状态并成功参赛。

(1) 竞赛阶段的体能训练设计指导原则:在竞赛阶段,体能教练只有有限的时间单独去给运动员进行体能练习,体能教练要与主教练协同配合,通过一定的技战术训练确保运动员获得一定负荷的训练刺激,确保技术训练与体能训练两者相得益彰。体能训练的手段应力求简单,力量的发展是竞赛期体能训练中的关键部分,在整个比赛期都要发展和巩固最大力量和爆发力,训练时的负荷强度应该控制在最大力量水平之下,在比赛间隔期应采用多变的训练手段,这样可以减少训练的枯燥性并激发运动员的训练动机。

(2) 竞赛阶段的体能训练实施要点:本阶段的体能训练设计主要是为比赛与比赛之间 3~10 天时间间隔而做专门准备的训练安排。竞赛阶段的主要任务是消除前一次比赛后生理和心理上的疲劳,促进机体的恢复,进行针对性的技战术训练和体能训练,为下一次比赛做好准备。两次比赛间隔短于 3 天时,体能训练通常是在赛后第一天进行恢复再生训练,目的是积极消除体内堆积的代谢产物、放松各个肌群,促进机体尽快恢复。后续训练课的内容应避免单调,负荷小、训练量小,尤其是力量训练和供能系统训练强度都要小(表 11-18)。

表 11-18　每周一次比赛的球类集体项目的比赛期体能(力量)训练设计

	周一	周二	周三	周四	周五	周六	周日
主要任务	技战术训练	体能训练	恢复	技术+力量训练	恢复与赛前准备	比赛日	体能训练
负荷量	中	大	小	中			小
强度	大	中	小	小			中
训练内容	技术训练、战术演练	一般力量训练、爆发力训练	游戏、有氧训练	全身力量训练、技术训练			恢复再生训练、核心力量训练

如果间隔超过 6 天,赛间技、战术训练和体能训练课的时间不宜过长,主要以提高质量为主。赛后第 2 天开始至比赛日要合理安排好体能与技战术训练的组合方式,技战术训练内容安排主要是串联技术、投射技术和各种针对性攻防技术训练,多采用强度较大而时间不长的方式;体能训练重点关注力量素质特别是速度力量的训练,可以在比赛后 3~4 天内安排一次高强度、中等量的力量训练。在竞赛期,负荷节奏一般呈现出"中→高→低"的山峰形曲线特点;此外,应将功能性训练贯穿在整个赛季,这样可以最大限度地降低运动员受伤的可能性。

表 11-19 是一名短跑运动员年度训练计划不同阶段的体能训练设计案例,从中可以寻找出这名运动员体能训练设计思路:一般准备阶段重点发展运动员的生理适应、力量和耐力;专项准备阶段以间歇训练为主,着重发展运动员的最大力量和无氧能力;运动员由专项准备进入赛前阶段,训练安排主要为无氧间歇训练,着重发展运动员的重复性速度能力;当运动员训练阶段进入竞赛期,训练重点转移至最大速度和爆发力训练,同时保持一定水平的速度耐力。

表 11-19　一名短跑运动员年度训练计划不同阶段的体能训练设计

体能训练要素 重要性排序	一般准备阶段	专项准备阶段	赛前阶段	竞赛阶段
第一重点	一般耐力	无氧耐力	短距离速度能力	最大速度
	一般力量	最大力量	无氧间歇能力	爆发力
第二重点	有氧能力	专项力量	专项技术	速度耐力
	协调性	专项技术	速度耐力	最大力量

思考题

1. 简述安排训练负荷要考虑的因素和要求。
2. 不同类型周训练的主要任务和负荷安排分别是什么？
3. 简述竞技状态阶段性变化规律与大周期各时期的对应关系。
4. 根据自身从事的专项，设计一次课（小周期）的体能训练计划。
5. 面对越来越多的竞技性和商业性比赛，优秀运动员应如何安排训练周期？

参考文献

[1] 过家兴.运动训练学[M].北京:人民体育出版社,1989.
[2] 徐本力.运动训练学[M].北京:人民体育出版社,1999.
[3] 田麦久.运动训练学[M].北京:高等教育出版社,2017.
[4] 杨桦,李宗浩,池建.运动训练学导论[M].北京:北京体育大学出版社,2007.
[5] 美国体能协会.体能训练设计指南[M].周志雄,译.北京:北京体育大学出版社,2015.
[6] 迈克·鲍伊尔.体育运动中的功能性训练[M].张丹玥,王雄,译.北京:人民邮电出版社,2017.
[7] 甘布尔.集体性项目的体能训练:高水平竞技运动的专项身体准备[M].潘迎旭,译.北京:北京体育大学出版社,2015.
[8] 美国体能训练协会.体能训练概论(第三版)[M].朱学雷,等,译.上海:上海三联出版社,2010.
[9] 龙斌,李少丹.传统周期训练理论的现代适用性及其发展[J].武汉体育学院学报,2016,50(4).
[10] 王村,杨兴权,钟敏.新赛制下全年训练周期的安排[J].体育学刊,2004,11(2).
[11] 李少丹.对"周期"训练理论与"板块"训练理论的冲突研究[J].北京体育大学学报,2008(5).
[12] 金健秋,刘强,杨克新.当代运动训练理论与实践对周期理论的质疑[J].山东体育学院学报,2005,21(5).
[13] Issurin V. Block Periodization: Breakthrough in Sport Training[J]. Journal of Sports Medicine and Physical Fitness, 2008(48).
[14] 陈小平,褚云芳,纪晓楠.竞技体能训练理论与实践热点及启示[J].体育科学,2014,34(2).
[15] 吴佳伟,陈月亮,王沂.国外运动训练周期研究的时空分布特点与热点[J].山东体育学院学报,2014,30(6).
[16] 冯连世,冯美云,冯炜权.运动训练的生理生化监控方法[M].北京:人民体育出版社,2006.
[17] 陆柳.国家女篮专项体能评价与诊断研究[D].苏州大学,2012.
[18] 美国体能教练协会.篮球体能训练[M].张莉清,译.北京:人民教育出版社,2009.
[19] 王月英,王建军,容浩,等.中美学生体质测试内涵之比较[J].武汉体育学院学报,2014,48(12).
[20] 王润生.女大学生核心力量训练的实验研究[D].沈阳:辽宁师范大学硕士学位论文,2008.

［21］王卫星,李海肖.竞技运动员的核心力量训练研究[J].北京体育大学学报,2007,30(8).

［22］Gary C. Functional Training for the Torso[J]. NSCA Journal,1997(4).

［23］李丹阳,胡法信,胡鑫.功能性训练:释义与应用[J].山东体育学院学报,2011,27(10).

［24］闫琪,任满迎,赵焕彬.论竞技体育中功能性体能训练的特点及其应用[J].山东体育科技,2012,34(3).

［25］郝小光,刘定一.中国传统武术功法与现代核心力量训练的研究[J].搏击·体育论坛,2009(3).

［26］成鹏,徐伟,郎海涛,等.开链、闭链测试对屈伸膝肌等速力矩的影响[J].中国康复医学杂志,1999,14(6).

［27］黎涌明,资薇,陈小平.功能性动作测试(FMS)应用现状[J].中国体育科技,2013,49(6).

［28］Komatireddy, Leitch, Cella, et al. Efficacy of Low Load Resistive Muscle Training in Patients with Rheumatoid Arthritis Functional Class Ⅱ and Ⅲ[J]. Journal of Rheumatology,1997,24(8).

［29］Bill Foran.高水平竞技体能训练[M].袁守龙,刘爱杰,译.北京:北京体育大学出版社,2006.

［30］Boyle M. Advances in Functional Training [M]. Champaign IL: Human Kinetics,2010.

［31］Gray Cook.动作-功能动作训练体系[M].张英波,等,译.北京:北京体育大学出版社,2011.

［32］董德龙,王卫星,梁建平.震动、核心及功能性力量训练的认识[J].北京体育大学学报,2010,33(5).

［33］Neumann D. Kinesiology of Musculoskeletal System: Foundations for Physical Rehabilitation [J]. St Louis: CV Mosby,2002.

［34］邓树勋,王健,乔德才,等.运动生理学[M].北京:高等教育出版社,2009.

［35］Michael Boyle. Functional Training For Sports [M]. Human Kinetics Publishers,2003.

［36］陈小平.力量训练的发展动向与趋势[J].体育科学,2004,24(9).

［37］于洪军.论同期力量和耐力训练及其在竞技体育中的训练策略[J].体育科学,2014,34(2).

［38］郑丽,孟国正.力量训练中面对的三个问题:方法、内容与周期[J].武汉体育学院学报,2017,51(1).

［39］Lundin Phil,Berg William. Plyometrics A Review of Plyometric Training[J]. National Strength & Conditioning Association Journal,1991,13(6).

［40］赵琦.我国高水平短跑运动员技术与力量训练的理论缺失[J].沈阳体育学院学报,2013,32(6).

［41］西尔韦斯特.投掷项目全书[M].孙欢,译.北京:人民体育出版社,2012.

［42］彼得.J.L.汤普森.教练理论入门[M].张英波,孙南,译.北京:北京体育大学出版社,2011,3.

［43］张英波.现代体能训练方法[M].北京:北京体育大学出版社,2006.

［44］姜自立,李庆.阻力跑和助力跑在速度训练中的应用研究进展[J].山东体育学院学报,2015,31(6).

[45] 列·巴·马特维耶夫.竞技运动理论[M].姚颂平,译.上海:华东理工大学出版社,1997.

[46] 王卫星,彭延春.运动员体能与技战术发挥的关系[J].北京体育大学学报,2007,30(3).

[47] 褚云芳,陈小平.对耐力训练中"有氧"与"无氧"若干问题的重新审视[J].体育科学,2014,34(4).

[48] 李洁明,蒋琴华,赵琦.功能动作训练之动作准备练习的思考[J].南京体育学院学报(自然科学版),2016,15(6).

[49] 胡安·卡洛斯·桑塔纳(Juan Carlos Santana).功能性训练:提升运动表现的动作练习和方案设计[M].王雄,袁守龙,译.北京:人民邮电出版社,2017.

[50] Jay Dawes,Mark Roozen.灵敏训练[M].周建梅,译.北京:北京体育大学出版社,2016.

[51] 王广虎,胡健.运动负荷与生理负荷的定位与解析[J].成都体育学院学报,1996(4).

[52] 哈雷.训练学[M].蔡俊五,等,译.北京:人民体育出版社,1985.

[53] 朱那,汤强,朱卫红.竞技体育中运动负荷计算方法研究进展[J].体育与科学,2013,34(11).

[54] 吕季东,俞继英.对训练学中有关负荷研究若干问题的思考[J].上海体育学院学报,2000(3).

[55] 赖勇泉.周期性耐力项目专项体能训练有效强度负荷区间问题研究[J].沈阳体育学院学报,2009,28(3).

[56] 刘建和.对"训练负荷应大于比赛负荷"的两点质疑[J].成都体育学院学报,1996,22(1).

[57] 钟秉枢."三从一大"训练原则的再认识[J].北京体育大学学报,2006,29(9).

[58] 张敬军,朱晓琳.备战伦敦奥运会赛前训练负荷特征的研究[J].中国体育科技,2013,49(3).

[59] 余银.中国女子皮艇队7周"微缩大周期"训练负荷结构特征分析[J].北京体育大学学报,2017,40(10).

[60] 体育院系教材编审委员会《田径》编写组.田径[M].北京:人民体育出版社,1983.

[61] B.H.普拉托诺夫.运动训练理论与方法[M].北京:人民体育出版社,1984.

[62] 文超,等.田径运动高级教程[M].北京:人民体育出版社,2002.

[63] 黎涌明.对体能训练认识的理性回归[J].中国体育教练员,2017,25(2).

[64] 于红妍,刘敏.国际体能训练研究现状、热点及前沿的可视化分析[J].成都体育学院学报,2014,40(10).

[65] Verstegen M. Williams P. Core Performance Essentials:the Revolutionary Nutrition and Exercise Plan Adapted for Everyday Use[M]. Emmaus, Pennsy Lvania, Rodale,2005.

[66] 裘晟,李捷,李端英,等.中美体能训练的认识差异与体能训练的生物原则概论(下)[J].广州体育学院学报,2017,37(1).

[67] Bud Getchell. Physical Fitness[M]. Macmillan Publishing Company,1990.

[68] K-库特萨尔.青少年运动员体能训练[J].国外体育科技,1991,1(1).

[69] 全美篮球体能教练员协会.NBA体能训练[M].孙欢,译.北京:人民体育出版社,2004.

[70] 田麦久,刘大庆.运动训练学[M].北京:人民体育出版社,2012.

[71] 李福田.优秀运动员体能训练[J].世界田径,1996,25(1).

[72] 杨世勇,唐照华,李遵,等.体能训练学[M].成都:四川科学技术出版社,2001.
[73] 全国体育院校教材委员会.运动生理学[M].北京:人民体育出版社,2002.
[74] 李文超,李鸿江.我国优秀女子投掷项目运动员多年训练结构特征分析[J].首都体育学院学报,2013,25(1).
[75] 袁守龙.现代体能训练发展趋势与对策[J].体育成人教育学刊,2014,30(1).
[76] 全国体育院校教材委员会.运动解剖学[M].北京:人民体育出版社,2000.
[77] 师文月.初论竞技运动训练之运动链、运动弱链及其功能危机[J].山东体育学院学报,2013,2(1).
[78] 姜宏斌.功能性训练与人体功能链的若干训练学问题研究述评[J].体育学刊,2013,20(6).
[79] 王卫星,蔡有志.体能—力量训练指南[M].北京:北京体育大学出版社,2006.10.
[80] 王保成,王川.球类运动员体能训练理论与方法[M].北京:北京体育大学出版社,2005.
[81] 奥卓林,沃隆金,普利马克夫,著;卢建功,周成之,田学易,译.田径运动[M].西安体育学院学报编辑部,1991.
[82] 李诚志,冯炜权,过家兴.教练员训练指南[M].北京:人民体育出版社,1992.
[83] 田麦久.论运动训练计划[M].北京:北京体育大学出版社,2002.
[84] 赵琦,龙斌.我国高水平竞技田径运动发展困境及应对[J].武汉体育学院学报,2017,51(7).
[85] 茅鹏.运动训练新思路[M].北京:人民体育出版社,1994.
[86] 杨桦,等.竞技体育与奥运备战重要问题的研究[M].北京:北京体育大学出版社,2006.
[87] 李洁明.功能性训练手段对大学生基本运动能力影响的实证研究[D].南京体育学院,2016.
[88] [美]尼古拉斯·拉塔美斯.ACSM体能训练概论[M].李丹阳,李春雷,王雄,等译.北京:人民卫生出版社,2018.
[89] 国家体育总局科教司.现代教练员科学训练理论与实践[M].北京:人民体育出版社,2015.
[90] 姚颂平.安排运动训练过程的现代分歧[J].上海体育学院学报,2010,34(4).
[91] [美]杜泽·邦帕,(加)迈克尔·卡雷拉.青少年运动员体能训练[M].尹晓峰,等译.上海:上海文化出版社,2017.